财经类专业课程改革"十四五"规划教材

财务数据分析

主　编○熊小妹　冼旺灿　黄　桑
副主编○梁淑贞　钟慧文　杨敬藩

立信会计出版社
LIXIN ACCOUNTING PUBLISHING HOUSE

图书在版编目(CIP)数据

财务数据分析 / 熊小妹,冼旺灿,黄桑主编.
上海:立信会计出版社,2025.4. -- ISBN 978-7-5429-7851-6

Ⅰ. F275

中国国家版本馆 CIP 数据核字第 202555KZ78 号

策划编辑	王斯龙
责任编辑	郭 光
助理编辑	周 诠
美术编辑	吴博闻

财务数据分析
CAIWU SHUJU FENXI

出版发行	立信会计出版社		
地 址	上海市中山西路 2230 号	邮政编码	200235
电 话	(021)64411389	传 真	(021)64411325
网 址	www.lixinaph.com	电子邮箱	lixinaph2019@126.com
网上书店	http://lixin.jd.com		http://lxkjcbs.tmall.com
经 销	各地新华书店		
印 刷	上海万卷印刷股份有限公司		
开 本	787 毫米×1092 毫米　1/16		
印 张	14.25		
字 数	347 千字		
版 次	2025 年 4 月第 1 版		
印 次	2025 年 4 月第 1 次		
书 号	ISBN 978-7-5429-7851-6/F		
定 价	49.80 元		

如有印订差错,请与本社联系调换

前　言

在快速变化的全球经济环境中,财务数据分析作为企业管理与决策的核心工具,其重要性日益彰显。随着信息技术的飞速发展,大数据、云计算、人工智能等技术的广泛应用,财务数据的获取、处理与分析手段正经历着前所未有的变革。对于财经专业的学生而言,掌握扎实的财务数据分析技能,不仅能够为未来的职业生涯铺平道路,而且更是适应时代需求、参与市场竞争的关键所在。

本教材以电子表格[①]为基础,深入探讨财务报表分析的基本概念、方法及实际应用。本教材从财务报表的基础知识出发,通过电子表格进行财务报表的编制和整理;进而阐述财务报表分析的重要性,揭示企业的偿债能力、营运能力、盈利能力和发展能力。本教材既可作为职业院校的教学用书,也可以作为在职财会人员学习参考用书。

本教材具有以下特点:

（1）聚焦典型案例,重构课程体系。本教材立足于财经专业教育的实际需求,紧密结合行业发展趋势与企业实际需求,通过深入浅出的讲解和精准的案例分析,帮助学生构建完整的财务数据分析知识体系,提升学生的实践操作能力和解决问题的能力。

（2）开展模块化教学,层层深入。本教材共划分为七个项目,每个项目都紧密围绕财务数据分析的核心任务展开:从基础的财务数据处理,到进阶的企业经营数据分析与指标解读;从传统的偿债能力、营运能力、盈利能力分析,到具有前瞻性的发展能力分析。这七个项目相互衔接、层层递进,形成了一个完整的学习路径,有助于学生系统地掌握财务数据分析的全过程。

（3）配套教学资源,支撑教学活动。为方便教师教学和学生自主学习,本教材提供了教材配套资源。每一个项目都有对应的教学课件、在线学习视频、实训题库等,学生可使用手机扫描二维码进行观看或下载。

（4）内化思政要素,提升综合素养。本教材设有"素养天地"模块,旨在培养学生家国情怀和社会责任感,培养学生团结合作、沟通交流和工作能力,培养学生细致严谨、精准求精的工作态度及诚实守信、遵纪守法的职业素养。

（5）产教融合,深度协同。本教材由学校教师和信息科技企业携手编写,体现深度校企融合。学校拥有深厚的理论基础,而企业则具备丰富的实践经验。两者强强联合,共同编写

---

① 如果没有特殊说明,本教材均以金山公司 WPS 表格演示为主。当然,这些案例同样也适用于微软的 Excel 以及其他电子表格软件,只有个别操作略有不同。

出一本兼具理论与实践的财务数据分析教材。编者在教材中引入实际案例，能确保教材内容与实际工作紧密相关，让学生更好地了解财务数据分析的实际应用。每一个任务的教学以工作过程系统化为设计理念，展示具体明确的任务流程，同时设计相应的任务实训，让学生跟随教材，一步一步开展实训，培养学生的实操能力。

本教材由东莞市机电工程学校财经教研组教师和广州科赛安信息科技有限公司共同编写，其中熊小妹、冼旺灿、黄桑担任主编，梁淑贞、钟慧文、杨敬藩担任副主编。具体分工为：项目一由熊小妹编写，项目二、项目五由冼旺灿编写，项目三、各项目末的"素养天地"模块及附录由黄桑编写，项目四由梁淑贞编写，项目六由钟慧文编写，项目七由杨敬藩编写，由熊小妹负责本教材的组织与协调工作。

由于编者水平有限，加之编写时间仓促，本教材难免存在疏漏之处，敬请读者批评指正。

编者
2025 年 4 月

本教材中涉及的文件可扫描以下二维码获取。

目　　录

项目一　财务数据处理 ··· 001
　　任务一　数据获取与有效性验证 ·· 002
　　任务二　数据清洗与整理 ·· 015
　　任务三　数据分析与可视化 ·· 035
　　学习总结 ··· 057
　　素养天地 ··· 058

项目二　企业经营数据分析 ··· 059
　　任务一　采购业务分析 ··· 060
　　任务二　销售业务分析 ··· 070
　　任务三　库存业务分析 ··· 078
　　学习总结 ··· 089
　　素养天地 ··· 089

项目三　财务报表分析 ··· 090
　　任务一　资产负债表分析 ·· 091
　　任务二　利润表分析 ··· 112
　　学习总结 ··· 123
　　素养天地 ··· 123

项目四　偿债能力指标分析 ··· 124
　　任务一　短期偿债能力分析 ·· 125
　　任务二　长期偿债能力分析 ·· 141
　　学习总结 ··· 148
　　素养天地 ··· 149

项目五　营运能力指标分析 ··· 150
　　任务一　流动资产营运能力指标 ··· 151
　　任务二　固定资产和总资产营运能力指标 ··································· 157
　　学习总结 ··· 166
　　素养天地 ··· 166

项目六　盈利能力指标分析 ·· 167
　　任务一　营业盈利能力指标 ·· 168
　　任务二　资产盈利能力指标 ·· 183
　　任务三　资本盈利能力指标 ·· 188
　　学习总结 ·· 194
　　素养天地 ·· 195

项目七　发展能力指标分析 ·· 196
　　任务一　与利润表数据相关的比率 ·· 197
　　任务二　与资产负债表数据相关的比率 ······································ 202
　　学习总结 ·· 210
　　素养天地 ·· 210

附录　综合实训 ··· 211
　　综合实训一 ·· 211
　　综合实训二 ·· 216

项目一　财务数据处理

财务数据处理是企业财务工作不可或缺的重要环节,对财务数据的处理和分析可以帮助企业实现更好的财务管理和决策目标。

财务数据处理始于精准数据的获取,终于洞察力的呈现。首先,从源头确保数据的有效性与准确性,这是构建坚实财务分析的基石。其次,通过细致地整理与清洗,剔除冗余与错误,还原数据真实面貌。再次,进入核心环节——数据分析,运用先进算法与技术,挖掘数据背后的故事,揭示企业运营的秘密。最后,通过可视化手段,将复杂数据转化为直观图表,让财务洞察一目了然。本项目将从数据的获取、整理、分析到可视化全链条出发,让我们一起在财务数据处理的海洋中遨游,提升自我,照亮未来财务之路。

思维导图

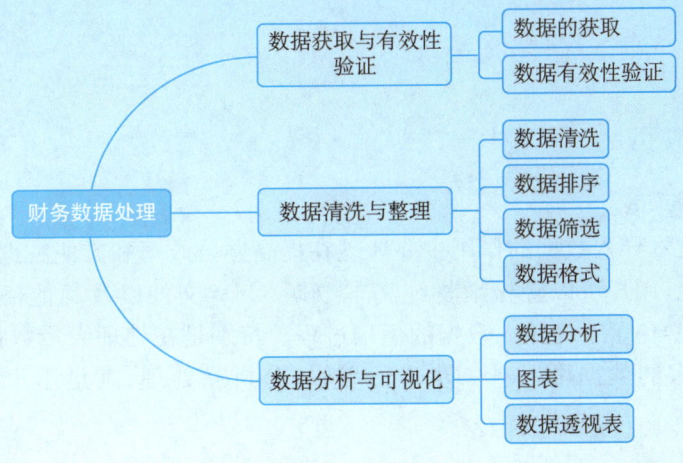

知识目标

1. 掌握财务数据处理在企业财务管理中的重要性
2. 掌握数据的获取与有效性验证、整理与清洗和数据分析与可视化在电子表格中的应用

技能目标

1. 能通过多种方式获取数据,设置数据有效性规则

2. 能使用工具整理原始数据，处理缺失与异常值，重构数据结构
3. 能运用函数统计分析、创建动态数据透视表，增强数据可视化程度

 素养目标

1. 具备对财务数据的敏感性，能够快速识别关键数据，洞察数据背后的业务含义
2. 能够运用逻辑思维分析数据问题，学会制定合理的解决方案

任务一　数据获取与有效性验证

在财务领域，数据获取与有效性验证是解锁企业财务秘密的关键。数据获取需确保来源的权威性和可靠性，如企业财务报表、行业报告等，以确保信息的真实性和完整性。同时，验证数据的有效性至关重要，这包括检查数据的准确性、时效性和一致性，避免因错误或过时数据导致的误导。因此，我们需对数据进行严格的筛选、清洗和验证，确保其能够真实、全面地反映企业的财务状况。掌握这些数据获取与有效性验证的技巧，将为我们深入理解企业财务状况、制定科学决策提供有力支持。

 **任务准备**

一、数据的获取

（一）文本数据导入

电子表格从文本导入数据的作用主要体现在提高办公效率和方便数据管理。

通过导入功能，用户可以轻松地将纯文本数据、CSV 文件以及其他格式的文本文件导入到电子表格中，避免了手动输入数据的烦琐过程。特别是在处理大量数据时，这一功能显得尤为重要。导入的数据可以进一步进行编辑、分析和处理，满足用户在不同场景下的需求。

（二）互联网数据的导入

导入网站数据进行分析是数据分析中常见的操作，可以帮助用户更直观地分析和处理数据，操作方法如图 1-1-1 和图 1-1-2 所示。

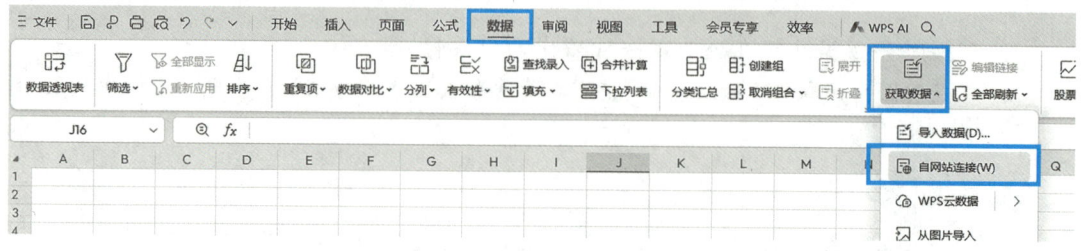

图 1-1-1　选择"自网站连接(W)"

图 1-1-2　查询网站

 小提示：

（1）在导入财务数据时，务必确保数据的准确性和完整性。在导入过程中，应仔细检查数据格式和分隔符设置，以避免数据丢失或错误。

（2）如果财务数据包含敏感信息（如银行账户信息、客户隐私等），在导入过程中应确保数据的安全性和保密性。

（3）导入完成后，可以使用电子表格的数据分析和处理功能对财务数据进行进一步的分析和汇总，以支持企业的财务管理和决策制定。

任务描述 1-1

请将"职工信息.txt"文件导入电子表格中。

任务实施 1-1

数据导入

步骤 1：打开电子表格文件"文本数据导入（答题单据）.xlsx"，打开工作表"文本数据导入"。

步骤 2：点击打开"导入数据"。选择菜单栏，依次选择【数据】→【获取数据】→【导入数据(I)】，如图 1-1-3 所示。

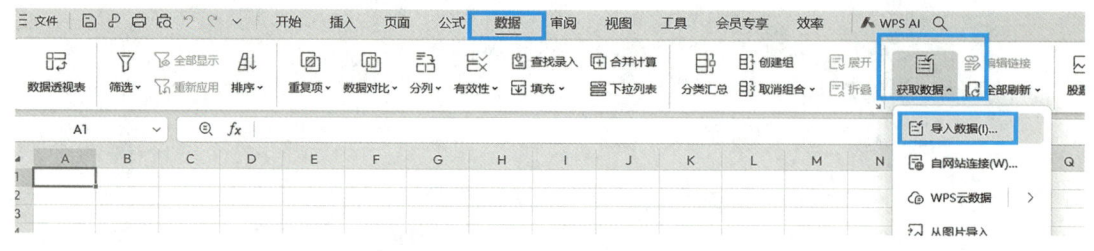

图 1-1-3　选择"导入数据"

步骤 3：此时弹出"WPS 表格"对话框，提示"此操作连接到外部数据源"，点击【确定】按钮，如图 1-1-4 所示。

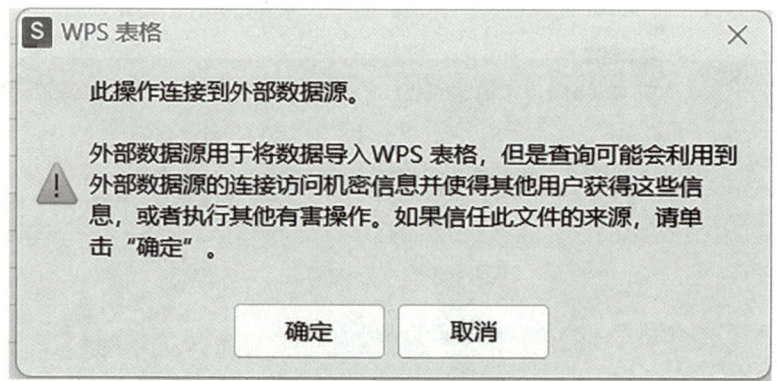

图 1-1-4　点击【确定】按钮

步骤 4：连接数据，"选择数据源"。在弹出的"第一步：选择数据源"对话框中点击【选择数据源(S)】按钮，如图 1-1-5 所示，然后点击【下一步(N)】按钮。

图 1-1-5　点击【选择数据源】按钮

步骤5：选择文本文档"职工信息.txt"。选择"职工信息.txt"文本文件，如图1-1-6所示，然后点击【打开(O)】按钮。

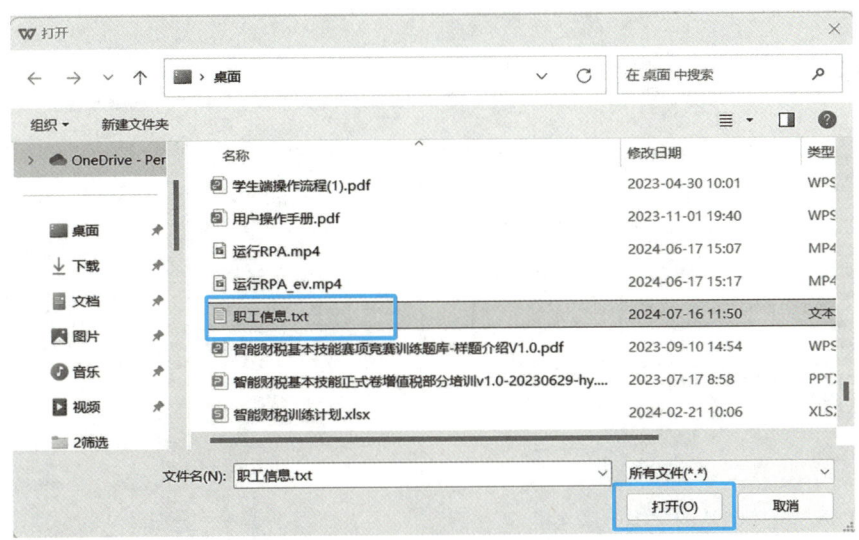

图1-1-6　选择"职工信息.txt"

步骤6：文本转换。选择默认的文本编码"其他编码"，如图1-1-7所示，然后点击【下一步(N)】按钮。

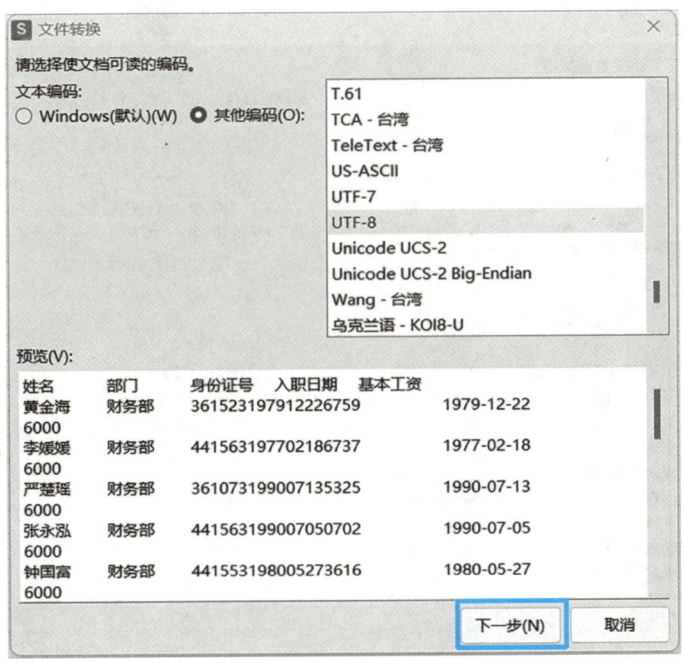

图1-1-7　选择默认的文本编码

步骤7：选择文本导入的数据类型，用"分隔符号"分隔文本。选择默认的文本分隔类型，然后点击【下一步(N)】按钮，如图1-1-8所示。

步骤8：选择文本导入的分隔符号。选择默认的分隔符号"Tab 键（T）"，然后点击【下一步（N）】按钮，如图1-1-9所示。

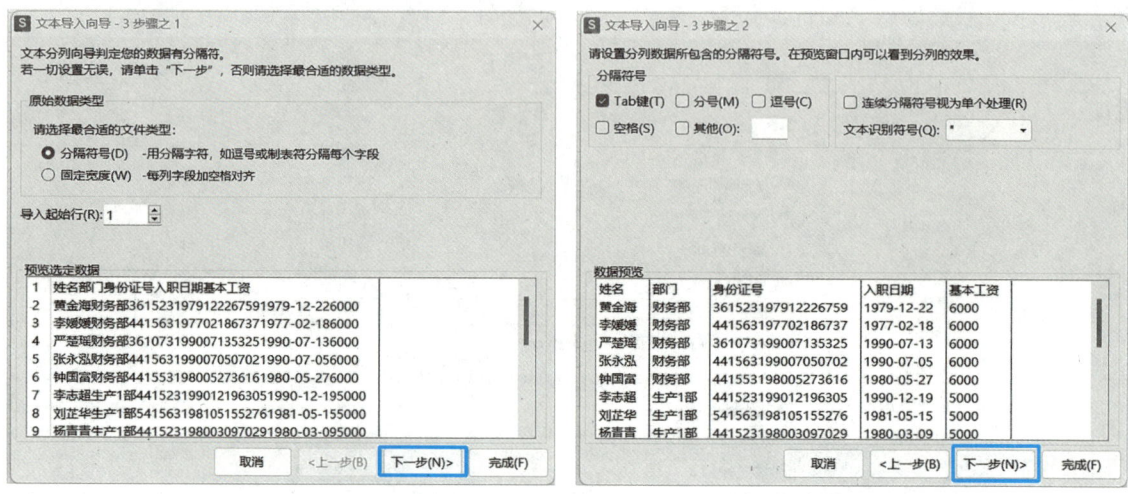

图1-1-8　选择默认的文本分隔类型　　　　图1-1-9　选择默认的分隔符号

步骤9：选择文本导入的数据类型。"姓名"列和"部门"列为"常规"类型，"身份证号"列为"文本"类型，如图1-1-10所示。"入职日期"列为"日期"类型，"基本工资"列为"常规"类型，然后点击【完成（F）】按钮。

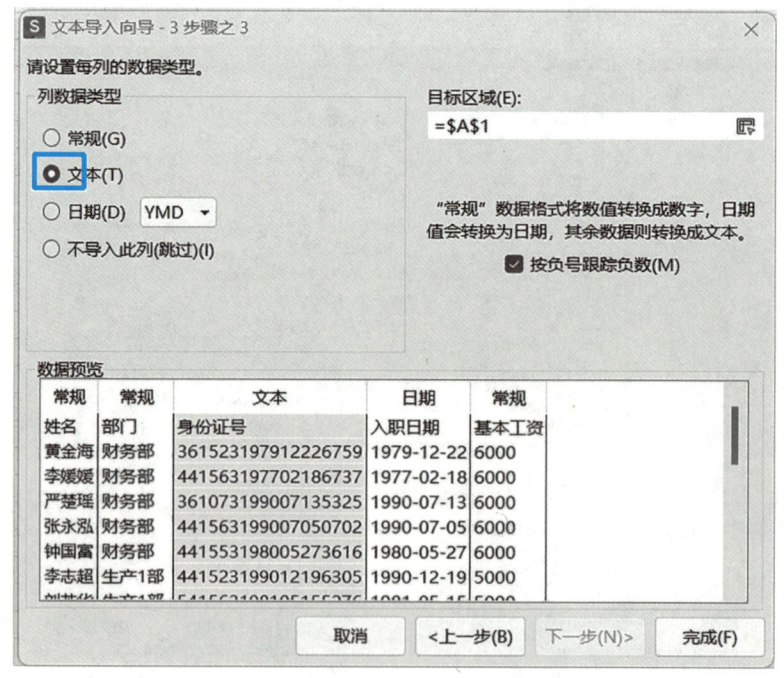

图1-1-10　选择文本导入的数据类型

成果展示，如图1-1-11所示。

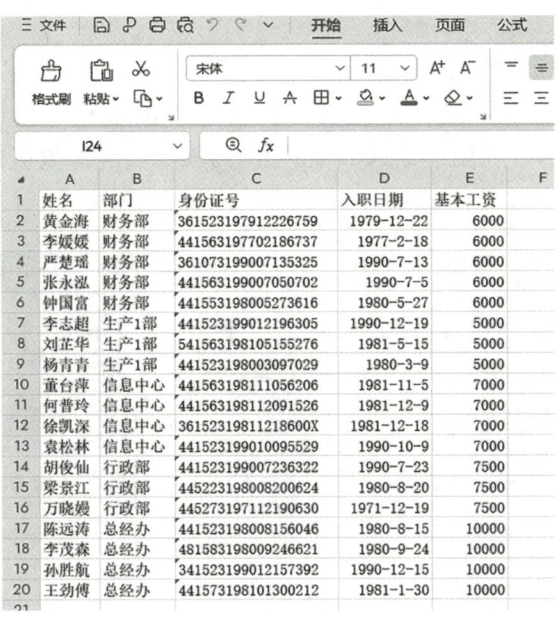

图 1-1-11　成果展示

任务实训 1-1

练习：打开"文本数据导入-练习（答题单据）.xlsx"电子表格文件，找到对应工作表，请将"门店信息.txt"文件导入电子表格中。

成果参考，如图 1-1-12 所示。

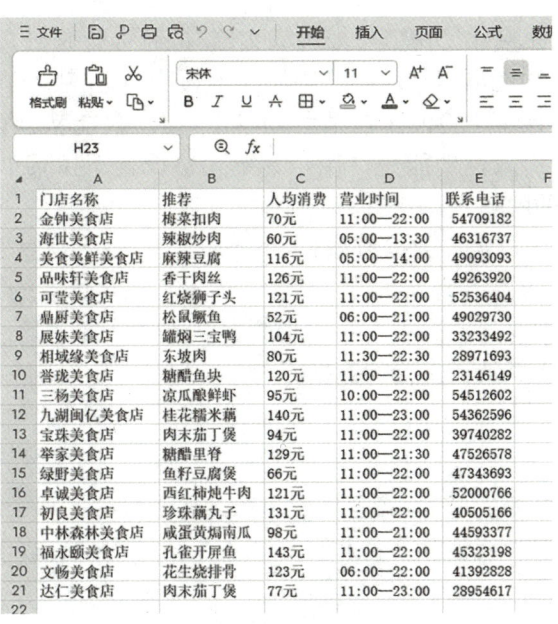

图 1-1-12　成果参考

二、数据有效性验证

在电子表格中设置数据有效性是一个非常重要的功能,它可以帮助用户限制输入到单元格中的数据类型或值,并在用户输入数据时进行验证,以确保数据的准确性和可靠性。选择"有效性"方法如图1-1-13所示。

图1-1-13 选择"有效性"

（1）数字范围有效性验证。在制作报表或数据统计时,我们经常会遇到需要输入具体数值的情况。电子表格的数据有效性功能可以把输入的数字限制在指定的范围内,如设定只能输入大于等于0小于等于100的数字。这样可以帮助用户限定数字范围,防止输入不符合要求的数值。

（2）日期格式有效性验证。在编写会议记录或项目计划等文档时,需要输入日期信息。电子表格的数据有效性功能可以设定输入的日期必须在指定的日期范围内,确保输入日期的准确性和统一性。

（3）文本长度有效性验证。在填写报告或文档时,经常会有对文本长度有要求的情况。电子表格的数据有效性功能可以帮助用户限制文本长度,防止输入过长或过短的文本。

（4）下拉菜单选择有效性验证。在某些场景下,用户只能从预设的列表中选择相应的内容。电子表格的数据有效性功能允许用户为单元格设置下拉菜单,限制用户只能从列表中选择,避免输入错误的问题。

（5）输入消息和错误警告。数据有效性功能提供了"输入信息"和"错误警告"选项卡,用于设置在输入数据时的提示消息和错误警告。输入消息是指在输入单元格时显示提示消息,可以向用户提供输入规范和需求。错误警告是指在输入不符合验证规则的数据时显示的错误提示,可以提醒用户输入正确的数据。

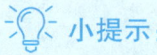小提示:

（1）在设置数据有效性时,务必确保所选的单元格或单元格区域正确无误。

（2）根据需要合理设置验证条件和出错警告信息,以便在输入无效数据时及时提醒用户。

（3）对于复杂的验证条件或公式,应在设置前进行充分的测试以确保其正确性和有效性。

任务描述 1-2

【任务1】设置"存货名称"列有效性条件为"序列",来源为"A4纸,圆珠笔,黑色签字笔,草稿纸,笔记本",并填写输入出错警告信息,样式为"警告",标题为"存货名称",内容为"请选择存货!"。

【任务2】设置"规格"列有效性条件为"序列",来源为"箱,包,盒,张",并显示提示消息,标题为"存货规格",内容为"请选择存货规格!"。

【任务3】设置"购入数量"列有效性条件为"整数",数据为"大于或等于",最小值为"1",并填写出错警告信息,样式为"停止",标题为"出错了",内容为"请输入数量!"。

【任务4】设置"单价"列有效性条件为"小数",数据为"介于",最小值为"0.1",最大值为"500",并填写出错警告信息,样式为"停止",标题为"出错了",内容为"请输入有效单价!"。

【任务5】设置"订货日期"列有效性条件为"日期",数据为"大于或等于",开始日期为"2023-12-1",并填写出错警告信息,样式为"停止",标题为"出错了",内容为"请输入合法日期!"。

【任务6】设置"金额"列公式,已知:数量﹡单价＝金额。

任务实施 1-2

步骤1:打开电子表格文件"数据验证(答题单据).xlsx",打开工作表"采购汇总表"。

步骤2:选择"有效性"。选中A4:A20单元格区域,选择菜单栏,依次选择【数据】→【有效性】→【有效性(V)】,如图1-1-14所示。

数据的有效性验证

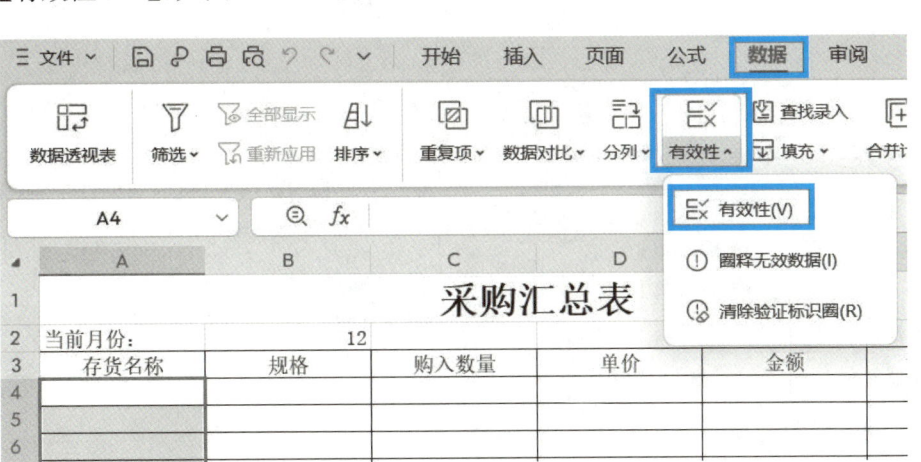

图1-1-14 选择"有效性"

步骤3:设置"存货名称"列下拉菜单进行数据有效性验证。在弹出"数据有效性"的对话框中,打开"设置"选项卡,在"允许(A)"下拉菜单中选择"序列",在"来源"的文本框中输入"A4纸,圆珠笔,黑色签字笔,草稿纸,笔记本",如图1-1-15所示。

步骤4：设置"存货名称"列的出错警告信息。打开"出错警告"选项卡，在"样式(Y)"下拉菜单中选择"警告"，在"标题(T)"的文本框中输入"存货名称"，在"错误信息(E)"的文本框中输入"请选择存货！"，如图1-1-16所示，点击【确定】按钮。

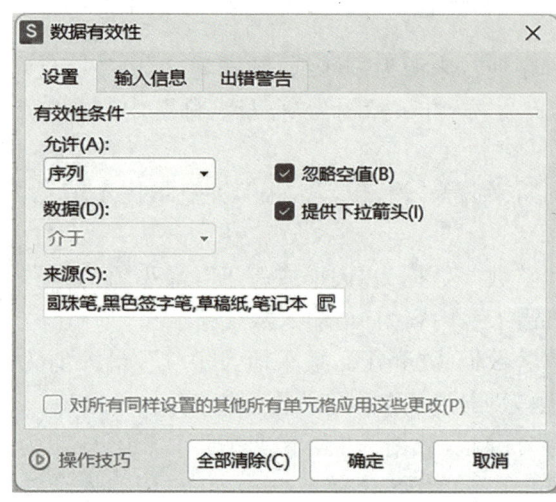

图1-1-15 设置"存货名称"列下拉菜单数据有效性

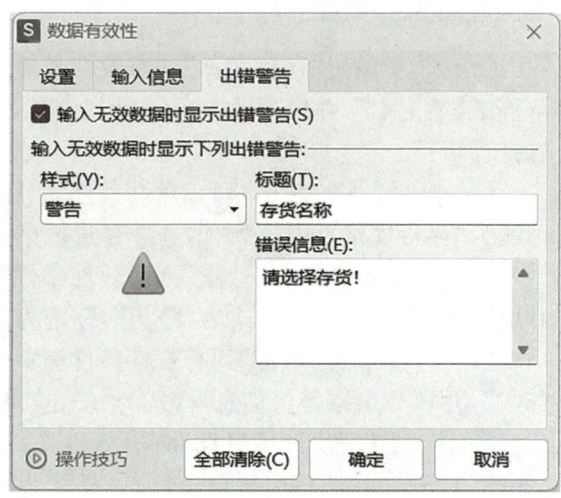

图1-1-16 设置"存货名称"列的出错警告信息

步骤5：选中B4:B20单元格区域，选择菜单栏，依次选择【数据】→【有效性】→【有效性(V)】。

步骤6：设置"规格"列下拉菜单选择有效性验证。在弹出"数据有效性"的对话框中，打开"设置"选项卡，在"允许(A)"下拉菜单中选择"序列"，在"来源(S)"的文本框中输入"箱，包，盒，张"，如图1-1-17所示。

步骤7：设置"规格"列的提示信息。打开"输入信息"选项卡，在"标题(T)"的文本框中输入"存货规格"，在"输入信息(I)"的文本框中输入"请选择存货规格！"，如图1-1-18所示，点击【确定】按钮。

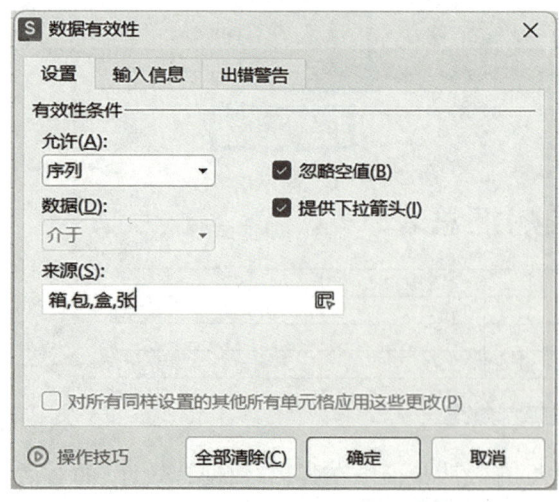

图1-1-17 设置"规格"列下拉菜单选择有效性

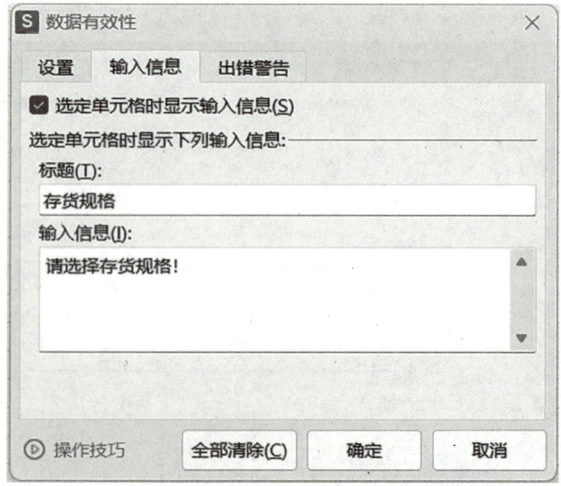

图1-1-18 设置"规格"列的提示信息

步骤8：选中C4:C20单元格区域，选择菜单栏，依次选择【数据】→【有效性】→【有效性(V)】。

步骤9：设置"购入数量"列数字范围有效性验证。在弹出"数据有效性"的对话框中，打开"设置"选项卡，在"允许(A)"下拉菜单中选择"整数"，在"数据(D)"的下拉菜单中选择"大于或等于"，在"最小值(M)"的文本框中输入"1"，如图1-1-19所示。

步骤10：设置"购入数量"列的出错警告信息。打开"出错警告"选项卡，在"样式(Y)"下拉菜单中选择"停止"，在"标题(T)"的文本框中输入"出错了"，在"错误信息(E)"的文本框中输入"请输入数量！"，如图1-1-20所示，点击【确定】按钮。

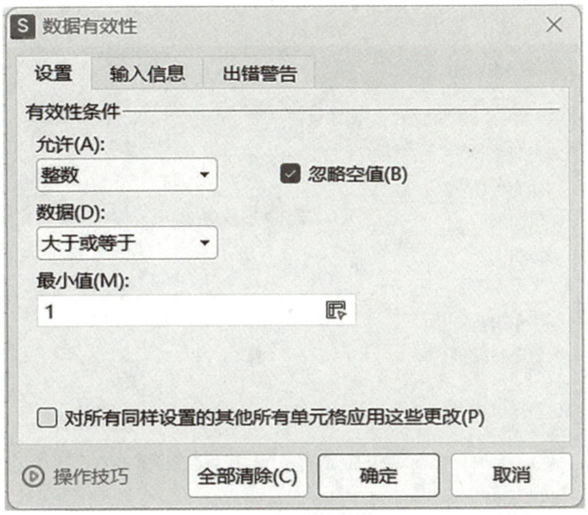

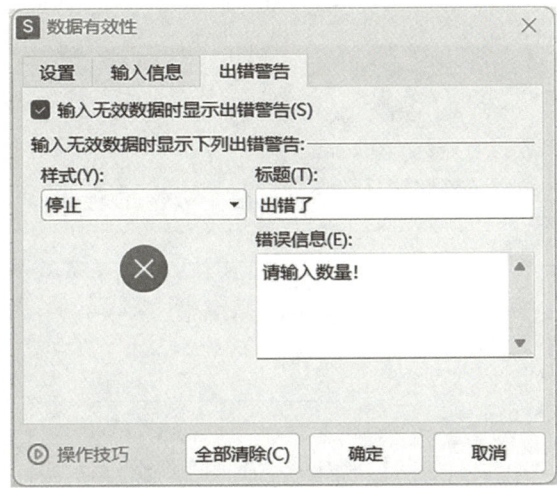

图 1-1-19　设置"购入数量"列数字范围有效性　　　图 1-1-20　设置"购入数量"列的出错警告信息

步骤11：选中D4:D20单元格区域，选择菜单栏，依次选择【数据】→【有效性】→【有效性(V)】。

步骤12：设置"单价"列数字范围有效性验证。在弹出"数据有效性"的对话框中，打开"设置"选项卡，在"允许(A)"下拉菜单中选择"小数"，在"数据(D)"的下拉菜单中选择"介于"，在"最小值(M)"的文本框中输入"0.1"，在"最大值(X)"的文本框中输入"500"，如图1-1-21所示。

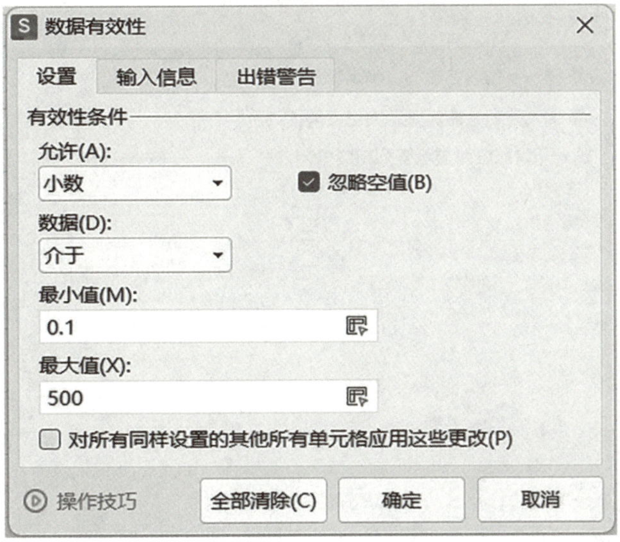

图 1-1-21　设置"单价"列数字范围有效性

步骤 13：设置"单价"列的出错警告信息。打开"出错警告"选项卡，在"样式(Y)"下拉列表中选择"停止"，在"标题(T)"的文本框中输入"出错了"，在"错误信息(E)"的文本框中输入"请输入有效单价！"，如图 1-1-22 所示，点击【确定】按钮。

步骤 14：选中 F4:F20 单元格区域，选择菜单栏，依次选择【数据】→【有效性】→【有效性(V)】。

步骤 15：设置"订货日期"列日期格式有效性验证。在弹出"数据有效性"的对话框中，打开"设置"选项卡，在"允许(A)"下拉菜单中选择"日期"，在"数据(D)"的下拉菜单中选择"大于或等于"，在"开始日期(S)"的文本框中输入"2024-12-1"，如图 1-1-23 所示。

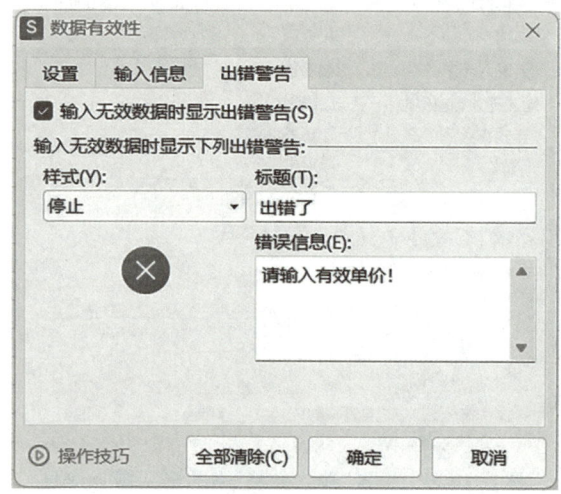

图 1-1-22 设置"单价"列的出错警告信息

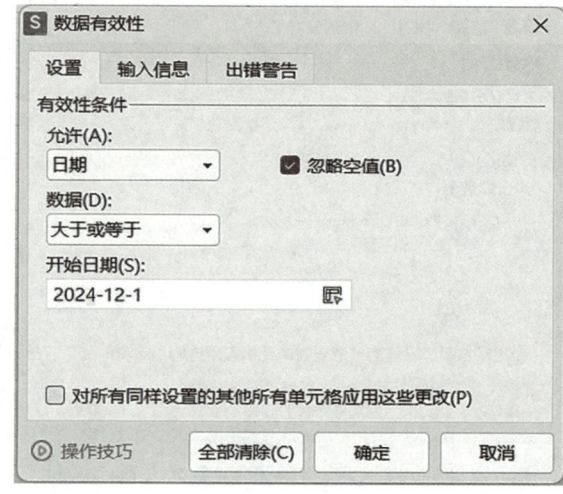

图 1-1-23 设置"订货日期"列日期格式有效性

步骤 16：设置"订货日期"列的出错警告信息。打开"出错警告"选项卡，在"样式(Y)"下拉列表中选择"停止"，在"标题(T)"的文本框中输入"出错了"，在"错误信息(E)"的文本框中输入"请输入合法日期！"，如图 1-1-24 所示，点击【确定】按钮。

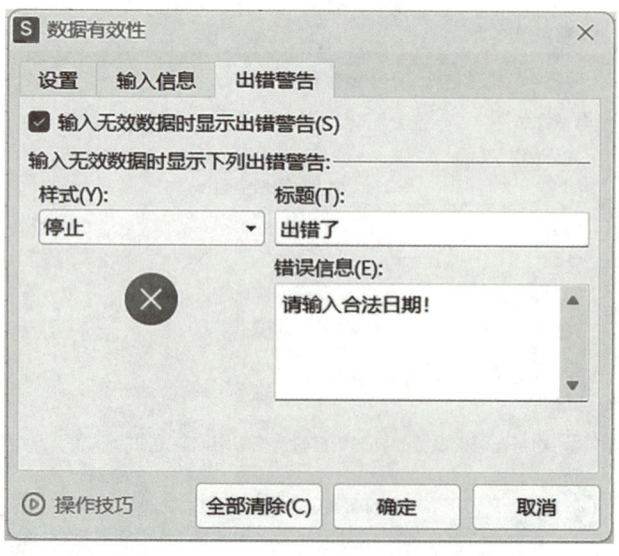

图 1-1-24 设置"订货日期"列的出错警告信息

步骤 17：设置"金额"列公式。选中 E4 单元格，在 E4 单元格或编辑栏中输入公式"＝C4＊D4"，如图 1-1-25 所示。

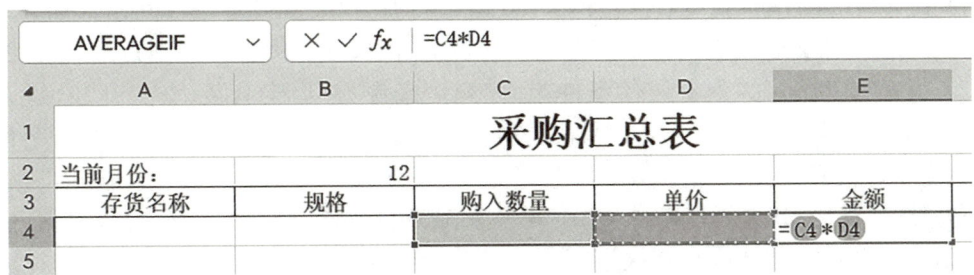

图 1-1-25　设置"金额"列公式

小提示：

公式"＝C4＊D4"，表示用 C4 单元格的值乘上 D4 单元格的值。即金额＝购入数量＊单价。

成果展示，如图 1-1-26 所示。

	A	B	C	D	E	F
1	采购汇总表					
2	当前月份：		12			
3	存货名称	规格	购入数量	单价	金额	订货日期
4	A4纸	箱	500	320.00	160000.00	2024-12-1
5	圆珠笔	箱	200	155.00	31000.00	2024-12-3
6	黑色签字笔	包	1000	5.00	5000.00	2024-12-3
7	笔记本	箱	200	105.00	21000.00	2024-12-7
8	A4纸	包	1000	10.00	10000.00	2024-12-7
9	草稿纸	箱	500	100.00	50000.00	2024-12-7
10	A4纸	箱	600	320.00	192000.00	2024-12-8
11	黑色签字笔	包	2300	4.50	10350.00	2024-12-10
12	圆珠笔	盒	50	8.00	400.00	2024-12-10
13	笔记本	包	925	26.00	24050.00	2024-12-15
14	黑色签字笔	箱	500	100.00	50000.00	2024-12-15
15	圆珠笔	箱	510	155.00	79050.00	2024-12-15
16	笔记本	包	5	20.00	100.00	2024-12-16
17	A4纸	箱	1200	300.00	360000.00	2024-12-20

图 1-1-26　成果展示

任务实训 1-2

打开"数据验证-练习(答题单据).xlsx"电子表格文件，找到对应工作表，完成以下操作：

练习:请在"采购汇总表"工作表完成以下操作。

要求:

(1)设置"出库日期"列有效性条件为"日期",数据为"大于或等于",开始日期为"2024-10-1",并填写出错警告信息,样式为"停止",标题为"出错了",内容为"请输入合法日期!"。

(2)设置"存货名称"列有效性条件为"序列",来源为"男士套装,女士套装,男士燕尾服,连衣裙,男士衬衫,半身裙",并填写出错警告信息,样式为"警告",标题为"存货名称",内容为"请选择存货!"。

(3)设置"规格"列有效性条件为"序列",来源为"件,条,套",并显示提示消息,标题为"存货规格",内容为"请选择存货规格!"。

(4)设置"购入数量"列有效性条件为"整数",数据为"大于或等于",最小值为"1",并填写出错警告信息,样式为"停止",标题为"出错了",内容为"请输入数量!"。

(5)设置"单价"列有效性条件为"小数",数据为"介于",最小值为"0.1",最大值为"500",并填写出错警告信息,样式为"停止",标题为"出错了",内容为"请输入有效单价!"。

(6)设置"金额"列公式,已知:数量＊单价＝金额。

成果参考,如图1-1-27所示,补充完整表格数据。

出库日期	存货名称	规格	购入数量	单价	金额
2024-10-1	男士套装	套	1194	180.00	214,920.00
2024-10-3	男士燕尾服	套	670	198.00	132,660.00
2024-10-3	连衣裙	条	994	85.00	84,490.00
2024-10-4	男士衬衫	件	140	235.00	32,900.00
2024-10-5	女士套装	套	427	210.00	89,670.00
2024-10-7	女士套装	套	495	210.00	103,950.00
2024-10-8	半身裙	条	1187	50.00	59,350.00
2024-10-10	女士套装	套	501	210.00	105,210.00
2024-10-12	连衣裙	条	1059	85.00	90,015.00
2024-10-15	连衣裙	条	655	85.00	55,675.00
2024-10-15	男士燕尾服	套	531	198.00	105,138.00
2024-10-16	半身裙	条	582	50.00	29,100.00
2024-10-16	男士衬衫	件	515	235.00	121,025.00
2024-10-20	男士衬衫	件	488	235.00	114,680.00
2024-10-20	女士套装	套	433	210.00	90,930.00
2024-10-21	半身裙	条	400	50.00	20,000.00
2024-10-21	男士燕尾服	套	920	198.00	182,160.00
2024-10-23	男士套装	套	202	180.00	36,360.00
2024-10-25	连衣裙	条	155	85.00	13,175.00
2024-10-25	男士衬衫	件	248	235.00	58,280.00
2024-10-26	半身裙	条	568	50.00	28,400.00
2024-10-29	女士套装	套	550	210.00	115,500.00
2024-10-29	连衣裙	条	120	85.00	10,200.00
2024-10-31	男士套装	套	418	180.00	75,240.00
2024-10-31	男士燕尾服	套	760	198.00	150,480.00

图1-1-27 成果参考

任务二　数据清洗与整理

财务数据清洗与整理是探索财务世界的钥匙。数据清理主要是去除重复数据、填补缺失值、修正错误数据等,而数据整理则是对数据格式等进行规范,为后续分析、决策提供依据。这一过程虽烦琐,却直接关系到后续分析的精度与可靠性。最后,通过细致清洗与整理,我们能让财务数据更好地呈现其价值,为后续的财务分析打下坚实的基础。

任务准备

一、数据清洗

数据清洗是数据处理和分析中一个至关重要的环节,它是指在数据分析或数据挖掘之前,对原始数据进行的一系列处理工作。数据清洗的目的是提高数据质量,确保数据的准确性、完整性、一致性和适用性。

(1)修复数据中的错误。这可能包括拼写错误、异常值或重复数据。例如,如果数据中存在人的身高记录为一千米这样的明显错误,就需要进行修复。

(2)处理数据的规范性。确保数据的格式和单位统一,如日期格式的一致性和单位统一。

(3)处理缺失值。数据缺失是数据表中经常出现的问题,是指数据某个或某些属性的值是不完整的。缺失值产生的原因多种多样,主要包括三种:无法获取信息;人为遗漏或删除信息;数据收集不当或者处理不当造成的数据缺失。我们可以选择删除缺失值,或通过补全等方法来处理这些缺失数据。

(4)去除重复数据。重复数据就是重复、多次记录的数据。重复数据会影响数据处理结果的准确性,从而导致数据分析结果出现偏差,因此需要将其删除。

(5)数据转换。数据转换是指根据分析或建模需求,对数据进行规范化、归一化或对数转换等处理。

数据清洗通常是一个迭代的过程,可能需要多次审查和改进数据,直到满足分析或建模需求为止。例如,在进行房屋价格预测项目时,数据清洗是确保分析准确性和模型性能的重要步骤。

> **小提示:**
> 电子表格数据清洗的实用技巧:
> (1)文本分列:将一列内容按分隔符(如逗号、空格等)切分成多列。在电子表格中,使用"数据"选项卡下的"分列"功能,选择"分隔符号"或"固定宽度"进行分列。
> (2)从文本中提取数字:使用快速填充或函数(如 LEFT、RIGHT、MID 等结合 ISNUMBER 函数)从文本中提取数字。
> (3)删除单元格多余空格:使用 TRIM 函数删除单元格前后的多余空格。新建列,输入 TRIM 函数并选中要修改的单元格,然后双击填充柄快速填充。

(4) 文本格式与数字格式的转换：将以文本形式存储的数字转换为数值格式，以便进行数学计算。可以通过选择单元格右下角的黄色小三角进行转换，或使用 VALUE 函数进行转换。

(5) 批量替换单元格内容：使用"查找和替换"功能批量替换单元格中的特定内容。这可以纠正拼写错误、统一数据格式等。

(6) 英文文本大小写转换：使用 PROPER、LOWER、UPPER 函数分别将英文文本转换为首字母大写、全部小写或全部大写。

(7) 使用 Power Query 进行高级数据清洗：对于更复杂的数据清洗任务，如合并多个工作表、转换数据类型、填充缺失值等，可以使用电子表格的 Power Query 功能。Power Query 提供了强大的数据转换和清洗工具，可以大大提高数据处理的效率和准确性。

任务描述 1-3

数据清洗

【任务 1】删除空白行。
【任务 2】取消合并单元格。
【任务 3】删除多余标题行。
【任务 4】删除空白单元格。

任务实施 1-3

步骤 1：打开电子表格文件，"数据清洗（答题单据）.xlsx"，打开工作表"数据清洗"。

步骤 2：定位空白单元格。在表格任一单元格中按下【Ctrl＋A】组合键，全选表格。然后按下【Ctrl＋G】组合键，定位单元格。在弹出"定位"对话框中，勾选"空值(K)"，如图 1-2-1 所示，然后点击【定位(T)】按钮。

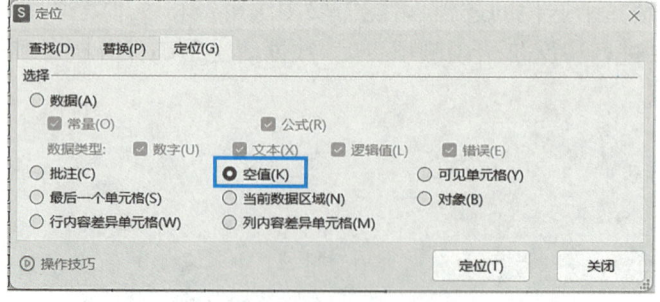

图 1-2-1　定位空白单元格

> **小提示：**
>
> 【Ctrl＋A】组合键，是全选表格的快捷方式。【Ctrl＋G】组合键，是定位单元格的快捷方式。

步骤3：删除空白行。系统自动定位到该区域的空单元格，在选中空单元格的状态下，按下鼠标右键，然后选择【删除(D)】，再选择【整行(R)】，如图1-2-2所示。

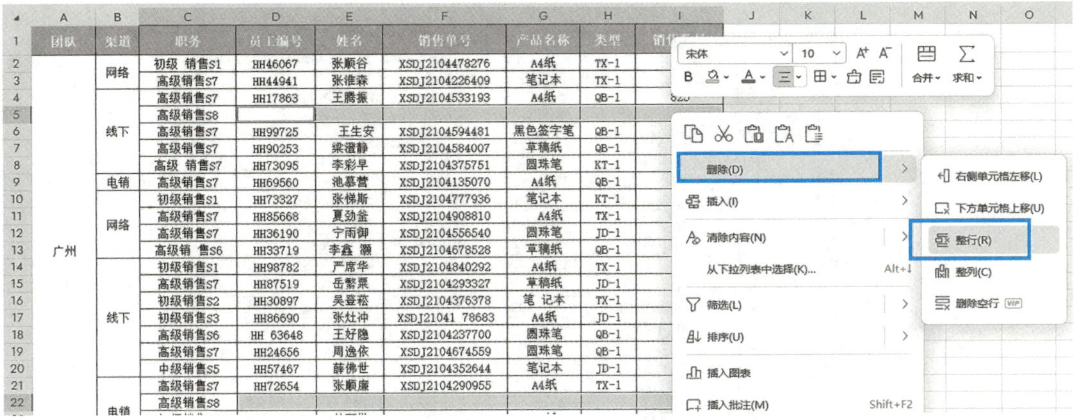

图1-2-2 删除空白行

步骤4：取消AB列单元格合并居中。选中A列和B列，选择菜单栏，依次选择【开始】→【合并居中】，取消合并居中。

步骤5：定位A列和B列的空白单元格。按下【Ctrl＋G】组合键，在弹出"定位"对话框中，勾选"空值"，点击【定位】按钮。

步骤6：填充空白单元格。在光标选中B3单元格的状态下，输入公式"=B2"，如图1-2-3所示。

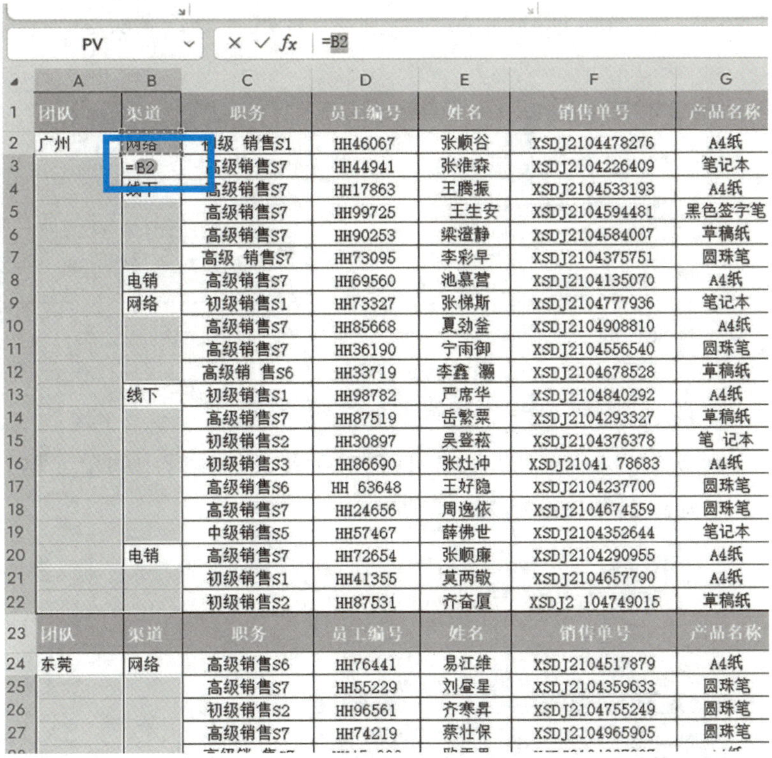

图1-2-3 填充A列和B列的空白单元格

步骤 7:往下填充数据。按下【Ctrl+Enter】组合键,系统自动将空白单元格填充相应数据,如图 1-2-4 所示。

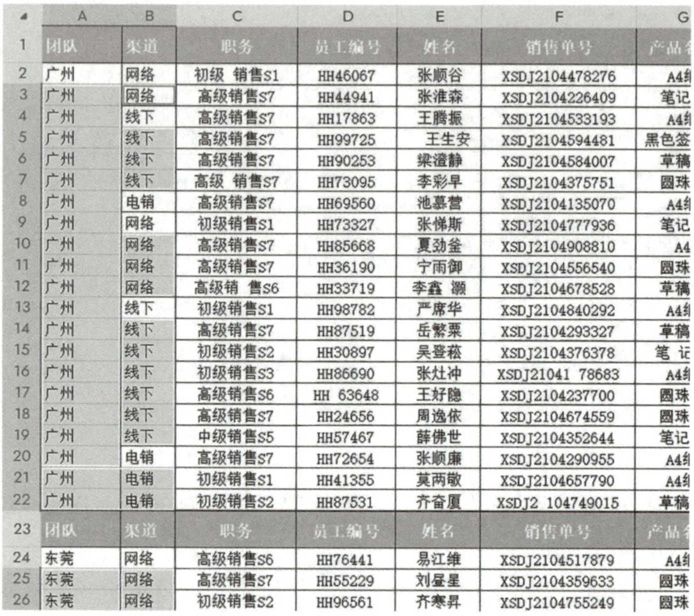

	A	B	C	D	E	F	G
1	团队	渠道	职务	员工编号	姓名	销售单号	产品名
2	广州	网络	初级 销售S1	HH46067	张顺谷	XSDJ2104478276	A4纸
3	广州	网络	高级销售S7	HH44941	张淮森	XSDJ2104226409	笔记
4	广州	线下	高级销售S7	HH17863	王腾振	XSDJ2104533193	A4纸
5	广州	线下	高级销售S7	HH99725	王生安	XSDJ2104594481	黑色签
6	广州	线下	高级销售S7	HH90253	梁澄静	XSDJ2104584007	草稿
7	广州	线下	高级 销售S7	HH73095	李彩早	XSDJ2104375751	圆珠
8	广州	电销	高级销售S7	HH69560	池慕营	XSDJ2104135070	A4纸
9	广州	网络	初级销售S1	HH73327	张悌斯	XSDJ2104777936	笔记
10	广州	网络	高级销售S7	HH85668	夏劲奎	XSDJ2104908810	A4
11	广州	网络	高级销售S7	HH36190	宁雨御	XSDJ2104556540	圆珠
12	广州	网络	高级销 售S6	HH33719	李鑫 灏	XSDJ2104678528	草稿
13	广州	线下	初级销售S1	HH98782	严席华	XSDJ2104840292	A4纸
14	广州	线下	高级销售S7	HH87519	岳繁粟	XSDJ2104293327	草稿
15	广州	线下	初级销售S2	HH30897	吴登菘	XSDJ2104376378	笔 记
16	广州	线下	初级销售S3	HH86690	张灶冲	XSDJ21041 78683	A4纸
17	广州	线下	高级销售S6	HH 63648	王好隐	XSDJ2104237700	圆珠
18	广州	线下	高级销售S7	HH24656	周逸依	XSDJ2104674559	圆珠
19	广州	线下	中级销售S5	HH57467	薛佛世	XSDJ2104352644	笔记
20	广州	电销	高级销售S7	HH72654	张顺廉	XSDJ2104290955	A4纸
21	广州	电销	初级销售S1	HH41355	莫两敏	XSDJ2104657790	A4纸
22	广州	电销	初级销售S2	HH87531	齐奋厦	XSDJ2 104749015	草稿
23	团队	渠道	职务	员工编号	姓名	销售单号	产品名
24	东莞	网络	高级销售S6	HH76441	易江维	XSDJ2104517879	A4纸
25	东莞	网络	高级销售S7	HH55229	刘昼星	XSDJ2104359633	圆珠
26	东莞	网络	初级销售S2	HH96561	齐寒昇	XSDJ2104755249	圆珠

图 1-2-4　将空白单元格填充相应数据

步骤 8:选择表格中任一单元格,按下【Ctrl+A】组合键,全选表格。按下鼠标右键,选择【复制】,然后再点击鼠标右键,选择【粘贴为数值(V)】,如图 1-2-5 所示。

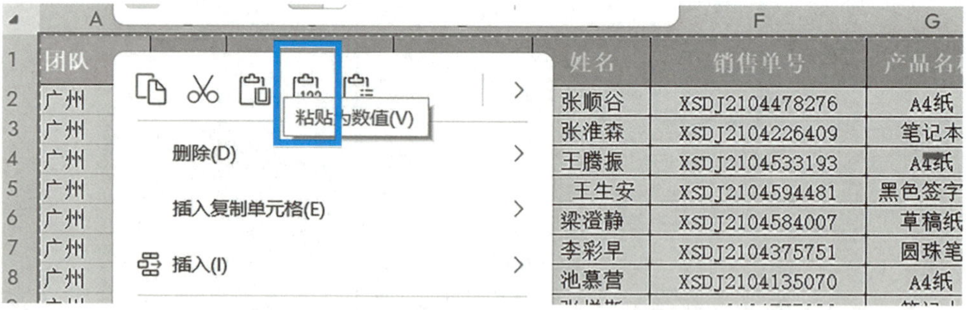

图 1-2-5　选择"粘贴为数值"

步骤 9:选择"筛选"。选中 A1 单元格(任选其中一个标题行中的单元格),选择菜单栏,依次选择【开始】→【筛选】→【筛选(F)】,如图 1-2-6 所示。

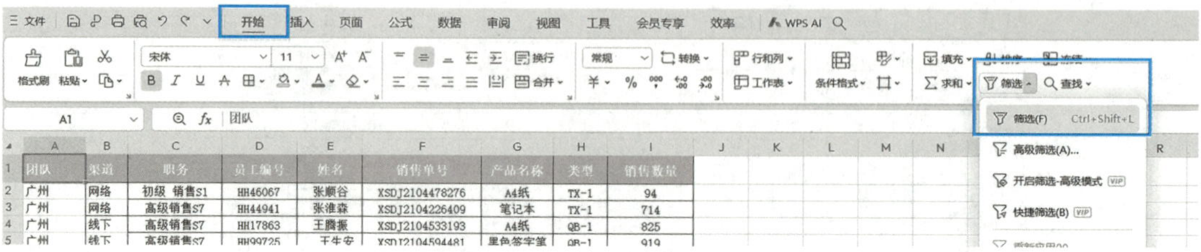

图 1-2-6　选择"筛选"

步骤 10：按"颜色筛选"。点击"团队"单元格右下方的下拉菜单，依次选择【颜色排序】→【颜色筛选】→【橙色】，如图 1-2-7 所示，然后点击【确定】按钮。

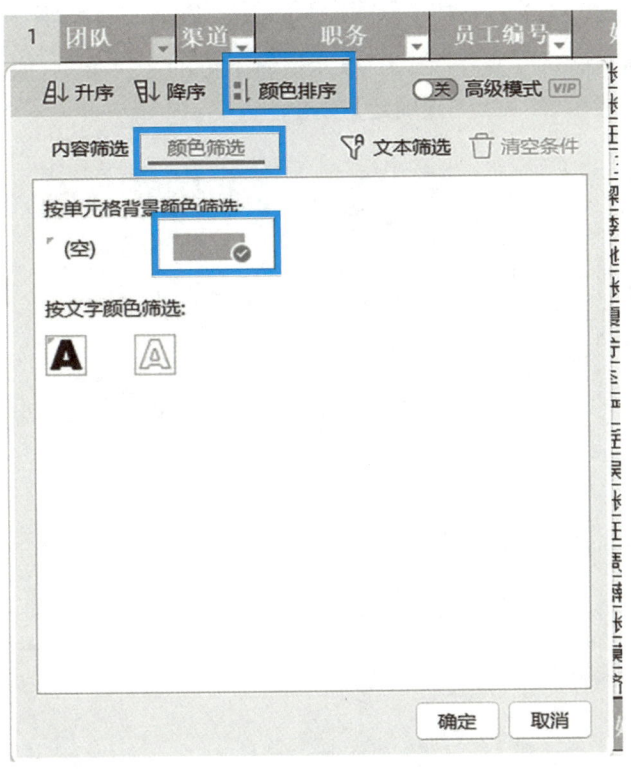

图 1-2-7　按"颜色筛选"

步骤 11：删除多余标题行。选中第 2 个标题行到第 7 个标题行（也可以使用【Ctrl＋Shift＋↓】组合键快速选中单元格），按下鼠标右键，点击【删除(D)】按钮，如图 1-2-8 所示。

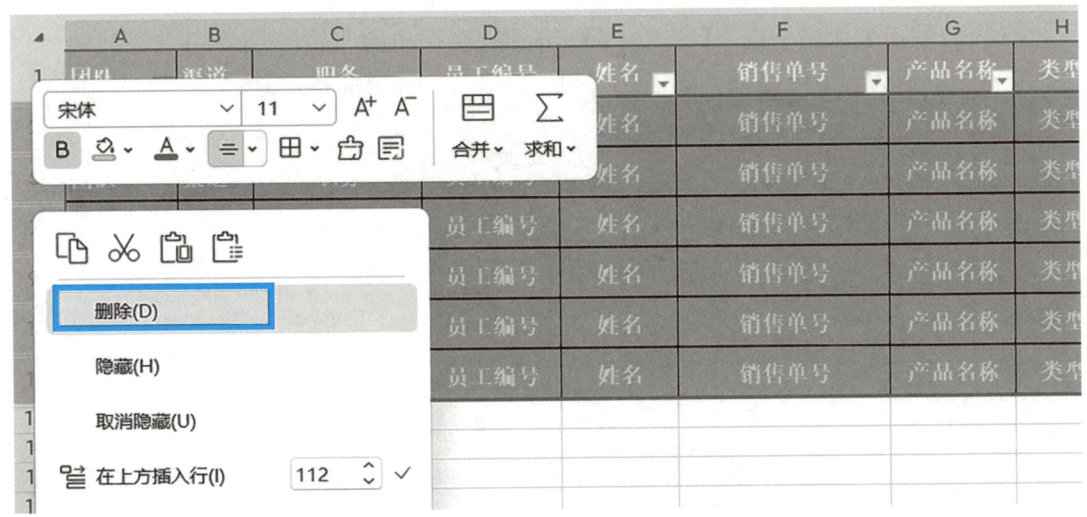

图 1-2-8　删除多余题行

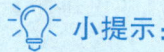小提示:

【Ctrl+Shift+↓】组合键,是向下选中单元格的快捷方式。

步骤12:按"内容筛选"。点击"团队"单元格右下方的下拉菜单,依次选择【内容筛选】→【全选】,如图1-2-9所示,然后点击【确定】按钮。

图1-2-9　按"内容筛选"

步骤13:替换单元格。按下【Ctrl+H】组合键,在弹出的"替换"窗口中,"查找内容"为" "(空格),"替换为"为""(空白),如图1-2-10所示,点击【全部替换】按钮。

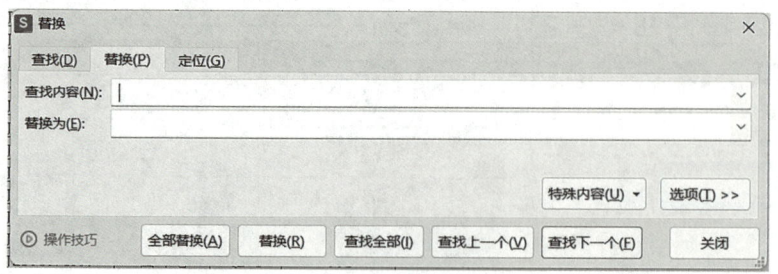

图1-2-10　替换单元格

小提示:

【Ctrl+H】组合键,是弹出"查找与替换"窗口的快捷方式。

成果展示，如图 1-2-11 所示。

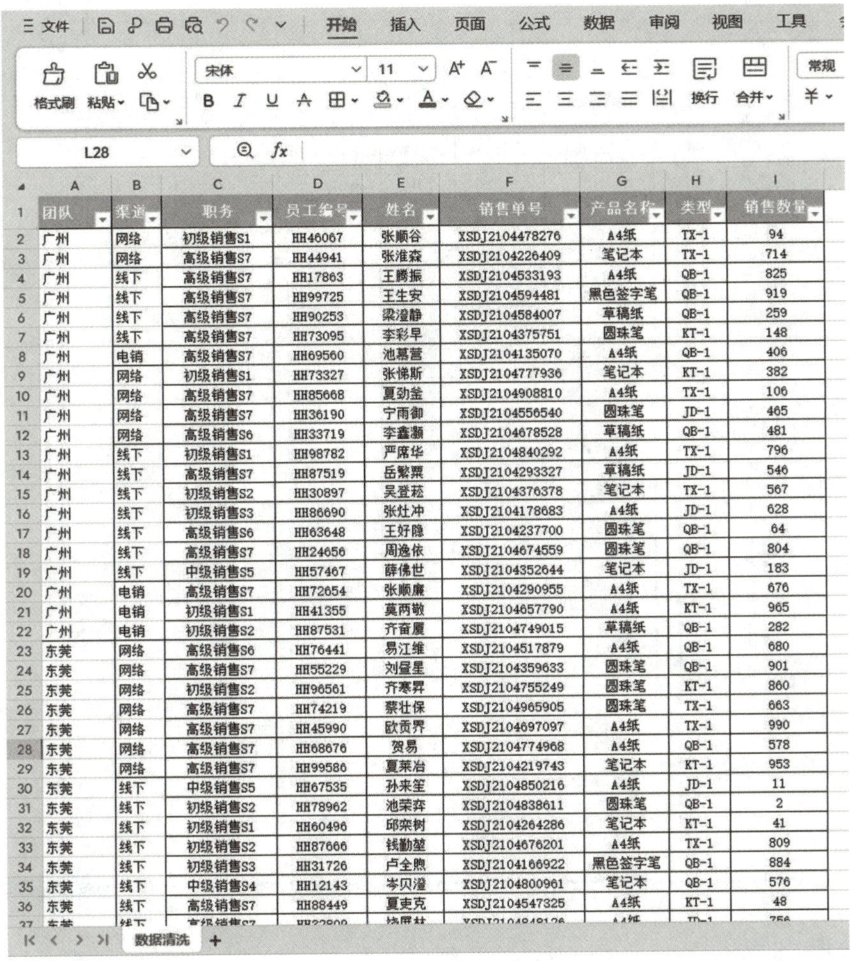

团队	渠道	职务	员工编号	姓名	销售单号	产品名称	类型	销售数量
广州	网络	初级销售S1	HH46067	张顺谷	XSDJ2104478276	A4纸	TX-1	94
广州	网络	高级销售S7	HH44941	张淮森	XSDJ2104226409	笔记本	TX-1	714
广州	线下	高级销售S7	HH17863	王腾振	XSDJ2104533193	A4纸	QB-1	825
广州	线下	高级销售S7	HH99725	王生安	XSDJ2104594481	黑色签字笔	QB-1	919
广州	线下	高级销售S7	HH90253	梁澄静	XSDJ2104584007	草稿纸	QB-1	259
广州	线下	高级销售S7	HH73095	李彩早	XSDJ2104375751	圆珠笔	KT-1	148
广州	电销	高级销售S7	HH69560	池慕营	XSDJ2104135070	A4纸	QB-1	406
广州	网络	初级销售S1	HH73327	张悌斯	XSDJ2104777936	笔记本	KT-1	382
广州	网络	高级销售S7	HH85668	夏劲釜	XSDJ2104908810	A4纸	TX-1	106
广州	网络	高级销售S7	HH36190	宁雨御	XSDJ2104556540	圆珠笔	JD-1	465
广州	网络	高级销售S6	HH33719	李鑫灏	XSDJ2104678528	草稿纸	QB-1	481
广州	线下	初级销售S1	HH98782	严席华	XSDJ2104840292	A4纸	TX-1	796
广州	线下	高级销售S7	HH87519	岳繁粟	XSDJ2104293327	草稿纸	JD-1	546
广州	线下	初级销售S2	HH30897	吴登菘	XSDJ2104376378	笔记本	TX-1	567
广州	线下	初级销售S3	HH86690	张灶冲	XSDJ2104178683	A4纸	JD-1	628
广州	线下	高级销售S6	HH63648	王好隐	XSDJ2104237700	圆珠笔	QB-1	64
广州	线下	高级销售S7	HH24656	周逸依	XSDJ2104674559	圆珠笔	QB-1	804
广州	线下	中级销售S5	HH57467	薛佛世	XSDJ2104352644	笔记本	JD-1	183
广州	电销	高级销售S7	HH72654	张顺廉	XSDJ2104290955	A4纸	TX-1	676
广州	电销	初级销售S1	HH41355	莫两敬	XSDJ2104657790	A4纸	KT-1	965
广州	电销	初级销售S2	HH87531	齐奋厦	XSDJ2104749015	草稿纸	QB-1	282
东莞	网络	高级销售S6	HH76441	易江维	XSDJ2104517879	A4纸	QB-1	680
东莞	网络	高级销售S7	HH55229	刘昼星	XSDJ2104359633	圆珠笔	QB-1	901
东莞	网络	初级销售S2	HH96561	齐寒昇	XSDJ2104755249	圆珠笔	KT-1	860
东莞	网络	高级销售S7	HH74219	蔡壮保	XSDJ2104965905	圆珠笔	TX-1	663
东莞	网络	高级销售S7	HH45990	欧贡界	XSDJ2104697097	A4纸	TX-1	990
东莞	网络	高级销售S7	HH68676	贺易	XSDJ2104774968	A4纸	QB-1	578
东莞	网络	高级销售S7	HH99586	夏莱冶	XSDJ2104219743	笔记本	KT-1	953
东莞	线下	中级销售S5	HH67535	孙来笙	XSDJ2104850216	A4纸	JD-1	11
东莞	线下	初级销售S2	HH78962	池荣弈	XSDJ2104838611	圆珠笔	QB-1	2
东莞	线下	初级销售S1	HH60496	邱栾树	XSDJ2104264286	笔记本	KT-1	41
东莞	线下	初级销售S2	HH87666	钱勤堃	XSDJ2104676201	A4纸	TX-1	809
东莞	线下	初级销售S3	HH31726	卢全煦	XSDJ2104166922	黑色签字笔	QB-1	884
东莞	线下	中级销售S4	HH12143	岑贝滢	XSDJ2104800961	笔记本	QB-1	576
东莞	线下	高级销售S7	HH88449	夏吏克	XSDJ2104547325	A4纸	KT-1	48

图 1-2-11　成果展示

任务实训 1-3

打开“数据清洗-练习(答题单据).xlsx”电子表格文件，找到对应工作表，完成以下操作：

练习：请将“数据清洗”工作表完成以下操作。

要求：

(1) 删除空白列和空白行。

(2) 取消合并单元格。

(3) 删除多余标题行。

(4) 清除多余字符。

成果参考，如图 1-2-12 所示。

团队	渠道	职务	员工编号	姓名	销售单号	产品名称	销售数量
广州	网络	初级销售S1	HH46067	张顺谷	AXWJ2104478276	男士套装	334
广州	网络	高级销售S7	HH44941	张淮森	AXWJ210]4226409	女士套装	116
广州	线下	高级销售S7	HH17863	王腾振	AXWJ2104533193	男士套装	791
广州	线下	高级销售S7	HH99725	王生安	AXWJ2104594481	半身裙	792
广州	线下	高级销售S7	HH90253	梁澄静	AXWJ2104584007	连衣裙	634
广州	线下	高级销售S7	HH73095	李彩早	AXWJ2104375751	男士燕尾服	487
广州	电销	高级销售S7	HH69560	池慕营	AXWJ2104135070	男士套装	153
广州	网络	初级销售S1	HH73327	张悌斯	AXWJ2104777936	女士套装	455
广州	网络	高级销售S7	HH85668	夏劲釜	AXWJ2104908810	男士套装	377
广州	网络	高级销售S7	HH36190	宁雨御	AXWJ2104556540	男士燕尾服	410
广州	网络	高级销售S6	HH33719	李鑫灏	AXWJ2104678528	连衣裙	710
广州	线下	初级销售S1	HH98782	严席华	AXWJ2104840292	男士套装	521
广州	线下	高级销售S7	HH87519	岳繁粟	AXWJ2104293327	连衣裙	201
广州	线下	初级销售S2	HH30897	吴登菘	AXWJ2104376378	半身裙	399
广州	线下	初级销售S3	HH86690	张灶冲	AXWJ2104178683	男士套装	208
广州	线下	高级销售S6	HH63648	王好隐	AXW]J2]]104237700	男士燕尾服	615
广州	线下	高级销售S7	HH24656	周逸依	AXWJ2104674559	男士燕尾服	702
广州	线下	中级销售S5	HH57467	薛佛世	AXWJ2104352644	女士套装	611
广州	电销	高级销售S7	HH72654	张顺廉	AXWJ2104290955	男士套装	610
广州	电销	初级销售S1	HH41355	莫两敬	AXWJ21046]57790	男士套装	695
广州	电销	初级销售S2	HH87531	齐奋厦	AXWJ2104749015	连衣裙	326
东莞	网络	高级销售S6	HH76441	易江维	AXWJ2104517879	男士套装	467
东莞	网络	高级销售S7	HH55229	刘昼星	AXWJ2104359633	男士燕尾服	102
东莞	网络	初级销售S2	HH96561	齐寒昇	AXWJ2104755249	男士燕尾服	778
东莞	网络	高级销售S7	HH74219	蔡壮保	AXWJ21]04965905	男士燕尾服	757
东莞	网络	高级销售S7	HH45990	欧贡界	AXWJ2104697097	男士套装	625
东莞	网络	高级销售S7	HH68676	贺易	AXWJ2104774968	男士套装	538
东莞	网络	高级销售S7	HH99586	夏莱治	AXWJ2104219743	女士套装	146
东莞	线下	中级销售S5	HH67535	孙来笙	AXWJ2104850216	男士套装	509
东莞	线下	初级销售S2	HH78962	池荣弈	AXWJ210483]8611	男士燕尾服	205
东莞	线下	初级销售S1	HH60496	邱栾树	AXWJ2104264286	半身裙	592
东莞	线下	初级销售S2	HH87666	钱勤堃	AXWJ2104676201	男士套装	349

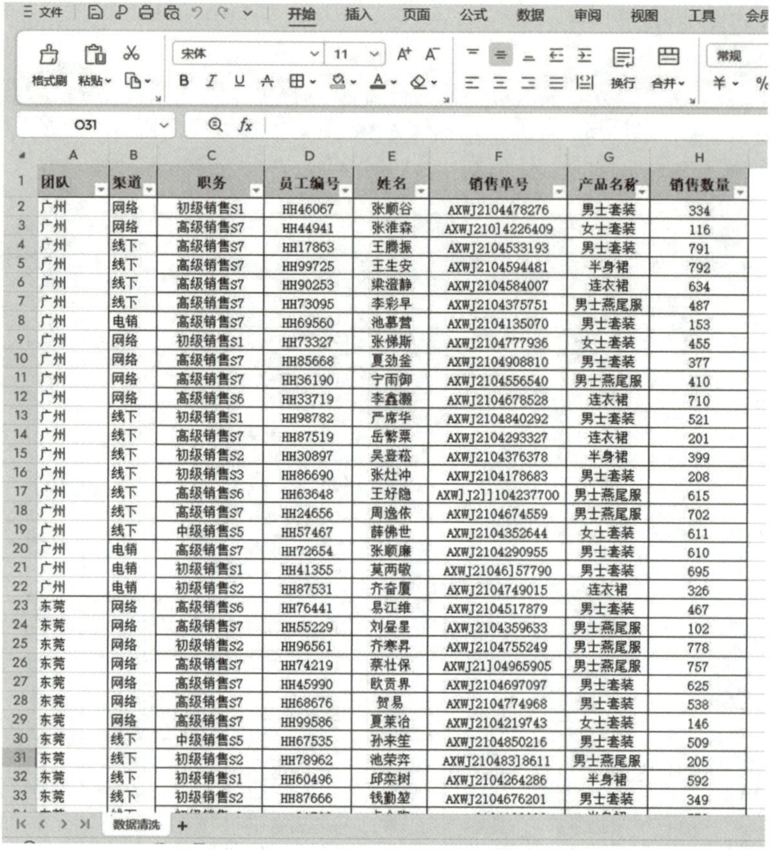

图 1-2-12 成果参考

二、数据排序

排序是计算机内经常进行的一种操作，其目的是将一组“无序”的记录序列调整为“有序”的记录序列。

在电子表格中，对数据进行排序的基本步骤是选择要排序的数据区域，然后点击【数据】选项卡上的【排序】按钮，接着选择“升序(S)”、“降序(O)”或“自定义排序(U)”进行排序，如图 1-2-13 所示。

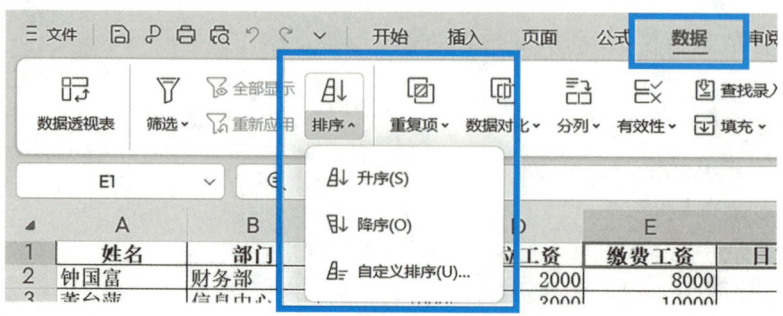

图 1-2-13 选择“排序”

(一)排序

在需要对具有相同值的数据进行进一步排序时,可以使用多关键字排序。这涉及在主关键字中选择先一个排序依据,然后在"添加级别"中添加更多的关键字进行排序。

(二)自定义排序

如果需要按照特定的顺序进行排序,可以选择"自定义排序"。这通常涉及在排序对话框中选择要排序的列,然后在"次序"中选择"自定义序列",在其中输入或选择特定的顺序。

任务描述 1-4

【任务 1】将"实发工资"列进行升序排序。
【任务 2】以"部门""缴费工资"为主、次关键字进行降序、升序排序。
【任务 3】以"姓名"列进行自定义排序。

任务实施 1-4

步骤 1:打开电子表格文件,"(多关键字)排序(答题单据).xlsx",打开工作表"多列(多关键字)排序"。

步骤 2:以"实发工资"列进行升序排序。选中 P 列,选择菜单栏,依次选择【开始】→【排序】→【升序(S)】,此时弹出"排序警告"窗口,显示"WPS 表格发现在选定区域旁边还有数据,这些数据将不参与排序",选择排序依据为"扩展选定区域(E)",如图 1-2-14 所示,点击【排序(S)】按钮。

步骤 3:选择"自定义排序"。选中 A1 单元格(任选表格其中一个单元格),选择菜单栏,依次选择【开始】→【排序】→【自定义排序(U)】,如图 1-2-15 所示。

图 1-2-14 选择排序依据

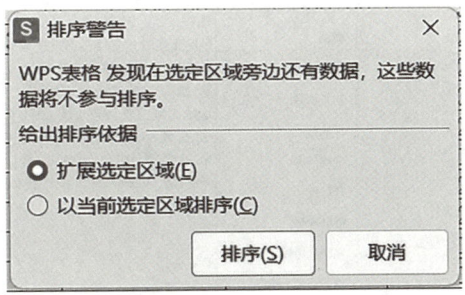

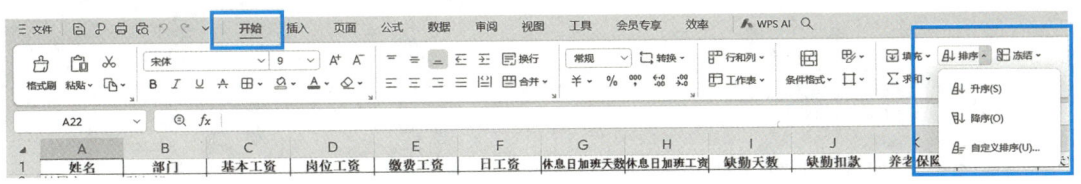

图 1-2-15 选择"自定义排序"

步骤 4:按要求进行自定义排序,以"部门""缴费工资"为主、次关键字进行降序、升序排序。在弹出"排序"窗口中,点击"主要关键字"右侧的下拉菜单,选择"部门","排序依据"默认为"数值","次序"为"降序"。然后点击【添加条件】,在"次要关键字"中选择"缴费工资","排序依据"默认为"数值","次序"为"升序",如图 1-2-16 所示,点击【确定】按钮。

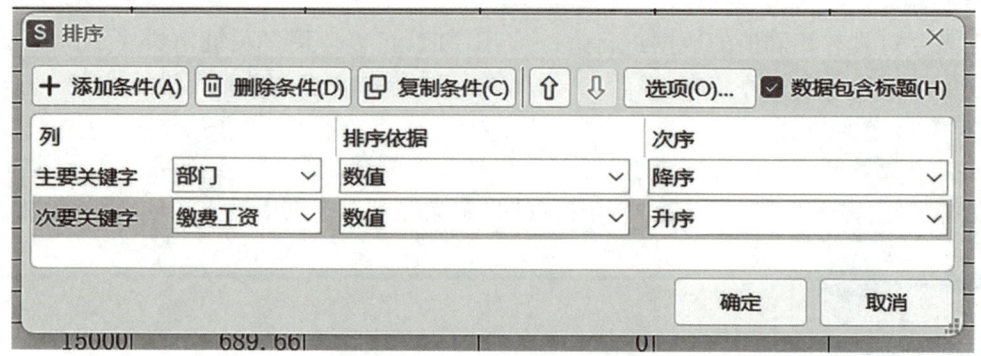

图 1-2-16　进行自定义排序

步骤 5：选择"自定义排序"。选择菜单栏，依次选择【文件】→【选项】→【自定义排序】。

步骤 6：在"选项"窗口中，点击"从单元格中导入序列(I)"右侧的折叠按钮，如图 1-2-17 所示。选择 S2:S20 单元格区域，点击【导入(M)】按钮，如图 1-2-18 所示，然后再点击【确定】按钮。

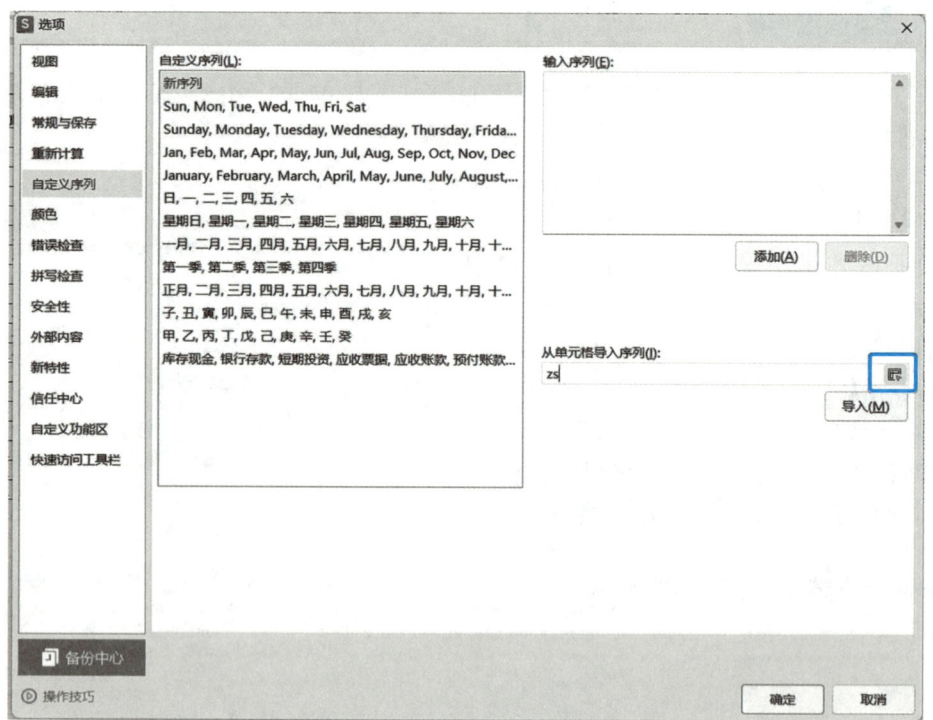

图 1-2-17　点击折叠按钮

步骤 7：点击表中任一单元格，按住【Ctrl＋A】组合键全选表格。选择菜单栏，依次选择【文件】→【选项】→【自定义排序】。

步骤 8：以"姓名"列进行自定义排序。在弹出"排序"窗口中，点击"主要关键字"右侧的下拉菜单，选择"姓名"，"排序依据"默认为"数值"，"次序"为"自定义序列"。在弹出"自定义序列"窗口中，选择"钟国豪、张永泓……"，如图 1-2-19 所示，然后点击【确定】按钮。

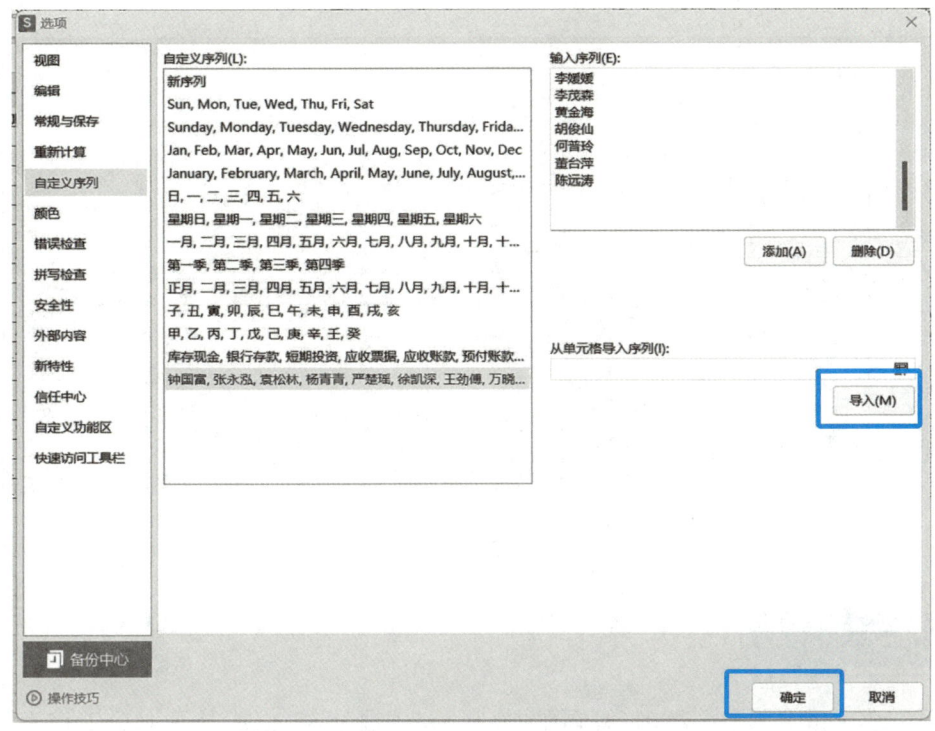

图 1-2-18　点击【导入】按钮

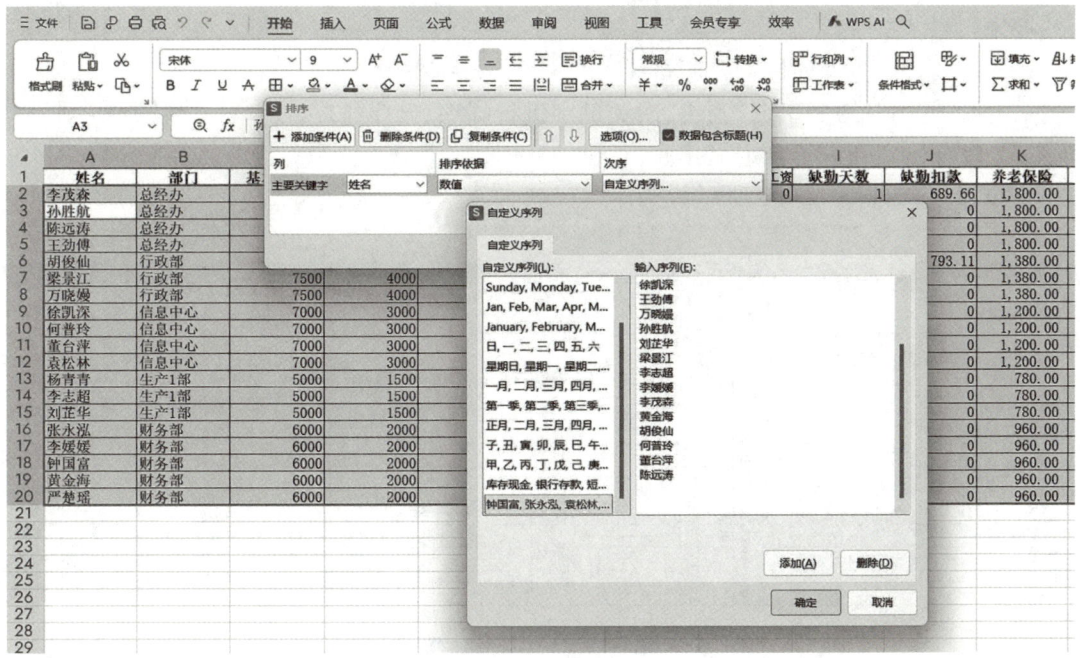

图 1-2-19　以"姓名"列进行自定义排序

成果展示，如图 1-2-20 所示。

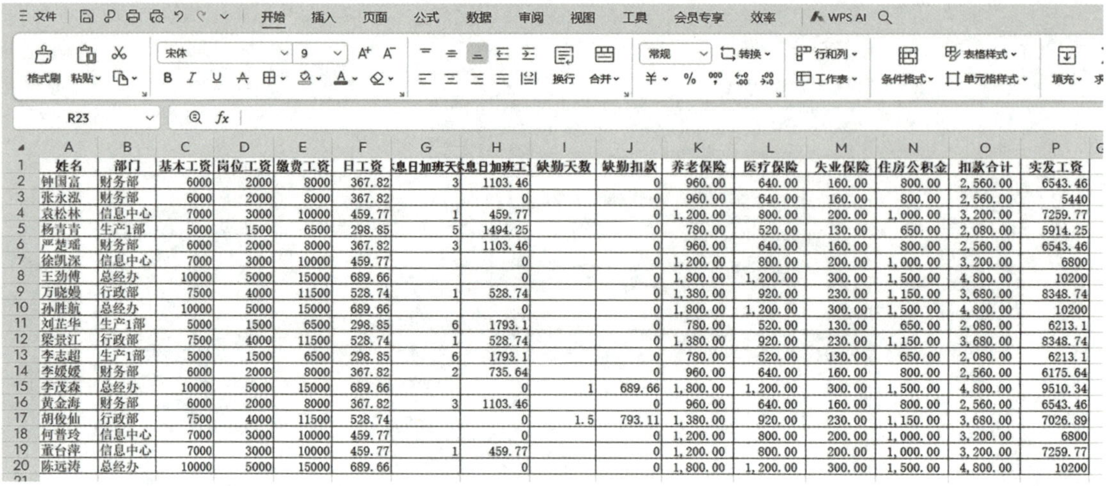

	姓名	部门	基本工资	岗位工资	缴费工资	日工资	息日加班天	息日加班工	缺勤天数	缺勤扣款	养老保险	医疗保险	失业保险	住房公积金	扣款合计	实发工资
2	钟国富	财务部	6000	2000	8000	367.82	3	1103.46		0	960.00	640.00	160.00	800.00	2,560.00	6543.46
3	张永泓	财务部	6000	2000	8000	367.82		0		0	960.00	640.00	160.00	800.00	2,560.00	5440
4	袁松林	信息中心	7000	3000	10000	459.77	1	459.77		0	1,200.00	800.00	200.00	1,000.00	3,200.00	7259.77
5	杨青青	生产1部	5000	1500	6500	298.85	5	1494.25		0	780.00	520.00	130.00	650.00	2,080.00	5914.25
6	严楚瑶	财务部	6000	2000	8000	367.82	3	1103.46		0	960.00	640.00	160.00	800.00	2,560.00	6543.46
7	徐凯深	信息中心	7000	3000	10000	459.77		0		0	1,200.00	800.00	200.00	1,000.00	3,200.00	6800
8	王劲傅	总经办	10000	5000	15000	689.66		0		0	1,800.00	1,200.00	300.00	1,500.00	4,800.00	10200
9	万晓嫚	行政部	7500	4000	11500	528.74	1	528.74		0	1,380.00	920.00	230.00	1,150.00	3,680.00	8348.74
10	孙胜航	总经办	10000	5000	15000	689.66		0		0	1,800.00	1,200.00	300.00	1,500.00	4,800.00	10200
11	刘芷华	生产1部	5000	1500	6500	298.85	6	1793.1		0	780.00	520.00	130.00	650.00	2,080.00	6213.1
12	梁景江	行政部	7500	4000	11500	528.74	1	528.74		0	1,380.00	920.00	230.00	1,150.00	3,680.00	8348.74
13	李志超	生产1部	5000	1500	6500	298.85	6	1793.1		0	780.00	520.00	130.00	650.00	2,080.00	6213.1
14	李嫒嫒	财务部	6000	2000	8000	367.82	2	735.64		0	960.00	640.00	160.00	800.00	2,560.00	6175.64
15	李茂森	总经办	10000	5000	15000	689.66		0	1	689.66	1,800.00	1,200.00	300.00	1,500.00	4,800.00	9510.34
16	黄金海	财务部	6000	2000	8000	367.82	3	1103.46		0	960.00	640.00	160.00	800.00	2,560.00	6543.46
17	胡俊仙	行政部	7500	4000	11500	528.74		0	1.5	793.11	1,380.00	920.00	230.00	1,150.00	3,680.00	7026.89
18	何普玲	信息中心	7000	3000	10000	459.77		0		0	1,200.00	800.00	200.00	1,000.00	3,200.00	6800
19	董台萍	信息中心	7000	3000	10000	459.77	1	459.77		0	1,200.00	800.00	200.00	1,000.00	3,200.00	7259.77
20	陈远涛	总经办	10000	5000	15000	689.66		0		0	1,800.00	1,200.00	300.00	1,500.00	4,800.00	10200

图 1-2-20 成果展示

任务实训 1-4

打开“(多关键字)排序-练习(答题单据).xlsx”电子表格文件，找到对应工作表，完成以下操作：

练习：请将“多列(多关键字)排序”工作表完成以下操作。

要求：

(1) 将“实发工资”列进行升序排序。

(2) 以“部门”“缴费工资”为主、次关键字进行降序、升序排序。

(3) 以“姓名”列进行自定义排序。

成果参考，如图 1-2-21 所示。

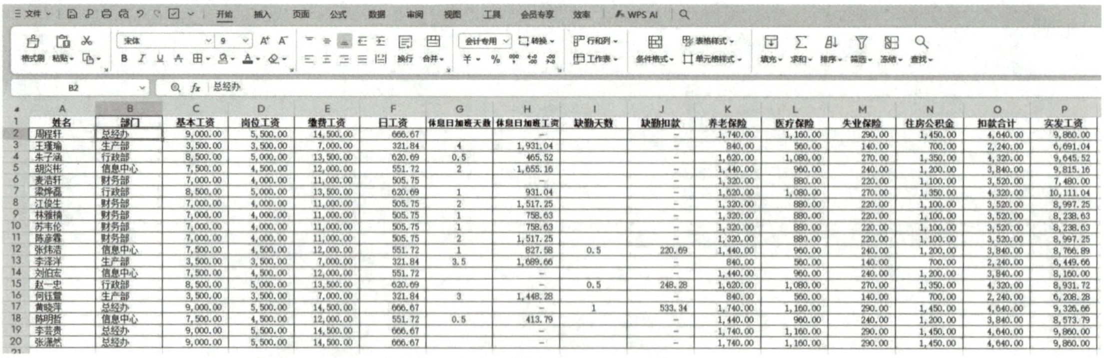

	姓名	部门	基本工资	岗位工资	缴费工资	日工资	休息日加班天数	休息日加班工资	缺勤天数	缺勤扣款	养老保险	医疗保险	失业保险	住房公积金	扣款合计	实发工资
2	周程轩	总经办	9,000.00	5,500.00	14,500.00	666.67		-		-	1,740.00	1,160.00	290.00	1,450.00	4,640.00	9,860.00
3	王瑾瑜	生产部	3,500.00	3,500.00	7,000.00	321.84	4	1,931.04		-	840.00	560.00	140.00	700.00	2,240.00	6,691.04
4	朱子涵	行政部	8,500.00	5,000.00	13,500.00	620.69	0.5	465.52		-	1,620.00	1,080.00	270.00	1,350.00	4,320.00	9,645.52
5	胡炎彬	信息中心	7,500.00	4,500.00	12,000.00	551.72	2	1,655.16		-	1,440.00	960.00	240.00	1,200.00	3,840.00	9,815.16
6	麦浩轩	财务部	7,000.00	4,000.00	11,000.00	505.75		-		-	1,320.00	880.00	220.00	1,100.00	3,520.00	7,480.00
7	梁烨磊	行政部	8,500.00	5,000.00	13,500.00	620.69	1	931.04		-	1,620.00	1,080.00	270.00	1,350.00	4,320.00	10,111.04
8	江俊生	财务部	7,000.00	4,000.00	11,000.00	505.75	2	1,517.25		-	1,320.00	880.00	220.00	1,100.00	3,520.00	8,997.25
9	林雅楠	财务部	7,000.00	4,000.00	11,000.00	505.75	1	758.63		-	1,320.00	880.00	220.00	1,100.00	3,520.00	8,238.63
10	苏韦伦	财务部	7,000.00	4,000.00	11,000.00	505.75	1	758.63		-	1,320.00	880.00	220.00	1,100.00	3,520.00	8,238.63
11	陈彦霖	财务部	7,000.00	4,000.00	11,000.00	505.75	2	1,517.25		-	1,320.00	880.00	220.00	1,100.00	3,520.00	8,997.25
12	张炜浩	信息中心	7,500.00	4,500.00	12,000.00	551.72	1	827.58	0.5	220.69	1,440.00	960.00	240.00	1,200.00	3,840.00	8,766.89
13	李泽洋	生产部	3,500.00	3,500.00	7,000.00	321.84	3.5	1,689.66		-	840.00	560.00	140.00	700.00	2,240.00	6,449.66
14	刘伯宏	信息中心	7,500.00	4,500.00	12,000.00	551.72		-		-	1,440.00	960.00	240.00	1,200.00	3,840.00	8,160.00
15	赵一忠	行政部	8,500.00	5,000.00	13,500.00	620.69		-	0.5	248.28	1,620.00	1,080.00	270.00	1,350.00	4,320.00	8,931.72
16	何钰萱	生产部	3,500.00	3,500.00	7,000.00	321.84	3	1,448.28		-	840.00	560.00	140.00	700.00	2,240.00	6,208.28
17	黄晓萍	总经办	9,000.00	5,500.00	14,500.00	666.67		-	1	533.34	1,740.00	1,160.00	290.00	1,450.00	4,640.00	9,326.66
18	陈明哲	信息中心	7,500.00	4,500.00	12,000.00	551.72	0.5	413.79		-	1,440.00	960.00	240.00	1,200.00	3,840.00	8,573.79
19	李芸贵	总经办	9,000.00	5,500.00	14,500.00	666.67		-		-	1,740.00	1,160.00	290.00	1,450.00	4,640.00	9,860.00
20	张潇然	总经办	9,000.00	5,500.00	14,500.00	666.67		-		-	1,740.00	1,160.00	290.00	1,450.00	4,640.00	9,860.00

图 1-2-21 成果参考

三、数据筛选

数据筛选是数据处理流程中的一个重要环节,旨在从大量数据中提取出满足特定条件或需求的数据子集。

(一) 筛选

筛选是查找和处理区域中数据子集的快捷方法。筛选区域仅显示满足条件的行,该条件由用户针对某列指定。如图 1-2-22 所示,选择菜单栏,依次选择【开始】→【筛选】→【筛选(F)】。

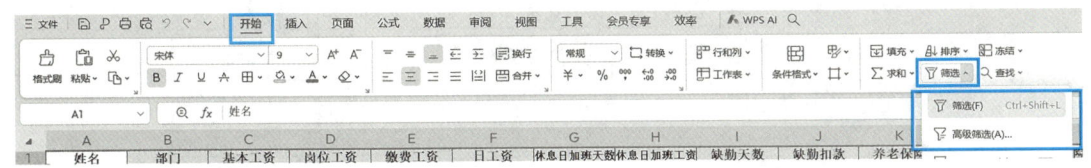

图 1-2-22 选择"筛选"

(二) 高级筛选

电子表格的高级筛选是根据特定的条件快速筛选想要的数据。如图 1-2-23 所示,选择菜单栏,依次选择【数据】→【筛选】→【高级筛选(A)】。

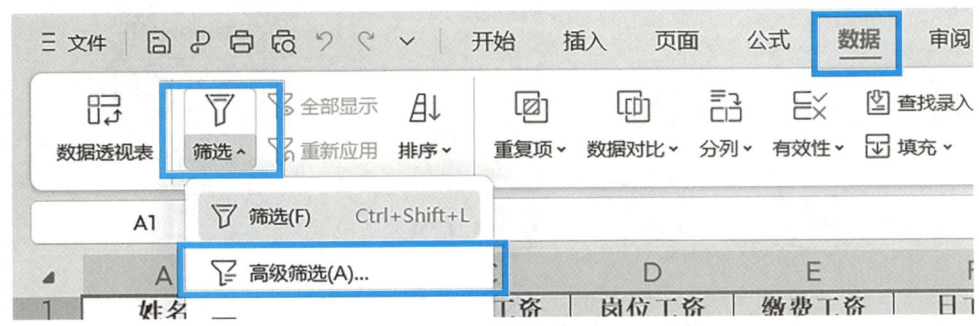

图 1-2-23 选择"高级筛选"

任务描述 1-5

【任务 1】筛选出"财务部"的数据。

【任务 2】筛选出"休息日加班天数"大于 1 且"实发工资"大于 6 500 元的"财务部"数据和"休息日加班天数"大于 0 且"实发工资"大于 8 000 元的"行政部"数据。

筛选

任务实施 1-5

步骤 1:打开电子表格文件"(高级)筛选(答题单据).xlsx",打开工作表"(高级)筛选"。

步骤 2:选择"筛选"。选中 A1:P1,选择菜单栏,依次选择【开始】→【筛选】→【筛

(F)】。

> 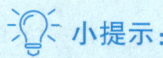小提示：
>
> 【Ctrl+Shift+L】组合键，是一键筛选单元格的快捷方式。

步骤3："部门"列筛选出"财务部"的数据。点击"部门"单元格右下方的下拉菜单，依次选择【内容筛选】→【反选】→【财务部】，然后点击【确定】按钮，如图1-2-24所示。

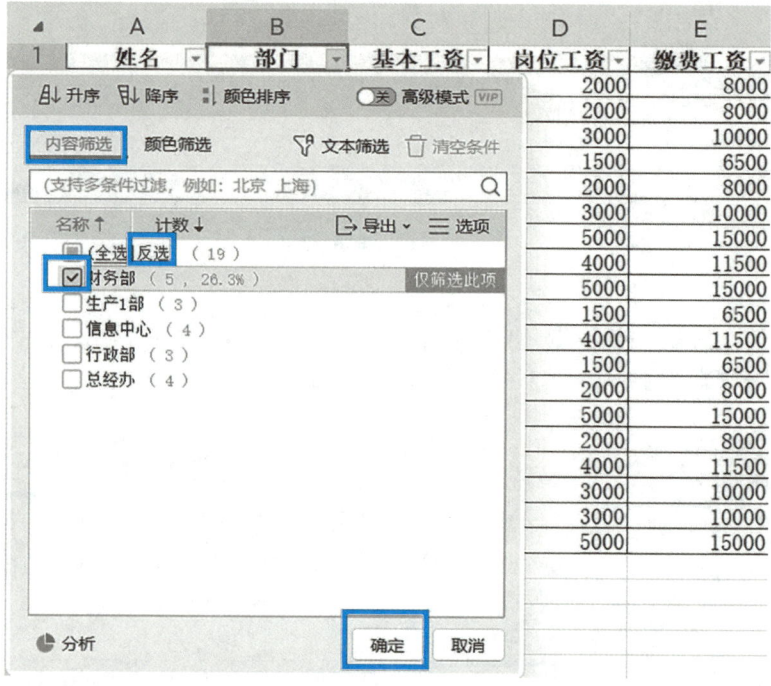

图1-2-24　筛选"财务部"的数据

步骤4：取消对"财务部"的筛选。选中B1单元格，点击"部门"单元格右下角的下拉按钮，勾选"全选"，再点击【确定】按钮。

步骤5：按要求构造条件。在工作表任一区域构造一个条件，如图1-2-25所示。

图1-2-25　按要求构造条件

步骤6：在特定区域进行高级筛选。选择菜单栏，依次选择【数据】→【筛选】→【高级筛选(A)】。

步骤 7：在弹出的“高级筛选”对话框中，修改“方式”为“将筛选结果复制到其它位置”，“列表区域(L)”为 A1：P20 单元格区域，“条件区域(C)”为 R1：T3 单元格区域，“复制到(T)”为 A25 单元格，如图 1-2-26 所示。再点击【确定】按钮。

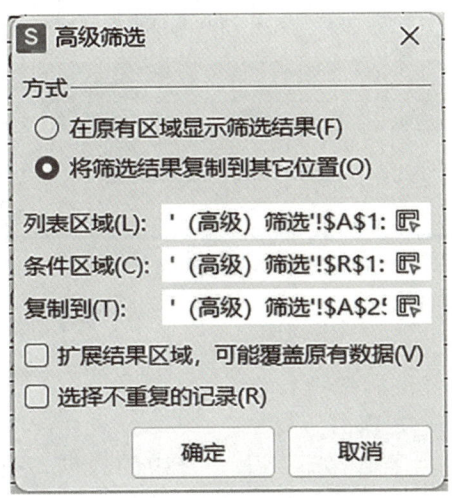

图 1-2-26　“高级筛选”对话框

成果展示，如图 1-2-27 所示。

	A	B	C	D	E	F	G	H	I	J	K	L	M	N	O	P
25	姓名	部门	基本工资	岗位工资	缴费工资	日工资	息日加班天	息日加班工	缺勤天数	缺勤扣款	养老保险	医疗保险	失业保险	住房公积金	扣款合计	实发工资
26	钟国富	财务部	6000	2000	8000	367.82	3	1103.46		0	960.00	640.00	160.00	800.00	2,560.00	6543.46
27	严楚瑶	财务部	6000	2000	8000	367.82	3	1103.46		0	960.00	640.00	160.00	800.00	2,560.00	6543.46
28	万晓媛	行政部	7500	4000	11500	528.74	1	528.74		0	1,380.00	920.00	230.00	1,150.00	3,680.00	8348.74
29	梁景江	行政部	7500	4000	11500	528.74	1	528.74		0	1,380.00	920.00	230.00	1,150.00	3,680.00	8348.74
30	黄金海	财务部	6000	2000	8000	367.82	3	1103.46		0	960.00	640.00	160.00	800.00	2,560.00	6543.46

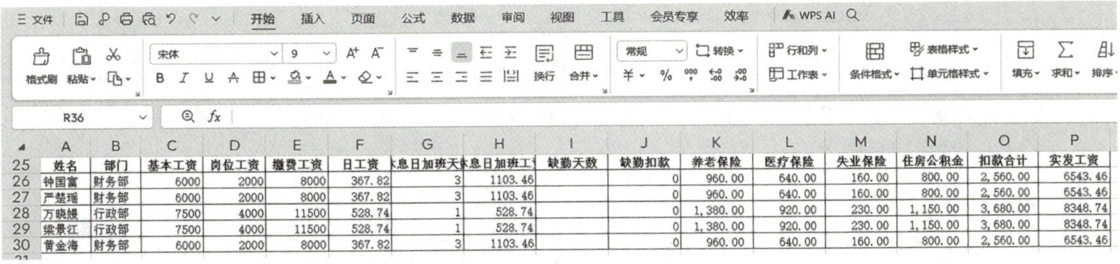

图 1-2-27　成果展示

任务实训 1-5

打开“(高级)筛选-练习(答题单据).xlsx”电子表格文件，找到对应工作表，完成以下操作：

练习：在“(高级)筛选”工作表中完成以下操作。

要求：

(1) 筛选出“财务部”的数据。

(2) 筛选出“休息日加班天数”大于 0 且“实发工资”大于 6 500 的财务部数据和“休息日加班天数”大于 1 且“实发工资”大于 6 000 的生产部数据。

成果参考，如图 1-2-28 所示。

姓名	部门	基本工资	岗位工资	缴费工资	日工资	息日加班天	息日加班工	缺勤天数	缺勤扣款	养老保险	医疗保险	失业保险	住房公积金	扣款合计	实发工资
林雅楠	财务部	7,000.00	4,000.00	11,000.00	505.75	1	758.63		-	1,320.00	880.00	220.00	1,100.00	3,520.00	8,238.63
苏韦伦	财务部	7,000.00	4,000.00	11,000.00	505.75	1	758.63		-	1,320.00	880.00	220.00	1,100.00	3,520.00	8,238.63
江俊生	财务部	7,000.00	4,000.00	11,000.00	505.75	2	1,517.25		-	1,320.00	880.00	220.00	1,100.00	3,520.00	8,997.25
陈彦霖	财务部	7,000.00	4,000.00	11,000.00	505.75	2	1,517.25		-	1,320.00	880.00	220.00	1,100.00	3,520.00	8,997.25
何钰萱	生产部	3,500.00	3,500.00	7,000.00	321.84	3	1,448.28		-	840.00	560.00	140.00	700.00	2,240.00	6,208.28
王瑾瑜	生产部	3,500.00	3,500.00	7,000.00	321.84	4	1,931.04		-	840.00	560.00	140.00	700.00	2,240.00	6,691.04
李泽洋	生产部	3,500.00	3,500.00	7,000.00	321.84	3.5	1,689.66		-	840.00	560.00	140.00	700.00	2,240.00	6,449.66

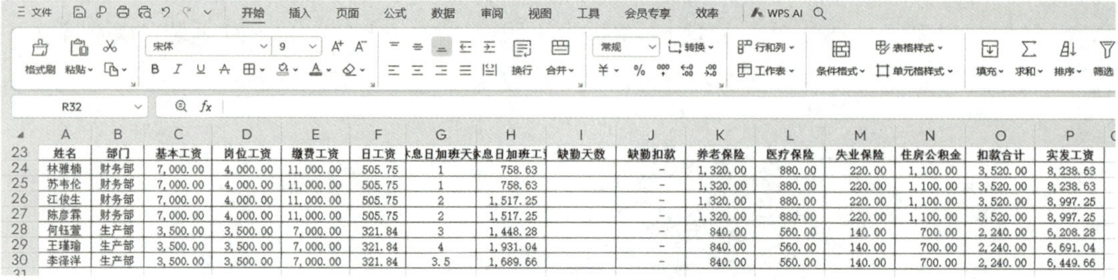

图 1-2-28　成果参考

四、数据格式

（一）数据的类别

数据可以分为文本型数字和数值型数字。

文本型数字主要用于表示字符，如 TXT 文件中的数据，它们不能直接进行算术计算。在电子表格中，文本型数字显示值与数值型数字相同，但文本型数字不能直接用于公式运算。这种数据类型只包含字符，包括汉字、英文字母、拼音符号等。

数值型数字则可以直接用于公式计算，它们可以进行算术运算。在电子表格中，数值型数字是默认的数据类型，用于表示可以进行数学运算的数值。

（二）数据的对齐方式

数据的对齐方式指的是将数据按照一定规则整齐地排列在表格或图表中，使得数据更易于观察和比较。常见的对齐方式有左对齐、右对齐、水平对齐等。选择“数据对齐方式”的界面如图 1-2-29 所示。

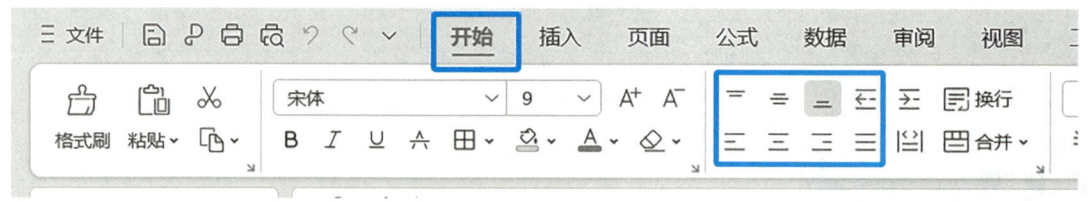

图 1-2-29　选择“数据对齐方式”

（三）数据格式的设置

（1）数值格式的设置。“数值”格式主要用于数字的一般显示效果，可以根据需要设置小数部分位数、是否以千分位分隔符展示数字和如何显示负数。数值格式可以通过鼠标右键点击单元格，选择【设置单元格格式】，在弹出“单元格格式”对话框中选择“数值”来设置。

（2）货币格式的设置。“货币”格式可以根据需要设置小数部分位数，如何显示负数的形式和货币符号。可以通过鼠标右键点击单元格，选择【设置单元格格式】，在弹出“单元格格式”对话框中选择“货币”来设置。

（3）会计专用格式的设置。会计专用格式通常包括特定的货币符号和千位分隔符，用于满足会计记录的特定需求。在电子表格中，可以通过鼠标右键点击单元格，选择【设置单元格格式】,在弹出"单元格格式"对话框中选择"货币"来设置。

(4) 时间格式的设置。"时间"格式可以根据选择的国家或地区来展示不同类型的格式展示。可以通过右键点击单元格,选择【设置单元格格式】,在弹出"单元格格式"对话框中选择"时间"来设置。

(5) 日期格式的设置。"日期"格式可以根据选择的国家或地区来展示不同类型的格式展示。可以通过右键点击单元格,选择【设置单元格格式】,在弹出"单元格格式"对话框中选择"日期"来设置。

(6) 百分比格式的设置。"百分比"格式本质上就是把单元格中的值乘以100,然后在值后面加上"％"一起显示出来,同时还可以设置小数的位数。可以通过右键点击单元格,选择【设置单元格格式】,在弹出"单元格格式"对话框中选择"百分比"来设置。

(7) 分数格式的设置。"分数"格式会根据指定的分数类型以分数形式展示数字。可以通过右键点击单元格,选择【设置单元格格式】,在弹出"单元格格式"对话框中选择"分数"来设置。

(8) 文本格式的设置。"文本"格式就是把单元格中输入的任何内容都当作文本处理,输入什么就展示什么。可以通过右键点击单元格,选择【设置单元格格式】,在弹出"单元格格式"对话框中选择"文本"来设置。

(9) 自定义格式的设置。"自定义"格式是一种根据现有的规则可以自己创建一种展示数字形式的格式。可以通过右键点击单元格,选择【设置单元格格式】,在弹出"单元格格式"对话框中选择"自定义"来设置。

任务描述 1-6

【任务 1】设置"姓名"列和"部门"列为"文本"格式。
【任务 2】设置"入职时间"列为"日期"格式。
【任务 3】设置"基本工资"列为"数值"格式;要求:显示两位小数,使用千位分隔符,以"—"显示负数。
【任务 4】设置"岗位工资"列为"货币"格式;要求:显示两位小数,无货币符号,以"—"显示负数。
【任务 5】设置"缴费工资"列为"会计专用"格式;要求:显示两位小数,货币符号为"￥"。

数据格式

任务实施 1-6

步骤1:打开电子表格文件"数据格式(答题单据).xlsx",打开工作表"设置数据格式"。
步骤2:设置"姓名"列和"部门"列为"文本"格式。按住【Ctrl】键,同时选中A列和B列,按下【Ctrl+1】组合键,在弹出"单元格格式"对话框中选择"文本",如图1-2-30所示,然后点击【确定】按钮。

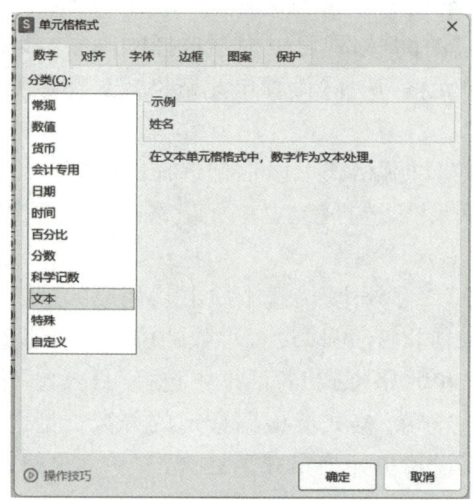

图 1-2-30　设置"文本"格式

> 💡 **小提示：**
>
> 【Ctrl＋1】组合键，是弹出设置"单元格格式"的快捷方式。

步骤 3：设置"入职时间"列为"日期"格式。选中 C 列，按下【Ctrl＋1】组合键，在弹出"单元格格式"对话框中选择"日期"，如图 1-2-31 所示，然后点击【确定】按钮。

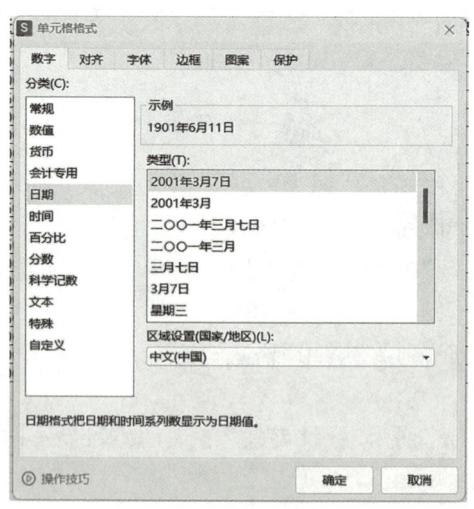

图 1-2-31　设置"日期"格式

步骤 4：设置"基本工资"列为"数值"格式。选中 D 列，按下【Ctrl＋1】组合键，在弹出"单元格格式"对话框中选择"数值"，显示两位小数，勾选"使用千位分隔符"，负数以"－1,234.10"显示，然后点击【确定】按钮。

步骤 5：设置"岗位工资"列为"货币"格式。选中 E 列，按下【Ctrl＋1】组合键，在弹出"单元格格式"对话框中选择"货币"，显示两位小数，不使用货币符号，负数以"－1,234.10"显示,点击【确定】按钮。

步骤6：设置"缴费工资"列为"会计专用"格式。选中F列,按下【Ctrl+1】组合键,在弹出"单元格格式"对话框中选择"会计专用",显示两位小数,货币符号为"￥"显示,如图1-2-32所示,然后点击【确定】按钮。

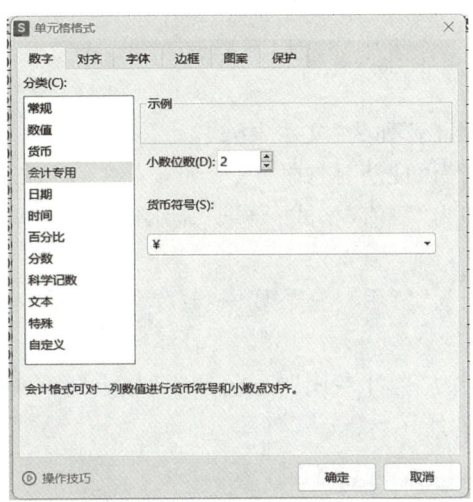

图1-2-32　设置"会计专用"格式

成果展示,如图1-2-33所示。

	A	B	C	D	E	F
1	姓名	部门	入职时间	基本工资	岗位工资	缴费工资
2	钟国富	财务部	2020年3月5日	6,000.00	2,000.00	￥8,000.00
3	张永泓	财务部	2000年5月1日	6,000.00	2,000.00	￥8,000.00
4	袁松林	信息中心	2019年7月20日	7,000.00	3,000.00	￥10,000.00
5	杨青青	生产1部	2021年5月30日	5,000.00	1,500.00	￥6,500.00
6	严楚瑶	财务部	2019年12月4日	6,000.00	2,000.00	￥8,000.00
7	徐凯深	信息中心	2022年5月20日	7,000.00	3,000.00	￥10,000.00
8	王劲博	总经办	2020年1月26日	10,000.00	5,000.00	￥15,000.00
9	万晓嫚	行政部	2019年4月7日	7,500.00	4,000.00	￥11,500.00
10	孙胜航	总经办	2013年6月15日	10,000.00	5,000.00	￥15,000.00
11	刘芷华	生产1部	2009年11月20日	5,000.00	1,500.00	￥6,500.00
12	梁景江	行政部	2000年5月10日	7,500.00	4,000.00	￥11,500.00
13	李志超	生产1部	2000年5月11日	5,000.00	1,500.00	￥6,500.00
14	李媛媛	财务部	2000年5月12日	6,000.00	2,000.00	￥8,000.00
15	李茂森	总经办	2012年9月12日	10,000.00	5,000.00	￥15,000.00
16	黄金海	财务部	2021年3月8日	6,000.00	2,000.00	￥8,000.00
17	胡俊仙	行政部	2019年4月24日	7,500.00	4,000.00	￥11,500.00
18	何普玲	信息中心	2015年2月20日	7,000.00	3,000.00	￥10,000.00
19	董台萍	信息中心	2021年7月1日	7,000.00	3,000.00	￥10,000.00
20	陈远涛	总经办	2011年5月18日	10,000.00	5,000.00	￥15,000.00

图1-2-33　成果展示

任务实训 1-6

打开“数据格式-练习(答题单据). xlsx”电子表格文件，找到对应工作表，完成以下操作：

练习：请在“数据格式”工作表中完成以下操作。

要求：

(1) 设置“姓名”列和“部门”列为“文本”格式。

(2) 设置“入职时间”列为“日期”格式。

(3) 设置“基本工资”列为“数值”格式；要求：显示两位小数，使用千位分隔符，以“－”号显示负数。

(4) 设置“岗位工资”列为“货币”格式；要求：显示两位小数，无货币符号，以“－”号显示负数。

(5) 设置“缴费工资”列为“会计专用”格式；要求：显示两位小数，货币符号为“￥”。

成果参考，如图 1-2-34 所示。

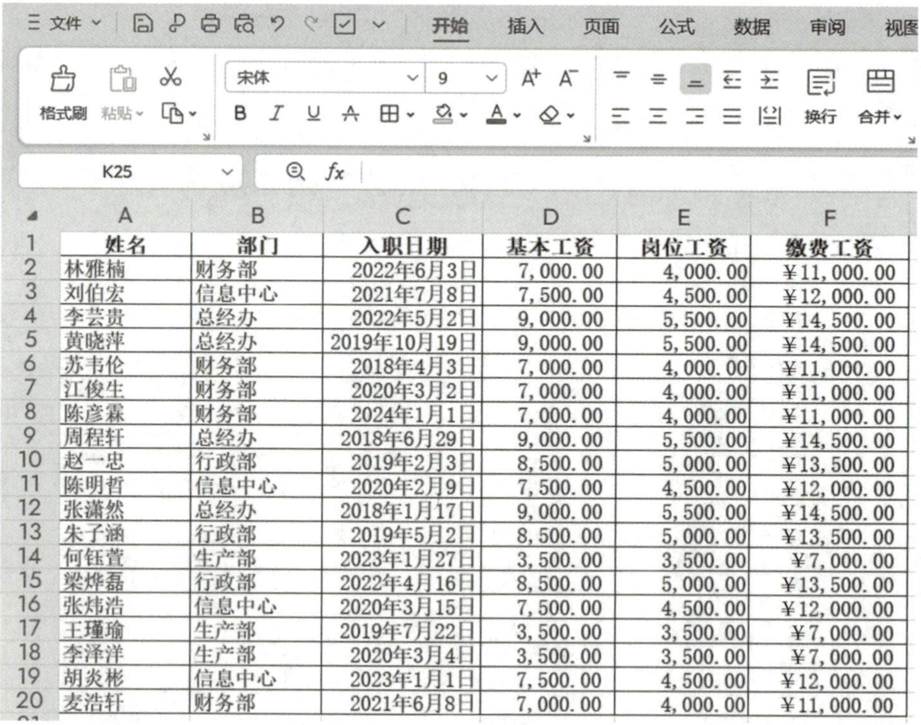

姓名	部门	入职日期	基本工资	岗位工资	缴费工资
林雅楠	财务部	2022年6月3日	7,000.00	4,000.00	￥11,000.00
刘伯宏	信息中心	2021年7月8日	7,500.00	4,500.00	￥12,000.00
李芸贵	总经办	2022年5月2日	9,000.00	5,500.00	￥14,500.00
黄晓萍	总经办	2019年10月19日	9,000.00	5,500.00	￥14,500.00
苏韦伦	财务部	2018年4月3日	7,000.00	4,000.00	￥11,000.00
江俊生	财务部	2020年3月2日	7,000.00	4,000.00	￥11,000.00
陈彦霖	财务部	2024年1月1日	7,000.00	4,000.00	￥11,000.00
周程轩	总经办	2018年6月29日	9,000.00	5,500.00	￥14,500.00
赵一忠	行政部	2019年2月3日	8,500.00	5,000.00	￥13,500.00
陈明哲	信息中心	2020年2月9日	7,500.00	4,500.00	￥12,000.00
张潇然	总经办	2018年1月17日	9,000.00	5,500.00	￥14,500.00
朱子涵	行政部	2019年5月2日	8,500.00	5,000.00	￥13,500.00
何钰萱	生产部	2023年1月27日	3,500.00	3,500.00	￥7,000.00
梁烨磊	行政部	2022年4月16日	8,500.00	5,000.00	￥13,500.00
张炜浩	信息中心	2020年3月15日	7,500.00	4,500.00	￥12,000.00
王瑾瑜	生产部	2019年7月22日	3,500.00	3,500.00	￥7,000.00
李泽洋	生产部	2020年3月4日	3,500.00	3,500.00	￥7,000.00
胡炎彬	信息中心	2023年1月1日	7,500.00	4,500.00	￥12,000.00
麦浩轩	财务部	2021年6月8日	7,000.00	4,000.00	￥11,000.00

图 1-2-34　成果参考

任务三　数据分析与可视化

作为未来商业社会的建设者,掌握财务数据分析与可视化技能对财务人员来说至关重要。通过精准的数据分析,企业能够洞察市场趋势,评估运营绩效,为战略决策提供有力支撑。而可视化技术,则将复杂的财务数据转化为直观易懂的图表,让数据故事跃然眼前。

本节将引领我们探索财务数据分析与可视化的奥秘,从方法论到实践案例,逐一剖析其在企业管理中的重要作用。学习本节我们将学会分析财务报表,理解企业运营状况;我们将掌握数据可视化工具,将复杂数据转化为直观图表。这不仅是一次知识的积累,更是一次思维方式的转变。让我们携手,在财务数据分析与可视化的世界里,开启财务智慧之旅,为未来职业生涯铺就坚实的基石。

任务准备

一、数据分析

数据分析是指利用统计和分析方法,对收集来的大量数据进行深入探索、理解和处理的过程。这一过程旨在从看似杂乱无章的数据中提取出有价值的信息和见解,以最大化地开发数据的功能,并发挥其在各个领域中的作用。

数据分析主要包括以下几个关键步骤:首先,明确分析的目的和框架,确定需要收集哪些数据;其次,通过各种途径收集相关数据,并进行数据清洗和整理;再次,运用适当的统计和分析方法对数据进行处理,如描述性统计分析、推断性统计分析、数据可视化等;最后,解释分析结果,并撰写报告或展示分析结果,为决策提供支持。

数据分析在商业、科研、政府决策等多个领域具有广泛的应用。在商业领域,数据分析可以帮助企业了解市场需求、优化产品设计、制定营销策略等;在科研领域,数据分析则用于验证假设、发现新规律等。随着大数据技术的不断发展和普及,数据分析的重要性和价值将愈发凸显。

 任务描述 1-7

【任务 1】在"2024 年销售统计表"工作表中计算业务员 12 个月销售数据的"合计""最大值""最小值"和"平均值"。

 任务实施 1-7

步骤 1:打开电子表格文件,"数据分析(答题单据).xlsx",打开工作表"2024 年销售统

数据分析

计表”。

步骤 2：计算业务员“刘美玲”12 个月销售数据的合计。选择 B14 单元格，按住【Alt＋＝】组合键自动求和，求和操作如图 1-3-1 所示。

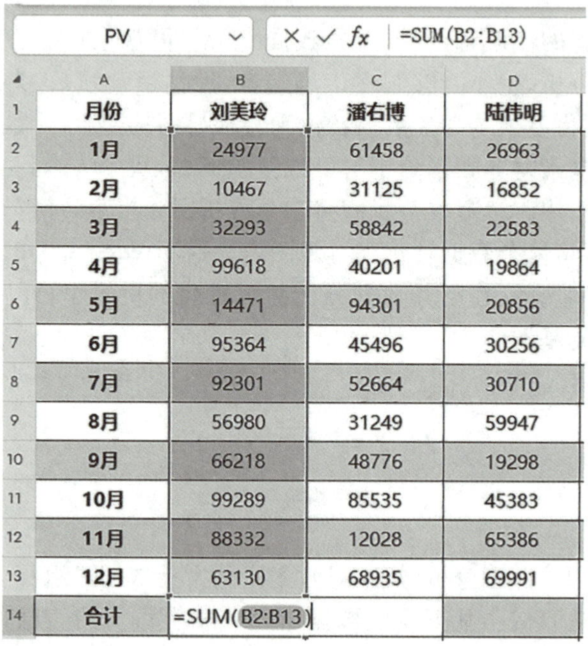

PV　=SUM(B2:B13)

	A	B	C	D
1	月份	刘美玲	涵右博	陆伟明
2	1月	24977	61458	26963
3	2月	10467	31125	16852
4	3月	32293	58842	22583
5	4月	99618	40201	19864
6	5月	14471	94301	20856
7	6月	95364	45496	30256
8	7月	92301	52664	30710
9	8月	56980	31249	59947
10	9月	66218	48776	19298
11	10月	99289	85535	45383
12	11月	88332	12028	65386
13	12月	63130	68935	69991
14	合计	=SUM(B2:B13)		

图 1-3-1　求和操作

小提示：

【Alt＋＝】组合键是自动求和的快捷方式。

步骤 3：计算其他业务员销售数据的合计。选中 B14 单元格，当鼠标移至 B14 单元格右下角出现黑色十字时，按住鼠标左键向右拖动到 R14 单元格。

步骤 4：计算业务员“刘美玲”12 个月销售数据的最大值。选择 B15 单元格，选择菜单栏，依次选择【公式】→【常用】→【MAX】，选择“MAX”函数如图 1-3-2 所示。

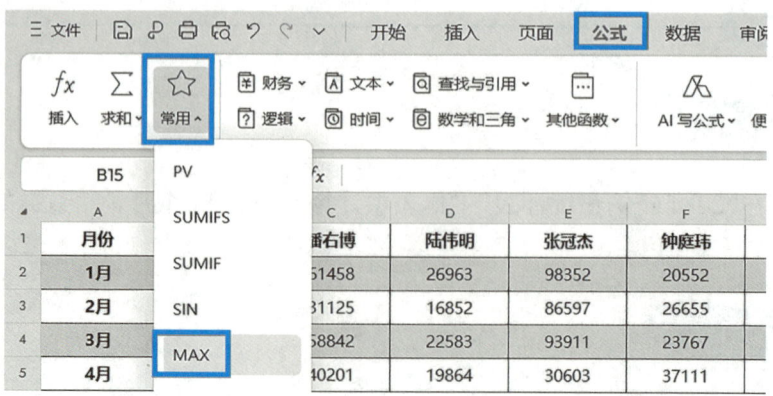

图 1-3-2　选择“MAX”函数

步骤5：编辑"MAX"函数。在弹出的"函数参数"的对话框中，在"数值1"中选择B2：B13单元格区域，如图1-3-3所示，点击【确定】按钮。

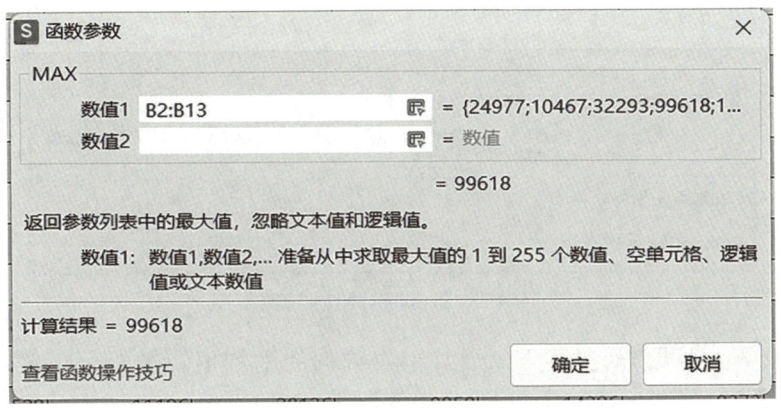

图1-3-3　编辑"MAX"函数

步骤6：计算其他业务员的销售数据最大值。选中B15单元格，当鼠标移至B15单元格右下角出现黑色十字时，按住鼠标左键向右拖动到R15单元格。

步骤7：计算业务员"刘美玲"12个月销售数据的最小值。选择B16单元格，选择菜单栏，依次选择【公式】→【常用】→【插入】。

步骤8：选择"MIN"函数。在弹出的"插入函数"的对话框中，"或选择类别(C)"中选择"统计"，在"选择函数(N)"中选择"MIN"函数，如图1-3-4所示，点击【确定】按钮。

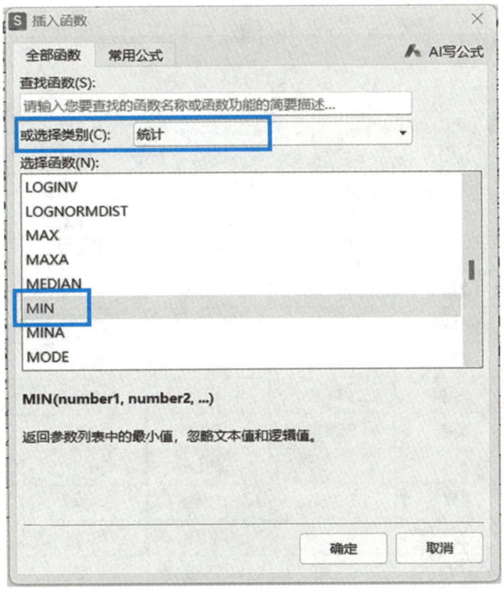

图1-3-4　选择"MIN"函数

步骤9：编辑"MIN"函数。在弹出的"函数参数"的对话框中，在"数值1"中选择B2：B13单元格区域，如图1-3-5所示，点击【确定】按钮。

步骤10：计算其他业务员的销售数据最小值。选中B16单元格，当鼠标移至B16单元格右下角出现黑色十字时，按住鼠标左键向右拖动到R16单元格。

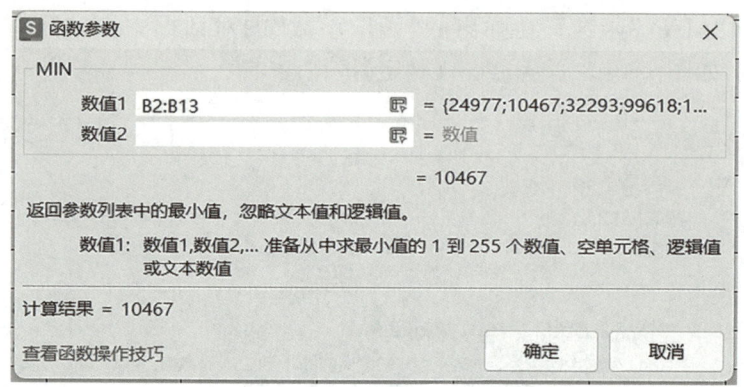

图 1-3-5　编辑"MIN"函数

步骤 11：计算业务员"刘美玲"12 个月销售数据的平均值。选择菜单栏，依次选择【公式】→【求和】→【Avg 平均值(A)】，如图 1-3-6 所示。

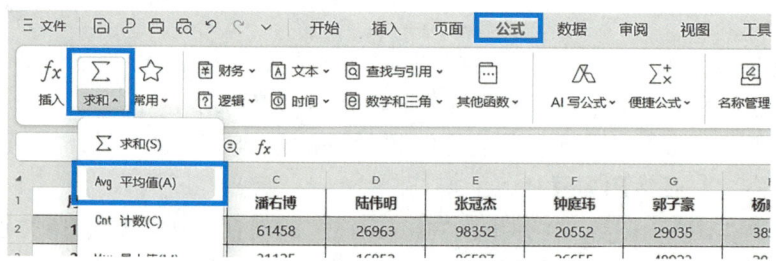

图 1-3-6　选择"平均值"函数

步骤 12：在 B17 单元格选择区域求平均值。令单元格 B17＝AVERAGE(B2:B13)，如图 1-3-7 所示。

	A	B	C	D	E
1	月份	刘美玲	潘右博	陆伟明	张冠
2	1月	24977	61458	26963	983
3	2月	10467	31125	16852	865
4	3月	32293	58842	22583	939
5	4月	99618	40201	19864	306
6	5月	14471	94301	20856	862
7	6月	95364	45496	30256	787
8	7月	92301	52664	30710	878
9	8月	56980	31249	59947	388
10	9月	66218	48776	19298	549
11	10月	99289	85535	45383	985
12	11月	88332	12028	65386	319
13	12月	63130	68935	69991	782
14	合计	743440	630610	428089	
15	最大值	99618	94301	69991	
16	最小值	10467	12028	16852	
17	平均值	61953.33333			

图 1-3-7　录入"平均值"函数公式

步骤 13：计算其他业务员的销售数据平均值。选中 B17 单元格，当鼠标移至 B17 单元格右下角出现黑色十字时，按住鼠标左键向右拖动到 R17 单元格。

部分成果展示，如图 1-3-8 所示。

月份	刘美玲	潘右博	陆伟明	张冠杰	钟庭玮	郭子豪	杨晓莉
1月	24977	61458	26963	98352	20552	29035	38560
2月	10467	31125	16852	86597	26655	48923	20489
3月	32293	58842	22583	93911	23767	11196	28964
4月	99618	40201	19864	30603	37111	37914	20785
5月	14471	94301	20856	86201	21483	13829	32469
6月	95364	45496	30256	78749	45891	36177	39875
7月	92301	52664	30710	87832	36166	39046	27077
8月	56980	31249	59947	38832	26882	15972	20660
9月	66218	48776	19298	54903	22432	42328	22751
10月	99289	85535	45383	98550	24467	22284	33429
11月	88332	12028	65386	31939	43868	25548	46578
12月	63130	68935	69991	78289	16529	27968	20136
合计	743440	630610	428089	864758	345803	350220	351773
最大值	99618	94301	69991	98550	45891	48923	46578
最小值	10467	12028	16852	30603	16529	11196	20136
平均值	61953.33333	52550.83333	35674.08333	72063.16667	28816.91667	29185	29314.41667

图 1-3-8　部分成果展示

任务实训 1-7

练习：打开"数据分析-练习（答题单据）.xlsx"电子表格文件，找到对应工作表，在"期末成绩"工作表中计算总分、排名、平均分、最高分和最低分。

成果参考，如图 1-3-9 所示。

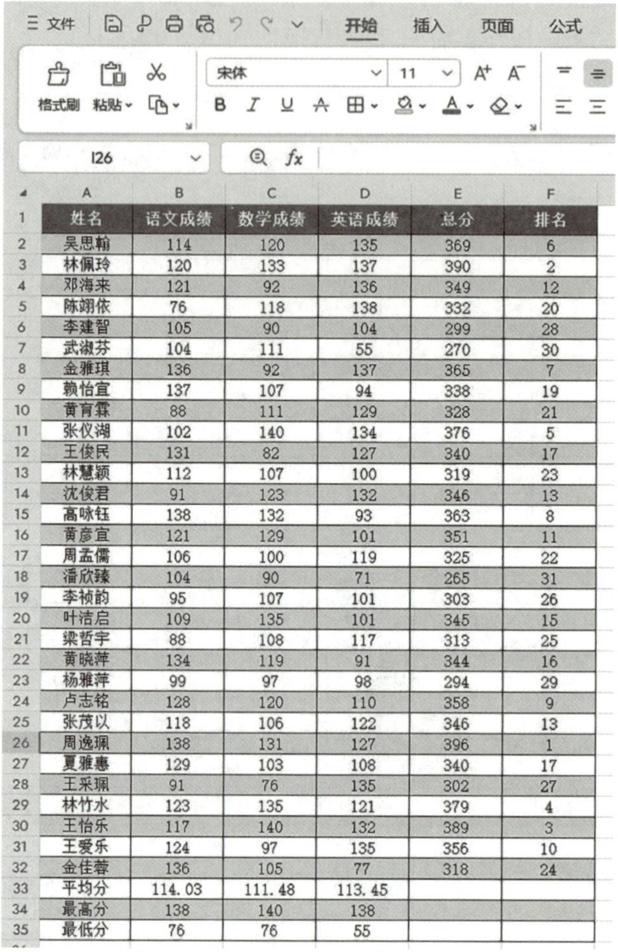

	A	B	C	D	E	F
1	姓名	语文成绩	数学成绩	英语成绩	总分	排名
2	吴思翰	114	120	135	369	6
3	林佩玲	120	133	137	390	2
4	邓海来	121	92	136	349	12
5	陈翊依	76	118	138	332	20
6	李建智	105	90	104	299	28
7	武淑芬	104	111	55	270	30
8	金雅琪	136	92	137	365	7
9	赖怡宜	137	107	94	338	19
10	黄育霖	88	111	129	328	21
11	张仪湖	102	140	134	376	5
12	王俊民	131	82	127	340	17
13	林慧颖	112	107	100	319	23
14	沈俊君	91	123	132	346	13
15	高咏钰	138	132	93	363	8
16	黄彦宜	121	129	101	351	11
17	周孟儒	106	100	119	325	22
18	潘欣臻	104	90	71	265	31
19	李祯韵	95	107	101	303	26
20	叶洁启	109	135	101	345	15
21	梁哲宇	88	108	117	313	25
22	黄晓萍	134	119	91	344	16
23	杨雅萍	99	97	98	294	29
24	卢志铭	128	120	110	358	9
25	张茂以	118	106	122	346	13
26	周逸珮	138	131	127	396	1
27	夏雅惠	129	103	108	340	17
28	王采珮	91	76	135	302	27
29	林竹水	123	135	121	379	4
30	王怡乐	117	140	132	389	3
31	王爱乐	124	97	135	356	10
32	金佳蓉	136	105	77	318	24
33	平均分	114.03	111.48	113.45		
34	最高分	138	140	138		
35	最低分	76	76	55		

图 1-3-9 成果参考

二、图表

（1）柱形图：柱形图是最常用的图表类型之一，主要用于显示一段时间内的数据变化或显示各项数据之间的比较。它由一系列的垂直柱体组成，通常用来比较两个或多个项目的相对大小，如不同产品在某一时间段内的销售额对比。柱形图如图 1-3-10 所示。

柱形图又分为簇状柱形图、堆积柱形图、百分比堆积柱形图、三维簇状柱形图、三维堆积柱形图、三维百分比堆积柱形图和三维柱形图 7 种类型。

（2）折线图：折线图一般用来显示一段时间内数据的变化趋势，一般来说横轴是时间序列。其主要适用于以等时间间隔显示数据的变化趋势，强调的是时间性和变动率，而不是变动量，常用于跟踪表示每月的销量变化及销售走势分析等。

（3）饼图：饼图可显示数据系列中各项占该系列数值总和的比例关系。饼图分为饼图、三维饼图、子母饼图、复合条饼图和圆环图 5 种类型。饼图、三维饼图、子母饼图、复合条饼

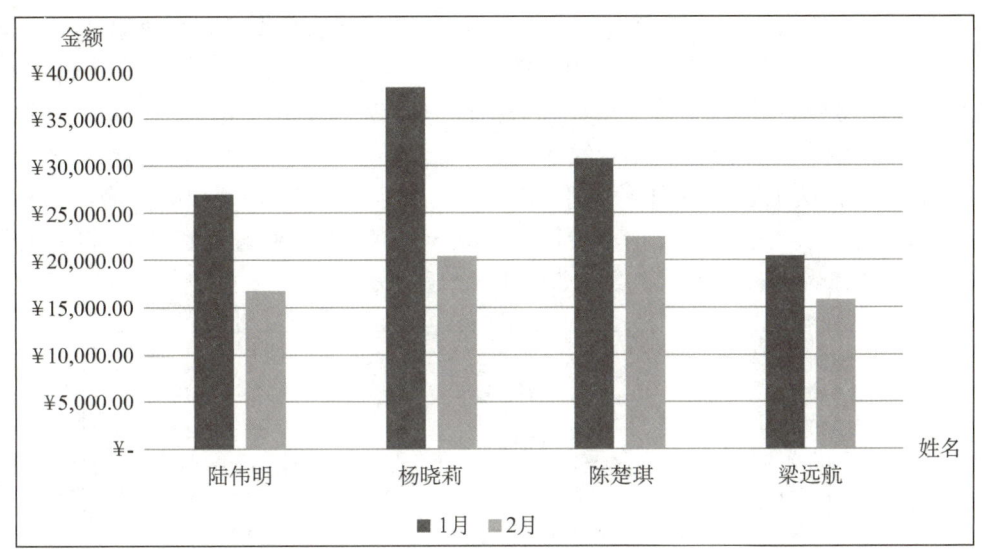

图 1-3-10　柱形图

图只能显示一个数据系列的比例关系。如果有几个系列同时被选中作为数据源,那么只能显示其中的一个系列。由于饼图信息表达清楚,又简单易学,所以在实际工作中用得比较多。

（4）条形图：条形图与柱形图相似,它是用来描绘各个项目之间数据差别情况的图形。它由一系列水平条组成,用来比较两个或多个项目的相对大小。它主要突出数值的差异,而淡化时间和类别的差异。因为条形图实际上就是将柱形图的行和列旋转了90度,所以有时也可与柱形图互换使用。当需要特别关注数据大小或者分类名称比较长时,更适宜选用条形图。

（5）面积图：面积图可显示每个数值的变化量,其强调的是数据随时间变化的幅度。通过显示所绘制的数值的面积,可以直观地表现出整体和部分之间的关系。面积图又可以分为面积图、堆积面积图、百分比堆积面积图、三维面积图、三维堆积面积图和三维百分比堆积面积图6种类型。面积图如图1-3-11所示。

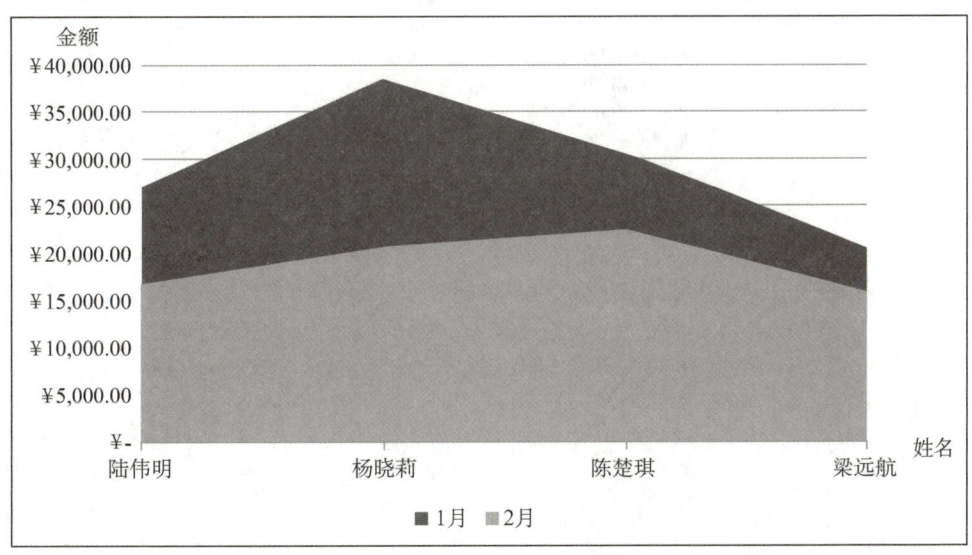

图 1-3-11　面积图

（6）XY 散点图：XY 散点图类似于折线图，它可以显示单个或者多个数据系列的数据在某种时间间隔条件下的变化趋势，通常用于科学数据的表达、试验数据的拟合和趋势的预测等。XY 散点图又分为散点图、带平滑线和数据标记的散点图、带平滑线的散点图、带直线和数据标记的散点图、带直线的散点图、气泡图和三维气泡图 7 种类型。在创建 XY 散点图的时候至少需要选择两个数据系列，一列数据作为 x 坐标的值，另一列数据作为 y 坐标的值，这样生成的图可表示数据系列 x 相对于数据系列 y 的值，用户通过观察即可以得出两个数据系列之间的关系和差异。XY 散点图如图 1-3-12 所示。

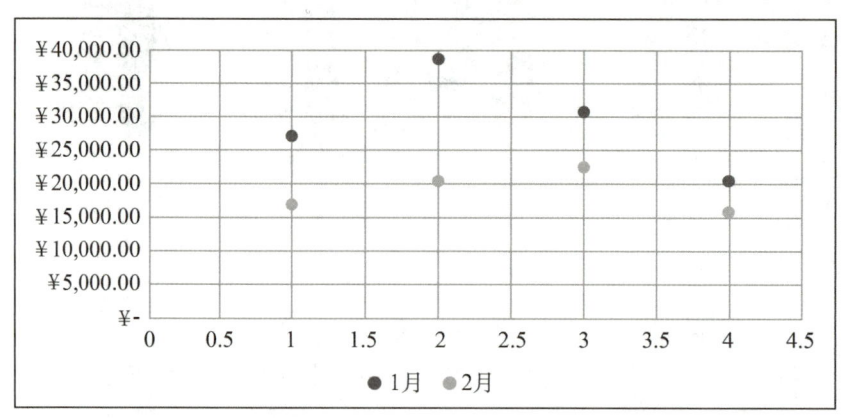

图 1-3-12　XY 散点图

（7）股价图：股价图是用来描绘股票走势的图形。要创建股价图，需要将工作表中的数据按照一定的顺序排列。股价图有 4 个子类型，包括盘高-盘低-收盘图、开盘-盘高-盘低-收盘图、成交量-盘高-盘低-收盘图和成交量-开盘-盘高-盘低-收盘图。

（8）雷达图：雷达图用于显示数据系列相对于中心点以及相对于彼此数据类别间的变化，是将多个数据的特点以蜘蛛网的形式展现出来的图表，多用于倾向分析和把握重点。雷达图又分为雷达图、数据点雷达图和填充雷达图 3 种类型。雷达图如图 1-3-13 所示。

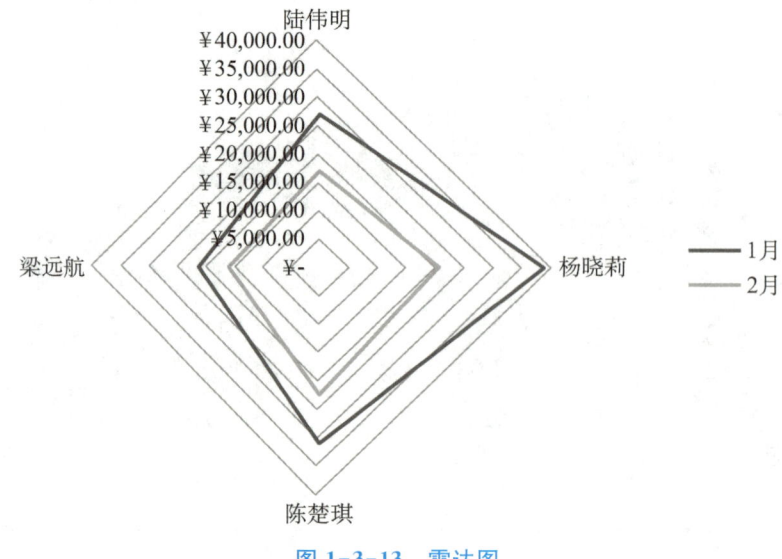

图 1-3-13　雷达图

（9）树状图：树状图提供数据的分层视图，以便直观地显示哪种类别的数据占比最大，哪些商品最畅销。树分支表示为矩形，每个子分支显示为更小的矩形。树状图按颜色和距离显示类别，可以轻松显示其他图表类型很难显示的大量数据。树状图适合比较层次结构内的比例，但是不适合显示最大类别与各数据点之间的层次结构级别。

（10）旭日图：旭日图也称为太阳图，是一种圆环镶接图，每一个圆环代表了同一级别的比例数据，离原点越近的圆环级别越高，最内层的圆表示层次结构的顶级。旭日图可以表达清晰的层级和归属关系，适用于展现有父子层级度的比例构成情况，便于进行细分溯源分析，帮助用户了解事物的构成情况。

（11）直方图：直方图是用一系列宽度相等、高度不等的长方形表示数据的图。长方形的宽度表示数据范围的间隔，长方形的高度表示在给定间隔内的数据数值。

（12）瀑布图：瀑布图不仅能够反映数据在不同时期或受不同因素影响的程度及结果，还可以直观地反映出数据的增减变化，是分析影响最终结果的各个因素的重要图表，常用于财务分析和销售分析。

（13）漏斗图：漏斗图适用于业务流程比较规范、周期长、环节多的流程分析，通过漏斗各环节业务数据的比较，能够直观地发现和说明问题所在。在网站分析中，通常将漏斗图用于转化率比较，它不仅能展示用户从进入网站到实现购买的最终转化率，还可以展示每个步骤的转化率。

（14）迷你图：迷你图可以在单元格中用图表的方式来呈现数据的变化情况，共有三种类型，分别是折线图、柱形图和盈亏图。其中，折线图和柱形图可以显示数据的高低变化，盈亏图只显示正负关系，不显示数据的大小变化。当数据系列较多时，用迷你图可以快速展现数据的变化趋势。

> 小提示：
> 电子表格中图表的作用：
> （1）清晰直观地呈现数据：图表可以将大量复杂的数据转化为直观的视觉元素，如线条、柱状、饼状等，使人们更容易理解数据的含义。
> （2）揭示数据趋势和规律：通过图表，用户可以快速发现数据中的趋势和规律，为决策提供依据。
> （3）进行数据对比分析：图表可以方便地对比不同数据之间的差异和联系，帮助用户做出更准确的判断。
> （4）提高沟通效率：在商务汇报、教学演示等场合，图表可以更有效地传递信息，使听众更容易理解和接受。

任务描述 1-8

【任务 1】为表格插入簇状柱形图，修改图表标题为"上半年销售业绩"。
【任务 2】给图表增加数据标签(外)图表元素。

【任务 3】给图表更换系列颜色为单色橙色。

【任务 4】显示业务员上半年的销售业绩，为表格创建柱形迷你图。

图表

任务实施 1-8

步骤 1：打开电子表格文件"图表可视化（答题单据）.xlsx"，打开工作表"销售统计表（部分）"。

步骤 2：插入图表。选择 A1:E7 区域，选择菜单栏，依次选择【插入】→【簇状柱形图】，如图 1-3-14 所示。

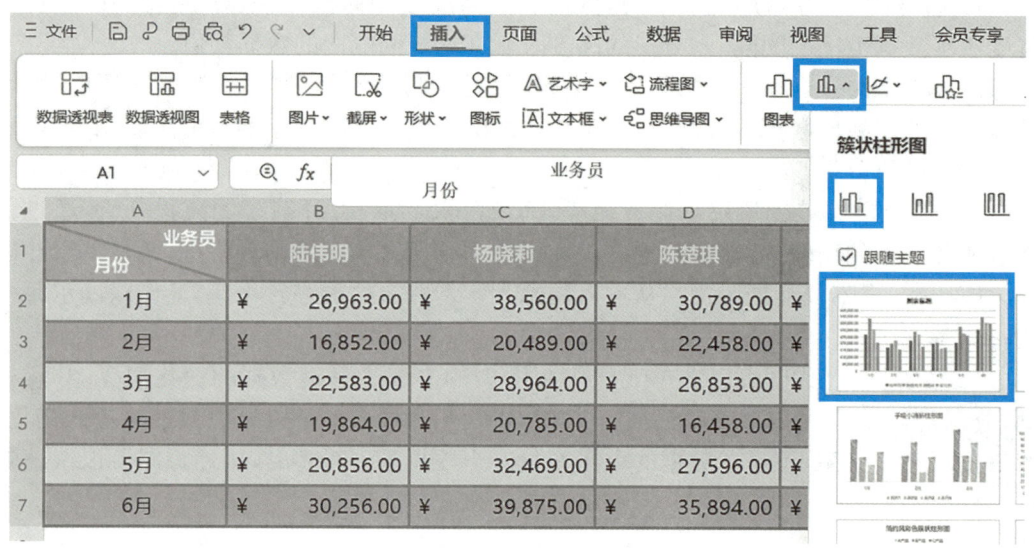

图 1-3-14　插入"簇状柱形图"

步骤 3：在工作表中插入了一个根据当前数据区域所创建的簇状柱形图，如图 1-3-15 所示。

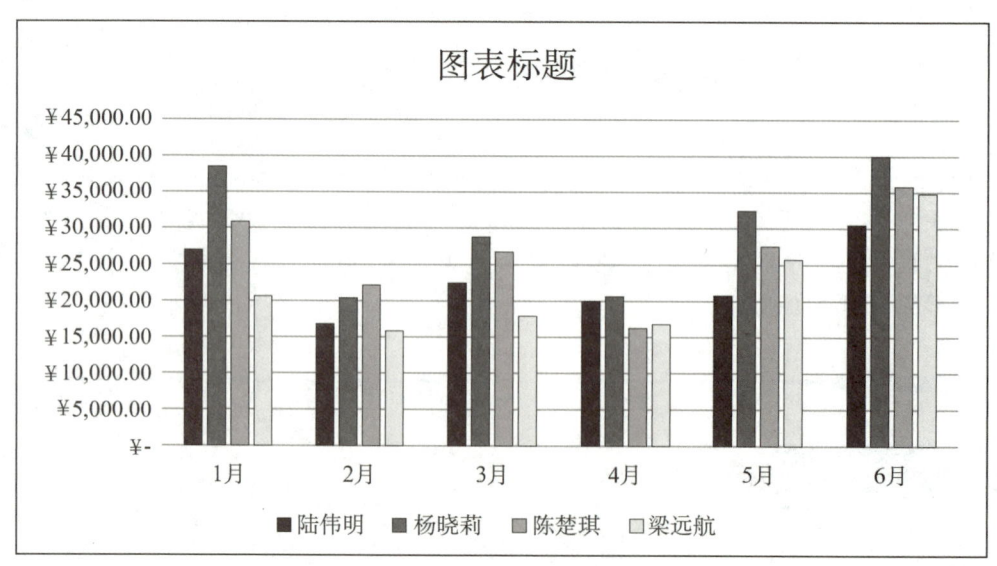

图 1-3-15　簇状柱形图

步骤 4：选择"图表标题"位置。选择菜单栏，依次选择【图表工具】→【添加元素】→【图表标题(C)】→【图表上方(A)】，如图 1-3-16 所示。

图 1-3-16　选择"图表标题"位置

步骤 5：此时图表的标题是选中状态，周围出现一个实线框，如图 1-3-17 所示。

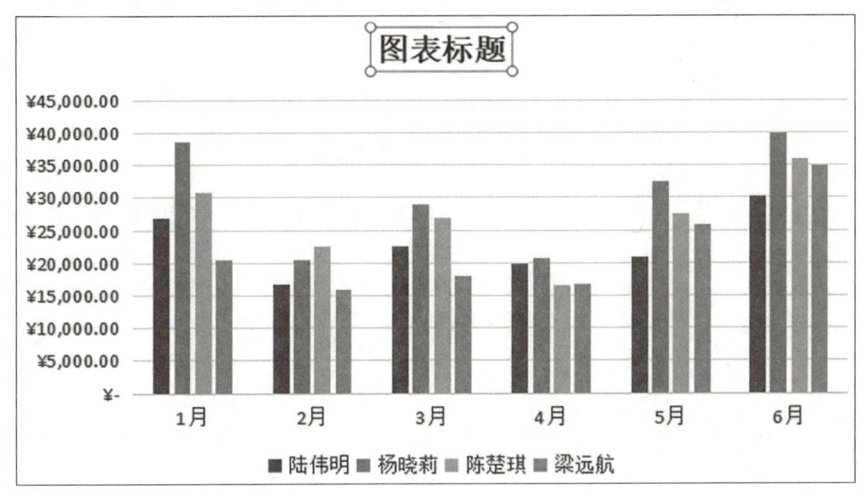

图 1-3-17　自动选中图表标题区域

步骤 6：双击标题，实线框变为虚线框，这个时候可以进行文本编辑，如图 1-3-18 所示。

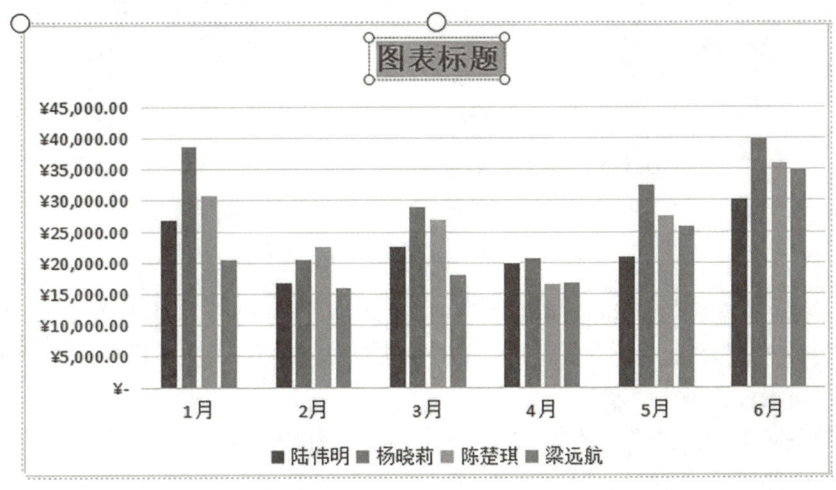

图 1-3-18　进行文本编辑

步骤7：标题更改为"上半年销售业绩"，输入完成后点击任意位置即可，标题更改后如图 1-3-19 所示。

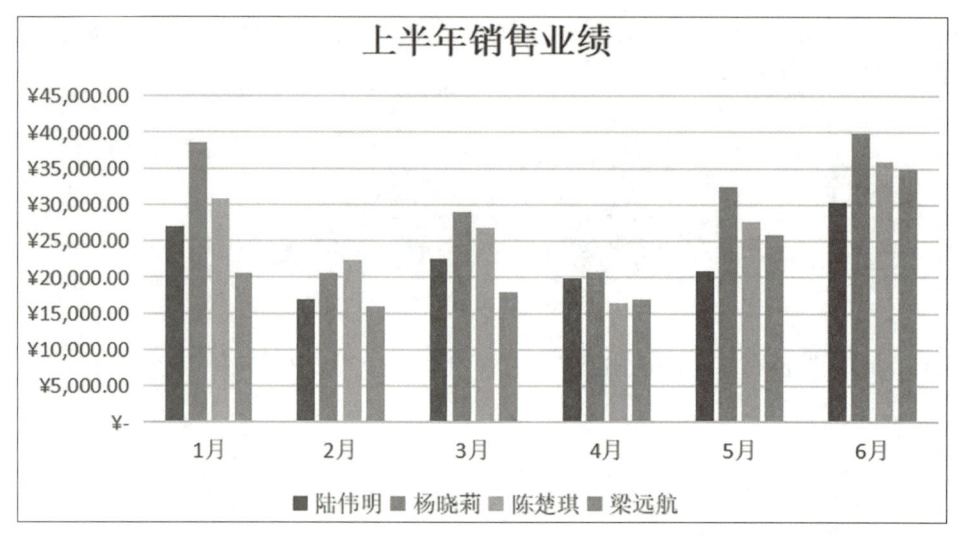

图 1-3-19　标题更改后

步骤8：设置图表元素。点击选择图表，点击图表右侧【图表元素】按钮，如图 1-3-20 所示。

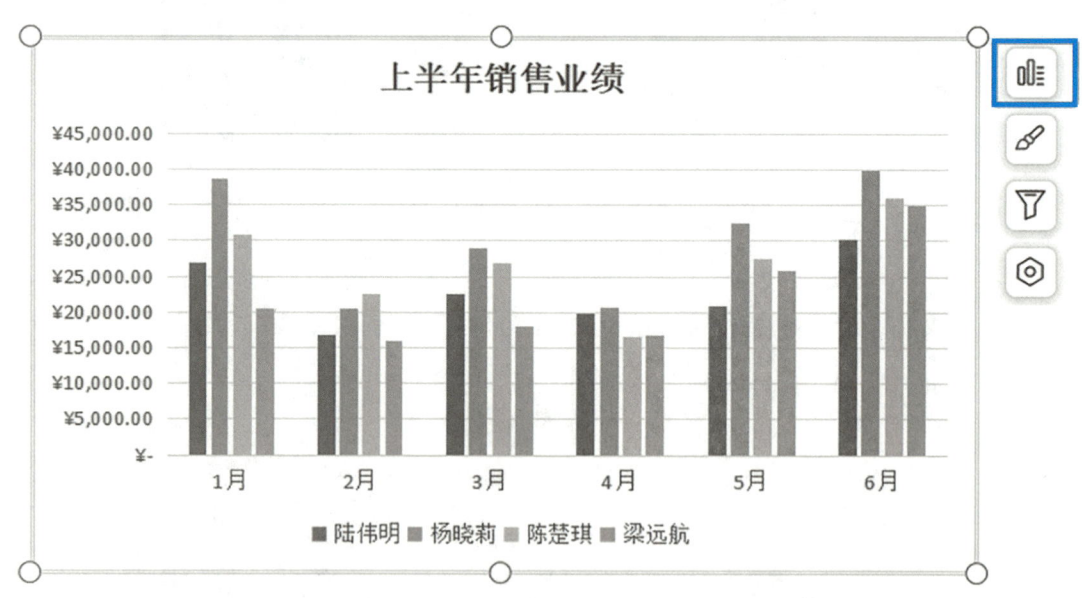

图 1-3-20　选择设置图表元素

步骤9：添加数据标签。勾选"数据标签"，选择"数据标签外"，如图 1-3-21 所示。

步骤10：设置图表样式。点击选择图表，点击图表右侧【图表样式】按钮，选择系列颜色为单色橙色，如图 1-3-22 所示。

步骤11：为表格插入"柱形迷你图"。在 A8 单元格输入文本"迷你图"。选择 B8:E8 单元格区域，选择菜单栏，依次选择【插入】→【迷你图】→【柱形】，如图 1-3-23 所示。

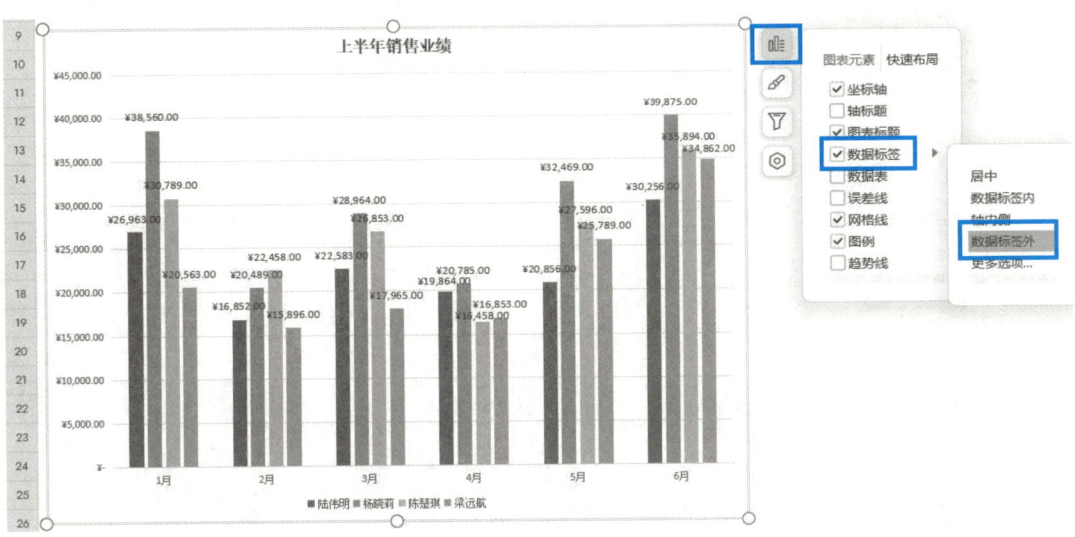

图 1-3-21 添加数据标签

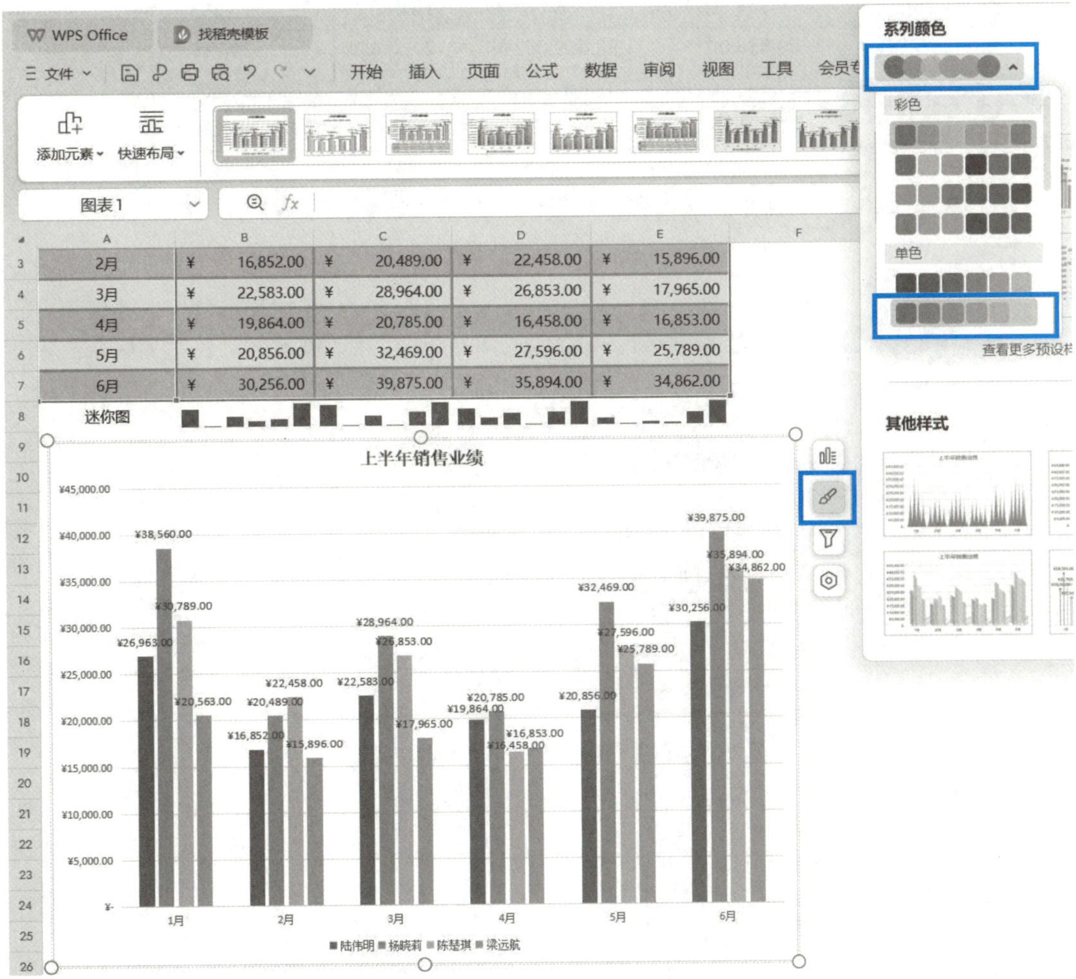

图 1-3-22 设置图表样式

步骤 12：在弹出"创建迷你图"对话框中选择数据范围为 B2:E7，如图 1-3-24 所示，点击【确定】按钮。

成果展示，如图 1-3-25 所示。

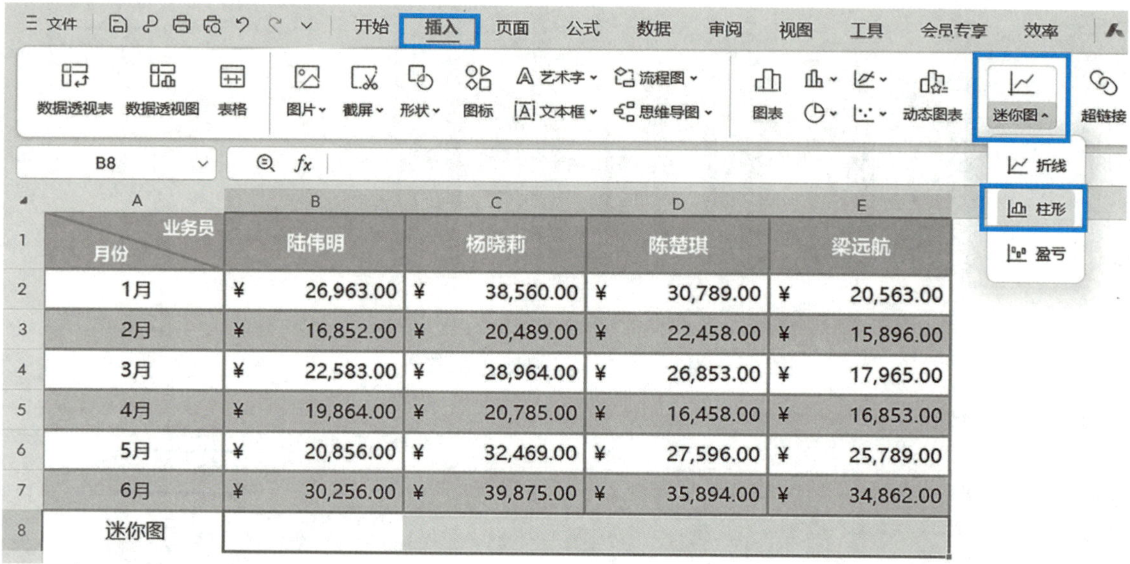

图 1-3-23　插入"柱形迷你图"

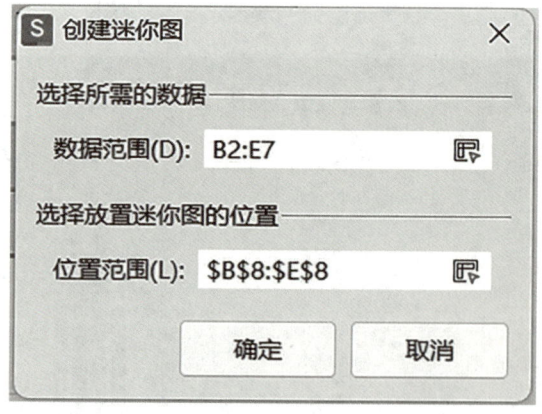

图 1-3-24　选择"迷你图"的数据范围

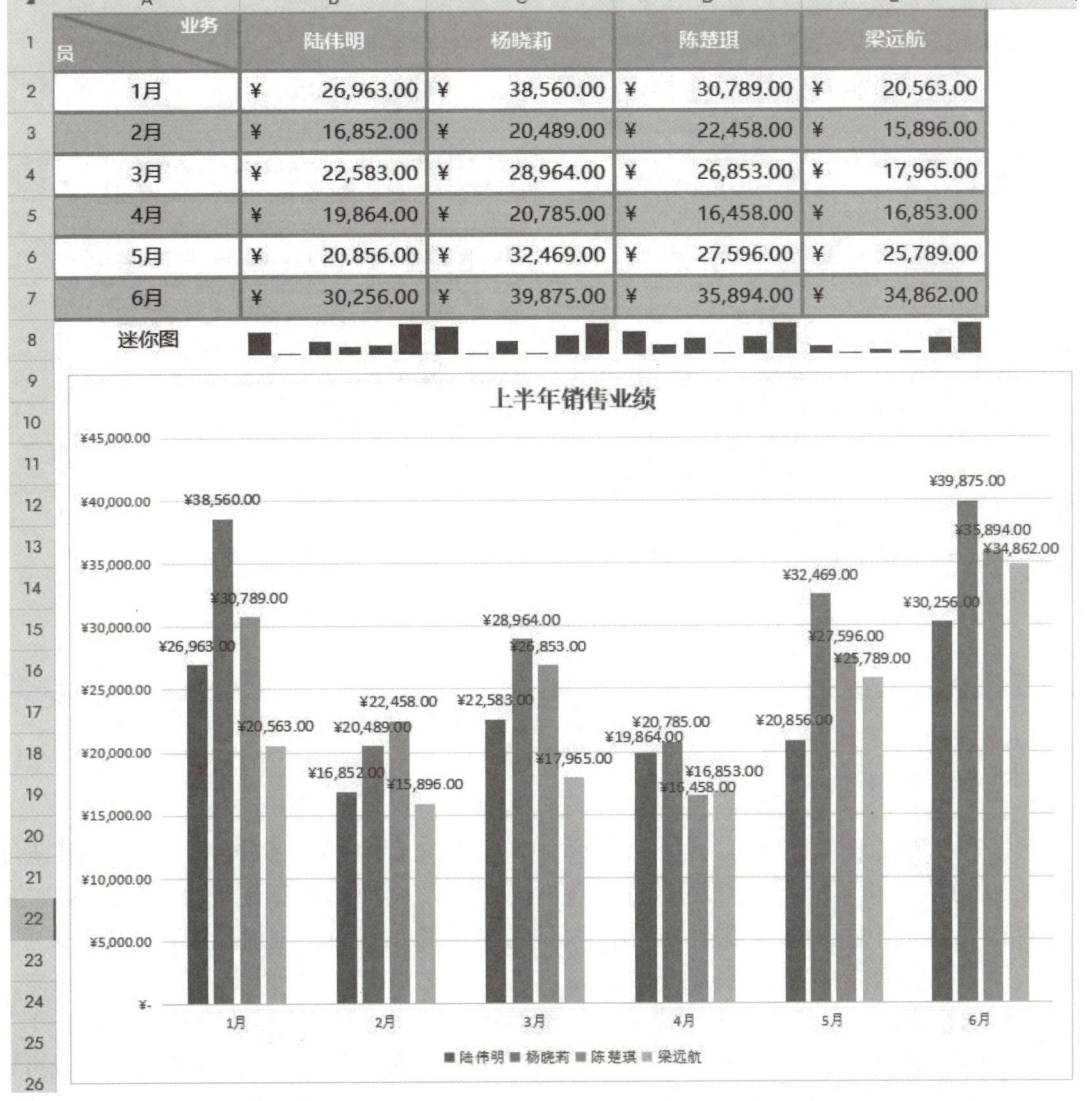

图 1-3-25　成果展示

任务实训 1-8

打开"图表可视化-练习(答题单据).xlsx"电子表格文件,找到对应工作表,完成以下操作:
练习:在"期末成绩"工作表中完成以下操作。
要求:
(1) 突出显示排名前 10 名的学生。
(2) 为排名前 10 的同学创建条形图。
(3) 为平均分、最高分和最低分创建折线迷你图。
成果参考,如图 1-3-26 所示。

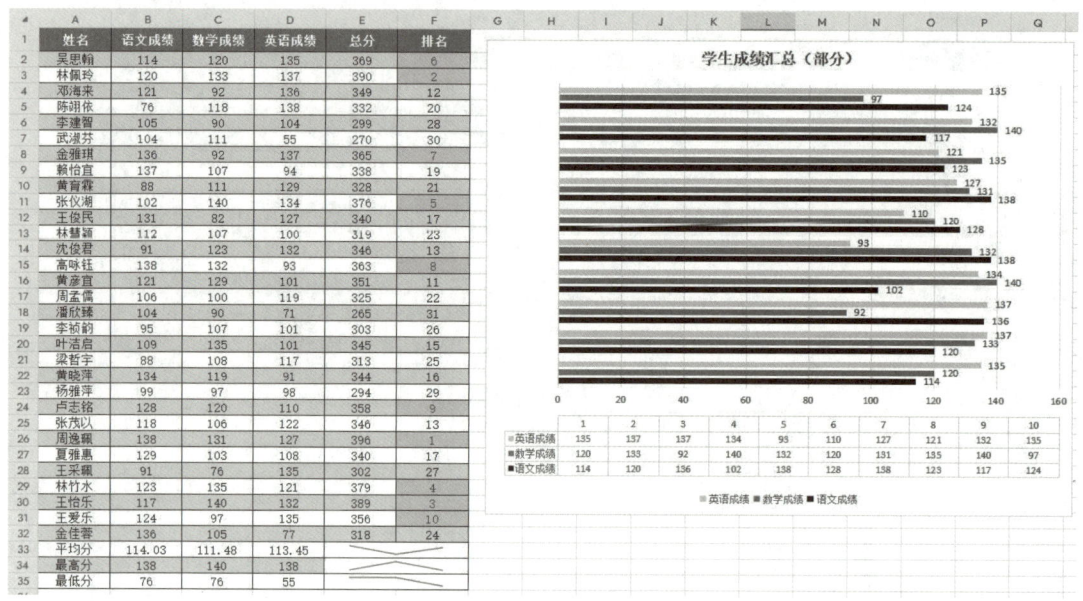

图1-3-26 成果参考

三、数据透视表

数据透视表在本质上就是一个由数据库生成的动态汇总报告。数据库可以存在于一个工作表（以表的形式）或一个外部的数据文件中。在日常工作中，数据透视表的作用体现在，对于含有大量数据记录、结构复杂的工作表，要将其中的一些内在规律显现出来，可以通过创建数据透视表来快速整理出具有意义的报表。

数据透视表之所以能成为电子表格中功能强大的数据分析利器，是因其有机结合了数据排序、筛选和分类汇总等数据分析方法的优点。作为一种交互式的报表，数据透视表可以快速分类汇总大量的数据，还可以灵活地以多种不同方式展示数据特征。

> 💡 小提示：
>
> 数据透视表的实用技巧：
>
> （1）更改统计方式：根据需求，可以更改数据透视表中数值字段的统计方式，如从求和改为平均值或计数。
>
> （2）分组统计：对于日期或时间字段，可以将其分组为年、月、日等不同的统计单位。
>
> （3）筛选数据：利用数据透视表的筛选功能，可以快速筛选出符合特定条件的数据。
>
> （4）更新数据：当原始数据发生变化时，可以更新数据透视表以反映最新的数据状态。

任务描述 1-9

【任务 1】为表格创建数据透视表,将【团队】拖动至"筛选器"区域,将【渠道】拖动至"列"区域,将【产品名称】和【类型】拖动至"行"区域,显示【销售数量】的合计数。

【任务 2】数据透视表以表格的形式显示,样式为橙色的数据透视表样式 2。

【任务 3】将"总计"列以降序排序。

【任务 4】给数据透视表插入簇状柱形图。

【任务 5】插入【切片器】,显示"东莞""广州"和"深圳"团队、"网络"和"线下"销售渠道,销售职务为"初级销售 S1""初级销售 S2"和"初级销售 S3"的销售数据。

数据透视表

任务实施 1-9

步骤 1:打开电子表格文件"数据透视表(答题单据).xlsx",打开工作表"销售单汇总表"。

步骤 2:选择插入数据透视表。选中 A1 单元格(任选表格其中一个单元格),选择菜单栏,依次选择【数据】→【数据透视表】,如图 1-3-27 所示。

图 1-3-27 选择"数据透视表"

步骤 3:弹出"创建数据透视表"对话框如图 1-3-28 所示。现在已经用 A1:I149 单元格区域创建了一个数据透视表了,默认放置位置为新工作表,手动修改放置在现有工作表的 K1 单元格,点击【确定】按钮,生成"数据透视表"后的界面如图 1-3-29 所示。

步骤 4:按要求设置"数据透视表"区域。在"数据透视表"对话框中,将【团队】拖动至"筛选器"区域,将【渠道】拖动至"列"区域,将【产品名称】和【类型】拖动至"行"区域,将【求和项:销售数量】拖动至"值"区域,如图 1-3-30 所示。

步骤 5:设置数据透视表为"以表格的形式显示"。选中 K1 单元格(任选数据透视表其中一个单元格),选择菜单栏,依次选择【设计】→【报表布局】→【以表格形式显示(T)】,如图 1-3-31 所示。

步骤 6:设置数据透视表的样式为橙色的数据透视表样式 2。选中 K1 单元格(任选数据

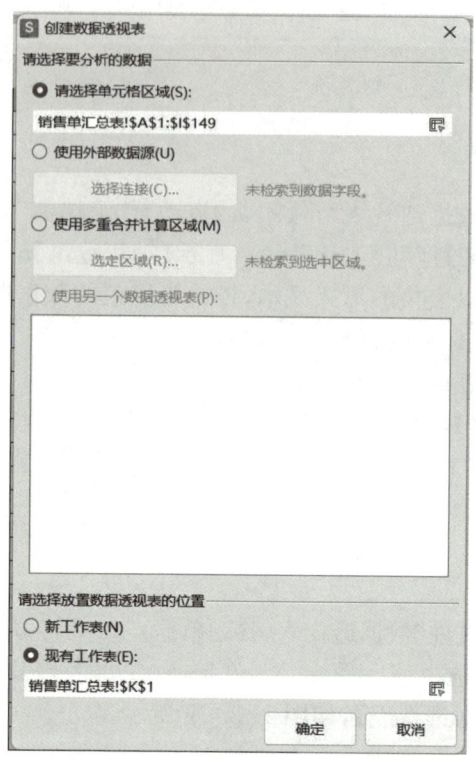

图 1-3-28　选择“数据透视表”的位置

团队	渠道	职务	员工编号	姓名	销售单号	产品名称	类型	销售数量
东莞	电销	初级销售S2	HH41873	王施峪	XSDJ2104777087	圆珠笔	QB-1	627
东莞	电销	初级销售S1	HH99743	张鸿鹤	XSDJ2104574930	A4纸	JD-1	987
东莞	电销	初级销售S2	HH81781	卫惇琰	XSDJ2104427388	笔记本	QB-1	67
东莞	电销	高级销售S7	HH40489	岳列洋	XSDJ2104341023	圆珠笔	QB-1	321
东莞	电销	高级销售S7	HH49959	陈国柏	XSDJ2104311992	黑色签字笔	QB-1	594
东莞	电销	高级销售S7	HH17534	文壮翔	XSDJ2104216783	A4纸	QB-1	269
东莞	电销	中级销售S4	HH38059	陶臣杜	XSDJ2104205646	笔记本	KT-1	323
东莞	电销	高级销售S7	HH36513	殷蒙共	XSDJ2104901681	A4纸	KT-1	325
东莞	网络	高级销售S7	HH74219	蔡仕保	XSDJ2104965905	圆珠笔	TX-1	663
东莞	网络	高级销售S7	HH68676	贺易	XSDJ2104774968	A4纸	QB-1	578
东莞	网络	初级销售S2	HH96561	齐寒昇	XSDJ2104755249	圆珠笔	KT-1	860
东莞	网络	高级销售S7	HH45990	欧贡界	XSDJ2104697097	A4纸	TX-1	990
东莞	网络	高级销售S6	HH76441	易江维	XSDJ2104517879	A4纸	QB-1	680
东莞	网络	高级销售S7	HH55229	刘昼星	XSDJ2104359633	圆珠笔	QB-1	901
东莞	网络	高级销售S7	HH99586	夏莱治	XSDJ2104219743	笔记本	KT-1	953
东莞	线下	高级销售S7	HH90980	邹包幼	XSDJ2104901308	黑色签字笔	JD-1	904
东莞	线下	中级销售S5	HH67535	孙来笙	XSDJ2104850216	A4纸	JD-1	11

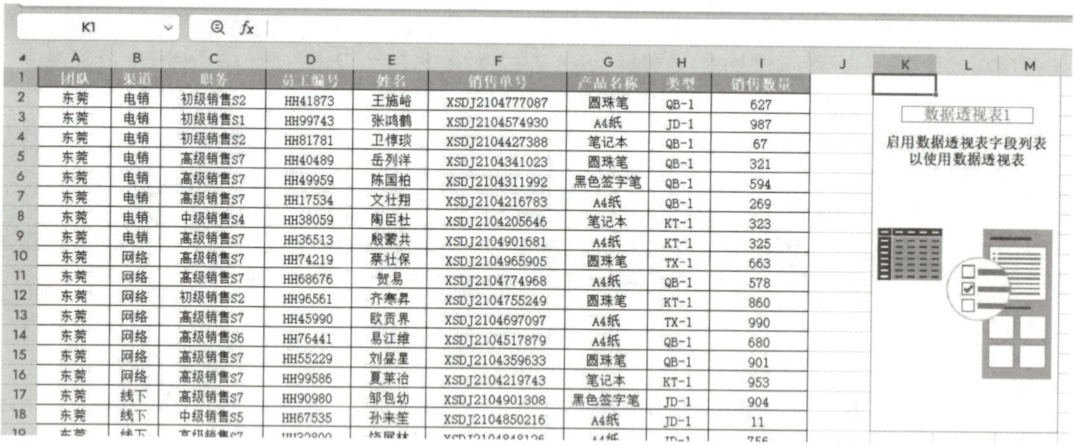

图 1-3-29　生成“数据透视表”后的界面

透视表其中一个单元格)，选择菜单栏，依次选择【设计】→【样式】，选择样式为橙色的数据透视表样式 2，如图 1-3-32 所示。

步骤 7：“总计”列以降序排序。选中 P5 单元格(任选“总计”列其中一个单元格)，按下鼠标右键，依次选择【排序(S)】→【降序(O)】，如图 1-3-33 所示。

步骤 8：给透视表生成“数据透视图”。选中 P5 单元格(任选数据透视表其中一个单元格)，选择菜单栏，依次选择【分析】→【数据透视图】，插入簇状柱形图，如图 1-3-34 和图 1-3-35 所示。

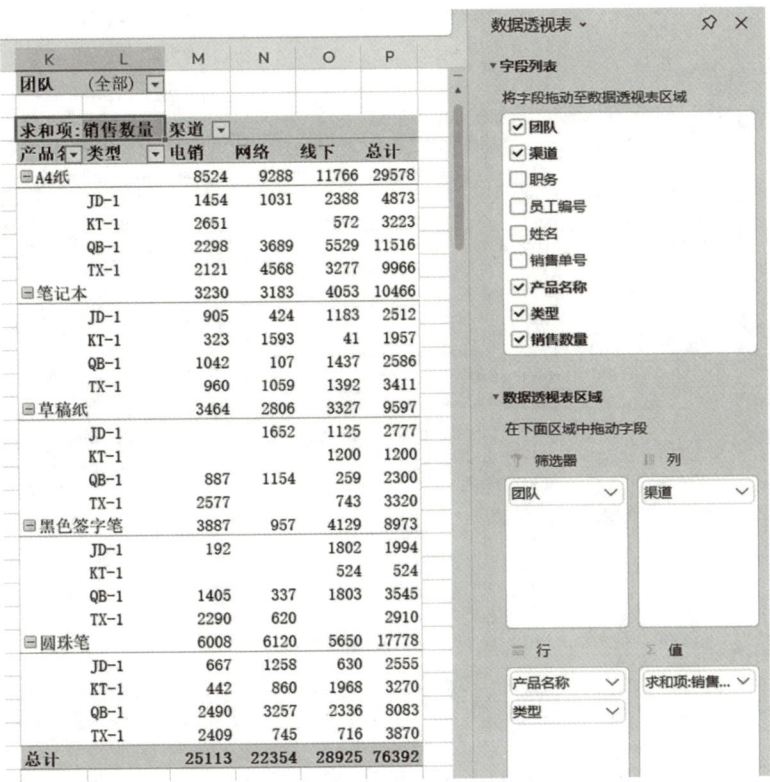

图 1-3-30　设置"数据透视表"区域

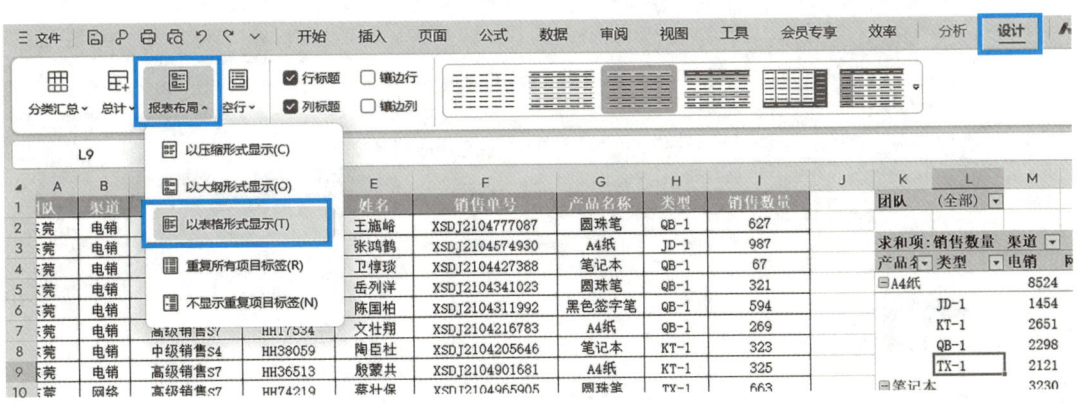

图 1-3-31　选择"以表格的形式显示"

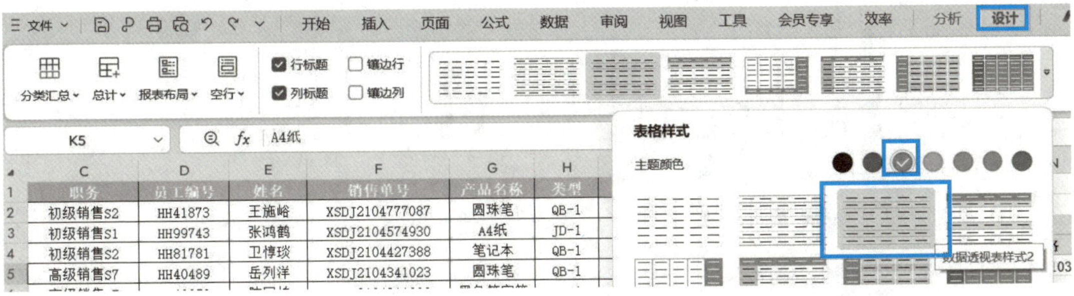

图 1-3-32　设置数据透视表样式

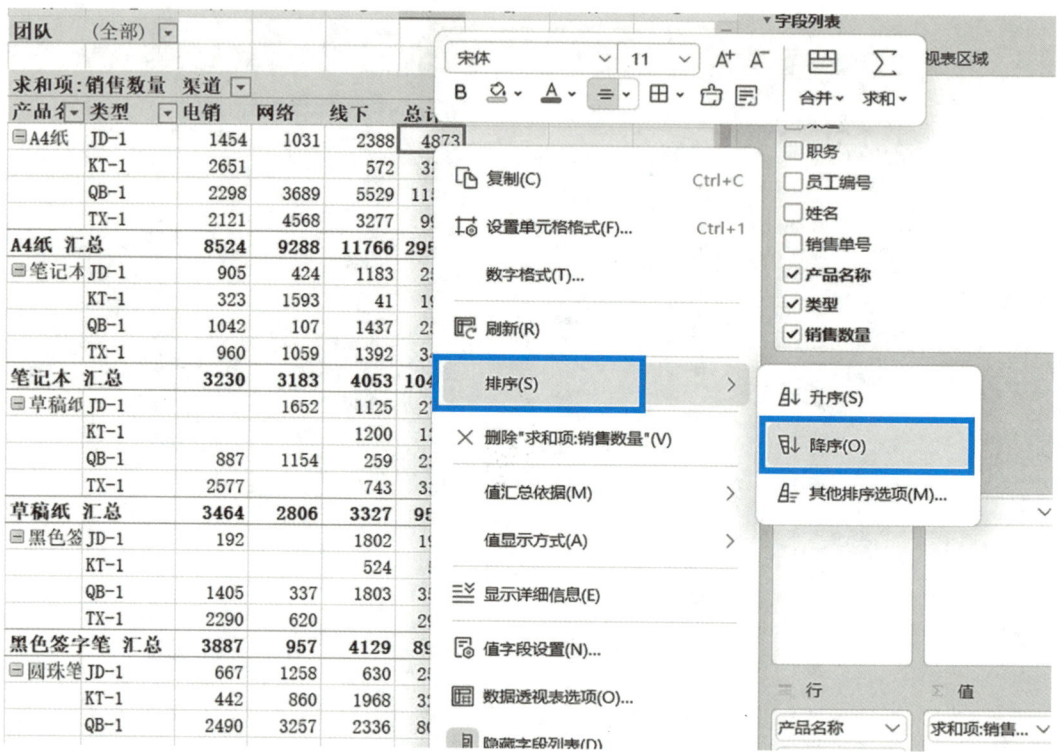

图 1-3-33　选择"降序"排序

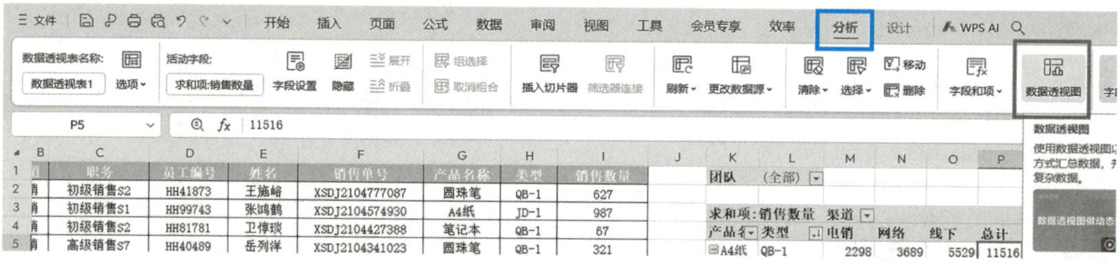

图 1-3-34　选择"数据透视图"

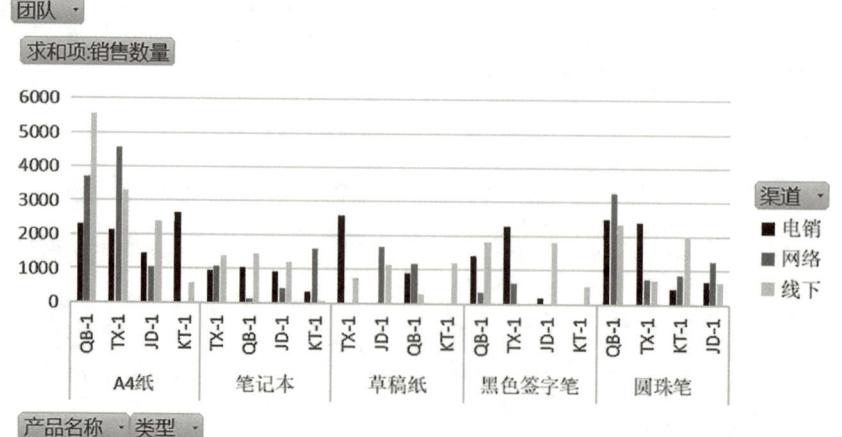

图 1-3-35　生成"数据透视图"

步骤9：选择"插入切片器"。选中O6单元格（任选数据透视表其中一个单元格），选择菜单栏，依次选择【分析】→【插入切片器】，如图1-3-36所示。

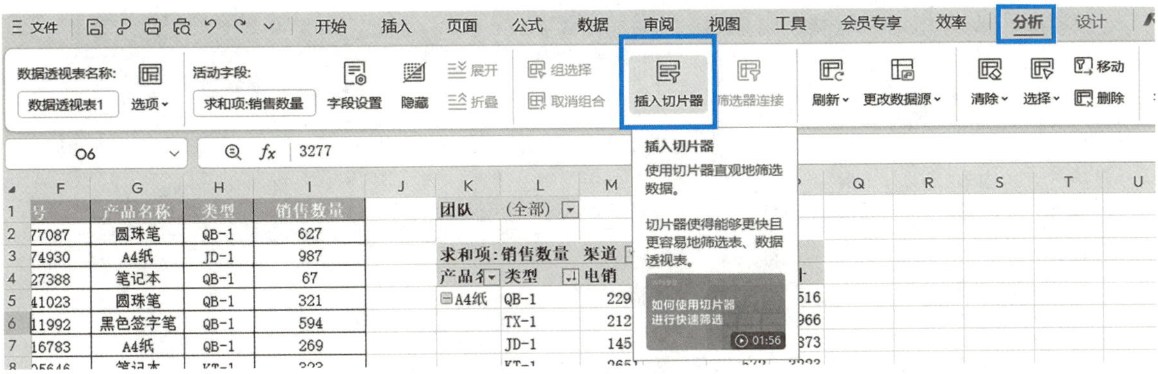

图1-3-36 选择"插入切片器"

步骤10：按要求显示切片器数据。在弹出的"插入切片器"对话框中，勾选【团队】【渠道】和【职务】，如图1-3-37所示。

图1-3-37 设置切片器

步骤11：按住【Ctrl】键，同时选中"东莞""广州"和"深圳"团队，"网络"和"线下"销售渠道，销售职务为"初级销售S1""初级销售S2"和"初级销售S3"。

成果展示，如图1-3-38所示。

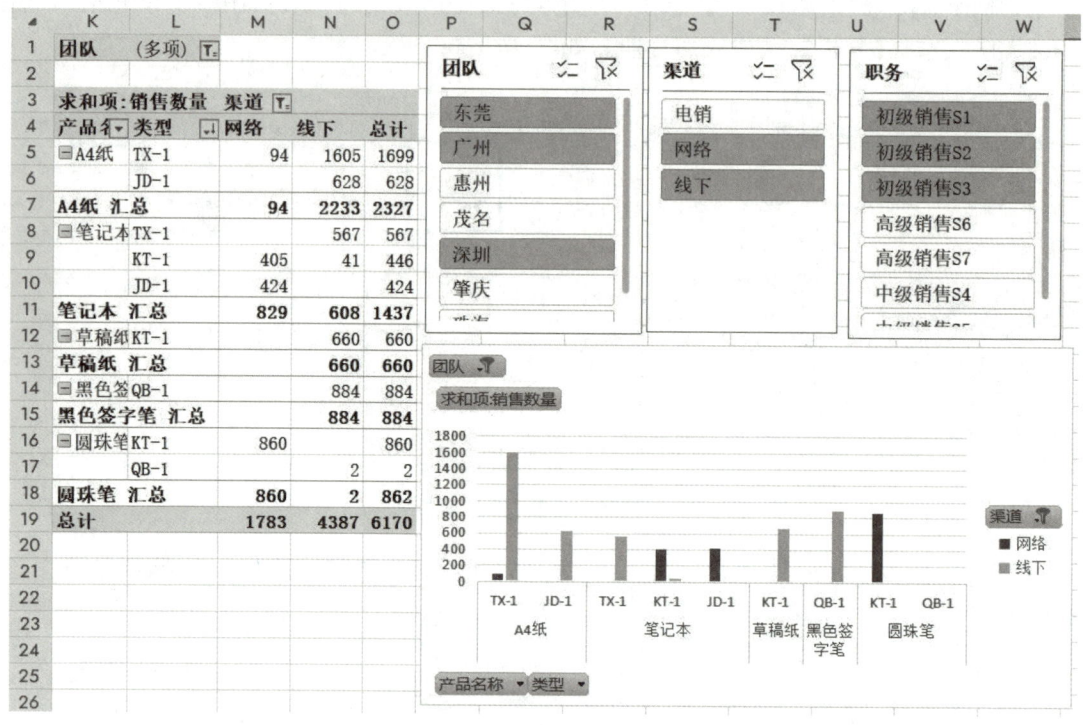

图 1-3-38　成果展示

> 💡 **小提示：**
>
> 数据透视表的使用总结：
> （1）刷新数据：当数据源中的数据发生变化时，需要刷新数据透视表以反映最新数据。可以通过点击数据透视表工具下的"分析"选项卡中的"刷新"按钮来完成。
> （2）排序和筛选：可以对数据透视表中的行字段、列字段和值字段进行排序和筛选，以便更好地分析数据。注意排序和筛选的条件设置要准确，以避免误导分析结果。
> （3）样式和格式：可以根据需要更改数据透视表的样式和格式，以提高可读性。更改样式和格式时，要确保不影响数据的准确性和分析结果的可靠性。
> （4）避免直接更改单元格：尽量避免直接更改数据透视表单元格中的数字或公式，因为这可能会导致数据透视表无法正确更新或计算结果出错。
> （5）使用条件格式：条件格式可以帮助我们更好地观察数据趋势和异常情况。在设置条件格式时，要确保选择正确的数据区域和条件规则。

任务实训 1-9

打开"数据透视表-练习（答题单据）.xlsx"电子表格文件，找到对应工作表，完成以下操作：

练习：在"期末成绩"工作表中完成以下操作。

要求：

（1）为表格创建数据透视表，以姓名显示出各学科的平均分和最高分。

（2）给数据透视表插入簇状柱形图。

（3）插入【切片器】，显示黄晓萍、陈翊依、邓海来、高咏钰、黄彦宜、黄育霖、金佳蓉同学的平均分和最高分。

成果参考，如图 1-3-39 所示。

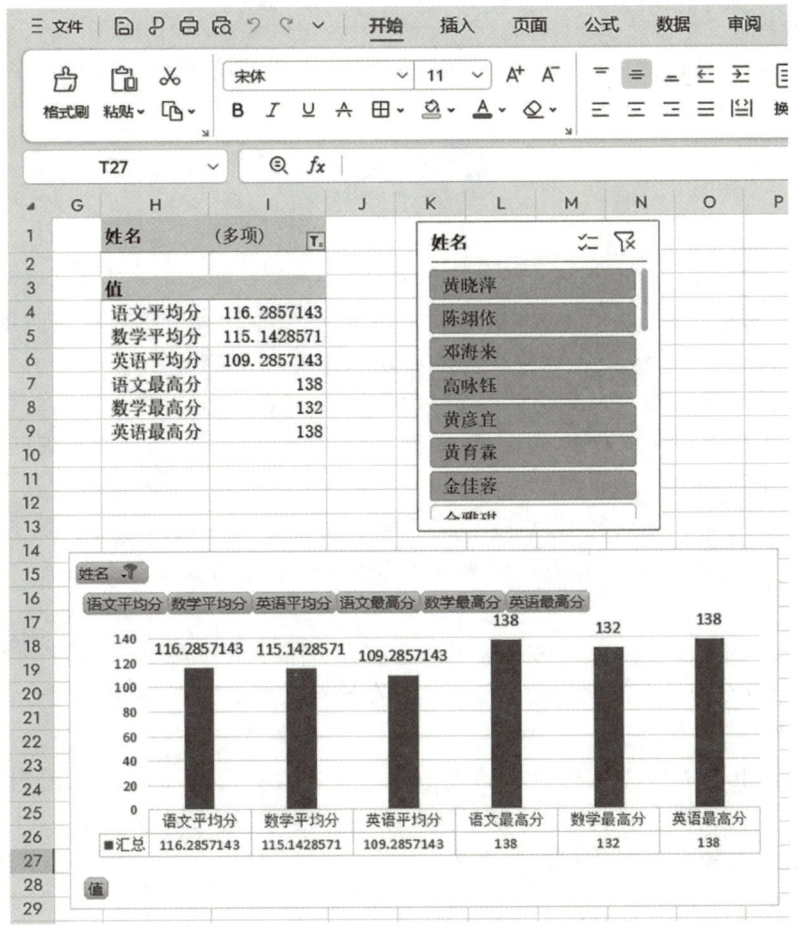

图 1-3-39　成果参考

学习总结

学习完本项目，您学会了什么？

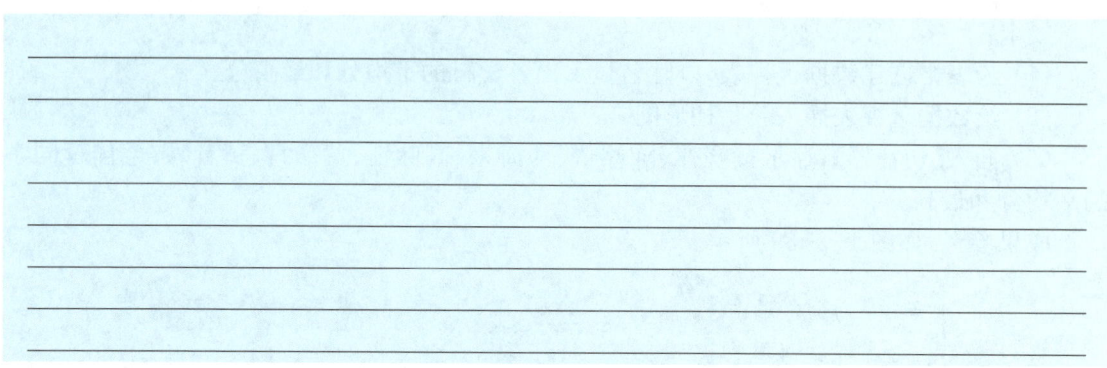

素养天地

随着大数据技术的飞速发展,财务数据处理不再仅仅是简单的数字记录与报表生成,而是成了企业洞察市场、优化运营、制定战略的重要工具。为了充分利用大数据的潜力,企业需要在财务数据处理上采取新的策略与方法。

首先,企业应构建基于大数据的财务分析体系,整合内外部数据源,实现财务数据的全面、实时分析。通过高级分析工具,如数据挖掘、机器学习等,揭示数据背后的隐藏规律和趋势,为管理层提供精准的决策支持。

其次,企业应加强财务数据的可视化呈现,使复杂的财务数据变得直观易懂。通过图表、仪表盘等形式,展现关键财务指标和业务绩效,帮助非财务背景的决策者快速把握财务状况,做出明智决策。

再次,企业应注重财务数据的安全与隐私保护。在利用大数据进行财务处理时,应严格遵守相关法律法规,确保数据的安全传输、存储和处理。加强数据访问权限管理,防止数据泄露和滥用。

最后,培养具备大数据处理能力的财务人才也是关键。企业应加大对财务人员的培训力度,提升其大数据分析、数据挖掘等技能水平。同时,鼓励财务人员与IT部门紧密合作,共同推动财务数据处理的创新与发展。

项目二　企业经营数据分析

在复杂多变的商业环境中,企业经营数据分析是引领企业稳健前行的罗盘。它通过对海量数据的深度挖掘与分析,揭示市场趋势、评估经营绩效、预测未来走向,数据分析师可以从大量数据中提取有价值的信息,为企业决策者提供宝贵的洞察与指导。

经营数据分析的具体内容涵盖了多个方面,包括但不限于以下6个方面:

(1) 销售数据分析:分析销售额、销售量的变化趋势,评估销售业绩,了解产品或服务的市场表现。

(2) 财务数据分析:分析利润和利润率、现金流量、成本结构等,了解企业的盈利能力和成本控制情况。

(3) 市场数据分析:分析市场份额、市场趋势、竞争情报等,了解企业在市场中的定位和竞争环境。

(4) 运营数据分析:分析生产效率、供应链管理、客户服务等,优化生产过程和降低成本,提高客户满意度。

(5) 员工数据分析:分析员工绩效、培训需求、离职率等,改进人力资源管理策略。

(6) 用户数据分析:分析用户行为、满意度等,进行个性化营销,提升用户体验。

通过对这些数据的分析,企业能够获得对业务环境的深入理解,从而做出更加明智的决策,提升竞争力。通过本章的学习,我们将掌握数据分析的基本技能,培养敏锐的商业洞察力。更重要的是,我们将学会如何用数据"说话",为企业的决策提供有力支持。让我们一起,在数据分析的海洋中,扬帆起航,探索商海的无限可能!

思维导图

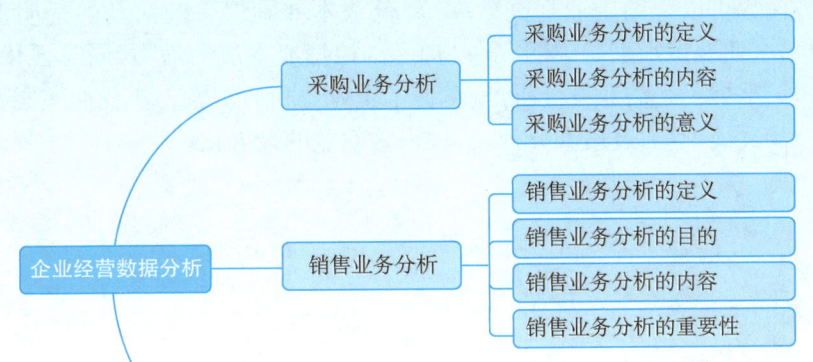

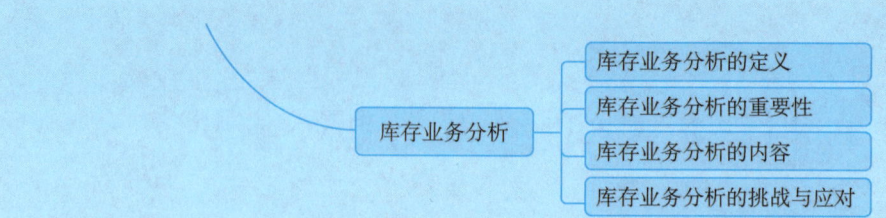

知识目标

1. 掌握企业经营数据分析在企业经营管理中的重要性
2. 掌握采购业务、销售业务和库存业务在电子表格中的应用

能力目标

1. 熟练掌握采购业务分析在电子表格中的操作
2. 熟练掌握销售业务分析在电子表格中的操作
3. 熟练掌握库存业务分析在电子表格中的操作

素养目标

1. 树立数据伦理与职业责任感,坚守数据真实性原则
2. 形成"数据真实不可欺、合规操作不可违"的职业价值观

任务一 采购业务分析

采购业务分析是企业优化成本结构、提升竞争力的关键,而非对采购数据的简单汇总。优化采购业务流程可以帮助企业提高效率、降低成本并确保采购活动的透明度和合规性。通过精准分析,企业能识别采购中的冗余与低效,挖掘成本节约潜力,同时强化与优质供应商的合作关系。掌握了采购业务分析,就掌握了企业盈利的钥匙。让我们一同探索,如何在复杂多变的市场环境中,通过精准分析,实现采购效益的最大化。

任务准备

一、采购业务分析的定义

采购业务分析是指企业通过对采购过程中的各个环节进行深入的研究和分析,以识别存在的问题、评估供应商表现、优化采购策略等,从而实现采购目标的过程。这一过程不仅

关注采购数据的收集和处理,更注重对采购活动内在规律和趋势的洞察。

二、采购业务分析的内容

1. 采购需求分析

采购需求分析是要分析企业生产经营所需的原材料、设备、服务等物资的具体需求,确保采购计划的准确性和及时性。结合市场趋势和企业发展战略,预测未来采购需求的变化,为长期采购规划提供依据。

2. 供应商评估与选择

供应商评估与选择是指对潜在供应商进行全面评估,包括价格、质量、交货能力、售后服务等方面。通过市场调研、询价、比价等方式,筛选出符合企业需求的优质供应商,并与其建立长期稳定的合作关系。

3. 采购成本控制

采购成本控制是指分析采购成本构成,包括采购价格、运输费用、关税等,识别成本节约的潜力。通过与供应商的谈判、集中采购、优化库存管理等手段,降低采购成本,提高企业的盈利能力。

4. 采购流程优化

采购流程优化是指对采购流程进行梳理和评估,识别流程中的瓶颈和浪费环节。引入先进的采购管理系统和工具,如 ERP 系统、电子采购平台等,提高采购流程的自动化和智能化水平。加强内部沟通与合作,确保采购计划、执行、验收等环节的顺畅衔接。

5. 风险管理

风险管理是指识别采购过程中可能面临的风险,如供应商破产、质量问题、市场波动等。建立风险预警和应对机制,确保在风险发生时能够迅速响应并采取措施降低损失。

三、采购业务分析的意义

(1)提高采购效率:通过优化采购流程和选择优质供应商,提高采购效率和准确性。

(2)降低采购成本:通过成本控制和风险管理等手段降低采购成本,提高企业盈利能力。

(3)增强供应链稳定性:与优质供应商建立长期合作关系,确保物资供应的稳定性和可靠性。

(4)支持企业决策:为企业的生产经营和战略决策提供有力的数据支持和分析依据。

任务描述 2-1

【任务1】请补全相应数据。使用函数补全"实际到货日期""交货逾期天数""到期交货量""逾期未交货量""按时交货量率""交货准时率",其中"交货准时率""逾期未交货量""按时交货量率"的计算结果,要使用函数保留 2 位小数。

【任务2】为供应商交货准时率情况进行簇状柱形图可视化,显示坐标轴,图表标题("供

采购业务分析

应商交货准时率"),数据标签(外),网格线四项内容。

【任务 3】为采购订单按时交货量率情况进行簇状柱形图可视化,显示坐标轴、图表标题("采购订单按时交货量率")、数据标签(外)、网格线四项内容。

任务实施 2-1

步骤 1:打开电子表格文件"采购业务分析(答题单据).xlsx",打开工作表"采购业务分析"。

步骤 2:计算"采购订单号"为"CGDD0003"的"实际到货日期"。选中 G5 单元格,在 G5 单元格或编辑栏中输入公式,单元格 G5＝VLOOKUP(C5,采购入库单！\$B\$2：\$P\$18,15,0),如图 2-1-1 所示。

图 2-1-1　计算"CGDD0003"的"实际到货日期"

> **小提示:**
>
> 1. VLOOKUP 函数的使用
>
> VLOOKUP 函数的主要功能是根据用户提供的查找值,在数据表的首列中精确搜索该值,并返回同一行中指定列的内容。这使得用户能够快速地在数据表中查找和提取所需的信息。
>
> 函数语法为 VLOOKUP(lookup_value, table_array, col_index_num, [range_lookup])。
>
> lookup_value:要查找的值,可以是数值、引用或文本字符串。这是 VLOOKUP 函数的第一个参数,也是搜索的起点。
>
> table_array:需要搜索的单元格区域或数组。这个区域的首列必须包含 lookup_value,因为 VLOOKUP 函数会在这一列中查找指定的值。
>
> col_index_num:返回值的列号,即 table_array 中待返回的匹配值所在的列数。注意,这里的列号是指 table_array 中的列数,而不是电子表格工作表中的列号。
>
> [range_lookup]:这是一个可选参数,用于指定查找方式是精确匹配还是近似匹配。如果为 0 或 FALSE,则为精确匹配;如果为 TRUE 或省略,则为近似匹配,且要求 table_array 的第一列按升序排列。
>
> 2. 相对引用和绝对引用
>
> 1)相对引用
>
> 定义:相对引用是指公式中引用的单元格地址是相对于公式所在单元格的位置而言的。

特点：当公式被复制到其他单元格时，相对引用的单元格地址会根据目标单元格的位置进行相应的更新。默认情况下，电子表格中创建的公式通常使用相对引用。

示例：假设在 A1 单元格中输入公式＝B1＋C1，然后将该公式复制到 A2 单元格，则 A2 单元格中的公式将自动更新为＝B2＋C2。

2）绝对引用

定义：绝对引用是指公式中引用的单元格地址是固定的，不会因为公式的复制或移动而改变。

特点：在绝对引用的单元格地址前，会加上符号来标示。例如，$A$1 表示对 A1 单元格的绝对引用。当公式被复制到其他单元格时，绝对引用的单元格地址保持不变。

示例：假设在 A1 单元格中输入公式＝$B$1＋$C$1，然后将该公式复制到 A2 单元格，A2 单元格中的公式仍然是＝$B$1＋$C$1，即仍然引用 B1 和 C1 单元格。

3）混合引用

除了绝对引用和相对引用外，还有一种混合引用的方式。混合引用是指单元格地址中，部分使用绝对引用，部分使用相对引用。例如，$A1 表示对 A 列的绝对引用和对第 1 行的相对引用；A$1 则表示对 A1 列的绝对引用和对第 1 行的相对引用。

4）引用切换技巧

在电子表格中，可以通过快捷键 F4 来快速切换单元格的引用方式。

步骤 3：计算出其他采购订单的"实际到货日期"。选中 G5 单元格，当鼠标移至 G5 单元格右下角出现黑色十字时，按住鼠标左键向下拖动到 G10 单元格，如图 2-1-2 所示。

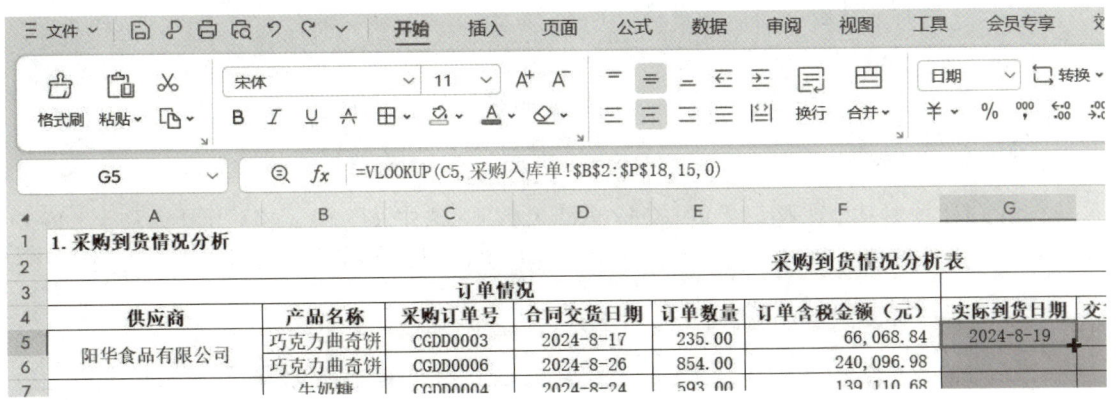

图 2-1-2　计算其他采购订单的"实际到货日期"

步骤 4：计算"采购订单号"为"CGDD0003"的"交货逾期天数"。选中 H5 单元格，在 H5 单元格或编辑栏中输入公式，单元格 H5＝DATEDIF(D5,G5,"d")，如图 2-1-3 所示。

	A	B	C	D	E	F	G	H
1	情况分析							
2						采购到货情况分析表		
3			订单情况					
4	应商	产品名称	采购订单号	合同交货日期	订单数量	订单含税金额（元）	实际到货日期	交货逾期天数
5	有限公司	巧克力曲奇饼	CGDD0003	2024-8-17	235.00	66,068.84	2024-8-19	2

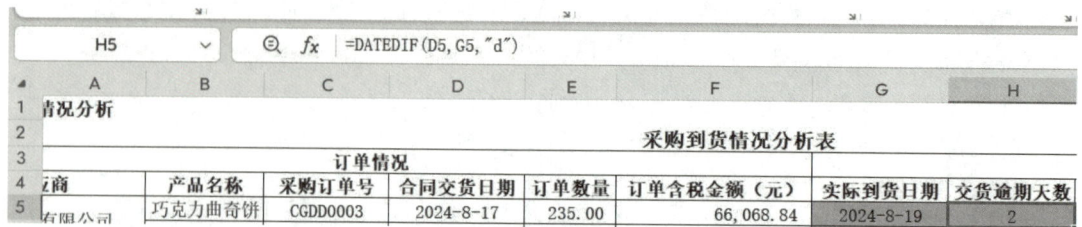

图 2-1-3　计算“CGDD0003”的“交货逾期天数”

小提示：

DATEDIF 函数的使用技巧：

DATEDIF 函数主要用于计算两个日期之间的天数、月数或年数差异。

函数语法为 DATEDIF(start_date, end_date, unit)。

start_date：起始日期，即时间段内的第一个日期。

end_date：结束日期，即时间段内的最后一个日期。

unit：返回结果的单位代码，用于指定函数返回年数、月数还是天数等。

start_date 和 end_date 可以是具体的日期值(如"2020-01-01")，也可以是单元格引用。

unit 参数决定了函数的返回类型，常见的返回值代码包括：

"y"：返回两个日期之间的完整年份数。

"m"：返回两个日期之间的完整月份数。

"d"：返回两个日期之间的天数。

"md"：返回两个日期之间的天数差，忽略年份和月份。

"ym"：返回两个日期之间的月份差，忽略年份。

"yd"：返回两个日期之间的天数差，忽略年份

步骤 5：计算出其他采购订单的“交货逾期天数”。选中 H5 单元格，当鼠标移至 H5 单元格右下角出现黑色十字时，按住鼠标左键向下拖动到 H10 单元格，如图 2-1-4 所示。

	A	B	C	D	E	F	G	H
1	1. 采购到货情况分析							
2						采购到货情况分析表		
3			订单情况					
4	供应商	产品名称	采购订单号	合同交货日期	订单数量	订单含税金额（元）	实际到货日期	交货逾期天数
5	阳华食品有限公司	巧克力曲奇饼	CGDD0003	2024-8-17	235.00	66,068.84	2024-8-19	2
6	阳华食品有限公司	巧克力曲奇饼	CGDD0006	2024-8-26	854.00	240,096.98	2024-8-26	
7	联润食品有限公司	牛奶糖	CGDD0004	2024-8-24	593.00	139,110.68	2024-8-24	
8	联润食品有限公司	牛奶糖	CGDD0007	2024-8-28	554.00	129,961.75	2024-8-28	
9	雅琪食品有限公司	柠檬威化饼	CGDD0005	2024-8-25	579.00	165,661.16	2024-8-28	
10	茂凯食品有限公司	无糖酸奶	CGDD0008	2024-8-31	250.00	85,456.25	2024-8-31	
11								

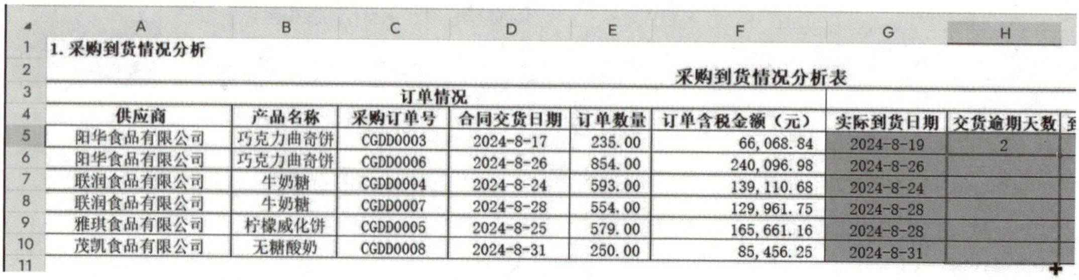

图 2-1-4　计算其他采购订单的“交货逾期天数”

步骤 6：计算“采购订单号”为“CGDD0003”的“到期交货量”。选中 I5 单元格，在 I5 单元格或编辑栏中输入公式，单元格 I5＝VLOOKUP(C5，采购入库单！$B$2：$P$18，11，0)，如图 2-1-5 所示。

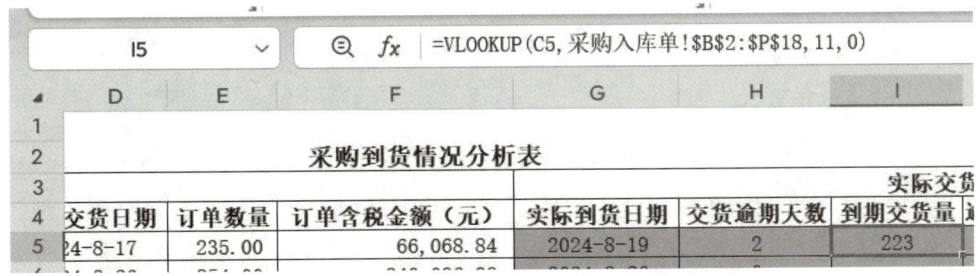

图 2-1-5　计算"CGDD0003"的"到期交货量"

步骤7：计算出其他采购订单的"到期交货量"。选中I5单元格，当鼠标移至I5单元格右下角出现黑色十字时，按住鼠标左键向下拖动到I10单元格。

步骤8：计算"采购订单号"为"CGDD0003"的"逾期未交货量"。选中J5单元格，在J5单元格或编辑栏中输入公式，单元格J5＝E5－I5，如图2-1-6所示。

图 2-1-6　计算"CGDD0003"的"逾期未交货量"

步骤9：计算出其他采购订单的"逾期未交货量"。选中J5单元格，当鼠标移至J5单元格右下角出现黑色十字时，按住鼠标左键向下拖动到J10单元格。

步骤10：取消合并居中。选中A5:A6单元格区域，选择菜单栏，依次选择【开始】→【合并】→【拆分并填充内容(F)】，如图2-1-7所示。用同样的方法取消A7:A8单元格区域合并居中。

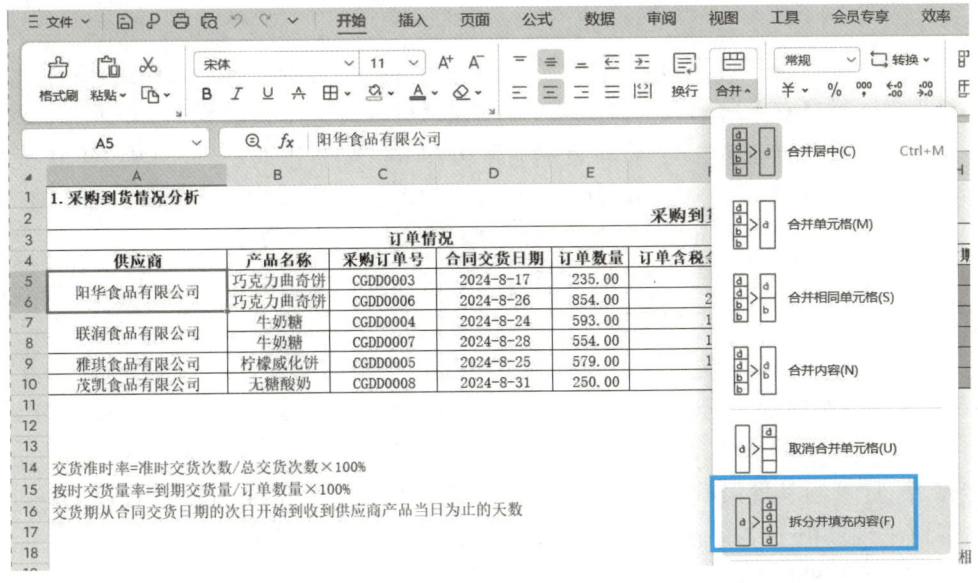

图 2-1-7　取消合并居中

> **小提示：**
>
> 【Ctrl＋C】组合键是"复制"的快捷方式。【Ctrl＋V】组合键是"粘贴"的快捷方式。

步骤11：计算供应商名称为"阳华食品有限公司"的"交货准时率"。选中K5单元格，在K5单元格或编辑栏中输入公式，单元格 K5＝ROUND((COUNTIFS($A$5：$A$10，A5，$H$5：$H$10，0)/COUNTIF($A$5：$A$10，A5))＊100％，2)，如图2-1-8所示。

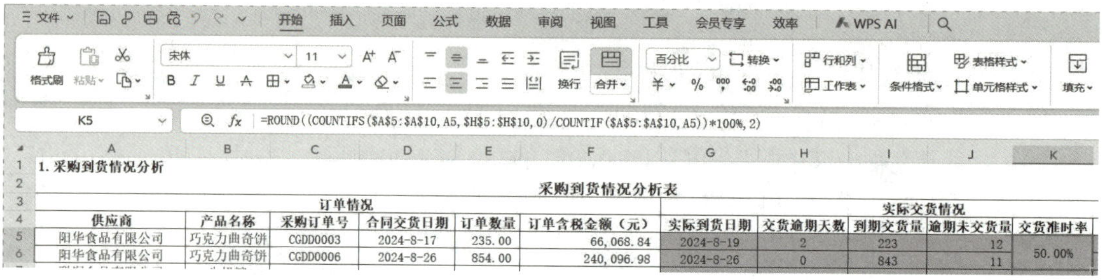

图2-1-8 计算"阳华食品有限公司"的"交货准时率"

> **小提示：**
>
> COUNTIFS函数的使用技巧：
>
> COUNTIFS函数是电子表格软件中一个非常强大的统计函数，它可以根据一个或多个条件来统计符合条件的单元格数量。
>
> 函数语法为COUNTIFS(criteria_range1，criteria1，[criteria_range2，criteria2]，...)。
>
> criteria_range1：要检查的第一个范围或数组。
>
> criteria1：与criteria_range1中的单元格比较的条件。
>
> [criteria_range2，criteria2]：(可选)要检查的其他范围和条件。这些参数可以根据需要添加多对。

步骤12：计算供应商名称为"联润食品有限公司"的"交货准时率"。选中K5单元格，当鼠标移至K5单元格右下角出现黑色十字时，按住鼠标左键向下拖动到K7单元格。

步骤13：计算供应商名称为"雅琪食品有限公司"的"交货准时率"。选中K9单元格，在K9单元格或编辑栏中输入公式，单元格 K9＝ROUND((COUNTIFS($N$5：$N$10，N9，$H$5：$H$10，0)/COUNTIF($N$5：$N$10，N9))＊100％，2))。

步骤14：计算供应商名称为"茂凯食品有限公司"的"交货准时率"。选中K9单元格，当鼠标移至K9单元格右下角出现黑色十字时，按住鼠标左键向下拖动到K10单元格。

步骤15：计算"采购订单号"为"CGDD0003"的"按时交货量率"。选中L5单元格，在L5单元格或编辑栏中输入公式，单元格 L5＝ROUND((I5/E5)＊100％，2)，如图2-1-9所示。

步骤16：计算出其他采购订单的"按时交货量率"。选中L5单元格，当鼠标移至L5单元格右下角出现黑色十字时，按住鼠标左键向下拖动到L10单元格。

步骤17：插入图表。按住【Ctrl】键，同时选择A5：A10和K5：K10单元格区域，选择菜

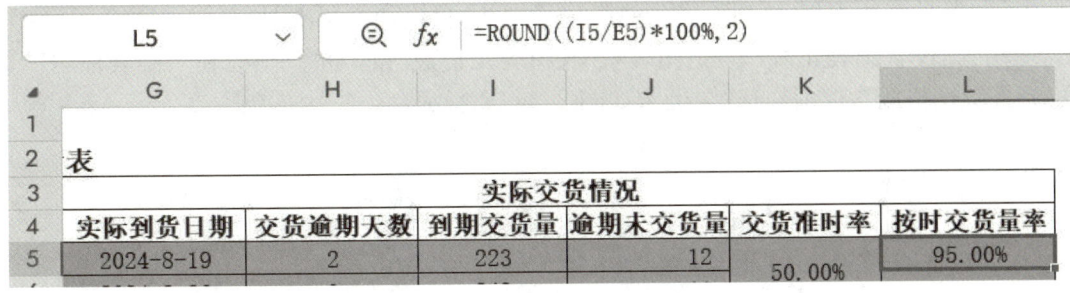

图 2-1-9 计算"CGDD0003"的"按时交货量率"

单栏,依次选择【插入】→【簇状柱形图】,如图 2-1-10 所示。

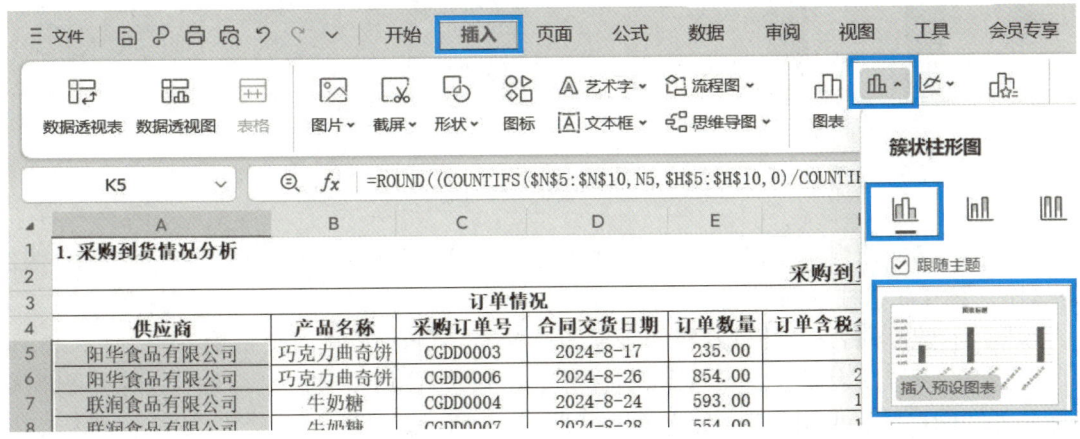

图 2-1-10 选择插入"簇状柱形图"

步骤 18:设置不显示没有数据的列。选中图表,选择菜单栏,依次选择【图表工具】→【选择数据】,弹出图 2-1-11 所示的"编辑数据源"的对话框,在"类别(C)"框中,取消选择"阳华食品有限公司"和"联润食品有限公司",点击【确定】按钮。

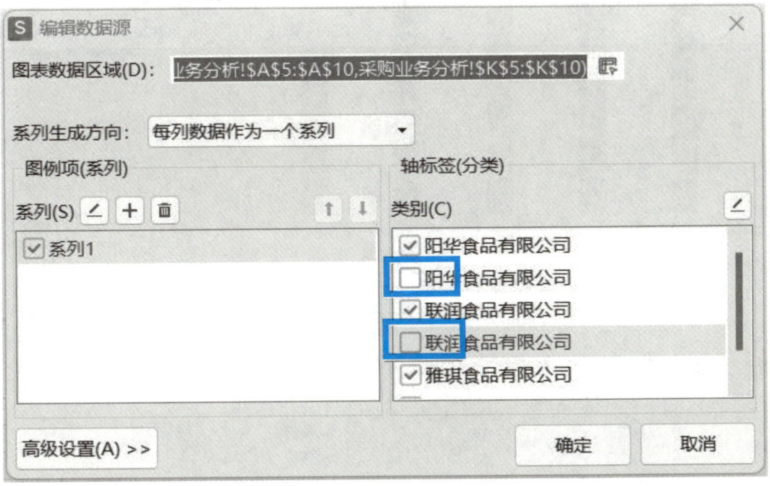

图 2-1-11 取消选择"阳华食品有限公司"和"联润食品有限公司"

步骤 19：选择图表标题区域，将图表标题设置为"供应商交货准时率"。

步骤 20：设置图表元素。点击图表右侧【图表元素】按钮，勾选"坐标轴""图表标题""数据标签外""网格线"，取消勾选"图例"，如图 2-1-12 所示。

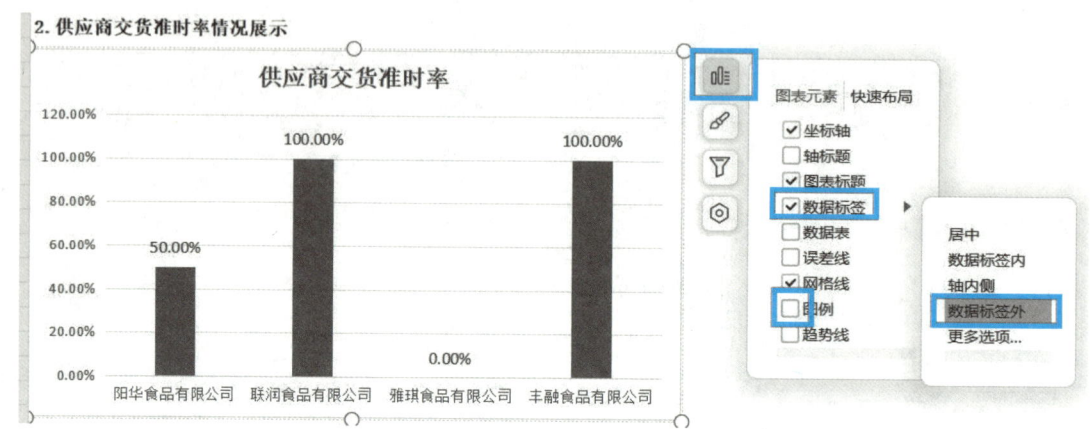

图 2-1-12　选择设置图表元素

步骤 21：插入图表。按【Ctrl】键，同时选择 C5:C10 和 L5:L10 区域，选择菜单栏，依次选择【插入】→【簇状柱形图】。

步骤 22：选择图表标题区域，将图表标题设置为"采购订单按时交货量率"。

步骤 23：设置图表元素。点击图表右侧【图表元素】按钮，勾选"坐标轴""图表标题""数据标签外""网格线"，取消勾选"图例"，如图 2-1-13 所示。

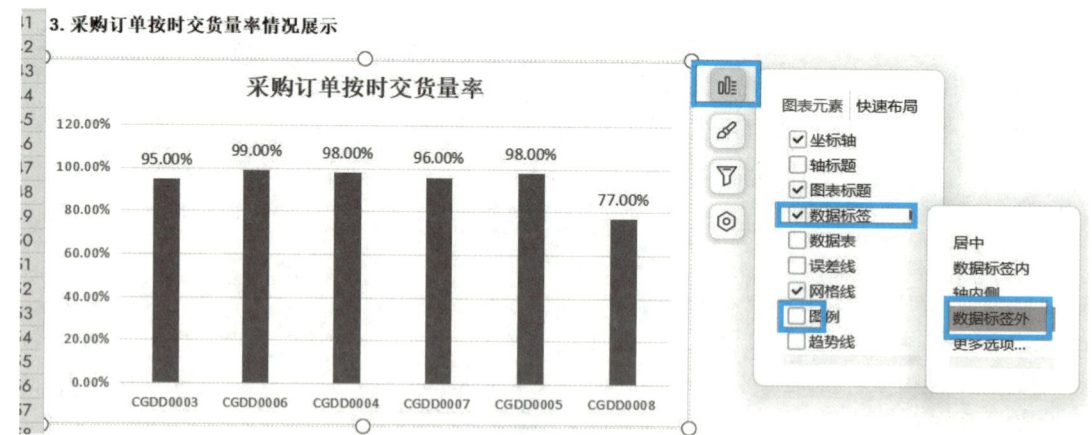

图 2-1-13　选择设置图表元素

部分成果展示如图 2-1-14 和图 2-1-15 所示。

项目二　企业经营数据分析

1. 采购到货情况分析

采购到货情况分析表

供应商	产品名称	订单情况					实际交货情况					
		采购订单号	合同交货日期	订单数量	订单含税金额（元）		实际到货日期	交货逾期天数	到期交货量	逾期未交货量	交货准时率	按时交货量率
阳华食品有限公司	巧克力曲奇饼	CGDD0003	2024-8-17	235.00	66,068.84		2024-8-19	2	223	12	50.00%	95.00%
阳华食品有限公司	巧克力曲奇饼	CGDD0006	2024-8-26	854.00	240,096.98		2024-8-26	0	843	11		99.00%
联润食品有限公司	牛奶糖	CGDD0004	2024-8-24	593.00	139,110.68		2024-8-24	0	579	14	100.00%	98.00%
联润食品有限公司	牛奶糖	CGDD0007	2024-8-28	554.00	129,961.75		2024-8-28	0	530	24		96.00%
雅琪食品有限公司	柠檬威化饼	CGDD0005	2024-8-25	579.00	165,661.16		2024-8-28	3	569	10	0.00%	98.00%
茂凯食品有限公司	无糖酸奶	CGDD0008	2024-8-31	250.00	85,456.25		2024-8-31	0	192	58	100.00%	77.00%

交货准时率=准时交货次数/总交货次数×100%
按时交货量率=到期交货量/订单数量×100%
交货期从合同交货日期的次日开始到收到供应商产品当日为止的天数

图 2-1-14　成果展示（1）

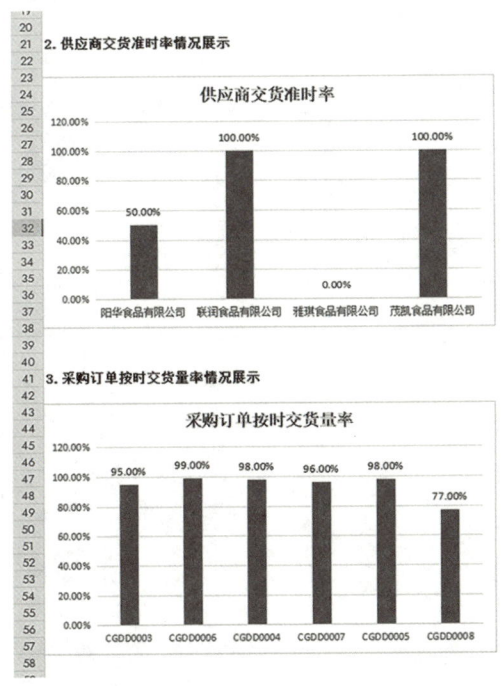

图 2-1-15　部分成果展示（2）

任务实训 2-1

打开"采购业务分析-练习（答题单据）.xlsx"电子表格文件，找到对应工作表，完成以下操作：

练习：在"采购业务分析"工作表中完成以下操作。

要求：

（1）请补全"采购到货情况分析表"的数据。计算"实际到货日期""交货逾期天数""到货交货量""逾期未交货量""交货准时率"和"按时交货量率"的值。

（2）为供应商到期交货量情况插入簇状柱形图。

（3）为采购订单按时交货量率情况插入簇状柱形图。

成果参考如图 2-1-16 和图 2-1-17 所示。

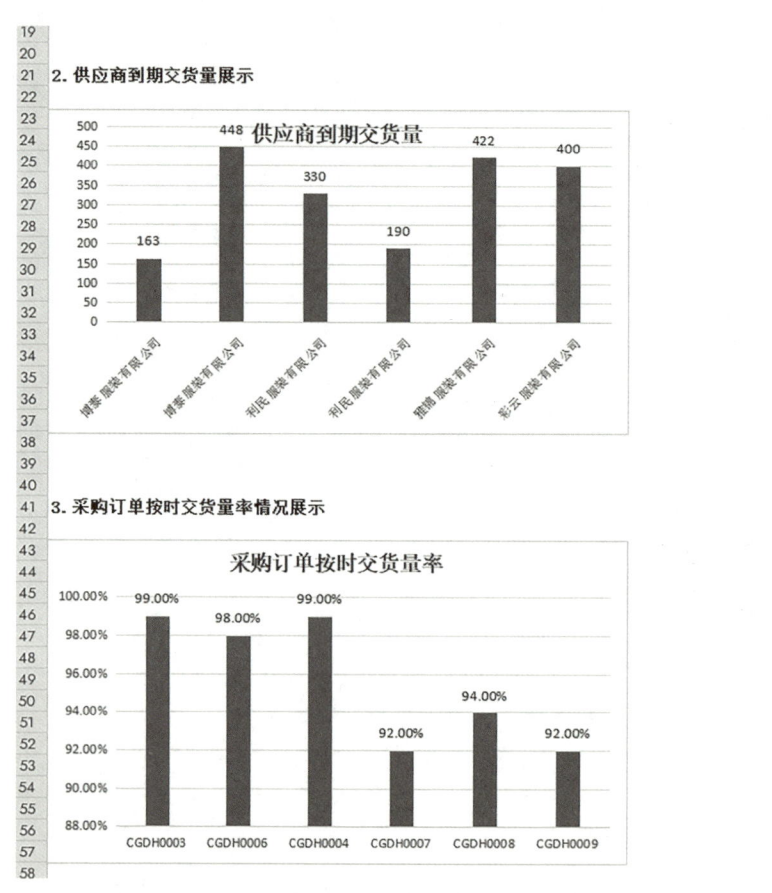

图 2-1-16　成果参考(1)

图 2-1-17　成果参考(2)

任务二　销售业务分析

销售业务分析是企业把握市场动态、优化销售策略的重要工具。它深入剖析销售数据,揭示销售趋势、客户行为及市场反馈,为企业决策提供坚实的数据支撑。通过对销售数据的深入挖掘和分析,企业可以更加清晰地了解市场动态、客户需求和自身业务表现,从而做出更加明智的决策。掌握销售业务分析,就是掌握了业绩增长的引擎。让我们携手并进,在数据的海洋中探寻销售业务的奥秘,共同开启业绩增长的新篇章。

任务准备

一、销售业务分析的定义

销售业务分析是指对企业在销售活动中产生的数据进行收集、整理、分析和评估的过程。这些数据包括但不限于销售额、销售渠道、销售周期、客户行为等关键指标。通过深入分析这些数据,企业可以洞察市场变化,优化销售策略,实现销售业绩的持续增长。

二、销售业务分析的目的

(1)了解销售情况:通过销售数据分析,企业可以清晰地了解当前的销售业绩、销售进度以及销售目标的达成情况。

(2)识别市场趋势:分析市场数据,发现市场需求的变化趋势,为企业的产品开发和市场定位提供依据。

(3)优化销售策略:根据分析结果,调整产品定位、价格策略、销售渠道等,以更好地满足市场需求。

(4)提高盈利能力:通过优化销售策略和降低销售成本,提高企业的整体盈利能力。

三、销售业务分析的内容

(1)销售额分析:分析不同产品、不同区域、不同时间段的销售额变化,了解销售业绩的波动情况。

(2)销售渠道分析:评估各销售渠道的销售贡献度,分析渠道效率和成本,优化渠道布局。

(3)客户行为分析:通过客户购买记录、反馈信息等数据,分析客户需求和偏好,为产品改进和市场策略提供依据。

(4)市场趋势分析:结合宏观经济环境、行业发展趋势等外部因素,分析市场未来的走向和潜在机会。

四、销售业务分析的重要性

在现代商业环境中,市场竞争日益激烈,销售业务分析的重要性愈发凸显。通过深入分析销售数据,企业可以及时发现市场变化和销售问题,调整销售策略,提高销售效率和盈利能力。同时,销售业务分析还可以帮助企业识别潜在的市场机会和威胁,为企业的长远发展提供有力支持。

销售业务分析

任务描述 2-2

【任务1】使用函数补全"未收金额"和"总业务笔数"两项数据,其中"未收金额"的计算结果,要使用函数保留2位小数。

【任务2】使用函数补全"信用履约率"和"按期履约率"两项数据。

【任务3】根据"非企业客户名称"为非企业客户信用履约对比情况进行簇状柱形图可视化,显示坐标轴和网格线,图表标题为"非企业客户信用履约情况对比"。

任务实施 2-2

步骤1:打开电子表格文件"销售业务分析(答题单据).xlsx",打开工作表"应收账款部分往来单位明细"。

步骤2:定义名称,给"往来单位名称"列定义名称。选中C列,选择菜单栏,依次选择【公式】→【名称管理器】,点击左上角【新建】按钮,在弹出的"新建名称"对话框中,将名称设置为"往来单位名称",如图2-2-1所示,点击【确定】按钮。

步骤3:定义名称,给"未收金额"列定义名称。再次点击【新建】按钮,在弹出的"新建名称"对话框中,将名称设置为"未收款金额",引用位置选择J列,点击【确定】按钮。

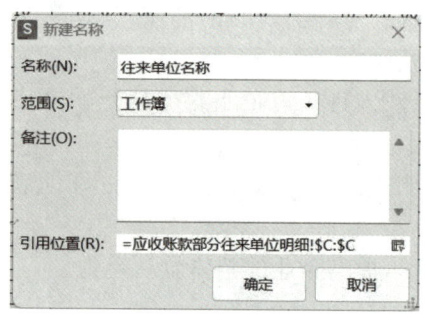

图2-2-1 定义"往来单位名称"列的名称

> 💡 小提示:
>
> 名称管理器的主要作用如下。
>
> 1. 自定义命名
>
> 命名单元格或区域:名称管理器允许用户对单元格、单元格区域、值、公式等进行命名,使其更具有意义和可读性。这有助于减少公式中的长地址引用,使公式更加简洁明了。
>
> 跨工作表引用:通过名称管理器,用户可以定义跨工作表的名称,方便在不同工作表间进行数据的引用和计算。
>
> 2. 提高公式直观性
>
> 简化公式:使用名称替代单元格引用,可以使公式更加简洁易读。当需要引用长地址或复杂区域时,只需使用定义的名称即可。
>
> 增强可读性:自定义的名称通常比单元格地址更直观,能够直接反映数据的含义或来源,有助于他人理解和维护文档。

3. 提高工作效率

快速定位：在名称管理器中定义的名称,可以在工作簿中快速定位到对应的单元格或区域。这有助于用户快速找到需要的数据或进行编辑。

减少重复输入：对于需要多次引用的数据或公式,只需在名称管理器中先定义一次名称,然后在公式中多次引用即可,以减少重复输入的工作量。

4. 方便数据管理

批量修改：如果某个名称对应的单元格区域发生变化(如增加或减少行/列),用户可以在名称管理器中直接修改该名称的引用位置,而无需逐个修改引用该名称的公式。

步骤4：计算客户"爱高百货商城"的"未收金额"。打开"企业客户信用履约分析"工作表,选中C5单元格,在C5单元格或编辑栏中输入公式,单元格C5＝ROUND(SUMIF(往来单位名称,B5,未收款金额),2),如图2-2-2所示。

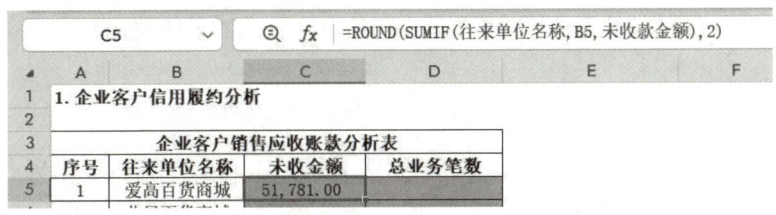

图2-2-2 计算客户"爱高百货商城"的"未收金额"

💡 小提示：

1. SUMIF函数的使用(单条件求和)

SUMIF函数是电子表格中非常常用的一个函数,用于对满足指定条件的单元格进行求和。

基本语法为SUMIF(range, criteria, [sum_range])。

range：条件区域,即包含要检查条件的单元格区域。这是必需的参数。

criteria：求和条件,由数字、表达式或文本等组成的判定条件,用于确定哪些单元格将被相加求和。这也是必需的参数。该参数中可以使用通配符(如"?"号和"＊"号),其中问号匹配任意单个字符,"＊"号匹配任意一串字符。如果要查找实际的"?"号或"＊"号,请在该字符前键入"~"号。

sum_range：实际求和区域,即包含要求和的值的单元格区域。这是可选参数。如果省略该参数,电子表格将对range参数中满足条件的单元格进行求和。

2. SUMIFS函数的使用(多条件求和)

SUMIFS函数用于根据一个或多个条件对一组单元格进行求和。该函数能够快速地处理多条件求和的复杂情况,提高数据处理和分析的效率。

基本语法为 SUMIFS(sum_range, criteria_range1, criteria1, [criteria_range2, criteria2], ...)。

sum_range：需要求和的实际单元格区域,可以是一个或多个单元格、单元格区域或单元格引用。SUMIFS函数将对这些单元格中满足所有条件的值进行求和。

criteria_range1，criteria_range2，…：计算关联条件的区域。这些区域中的单元格将被用作条件判断的依据。

criteria1，criteria2，…：与 criteria_range 相对应的条件。条件可以是数字、表达式、单元格引用或文本。这些条件定义了哪些单元格将被包括在求和操作中。

步骤5：计算客户"爱高百货商城"的"总业务笔数"。选中 D5 单元格，在 D5 单元格或编辑栏中输入公式，单元格 D5＝COUNTIF（往来单位名称，B5），如图 2-2-3 所示。

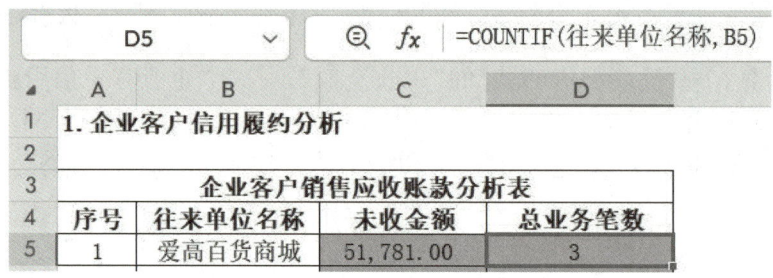

图 2-2-3　计算客户"爱高百货商城"的"总业务笔数"

步骤6：计算其他客户的"未收金额"和"总业务笔数"。选中 C5：D5 单元格区域，当鼠标移至 D5 单元格右下角出现黑色十字时，按住鼠标左键向下拖动到 D14 单元格。

步骤7：计算非企业客户"刘青青"的"信用履约率"。选中 L22 单元格，在 L22 单元格或编辑栏中输入公式，单元格 L22＝（SUM(G22：G23)＋SUM(H22：H23)）/（SUM(G22：G23)＋SUM(H22：H23)＋SUM(J22：J23)）*100％，如图 2-2-4 所示。

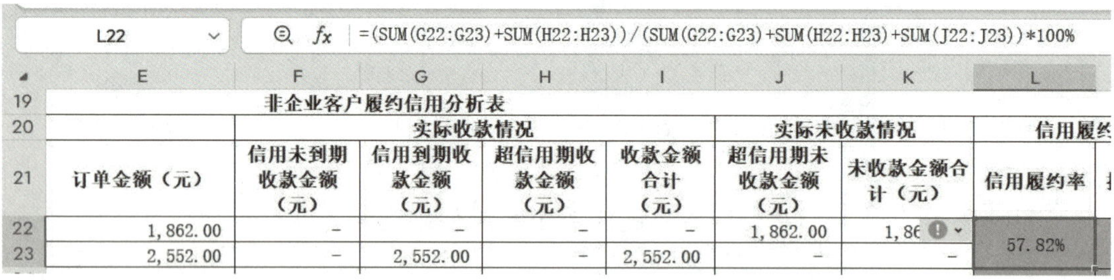

图 2-2-4　计算"刘青青"的"信用履约率"

步骤8：计算非企业客户"刘青青"的"按期履约率"。选中 M22 单元格，在 M22 单元格或编辑栏中输入公式，单元格 M22＝SUM(G22：G23)/（SUM(G22：G23)＋SUM(H22：H23)＋SUM(J22：J23)）*100％，如图 2-2-5 所示。

步骤9：计算非企业客户"周海英"的"信用履约率"和"按期履约率"。选中 L22：M22 单元格区域，当鼠标移至 M22 单元格右下角出现黑色十字时，按住鼠标左键向下拖动到 M24 单元格。

步骤10：计算非企业客户"陈素雨"的"信用履约率"。选中 L26 单元格，在 L26 单元格或编辑栏中输入公式，单元格 L26＝(G26＋H26)/(G26＋H26＋J26)*100％，如图 2-2-6 所示。

M22　f_x　=SUM(G22:G23)/(SUM(G22:G23)+SUM(H22:H23)+SUM(J22:J23))*100%

	F	G	H	I	J	K	L	M
19	非企业客户履约信用分析表							
20	实际收款情况				实际未收款情况		信用履约情况	
21	信用未到期收款金额（元）	信用到期收款金额（元）	超信用期收款金额（元）	收款金额合计（元）	超信用期未收款金额（元）	未收款金额合计（元）	信用履约率	按期履约率
22	-	-	-	-	1,862.00	1,862.00	57.82%	57.82%
23	-	2,552.00	-	2,552.00	-	-		

图 2-2-5　计算“刘青青”的“按期履约率”

L26　f_x　=(G26+H26)/(G26+H26+J26)*100%

	H	I	J	K	L
19	表				
20	款情况		实际未收款情况		信用履约
21	超信用期收款金额（元）	收款金额合计（元）	超信用期未收款金额（元）	未收款金额合计（元）	信用履约率
22	-	-	1,862.00	1,862.00	57.82%
23	-	2,552.00	-	-	
24	4,615.00	4,615.00	-	-	77.60%
25	-	-	1,332.00	1,332.00	
26	-	4,138.00	-	-	100.00%

图 2-2-6　计算“陈素雨”的“信用履约率”

步骤 11：计算非企业客户“陈素雨”的“按期履约率”。选中 M26 单元格，在 M26 单元格或编辑栏中输入公式，单元格 M26＝G26/(G26＋H26＋J26) * 100%，如图 2-2-7 所示。

M26　f_x　=G26/(G26+H26+J26)*100%

	F	G	H	I	J	K	L	M
19	非企业客户履约信用分析表							
20	实际收款情况				实际未收款情况		信用履约情况	
21	信用未到期收款金额（元）	信用到期收款金额（元）	超信用期收款金额（元）	收款金额合计（元）	超信用期未收款金额（元）	未收款金额合计（元）	信用履约率	按期履约率
22	-	-	-	-	1,862.00	1,862.00	57.82%	57.82%
23	-	2,552.00	-	2,552.00	-	-		
24	-	-	4,615.00	4,615.00	-	-	77.60%	0.00%
25	-	-	-	-	1,332.00	1,332.00		
26	-	4,138.00	-	4,138.00	-	-	100.00%	100.00%

图 2-2-7　计算“陈素雨”的“按期履约率”

步骤 12：计算其他客户的“信用履约率”和“按期履约率”。选中 L26：M26 单元格区域，当鼠标移至 M26 单元格右下角出现黑色十字时，按住鼠标左键向下拖动到 M29 单元格。

步骤 13：插入图表。按【Ctrl】键，同时选择 B22：B29 和 L22：M29 单元格区域，选择菜单栏，依次选择【插入】→【簇状柱形图】，如图 2-2-8 所示。

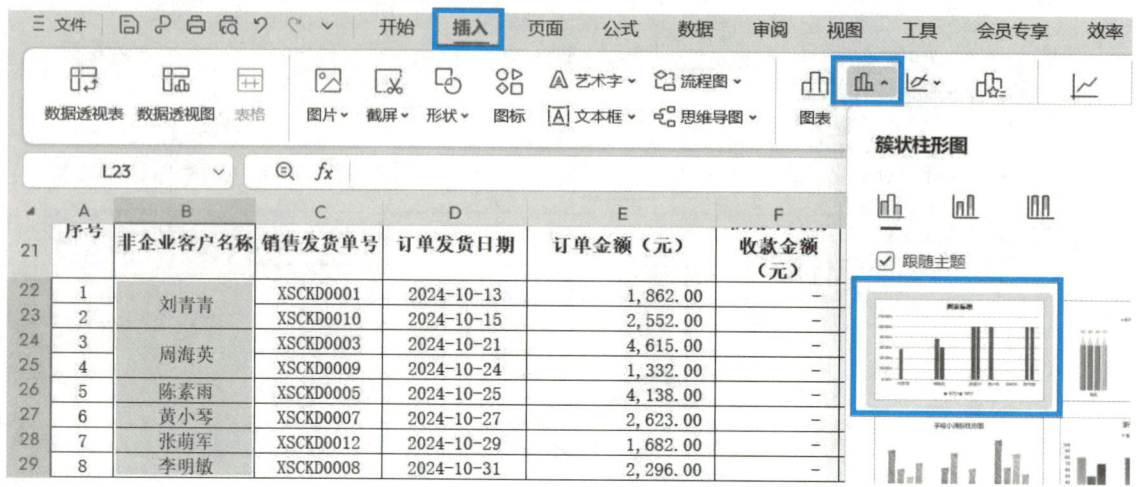

图 2-2-8　选择插入“簇状柱形图”

步骤 14：选择图表标题区域，将图表标题设置为“非企业客户信用履约情况对比”。成果展示，如图 2-2-9 和图 2-2-10 所示。

1. 企业客户信用履约分析

企业客户销售应收账款分析表			
序号	往来单位名称	未收金额	总业务笔数
1	爱高百货商城	51,781.00	3
2	艾尼百货商城	0.00	3
3	华都百货商城	0.00	1
4	兴旺百货商城	567,933.00	4
5	蓝飞百货商城	247,584.00	2
6	凤凰百货商城	212,849.00	2
7	创意百货商城	151,637.00	2
8	乐城百货商城	133,707.00	3
9	宏图百货商城	409,343.00	3
10	宜佳百货商城	0.00	2

2. 非企业客户信用履约分析

非企业客户履约信用分析表												
序号	销售发货情况				实际收款情况				实际未收款情况		信用履约情况	
	非企业客户名称	销售发货单号	订单发货日期	订单金额（元）	信用未到期收款金额（元）	信用到期收款金额（元）	超信用期收款金额（元）	收款金额合计（元）	超信用期未收款金额（元）	未收款金额合计（元）	信用履约率	按期履约率
1	刘青青	XSCKD0001	2024-10-13	1,862.00	-	-	-	-	1,862.00	1,862.00	57.82%	57.82%
2		XSCKD0010	2024-10-15	2,552.00	-	2,552.00	-	2,552.00	-	-		
3	周海英	XSCKD0003	2024-10-21	4,615.00	-	-	4,615.00	4,615.00	-	-	77.60%	0.00%
4		XSCKD0009	2024-10-24	1,332.00	-	-	-	-	1,332.00	1,332.00		
5	陈素雨	XSCKD0005	2024-10-25	4,138.00	-	4,138.00	-	4,138.00	-	-	100.00%	100.00%
6	黄小琴	XSCKD0007	2024-10-27	2,623.00	-	-	2,623.00	2,623.00	-	-	100.00%	0.00%
7	张萌军	XSCKD0012	2024-10-29	1,682.00	-	-	-	-	1,682.00	1,682.00	0.00%	0.00%
8	李明敏	XSCKD0008	2024-10-31	2,296.00	-	2,296.00	-	2,296.00	-	-	100.00%	100.00%

信用履约率=（信用到期收款金额+超信用期收款金额）/（信用到期收款金额+超信用期收款金额+超信用期未收款金额）×100%

按期履约率=信用到期收款金额/（信用到期收款金额+超信用期收款金额+超信用期未收款金额）×100%

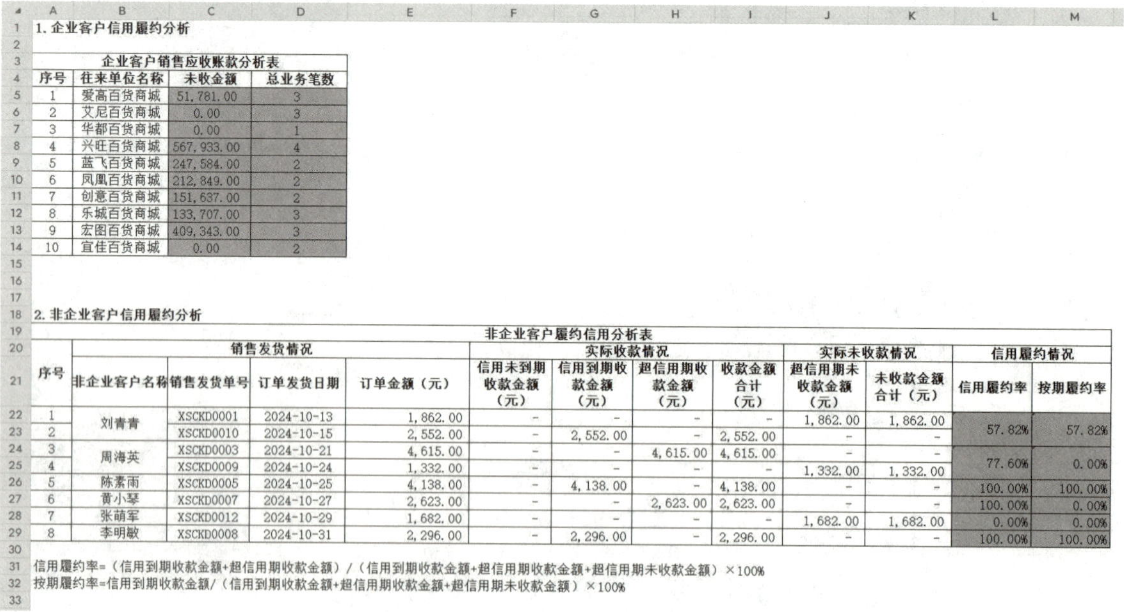

图 2-2-9　成果展示(1)

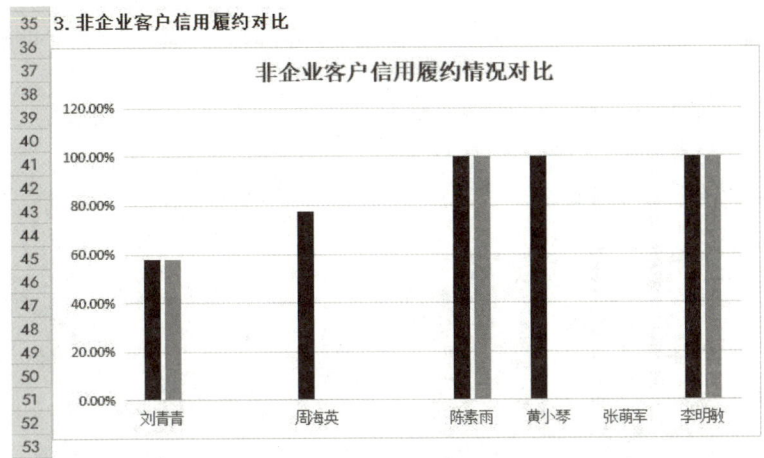

图 2-2-10　成果展示(2)

任务实训 2-2

打开"销售业务分析-练习(答题单据).xlsx"电子表格文件,找到对应工作表,完成以下操作:

练习:在"客户信用履约分析"工作表中完成以下操作。

要求:

(1) 请补全"企业客户销售应收账款分析表"的数据。计算"已收金额""未收金额"和"总业务笔数"的值。

(2) 请补全"非企业客户履约信用分析表"的数据。计算"信用履约率"和"按期履约率"的值。

(3) 为非企业客户信用履约对比情况插入簇状柱形图。

成果参考,如图 2-2-11 和图 2-2-12 所示。

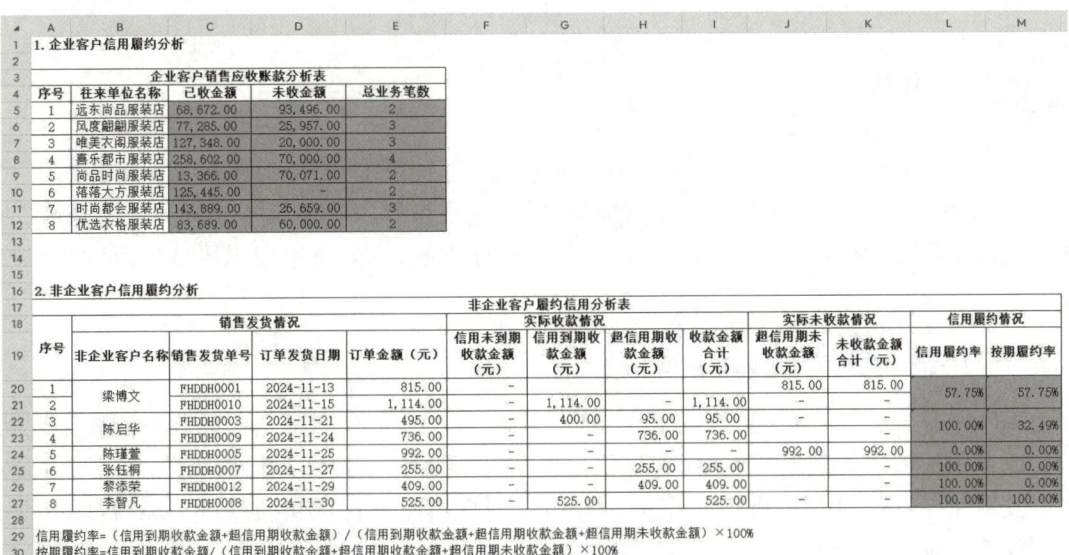

图 2-2-11　成果参考(1)

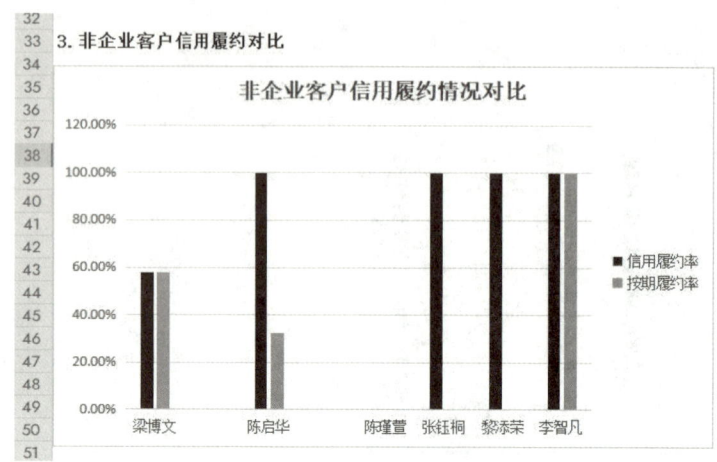

图 2-2-12 成果参考(2)

任务三　库存业务分析

在供应链管理中,库存分析是其核心环节之一。它通过对库存数据的深入剖析,帮助企业精准掌握库存动态,平衡供需关系,避免积压与短缺。在激烈的市场竞争中,库存业务分析如同企业的"智囊团",助力企业优化仓储布局,提升库存周转率,降低运营成本。通过精准预测需求、优化库存结构、实施先进先出策略等措施,企业能够灵活应对市场变化,实现库存管理的精细化与智能化。让我们一同探索库存管理的智慧之路,开启优化管理的新篇章。

 任务准备

库存业务分析是一种对企业库存相关业务活动进行系统研究和评估的管理方法。它通过收集、整理和分析库存数据,了解库存的状况和变化趋势。库存业务分析的目的是帮助企业优化库存管理策略,提高库存运营效率,降低库存成本,减少缺货和积压现象,从而增强企业的经济效益和竞争力。

一、库存业务分析的重要性

库存业务分析对于企业的运营管理至关重要。首先,它有助于企业准确掌握库存现状,避免库存积压或缺货现象的发生,确保供应链的顺畅运行。其次,通过库存业务分析,企业可以发现库存管理中的问题与瓶颈,从而采取针对性措施进行优化与改进。最后,库存业务分析还能为企业提供决策支持,帮助企业制订合理的采购、生产和销售计划,提升整体运营效率和市场竞争力。

二、库存业务分析的内容

库存业务分析的内容主要包括以下几个方面：

(1) **库存数量分析**：评估当前库存数量是否满足市场需求和企业生产需求，识别库存积压或缺货的风险点。

(2) **库存结构分析**：分析不同类别、不同品种的库存占比，评估库存结构的合理性，为优化库存结构提供依据。

(3) **库存成本分析**：计算库存持有成本、订货成本等，识别成本节约的潜力，制定降低库存成本的策略。

(4) **库存周转率分析**：通过计算库存周转率，评估库存周转速度，了解库存管理的效率，为提升库存周转率提供方向。

(5) **库存趋势分析**：基于历史数据，预测未来库存变化趋势，为企业制定长期库存管理策略提供参考。

三、库存业务分析的挑战与应对

在进行库存业务分析时，企业可能会面临数据质量不高、市场需求变化快、库存管理系统不完善等挑战。为了应对这些挑战，企业可以采取以下措施：

(1) **提高数据质量**：加强数据收集、整理和校验工作，确保库存数据的准确性和完整性。

(2) **加强市场监测**：密切关注市场动态和客户需求变化，及时调整库存策略以适应市场变化。

(3) **优化库存管理系统**：引入先进的库存管理系统和工具，提高库存管理的自动化水平和数据分析能力。

(4) **建立风险应对机制**：制定库存风险应对预案和措施，如设置安全库存、实施供应商管理等，以降低库存风险对企业运营的影响。

任务描述 2-3

【任务 1】请根据领料单将发出材料汇总表补充完整。

【任务 2】请根据填充好的发出材料汇总表以及三车间人员工资表将制造费用分配表、动力电费分配表、产品成本计算表填写完整。

存货计价方法为月末一次加权平均法，单位成本保留六位小数。

任务实施 2-3

步骤 1：打开电子表格文件"库存业务分析(答题单据).xlsx"，打开工作表"领料单"。

步骤 2：提取领料单的"编号"。选中 I1 单元格，在 I1 单元格或编辑栏中输入公式，单元格 I1=INDEX(A:F,(ROW()−1)*11+2,1)，如图 2-3-1 所示。

库存业务分析

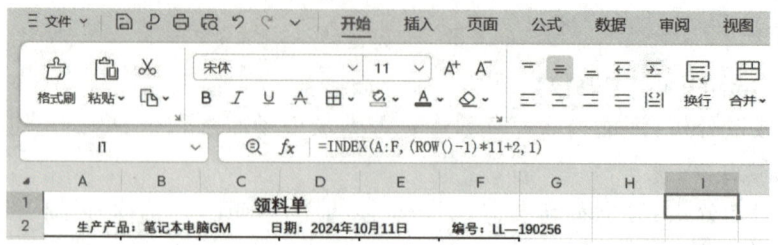

图 2-3-1 提取领料单的"编号"

> 💡 **小提示：**
>
> INDEX 函数的使用技巧：
> INDEX 函数是电子表格中一种常用的查找函数，用于返回表或区域中的值或值的引用。该函数主要有两种使用形式：数组形式和引用形式。
> 基本语法为 INDEX(array, row_num, [column_num])。
> array：需要检索数据的单元格区域或数组常量。
> row_num：需要检索的行的相对位置（从 1 开始计数）。
> column_num：可选参数，需要检索的列的相对位置（从 1 开始计数）。如果省略，且 array 包含多行多列，则返回整行数据；如果 array 仅包含一行或一列，则该参数可省略。

步骤 3：提取领料单的"领用数量"。选中 J1 单元格，在 J1 单元格或编辑栏中输入公式，单元格 J1＝INDEX(A:F,(ROW()－1)＊11＋4，4)。

步骤 4：提取其他领料单的"编号"和"领用数量"。选中 I1:J1 单元格区域，当鼠标移至 J1 单元格右下角出现黑色十字时，按住鼠标左键向下拖动到 J60 单元格。

步骤 5：把提取的数据以数值的形式复制到新的工作表。选中 I1:J60 单元格区域，按下鼠标右键，选择【复制】，在"领料单"工作表后新建一工作表"Sheet1"，在"Sheet1"工作表中选择 A1 单元格，然后再按下鼠标右键，选择【粘贴为数值】。

步骤 6：设置"分列"。在"Sheet1"工作表中，选择 A 列，选择菜单栏，依次选择【数据】→【分列】→【分列(E)】，如图 2-3-2 所示。

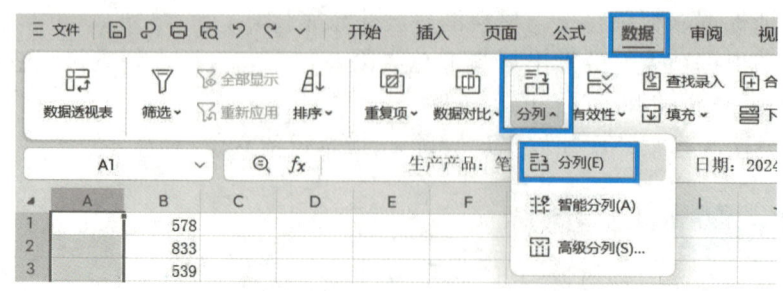

图 2-3-2 设置"分列"

步骤 7：在弹出的"文本分列向导-3 步骤之 1"对话框中，选择文本类型为"分隔符号"，如图 2-3-3 所示，点击【下一步(N)】按钮。

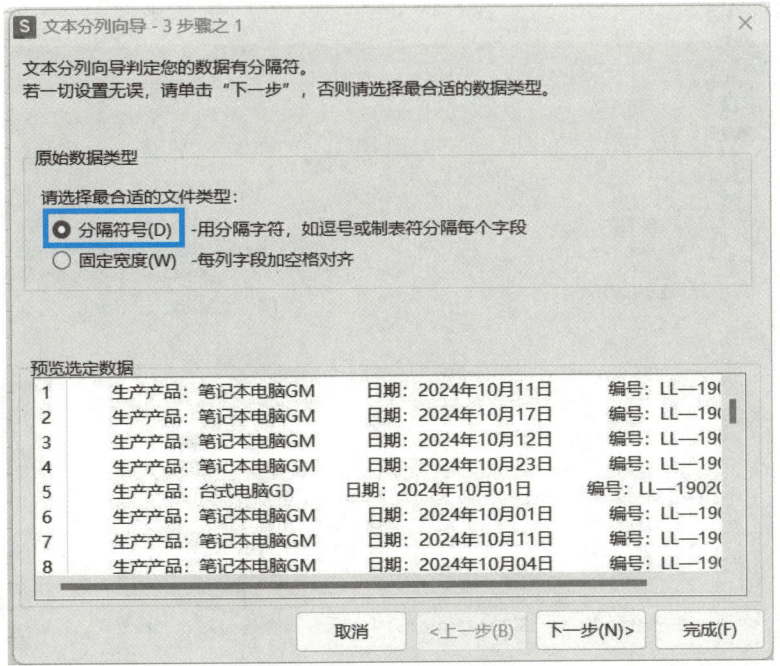

图 2-3-3　选择文本类型

步骤 8：在"文本分列向导-3 步骤之 2"对话框中，选择分隔符号为"空格"，如图 2-3-4 所示，点击【下一步(N)】按钮。

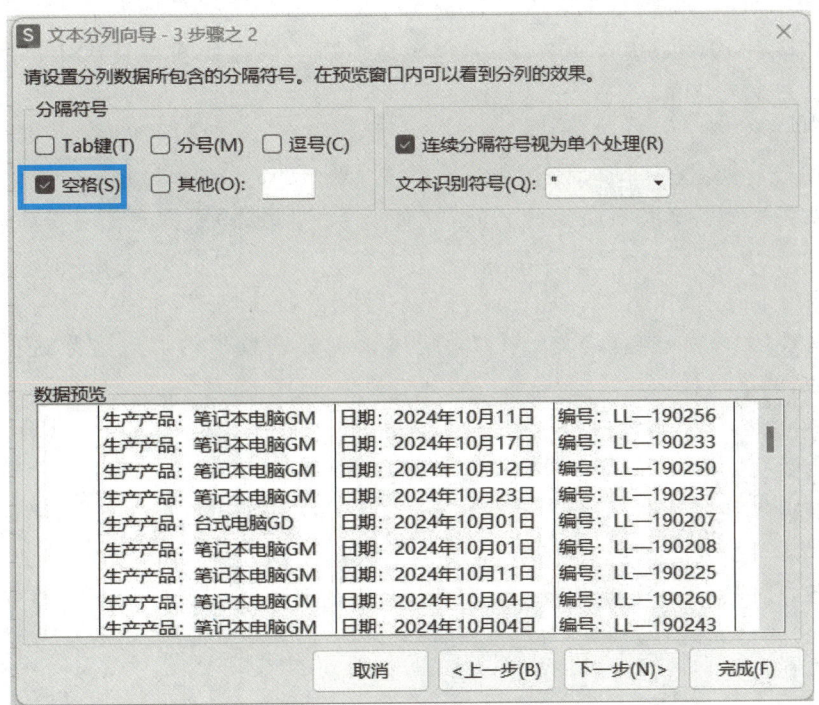

图 2-3-4　选择分隔符号

步骤9：在"文本分列向导-3步骤之3"对话框中，在数据预览中设置只导入"编号"列，如图2-3-5所示，点击【完成(F)】按钮。

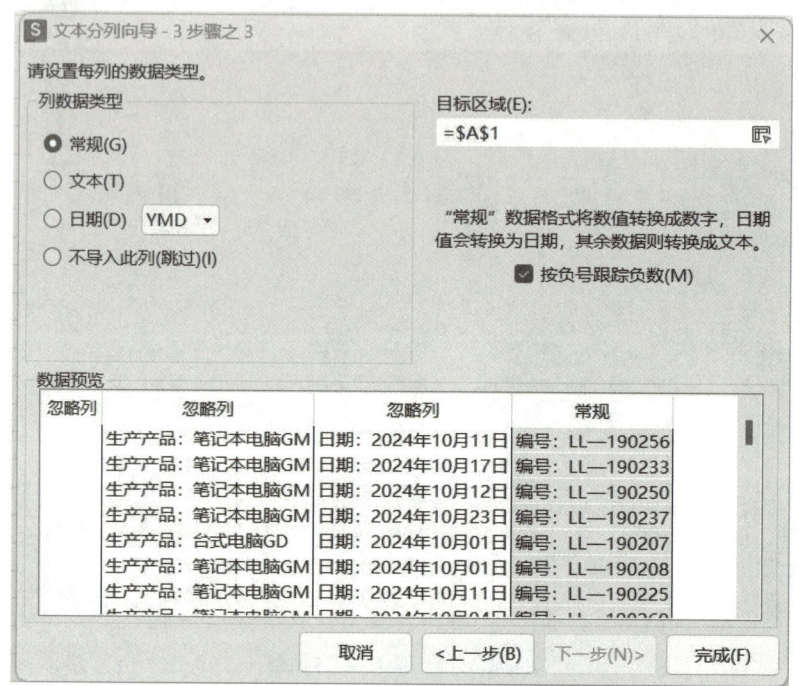

图2-3-5 选择数据类型

> 💡 **小提示：**
>
> 电子表格中，分列具有多重作用，它极大地提高了数据处理的灵活性和效率。以下是分列功能的主要作用。
>
> 1. 数据清理
>
> 分割复杂数据：当一个单元格中包含多个信息时，如姓名和地址、日期和时间等，分列功能可以将这些信息按照特定的分隔符（如逗号、空格等）或固定宽度分割成多列，使数据更加清晰、易于管理。
>
> 去除不可见字符：有时数据中可能包含不可见的特殊字符，这些字符可能会影响数据的正常处理（如求和、排序等）。分列功能可以在分割数据的同时去除这些不可见字符，确保数据的准确性。
>
> 2. 数据整理
>
> 规则化数据格式：在处理数据时，经常需要将数据按照一定的规则进行整理。分列功能可以根据数据的特性（如分隔符、数据长度等）将数据分割成多列，方便后续的统计和分析。
>
> 批量格式转换：除了基本的分割功能外，分列还可以实现数据的批量格式转换。例如，可以将文本格式的日期转换为电子表格可识别的日期格式，或将数值和文本混合的数据分离并转换为相应的格式。

3. 数据提取

提取特定信息:当需要从复杂的数据中提取特定信息时(如从身份证号码中提取出生年月),分列功能可以根据数据的特定规则(如固定宽度、特定分隔符等)来提取所需的信息。

辅助数据处理:分列还可以作为数据处理的辅助手段,如在进行数据合并、去重等操作时,先通过分列将数据整理成更易处理的格式。

4. 数据整合

合并数据:虽然分列功能主要是用于分割数据,但在某些情况下,它也可以与合并单元格功能结合使用来整合数据。例如,可以先将包含多个信息的数据分割到不同的单元格中,然后再根据需要将这些单元格合并成一个单元格。

5. 数据转换与格式化

数值与文本转换:分列功能可以帮助用户快速地在数值和文本格式之间进行转换。这对于处理混合类型的数据非常有用。

日期格式转换:对于日期类型的数据,分列功能可以将日期和时间信息分割成不同的列,并允许用户以特定的格式来显示这些日期信息,使其更加易读和易于分析。

步骤10:领料单的编号以"升序"排序。选择A列,选择菜单栏,依次选择【开始】→【排序】→【升序】,在弹出的"排序警告"对话框中,默认选择"扩展选定区域",点击【排序】按钮,如图2-3-6所示。

步骤11:把领料数量复制到"发出材料汇总表"。选择B1:B60单元格区域,按下鼠标右键,选择【复制】,在"发出材料汇总表"工作表中,选择H3单元格,再按下鼠标右键,选择【粘贴为数值】。

步骤12:设置商品名称。在"库存台账"工作表中,选中G4单元格,在G4单元格或编辑栏中输入公式,单元格G4=A4&B4。

	A	B
1	编号:LL—190201	528
2	编号:LL—190202	40
3	编号:LL—190203	59
4	编号:LL—190204	215
5	编号:LL—190205	318
6	编号:LL—190206	43
7	编号:LL—190207	20
8	编号:LL—190208	858
9	编号:LL—190209	464
10	编号:LL—190210	933
11	编号:LL—190211	52
12	编号:LL—190212	685
13	编号:LL—190213	207

图2-3-6 编号以"升序"排序

步骤13:计算商品的单价。选中H4单元格,在H4单元格或编辑栏中输入公式,单元格H4=(C4*D4+E4*F4)/(C4+E4)。

步骤14:选中G4:H4单元格区域,当鼠标移至H4单元格右下角出现黑色十字时,按住鼠标左键向下拖动到H19单元格。

步骤15:查找发出商品的单价。在"发出材料汇总表"工作表中,选中I3单元格,在I3单元格或编辑栏中输入公式,单元格I3=VLOOKUP(E3&F3,库存台账!$G$4:$H$19,2,0)。

步骤16:计算发出材料金额。选中J3单元格,在J3单元格或编辑栏中输入公式,单元格J3=H3*I3,如图2-3-7所示。

步骤17:选中I3:J3单元格区域,当鼠标移至J3单元格右下角出现黑色十字时,按住鼠标左键向下拖动到J62单元格。

J3 fx =H3*I3

	E	F	G	H	I	J
1	发出材料汇总表					
2	存货名称	型号	单位	数量	单价（元）	金额（元）
3	处理器	i9-9900k（4.70GHz/16MB/8核）	个	528	3,165.59	1,671,429.28

图 2-3-7　计算发出材料金额

步骤 18：计算填写“制造费用分配表”。计算制造费用的“分配率”。在“产成品成本计算表”工作表中，选中 C6 单元格，在 C6 单元格或编辑栏中输入公式，单元格 C6＝D6/B6。

步骤 19：计算制造费用的“分配金额”。选中 D4 单元格，在 D4 单元格或编辑栏中输入公式，单元格 D4＝B4＊$C$6。

步骤 20：选中 D4 单元格，当鼠标移至 D4 单元格右下角出现黑色十字时，按住鼠标左键向下拖动到 D5 单元格，如图 2-3-8 所示。

D5 fx =B5*$C$6

	A	B	C	D
1	制造费用分配表			
2	2024年10月			
3	产品名称	工时分配	分配率	分配金额
4	台式电脑GD	300		4569.00
5	笔记本电脑GM	700		10661.00
6	合计	1000	15.23	15230.00

图 2-3-8　计算制造费用的分配金额

步骤 21：计算填写“动力电费分配表”。选择 C6 单元格，按下鼠标右键，选择【复制】，在 C13 单元格中，按下鼠标右键，选择【粘贴】。

步骤 22：计算动力电费的“分配金额”。选中 D11 单元格，在 D11 单元格或编辑栏中输入公式，单元格 D11＝B11＊$C$13。

步骤 23：选中 D11 单元格，当鼠标移至 D11 单元格右下角出现黑色十字时，按住鼠标左键向下拖动到 D12 单元格，如图 2-3-9 所示。

D11 fx =B11*$C$13

	A	B	C	D
8	动力电费分配表			
9	2024年10月			
10	产品名称	工时分配	分配率	分配金额
11	台式电脑GD	300		25260.00
12	笔记本电脑GM	700		58940.00
13	合计	1000	84.2	84200.00

图 2-3-9　计算动力电费的分配金额

步骤24：在"发出材料汇总表"工作表中，插入数据透视表。选择 A2:J62 单元格区域，选择菜单栏，依次选择【数据】→【数据透视表】。

步骤25：在弹出"创建数据透视表"对话框，默认放置数据透视表的位置为新工作表，手动修改放置在现有工作表"产品成本计算表"的 D29 单元格，如图 2-3-10 所示，点击【确定】按钮。

步骤26：设置"数据透视表"区域。在"数据透视表"对话框中，将【生产产品名称】拖动至"行"区域，将【金额】拖动至"值"区域，如图 2-3-11 所示。

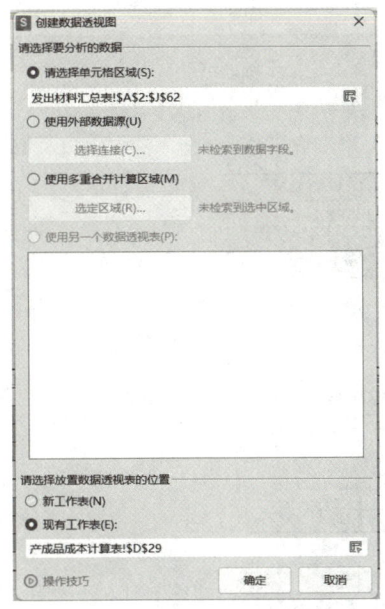

图 2-3-10　选择"数据透视表"的位置

图 2-3-11　设置"数据透视表"区域

步骤27：在"薪资费用表"工作表中，插入数据透视表。选择 A2:D42 单元格区域，选择菜单栏，依次选择【数据】→【数据透视表】。在弹出"创建数据透视表"对话框，手动修改放置在现有工作表"产品成本计算表"的 F29 单元格，如图 2-3-12 所示，点击【确定】按钮。

步骤28：设置"数据透视表"区域。在"数据透视表"对话框中，将【职务类别】拖动至"行"区域，将【应发工资】拖动至"值"区域，如图 2-3-13 所示。

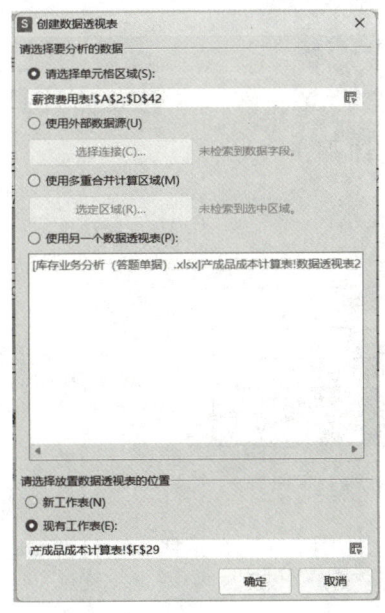

图 2-3-12　选择"数据透视表"的位置

图 2-3-13　设置"数据透视表"区域

步骤29：计算"台式电脑 GD"直接材料本期投入的金额。选中 D18 单元格，在 D18 单元格或编辑栏中输入公式，单元格 D18=11478111.71+25260。

步骤30：计算"台式电脑 GD"直接材料投入合计金额。选中 D19 单元格，在 D19 单元格或编辑栏中输入公式，单元格 D19=SUM(D17:D18)，如图 2-3-14 所示。

步骤31：计算"台式电脑 GD"直接人工本期投入的金额。选择 E18 单元格并填写数据为 172563。计算"台式电脑 GD"直接人工投入合计金额。选中 E19 单元格，在 E19 单元格或编辑栏中输入公式，单元格 E19=SUM(E17:E18)，如图 2-3-15 所示。

步骤32：计算"台式电脑 GD"制造费用本期投入的金额。选择 F18 单元格并填写数据

	D19		Q fx	=SUM(D17:D18)

	A	B	C	D
14				
15				产品
16	产品名称	阶段	数量	直接材料金额
17	台式电脑GD	期初在产	40	288483.00
18		本期投入	220	11503371.71
19		合计	260	11791854.71

图 2-3-14　计算"台式电脑 GD"直接材料投入

	E19		Q fx	=SUM(E17:E18)

	C	D	E
15		产品成本计算表	
16	数量	直接材料金额	直接人工金额
17	40	288483.00	12657.00
18	220	11503371.71	172563.00
19	260	11791854.71	185220.00
20	0	0.00	0.00

图 2-3-15　计算"台式电脑 GD"直接人工投入合计

为 4569。计算"台式电脑 GD"制造费用投入合计金额。选中 F19 单元格,在 F19 单元格或编辑栏中输入公式,单元格 F19＝SUM(F17:F18),如图 2-3-16 所示。

	F19		Q fx	=SUM(F17:F18)

	D	E	F
15		产品成本计算表	
16	直接材料金额	直接人工金额	制造费用金额
17	288483.00	12657.00	1919.00
18	11503371.71	172563.00	4569.00
19	11791854.71	185220.00	6488.00

图 2-3-16　计算"台式电脑 GD"制造费用投入合计

步骤 33:计算"台式电脑 GD"期初在产的"合计总成本"。选中 H17 单元格,在 H17 单元格或编辑栏中输入公式,单元格 H17＝SUM(D17:F17)。

步骤 34:选择 H17 单元格,当鼠标移至 H17 单元格右下角出现黑色十字时,按住鼠标左键向下拖动到 H19 单元格。

步骤 35:计算"台式电脑 GD"的"合计总成本"。选中 H21 单元格,在 H21 单元格或编辑栏中输入公式,单元格 H21＝H19－H20。

步骤 36:计算"台式电脑 GD"的"单位成本"。选中 G21 单元格,在 G21 单元格或编辑栏中输入公式,单元格 G21＝ROUND(H21/C21,6),如图 2-3-17 所示。

步骤 37:使用上述方法计算"笔记本电脑 GM"的直接材料、直接人工、总成本和单位成本。

	C	D	E	F	G	H
15			产品成本计算表			
16	数量	直接材料金额	直接人工金额	制造费用金额	单位成本	合计总成本
17	40	288483.00	12657.00	1919.00	—	303059.00
18	220	11503371.71	172563.00	4569.00	—	11680503.71
19	260	11791854.71	185220.00	6488.00	—	11983562.71
20	0	0.00	0.00	0.00	—	—
21	260	—	—	—	46090.625808	11983562.71

图 2-3-17　计算"台式电脑 GD"的"单位成本"

成果展示，如图 2-3-18 所示。

	A	B	C	D	E	F	G	H
1			制造费用分配表					
2				2024年10月				
3	产品名称	工时分配	分配率	分配金额				
4	台式电脑GD	300		4569.00				
5	笔记本电脑GM	700		10661.00				
6	合计	1000	15.23	15230.00				
7								
8			动力电费分配表					
9				2024年10月				
10	产品名称	工时分配	分配率	分配金额				
11	台式电脑GD	300		25260.00				
12	笔记本电脑GM	700		58940.00				
13	合计	1000	84.2	84200.00				
14								
15				产品成本计算表				
16	产品名称	阶段	数量	直接材料金额	直接人工金额	制造费用金额	单位成本	合计总成本
17	台式电脑GD	期初在产	40	288483.00	12657.00	1919.00	—	303059.00
18		本期投入	220	11503371.71	172563.00	4569.00	—	11680503.71
19		合计	260	11791854.71	185220.00	6488.00	—	11983562.71
20		期末在产	0	0.00	0.00	0.00	—	—
21		产成品	260	—	—	—	46090.625808	11983562.71
22	笔记本电脑GM	期初在产	0	0.00	0.00	0.00	—	0.00
23		本期投入	300	32972998.14	224144.00	10661.00	—	33207803.14
24		合计	300	32972998.14	224144.00	10661.00	—	33207803.14
25		期末在产	0	—	—	—	—	—
26		产成品	300	—	—	—	110692.677120	33207803.14

图 2-3-18　成果展示

任务实训 2-3

打开"库存业务分析-练习（答题单据）.xlsx"电子表格文件，找到对应工作表，完成以下操作：

练习：在"产成品成本计算表"工作表中完成以下操作。

（1）请补全"制造费用分配表"的数据。计算"华为台式电脑"和"华为笔记本电脑"制造费用应"分配金额"。

（2）请补全"水电费分配表"的数据。计算"华为台式电脑"和"华为笔记本电脑"水电费应"分配金额"。

（3）请补全"产品成本计算表"的数据。计算"华为台式电脑"和"华为笔记本电脑"的"直接材料金额""直接人工金额""制造费用金额""合计总成本"和"单位成本"。

存货计价方法为月末一次加权平均法，单位成本保留两小数。

成果参考，如图 2-3-19 所示。

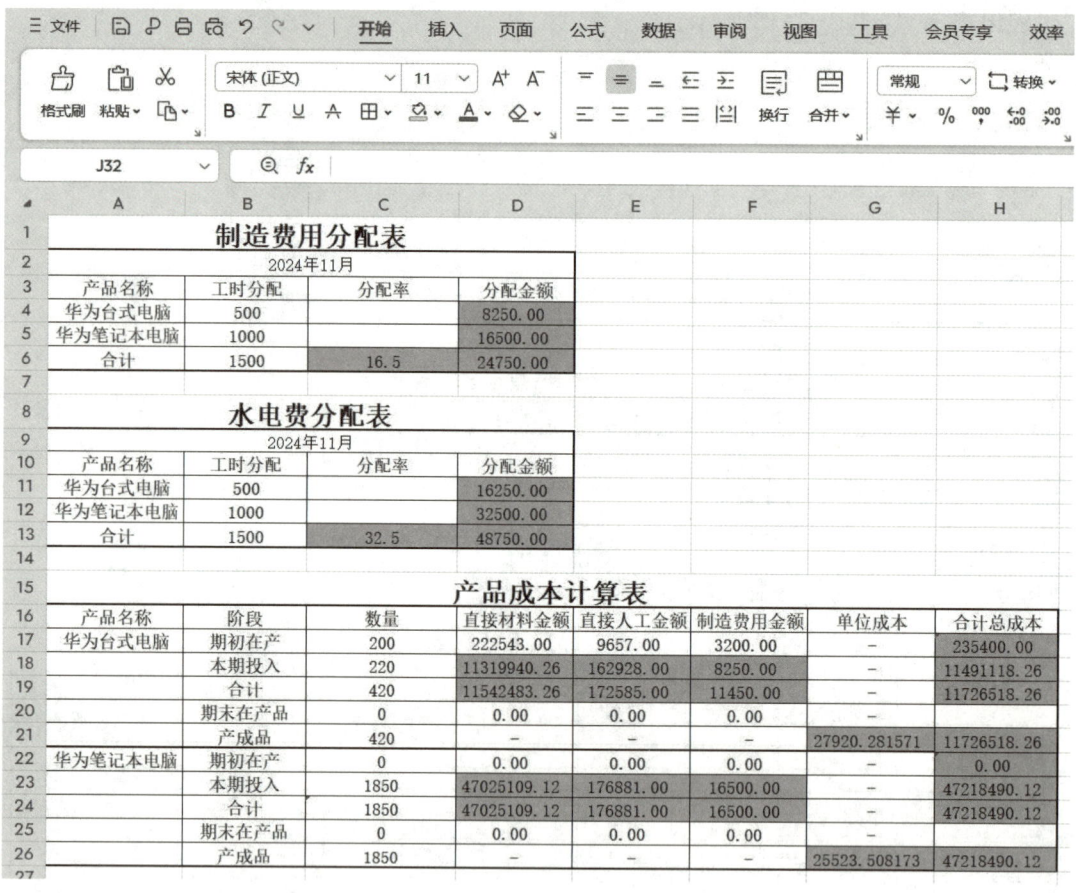

图 2-3-19　成果参考

学习总结

学习完本项目,您学会了什么?
_____
_____
_____
_____
_____
_____
_____
_____

素养天地

在现代企业运营中,购销存作为核心环节,其数据分析能力的提升直接关乎企业的竞争力和运营效率。因此,从企业购销存的角度出发,探讨如何提升企业经营数据分析的素养显得尤为重要。

首先,在采购环节,提升数据分析素养意味着要深入理解市场需求,精准预测采购量,以优化库存结构,减少资金占用。这要求企业培养具备市场敏感度和数据分析能力的人才,能够运用先进的数据分析工具,深入挖掘市场数据,为采购决策提供有力支持。

其次,在销售环节,提升数据分析素养的关键在于精准把握市场动态,了解消费者需求,以制定有效的销售策略。此外,对销售渠道、客户群体的深入分析,也有助于企业制定更加精准的市场营销策略,提升销售业绩。企业应注重培养销售人员的数据分析意识,让他们学会运用数据来指导销售活动,如通过客户数据分析,识别潜在客户群体,制定个性化营销策略。

最后,在库存管理方面,提升数据分析素养有助于实现库存的最优化管理。企业需借助数据分析技术,实时监控库存状态,预测库存需求,以避免库存积压或短缺现象的发生。同时,通过数据分析,企业还能发现库存管理中存在的问题,如库存周转率低、库存成本高等,从而采取针对性措施加以改进。

总之,从购销存角度提升企业经营数据分析的素养,是企业实现精细化管理和提升竞争力的必由之路。企业应高度重视数据分析人才的培养,建立完善的数据分析体系,以数据为驱动,推动企业的持续健康发展。

项目三　财务报表分析

财务报表分析是以财务报表数据为依据,运用一定的分析方法和技术,对企业的经营和财务状况进行分析,评价企业以往经营业绩,衡量企业现在财务状况,预测企业未来趋势的过程。

财务报表分析得出的结论,不仅能说明企业目前的财务状况、经营成果和现金流量状态,更重要的是还能为报表使用者展示企业未来的发展前景,为其作出决策提供依据。

 思维导图

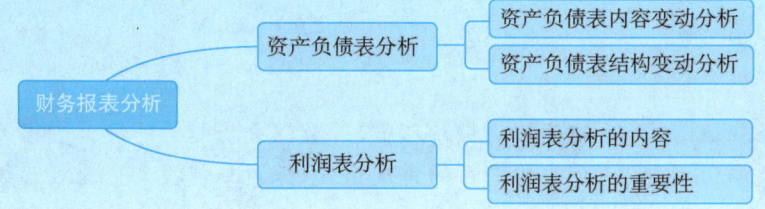

 知识目标

1. 掌握财务报表分析在企业财务管理中的重要性
2. 能够快速识别资产负债表和利润表中的关键数据,洞察数据背后的企业经营状况和财务风险

 能力目标

1. 熟练掌握在电子表格中资产负债表分析的操作
2. 熟练掌握在电子表格中利润表分析的操作

素养目标

1. 遵守职业道德规范,理解财务数据的保密性、真实性要求,杜绝篡改或误用数据的行为
2. 识别财务舞弊信号,了解常见财务造假手段(如虚增收入、隐瞒负债),培养风险防范意识

任务一　资产负债表分析

资产负债表分析是透视企业财务健康状况的窗口,是企业财务报告的基石,其内容与结构的每一次变动都蕴含着丰富的信息。从资产、负债到所有者权益,每一项数据的增减不仅反映了企业当前的财务状况,更预示着未来的发展趋势。深入分析资产负债表的内容,我们能够洞察企业资产配置的智慧与效率;而关注其结构的变动,则能揭示企业财务策略的调整与转型。在这场数字与比率的交响乐中,让我们共同聆听企业成长的足音,把握财务稳健的脉搏,为决策之路点亮明灯。

任务准备

一、资产负债表内容变动分析

(一)资产负债表内容变动分析的定义

资产负债表内容变动分析主要是指对企业资产负债表中所列示的各项内容(包括资产、负债和所有者权益)进行深入、细致的分析和解读,以揭示企业的财务状况、经营成果和潜在风险的过程。这一过程不仅涉及对各项财务数据的简单罗列和比较,更需要对这些数据背后的经济含义、业务实质和变化趋势进行深入的剖析和判断。

具体来说,资产负债表内容分析可以包括以下几个方面。

1. 资产分析

(1)流动资产:分析企业的货币资金、应收账款、存货等流动资产的规模、结构和变动情况,评估企业的资金流动性、应收账款回收能力和存货管理水平。

(2)非流动资产:考察企业的长期股权投资、固定资产、无形资产等非流动资产的配置情况,评估企业的投资方向、资产质量和盈利能力。

2. 负债分析

(1)流动负债:分析企业的短期借款、应付账款、预收款项等流动负债的规模和结构,评估企业的短期偿债能力和资金压力。

(2)非流动负债:考察企业的长期借款、应付债券等非流动负债的规模和期限结构,评估企业的长期偿债能力和融资策略。

3. 所有者权益分析

分析企业的实收资本、资本公积、盈余公积和未分配利润等所有者权益项目的构成和变动情况,评估企业的资本实力和盈利能力。

4. 财务比率分析

通过计算和分析各种财务比率(如流动比率、速动比率、资产负债率、产权比率等),评估企业的偿债能力、运营效率和盈利能力。

5. 趋势分析

对比不同时期的资产负债表数据,分析企业各项财务指标的变动趋势,预测企业的未来发展前景。

6. 行业对比分析

将企业的财务数据与同行业其他企业的数据进行对比分析，评估企业在行业中的优势、劣势和竞争地位。

（二）资产负债表内容变动分析的意义

资产负债表内容变动分析的意义不仅在于揭示企业当前的财务状况，更在于洞察企业未来的发展趋势与潜力。这一分析过程如同企业的财务显微镜，帮助企业及其利益相关者清晰地看到资产、负债及所有者权益的细微变化，从而把握企业的经济脉搏。

通过深入分析，企业能够识别经营中的亮点与隐患，及时调整策略，优化资源配置，确保财务稳健。同时，这也为投资者提供了宝贵的决策依据，帮助他们评估投资风险，把握投资机会。

此外，内容变动分析还有助于提升企业的信息透明度，增强市场信任，为企业的融资与发展创造良好的外部环境。因此，重视并深入开展资产负债表内容变动分析，对于促进企业的可持续发展与市场的繁荣稳定具有不可忽视的重要意义。

任务描述 3-1

资产负债表内容变动分析

【任务1】在"资产规模变动情况分析表"中进行资产规模变动情况分析。
（1）使用函数补全"期末数""期初数""变动额"和"变动率"四列数据。
（2）使用公式计算"对总额的影响"的数据。
（3）使用函数进行"变动额（绝对值）""变动率（绝对值）"和"对总额的影响（绝对值）"三列绝对值转换。

【任务2】在"负债及所有者权益规模变动情况分析表"中进行负债及所有者权益规模变动情况分析。
（1）使用函数补全"期末数""期初数""变动额"和"变动率"四列的数据。
（2）使用公式计算"对总额的影响"的数据。
（3）使用函数进行"变动额（绝对值）""变动率（绝对值）"和"对总额的影响（绝对值）"三列绝对值转换。

【任务3】在"变动额绝对值排名前五的资产项目"中进行资产变动额绝对值排名前五资产项目的分析。

【任务4】在"变动额绝对值排名前五的负债及所有者权益项目"中进行负债及所有者权益变动额绝对值排名前五资产项目的分析。

任务实施 3-1

步骤1：打开电子表格文件"资产负债表内容变动分析（答题单据）.xlsx"，打开工作表"资产、负债和所有者权益规模变动情况分析"。

步骤 2：在"资产规模变动情况分析表"中计算"货币资金"的"期末数"。选中 C5 单元格，在 C5 单元格或编辑栏中输入公式，单元格 C5＝VLOOKUP(B5,资产负债表！$A$6：$C$45，2，0)，如图 3-1-1 所示。

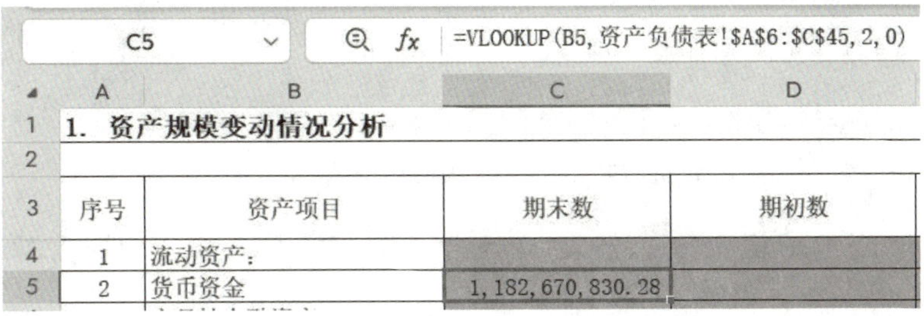

图 3-1-1　计算"货币资金"的"期末数"

步骤 3：计算出其他资产负债表资产项目的"期末数"。选中 C5 单元格，当鼠标移至 C5 单元格右下角出现黑色十字时，按住鼠标左键向下拖动到 C39 单元格。

步骤 4：计算"货币资金"的"期初数"。选中 D5 单元格，在 D5 单元格或编辑栏中输入公式，单元格 D5＝VLOOKUP(B5,资产负债表！$A$6：$C$45，3，0)，如图 3-1-2 所示。

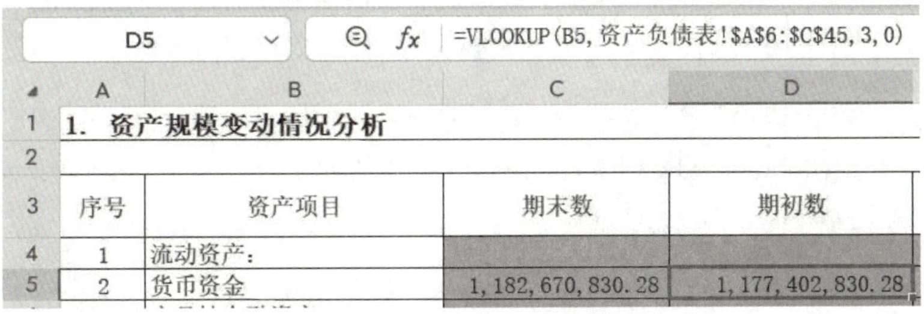

图 3-1-2　计算"货币资金"的"期初数"

步骤 5：计算出其他资产负债表资产项目的"期初数"。选中 D5 单元格，当鼠标移至 D5 单元格右下角出现黑色十字时，按住鼠标左键向下拖动到 D39 单元格。

步骤 6：计算"货币资金"期末数与期初数的"变动额"。选中 E5 单元格，在 E5 单元格或编辑栏中输入公式，单元格 E5＝C5－D5，如图 3-1-3 所示。

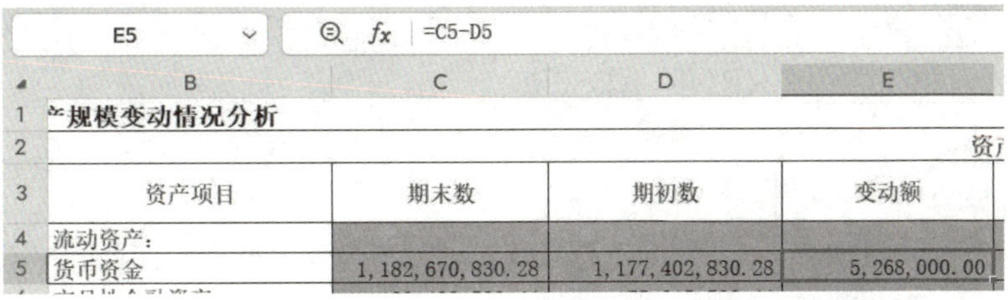

图 3-1-3　计算"货币资金"期末数与期初数的"变动额"

步骤 7：计算"货币资金"期末数与期初数的"变动率"。选中 F5 单元格，在 F5 单元格或编辑栏中输入公式，单元格 F5＝IF(D5＝0,"",E5/D5)，如图 3-1-4 所示。

步骤 8：计算"货币资金"的变动额"对总额的影响(变动额/期初资产总额)"。选中 G5 单元

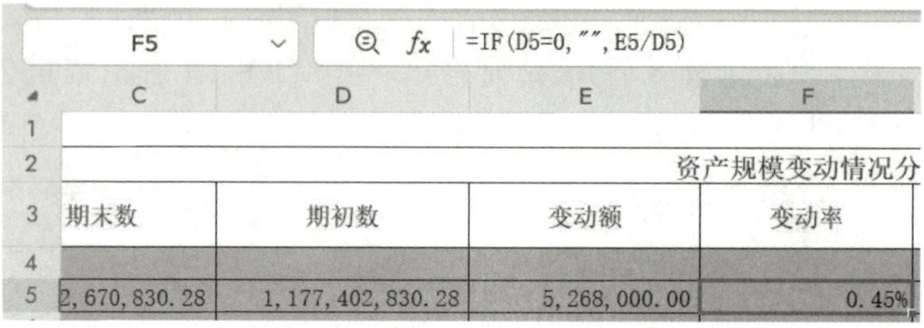

图 3-1-4 计算"货币资金"期末数与期初数的"变动率"

格,在 G5 单元格或编辑栏中输入公式,单元格 G5=IF(E5=0,"",E5/7242983344.07),如图 3-1-5 所示。

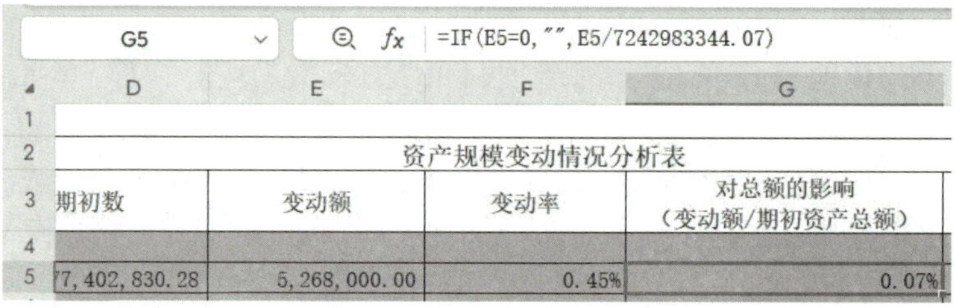

图 3-1-5 计算"货币资金"的变动额"对总额的影响"

步骤 9:计算"货币资金"的"变动额(绝对值)"。选中 H5 单元格,在 H5 单元格或编辑栏中输入公式,单元格 H5=ABS(E5),如图 3-1-6 所示。

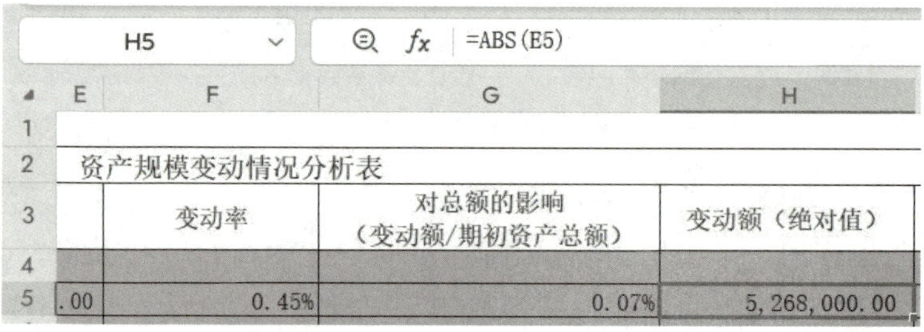

图 3-1-6 计算"货币资金"的"变动额(绝对值)"

步骤 10:计算"货币资金"的"变动率(绝对值)"。选中 I5 单元格,在 I5 单元格或编辑栏中输入公式,单元格 I5=IFERROR(ABS(F5),""),如图 3-1-7 所示。

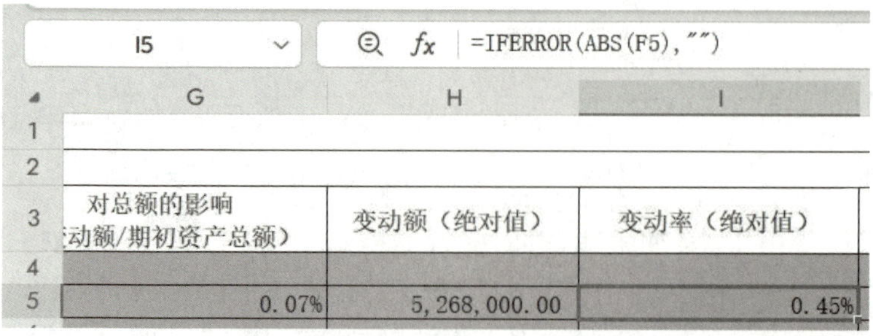

图 3-1-7 计算"货币资金"的"变动率(绝对值)"

> **小提示：**
>
> FERROR 函数的使用技巧：
>
> FERROR 函数是电子表格中的一个非常实用的函数，它的作用是当公式计算结果为错误类型时，能够返回用户自定义的值，而不是显示错误本身。这个功能在处理数据、避免公式错误导致的数据混乱方面非常有帮助。
>
> 基本语法为 IFERROR(value, value_if_error)。
>
> value：必需参数，表示需要判断是否有错误的公式或表达式。
>
> value_if_error：必需参数，当 value 参数的计算结果为错误时，将返回此参数指定的值。

步骤11：计算"货币资金"变动"对总额的影响（绝对值）"。选中 J5 单元格，在 J5 单元格或编辑栏中输入公式，单元格 J5＝IFERROR(ABS(G5),"")，如图 3-1-8 所示。

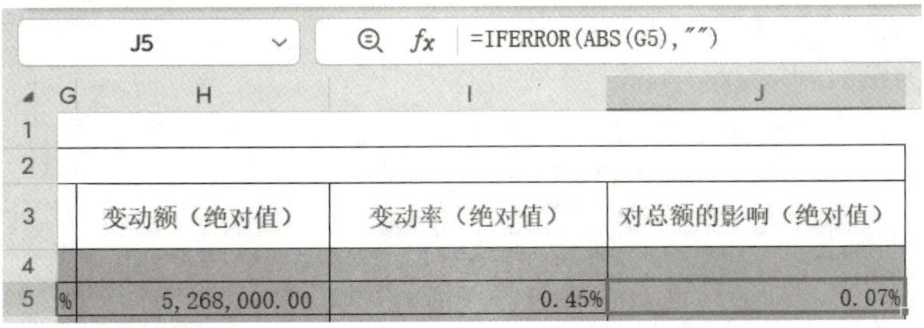

图 3-1-8　计算"货币资金"变动"对总额的影响（绝对值）"

步骤12：计算出其他资产负债表资产项目的期末数与期初数的"变动额"、期末数与期初数的"变动率"、变动额"对总额的影响（变动额/期初资产总额）"、"变动额（绝对值）"、"变动率（绝对值）"和变动"对总额的影响（绝对值）"。选中 E5:J5 单元区域，当鼠标移至 J5 单元格右下角出现黑色十字时，按住鼠标左键向下拖动到 J39 单元格。

步骤13：在"负债及所有者权益规模变动情况分析表"中计算"短期借款"的"期末数"。选中 C48 单元格，在 C48 单元格或编辑栏中输入公式，单元格 C48＝VLOOKUP(B48,资产负债表!$D$6:$F$45,2,0)，如图 3-1-9 所示。

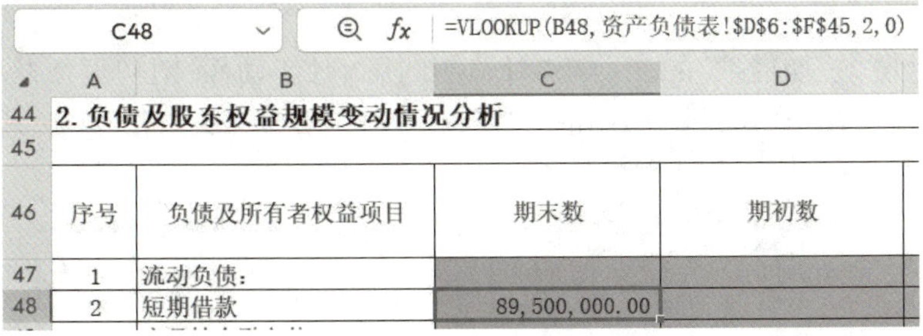

图 3-1-9　计算"短期借款"的"期末数"

步骤14：计算"短期借款"的"期初数"。选中 D48 单元格，在 D48 单元格或编辑栏中输入公式，单元格 D48＝VLOOKUP(B48,资产负债表!$D$6:$F$45,3,0)，如图 3-1-10 所示。

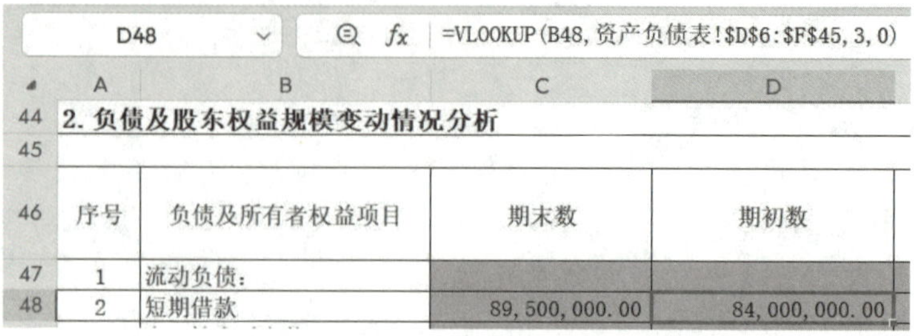

D48 | =VLOOKUP(B48,资产负债表!$D$6:$F$45,3,0)

2. 负债及股东权益规模变动情况分析

序号	负债及所有者权益项目	期末数	期初数
1	流动负债:		
2	短期借款	89,500,000.00	84,000,000.00

图 3-1-10　计算“短期借款”的“期初数”

步骤 15:计算“短期借款”期末数与期初数的“变动额”。选中 E48 单元格,在 E48 单元格或编辑栏中输入公式,单元格 E48=C48－D48,如图 3-1-11 所示。

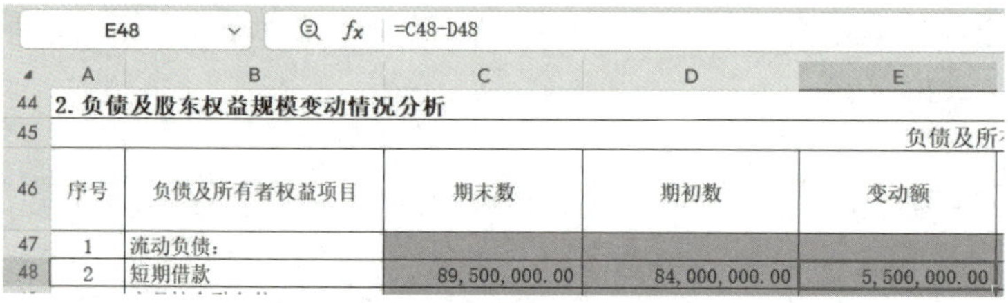

E48 | =C48-D48

2. 负债及股东权益规模变动情况分析

负债及所

序号	负债及所有者权益项目	期末数	期初数	变动额
1	流动负债:			
2	短期借款	89,500,000.00	84,000,000.00	5,500,000.00

图 3-1-11　计算“短期借款”期末数与期初数的“变动额”

步骤 16:计算“短期借款”期末数与期初数的“变动率”。选中 F48 单元格,在 F48 单元格或编辑栏中输入公式,单元格 F48=IF(D48=0,"",E48/D48),如图 3-1-12 所示。

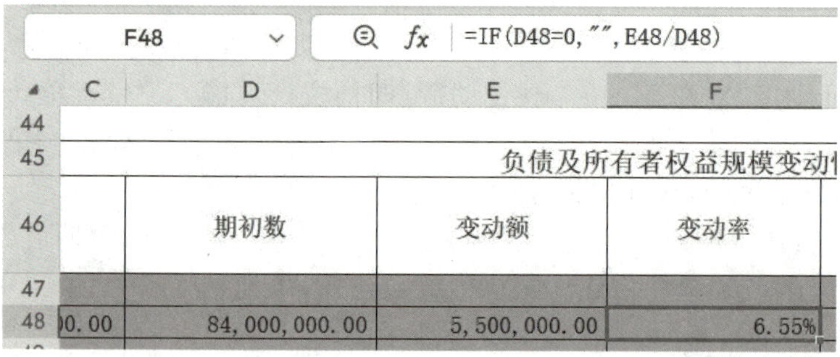

F48 | =IF(D48=0,"",E48/D48)

负债及所有者权益规模变动

	期初数	变动额	变动率
0.00	84,000,000.00	5,500,000.00	6.55%

图 3-1-12　计算“短期借款”期末数与期初数的“变动率”

步骤 17:计算“短期借款”的变动额“对总额的影响(变动额/期初负债及所有者权益总额)”。选中 G48 单元格,在 G48 单元格或编辑栏中输入公式,单元格 G48=IF(E48=0,"",E48/7242983344.07),如图 3-1-13 所示。

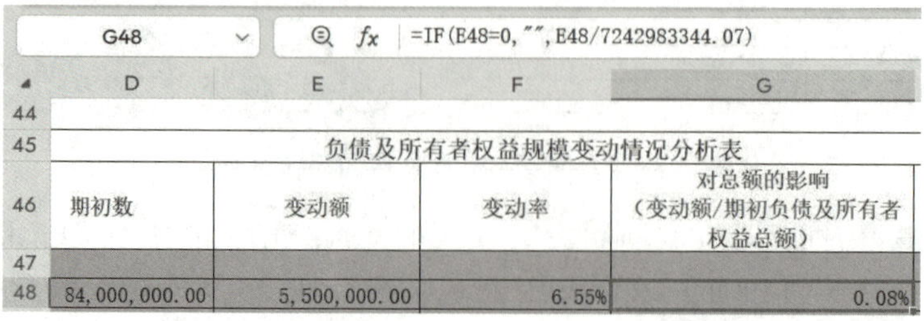

G48 | =IF(E48=0,"",E48/7242983344.07)

负债及所有者权益规模变动情况分析表

期初数	变动额	变动率	对总额的影响(变动额/期初负债及所有者权益总额)
84,000,000.00	5,500,000.00	6.55%	0.08%

图 3-1-13　计算“短期借款”的变动额“对总额的影响”

步骤18：计算"短期借款"的"变动额（绝对值）"。选中H48单元格，在H48单元格或编辑栏中输入公式，单元格H48＝ABS(E48)，如图3-1-14所示。

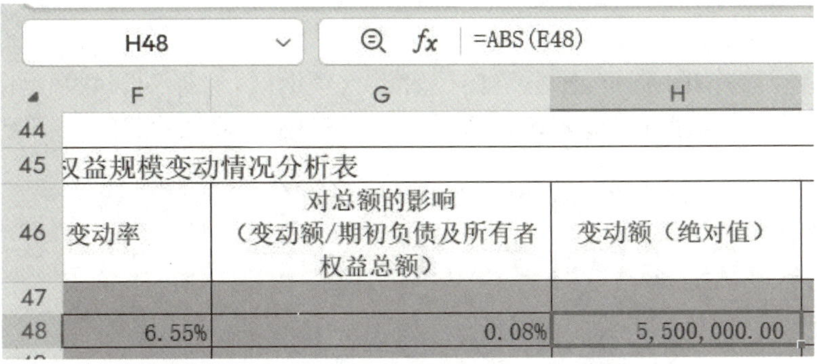

图3-1-14　计算"短期借款"的"变动额（绝对值）"

步骤19：计算"短期借款"的"变动率（绝对值）"。选中I48单元格，在I48单元格或编辑栏中输入公式，单元格I48＝IFERROR(ABS(F48),"")，如图3-1-15所示。

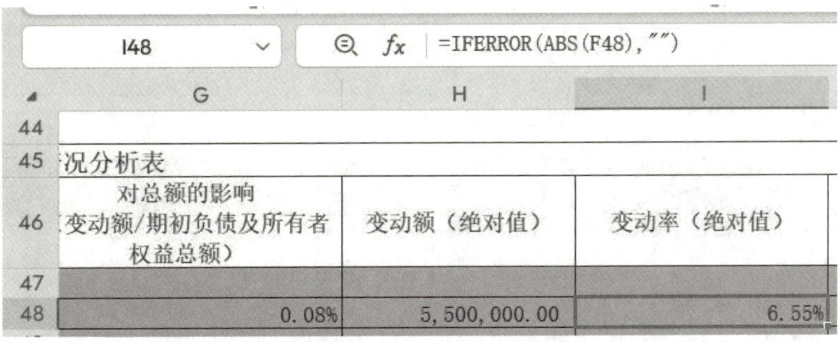

图3-1-15　计算"短期借款"的"变动率（绝对值）"

步骤20：计算"短期借款"变动"对总额的影响（绝对值）"。选中J48单元格，在J48单元格或编辑栏中输入公式，单元格J48＝IFERROR(ABS(G48),"")，如图3-1-16所示。

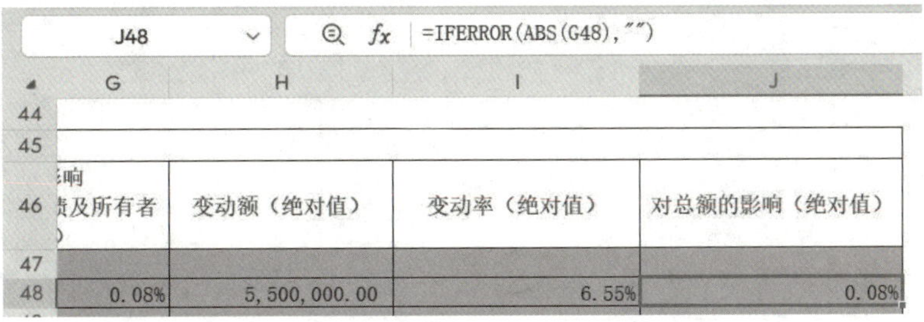

图3-1-16　计算"短期借款"变动"对总额的影响（绝对值）"

步骤21：计算出其他资产负债表负债及所有者权益项目的"期末数"、"期初数"、期末数与期初数的"变动额"、期末数与期初数的"变动率"、变动额"对总额的影响（变动额/期初负债及所有者权益总额）"、"变动额（绝对值）"、"变动率（绝对值）"和变动"对总额的影响（绝对值）"。选中C48:J48单元区域，当鼠标移至J48单元格右下角出现黑色十字时，按住鼠标左键向下拖动到 J87 单元格。

步骤 22：在任意空白位置设立辅助区，按住【Ctrl】键，同时选择 B3:J3、B5:J17 和 B20:J37 单元格区域，按下【Ctrl＋C】组合键复制，在辅助区按下【Ctrl＋V】组合键粘贴，再选择粘贴方式为【值和数字格式】。

步骤 23：进行降序排序。在任意空白位置设立辅助区，选择 H114 单元格（"变动额（绝对值）"），选择菜单栏，依次选择【开始】→【排序】→【降序(O)】，如图 3-1-17 所示。

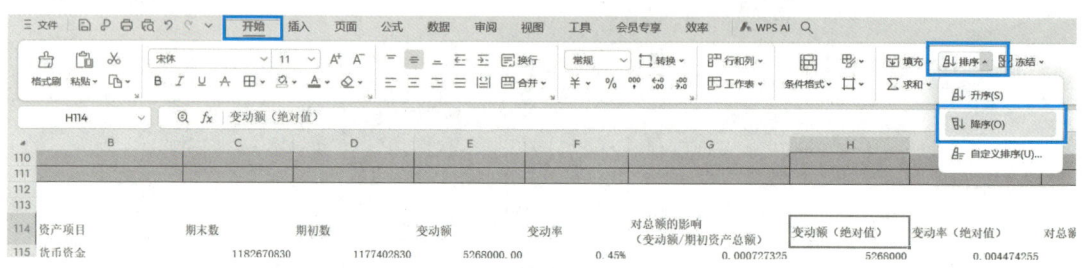

图 3-1-17　选择"降序"排序

步骤 24：按下【Ctrl＋V】将位于前五的数据粘贴至 B95:J99 区域内，如图 3-1-18 所示。

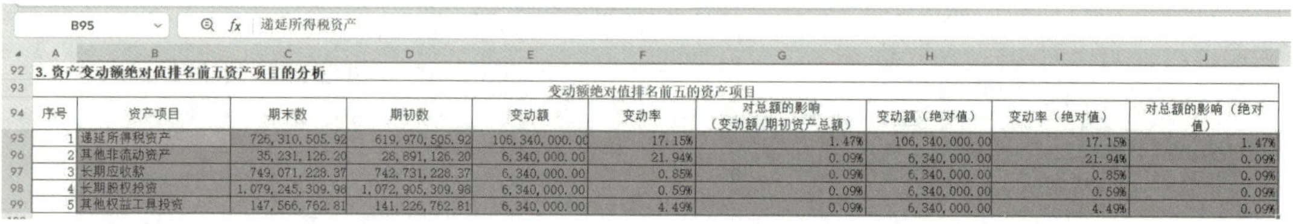

图 3-1-18　粘贴位于前五的数据

步骤 25：在任意空白位置设立辅助区，按住【Ctrl】键，同时选择 B46:J46、B48:J60、B63:J72 和 B76:J85 单元格区域，按下【Ctrl＋C】组合键复制，在辅助区按下【Ctrl＋V】组合键粘贴，再选择粘贴方式为【值和数字格式】。

步骤 26：进行降序排序。选择 H148 单元格（"变动额（绝对值）"），选择菜单栏，依次选择【开始】→【排序】→【降序(O)】，如图 3-1-19 所示。

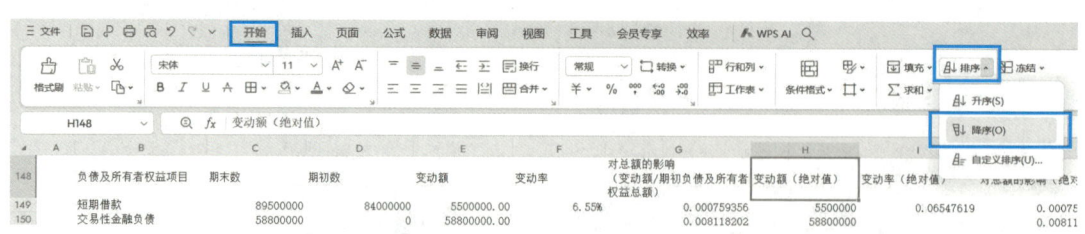

图 3-1-19　选择"降序"排序

步骤 27：按下【Ctrl＋V】组合键将位于前五的数据粘贴至 B107:J111 单元格区域内。成果展示，如图 3-1-20 至图 3-1-22 所示。

1. 资产规模变动情况分析

资产规模变动情况分析表

序号	资产项目	期末数	期初数	变动额	变动率	对总额的影响（变动额/期初）	变动额（绝对值）	变动率（绝对值）	对总额的影响（绝对值）
	流动资产：								
1	货币资金	1,182,670,830.28	1,177,402,830.28	5,268,000.00	0.45%	0.07%	5,268,000.00	0.45%	0.07%
2	交易性金融资产	160,483,538.44	175,215,538.44	5,268,000.00	3.01%	0.07%	5,268,000.00	3.01%	0.07%
3	衍生金融资产	15,970,797.64	10,702,797.64	5,268,000.00	49.22%	0.07%	5,268,000.00	49.22%	0.07%
4	应收票据	273,068,002.00	267,800,002.00	5,268,000.00	1.97%	0.07%	5,268,000.00	1.97%	0.07%
5	应收账款	76,591,017.15	71,323,017.15	5,268,000.00	7.39%	0.07%	5,268,000.00	7.39%	0.07%
6	应收款项融资	221,292,848.09	216,024,848.09	5,268,000.00	2.44%	0.07%	5,268,000.00	2.44%	0.07%
7	预付款项	58,236,931.88	52,968,931.88	5,268,000.00	9.95%	0.07%	5,268,000.00	9.95%	0.07%
8	其他应收款	24,103,728.26	18,835,728.26	5,268,000.00	27.97%	0.07%	5,268,000.00	27.97%	0.07%
9	存货	488,698,337.01	483,430,337.01	5,268,000.00	1.09%	0.07%	5,268,000.00	1.09%	0.07%
10	合同资产	—	—	—					
11	持有待售资产	—	—	—					
12	一年内到期的非流动资产	23,474,676.06	18,206,676.06	5,268,000.00	28.93%	0.07%	5,268,000.00	28.93%	0.07%
13	其他流动资产	938,421,535.55	933,153,535.55	5,268,000.00	0.56%	0.07%	5,268,000.00	0.56%	0.07%
14	流动资产合计	3,483,012,242.36	3,425,064,242.36	57,948,000.00	1.69%	0.80%	57,948,000.00	1.69%	0.80%
	非流动资产：								
15	债权投资	—	—	—					
16	其他债权投资	—	—	—					
17	长期应收款	749,071,228.37	742,731,228.37	6,340,000.00	0.85%	0.09%	6,340,000.00	0.85%	0.09%
18	长期股权投资	1,079,245,309.98	1,072,905,309.98	6,340,000.00	0.59%	0.09%	6,340,000.00	0.59%	0.09%
19	其他权益工具投资	147,566,762.81	141,226,762.81	6,340,000.00	4.49%	0.09%	6,340,000.00	4.49%	0.09%
20	其他非流动金融资产	52,688,692.28	46,348,692.28	6,340,000.00	13.68%	0.09%	6,340,000.00	13.68%	0.09%
21	投资性房地产	206,102,121.94	199,762,121.94	6,340,000.00	3.17%	0.09%	6,340,000.00	3.17%	0.09%
22	固定资产	364,269,721.87	357,929,721.87	6,340,000.00	1.77%	0.09%	6,340,000.00	1.77%	0.09%
23	在建工程	89,459,414.52	83,119,414.52	6,340,000.00	7.63%	0.09%	6,340,000.00	7.63%	0.09%
24	生产性生物资产	—	—	—					
25	油气资产	—	—	—					
26	使用权资产	10,866,845.53	4,526,845.53	6,340,000.00	140.05%	0.09%	6,340,000.00	140.05%	0.09%
27	无形资产	66,092,528.36	59,752,528.36	6,340,000.00	10.61%	0.09%	6,340,000.00	10.61%	0.09%
28	开发支出	197,476,789.85	191,136,789.85	6,340,000.00	3.32%	0.09%	6,340,000.00	3.32%	0.09%
29	商誉	21,423,359.77	15,083,359.77	6,340,000.00	42.03%	0.09%	6,340,000.00	42.03%	0.09%
30	长期待摊费用	260,874,694.31	254,534,694.31	6,340,000.00	2.49%	0.09%	6,340,000.00	2.49%	0.09%
31	递延所得税资产	726,310,505.92	619,970,505.92	106,340,000.00	17.15%	1.47%	106,340,000.00	17.15%	1.47%
32	其他非流动资产	35,231,126.20	28,891,126.20	6,340,000.00	21.94%	0.09%	6,340,000.00	21.94%	0.09%
33	非流动资产合计	4,006,679,101.71	3,817,919,101.71	188,760,000.00	4.94%	2.61%	188,760,000.00	4.94%	2.61%
34	资产总计	7,489,691,344.07	7,242,983,344.07	246,708,000.00	3.41%	3.41%	246,708,000.00	3.41%	3.41%

图3-1-20　成果展示（1）

2. 负债及股东权益规模变动情况分析

负债及所有者权益规模变动情况分析表

序号	负债及所有者权益项目	期末数	期初数	变动额	变动率	对总额的影响（变动额/期初负债及所有者）	变动额（绝对值）	变动率（绝对值）	对总额的影响（绝对值）
	流动负债：								
1	短期借款	89,500,000.00	84,000,000.00	5,500,000.00	6.55%	0.08%	5,500,000.00	6.55%	0.08%
2	交易性金融负债	58,800,000.00	—	58,800,000.00		0.81%	58,800,000.00		0.81%
3	衍生金融负债	2,360,759.63	—	2,360,759.63		0.03%	2,360,759.63		0.03%
4	应付票据	85,628,132.24	80,360,132.24	5,268,000.00	6.56%	0.07%	5,268,000.00	6.56%	0.07%
5	应付账款	68,657,540.98	63,389,540.98	5,268,000.00	8.31%	0.07%	5,268,000.00	8.31%	0.07%
6	预收款项	4,519,020.00	—	4,519,020.00		0.06%	4,519,020.00		0.06%
7	合同负债	77,476,316.70	72,208,316.70	5,268,000.00	7.30%	0.07%	5,268,000.00	7.30%	0.07%
8	应付职工薪酬	102,037,306.72	96,769,306.72	5,268,000.00	5.44%	0.07%	5,268,000.00	5.44%	0.07%
9	应交税费	362,929,278.86	327,661,278.86	35,268,000.00	10.76%	0.49%	35,268,000.00	10.76%	0.49%
10	其他应付款	68,720,243.68	63,452,243.68	5,268,000.00	8.30%	0.07%	5,268,000.00	8.30%	0.07%
11	持有待售负债	—	—	—					
12	一年内到期的非流动负债	387,829,528.07	382,561,528.07	5,268,000.00	1.38%	0.07%	5,268,000.00	1.38%	0.07%
13	其他流动负债	550,385,325.06	545,117,325.06	5,268,000.00	0.97%	0.07%	5,268,000.00	0.97%	0.07%
14	流动负债合计	1,858,843,451.94	1,715,519,672.31	143,323,779.63	8.35%	1.98%	143,323,779.63	8.35%	1.98%
	非流动负债：								
15	长期借款	598,000,000.00	595,660,000.00	2,340,000.00	0.39%	0.03%	2,340,000.00	0.39%	0.03%
16	应付债券	482,860,000.00	476,520,000.00	6,340,000.00	1.33%	0.09%	6,340,000.00	1.33%	0.09%
	其中：优先股	—	—	—					
	永续债	—	—	—					
17	租赁负债	6,357,866.45	2,117,866.45	4,240,000.00	200.20%	0.06%	4,240,000.00	200.20%	0.06%
18	长期应付款	2,171,136.24	2,000,654.24	170,482.00	8.52%	0.00%	170,482.00	8.52%	0.00%
19	预计负债	37,418,789.00	31,078,789.00	6,340,000.00	20.40%	0.09%	6,340,000.00	20.40%	0.09%
20	递延收益	84,723,726.03	78,383,726.03	6,340,000.00	8.09%	0.09%	6,340,000.00	8.09%	0.09%
21	递延所得税负债	27,879,408.34	21,539,408.34	6,340,000.00	29.43%	0.09%	6,340,000.00	29.43%	0.09%
22	其他非流动负债	46,138,912.59	30,198,912.59	15,940,000.00	52.78%	0.22%	15,940,000.00	52.78%	0.22%
23	非流动负债合计	1,285,549,837.65	1,237,499,355.65	48,050,482.00	3.88%	0.66%	48,050,482.00	3.88%	0.66%
24	负债合计	3,144,393,289.59	2,953,019,027.96	191,374,261.63	6.48%	2.64%	191,374,261.63	6.48%	2.64%
	所有者权益（或股东权益）：								
25	实收资本（或股本）	1,000,000,000.00	1,000,000,000.00	—	0.00%		—	0.00%	
26	其他权益工具	535,579,596.45	538,939,691.33	-3,360,094.88	-0.62%	-0.05%	3,360,094.88	0.62%	0.05%
	其中：优先股	—	—	—					
	永续债	—	—	—					
27	资本公积	663,988,994.34	663,988,994.34	—	0.00%		—	0.00%	
28	减：库存股	—	—	—					
29	其他综合收益	32,543,844.95	22,203,844.95	10,340,000.00	46.57%	0.14%	10,340,000.00	46.57%	0.14%
30	专项储备	5,673,833.25	—	5,673,833.25		0.08%	5,673,833.25		0.08%

图3-1-21　成果展示（2）

	A	B	C	D	E	F	G	H	I	J
82	36	其他综合收益	32,543,844.95	22,203,844.95	10,340,000.00	46.57%	0.14%	10,340,000.00	46.57%	0.14%
83	37	专项储备	5,673,833.25	-	5,673,833.25		0.08%	5,673,833.25		0.08%
84	38	盈余公积	418,877,861.90	407,537,861.90	11,340,000.00	2.78%	0.16%	11,340,000.00	2.78%	0.16%
85	39	未分配利润	1,688,633,923.59	1,657,293,923.59	31,340,000.00	1.89%	0.43%	31,340,000.00	1.89%	0.43%
86	40	所有者权益（或股东权益）合计	4,345,298,054.48	4,289,964,316.11	55,333,738.37	1.29%	0.76%	55,333,738.37	1.29%	0.76%
87	41	负债和所有者权益（或股东权益）总计	7,489,691,344.07	7,242,983,344.07	246,708,000.00	3.41%	3.41%	246,708,000.00	3.41%	3.41%

3. 资产变动额绝对值排名前五资产项目的分析

序号	资产项目	期末数	期初数	变动额绝对值排名前五的资产项目		对总额的影响（变动额/期初）	变动额（绝对值）	变动率（绝对值）	对总额的影响（绝对值）
				变动额	变动率				
1	递延所得税资产	726,310,505.92	619,970,505.92	106,340,000.00	17.15%	1.47%	106,340,000.00	17.15%	1.47%
2	其他非流动资产	35,231,126.20	28,891,126.20	6,340,000.00	21.94%	0.09%	6,340,000.00	21.94%	0.09%
3	长期应收款	749,071,228.37	742,731,228.37	6,340,000.00	0.85%	0.09%	6,340,000.00	0.85%	0.09%
4	长期股权投资	1,079,245,309.98	1,072,905,309.98	6,340,000.00	0.59%	0.09%	6,340,000.00	0.59%	0.09%
5	其他权益工具投资	147,566,762.81	141,226,762.81	6,340,000.00	4.49%	0.09%	6,340,000.00	4.49%	0.09%

4. 负债及所有者权益变动额绝对值排名前五资产项目的分析

序号	负债及所有者权益项目	期末数	期初数	变动额绝对值排名前五的负债及所有者权益项目		对总额的影响（变动额/期初负债及所有者）	变动额（绝对值）	变动率（绝对值）	对总额的影响（绝对值）
				变动额	变动率				
1	交易性金融负债	58,800,000.00	-	58,800,000.00		0.81%	58,800,000.00		0.81%
2	应交税费	362,929,278.86	327,661,278.86	35,268,000.00	10.76%	0.49%	35,268,000.00	10.76%	0.49%
3	未分配利润	1,688,633,923.59	1,657,293,923.59	31,340,000.00	1.89%	0.43%	31,340,000.00	1.89%	0.43%
4	其他非流动负债	46,138,912.59	30,198,912.59	15,940,000.00	52.78%	0.22%	15,940,000.00	52.78%	0.22%
5	盈余公积	418,877,861.90	407,537,861.90	11,340,000.00	2.78%	0.16%	11,340,000.00	2.78%	0.16%

图 3-1-22　成果展示(3)

任务实训 3-1

打开"资产负债表内容变动分析-练习(答题单据).xlsx"电子表格文件，找到对应工作表，完成以下操作：

练习：在"资产、负债和所有者权益规模变动情况分析"工作表中完成以下操作。

要求：

(1) 在"资产规模变动情况分析表"中进行资产规模变动情况分析。

(2) 在"负债及所有者权益规模变动情况分析表"中进行负债及所有者权益规模变动情况分析。

(3) 在"变动率绝对值排名前五的资产项目"中进行资产变动率绝对值排名前五资产项目的分析。

(3) 在"负债及所有者权益规模变动情况分析表"中进行负债及所有者权益变动额绝对值排名前五资产项目的分析。

成果参考，如图 3-1-23 至图 3-1-25 所示。

1. 资产规模变动情况分析

资产规模变动情况分析表

序号	资产项目	期末数	期初数	变动额	变动率	对总额的影响（变动额/期初）	变动额（绝对值）	变动率（绝对值）	对总额的影响（绝对值）
						资产总额			
1	流动资产：								
2	货币资金	977,670,830.28	958,402,830.28	19,268,000.00	2.01%	0.27%	19,268,000.00	2.01%	0.27%
3	交易性金融资产	125,483,538.44	120,215,538.44	5,268,000.00	4.38%	0.07%	5,268,000.00	4.38%	0.07%
4	衍生金融资产	10,970,797.64	4,702,797.64	6,268,000.00	133.29%	0.09%	8,268,000.00	133.29%	0.09%
5	应收票据	158,068,002.00	152,800,002.00	5,268,000.00	3.45%	0.07%	5,268,000.00	3.45%	0.07%
6	应收账款	61,591,017.15	66,323,017.15	-4,732,000.00	-7.13%	-0.07%	4,732,000.00	7.13%	0.07%
7	应收款项融资	16,292,849.09	1,224,849.09	15,068,000.00	1230.19%	0.21%	15,068,000.00	1230.19%	0.21%
8	预付款项	53,236,931.88	47,968,931.88	5,268,000.00	10.98%	0.07%	5,268,000.00	10.98%	0.07%
9	其他应收款	19,103,728.26	16,835,728.26	2,268,000.00	13.47%	0.03%	2,268,000.00	13.47%	0.03%
10	存货	483,698,337.01	478,430,337.01	5,268,000.00	1.10%	0.07%	5,268,000.00	1.10%	0.07%
11	合同资产	-	-	-			-		
12	持有待售资产	-	-	-			-		
13	一年内到期的非流动资产	18,474,676.06	15,406,676.06	3,068,000.00	19.91%	0.04%	3,068,000.00	19.91%	0.04%
14	其他流动资产	3,421,535.55	2,353,535.55	1,068,000.00	45.38%	0.01%	1,068,000.00	45.38%	0.01%
15	流动资产合计	1,928,012,242.36	1,864,664,242.36	63,348,000.00	3.40%	0.87%	63,348,000.00	3.40%	0.87%
16	非流动资产：								
17	债权投资	-	-	-			-		
18	其他债权投资	-	-	-			-		
19	长期应收款	721,071,228.37	730,731,228.37	-9,660,000.00	-1.32%	-0.13%	9,660,000.00	1.32%	0.13%
20	长期股权投资	1,000,245,309.98	1,000,005,309.98	240,000.00	0.02%	0.00%	240,000.00	0.02%	0.00%
21	其他权益工具投资	142,566,762.81	136,226,762.81	6,340,000.00	4.65%	0.09%	6,340,000.00	4.65%	0.09%
22	其他非流动金融资产	47,688,692.28	45,348,692.28	2,340,000.00	5.16%	0.03%	2,340,000.00	5.16%	0.03%
23	投资性房地产	201,102,121.94	194,762,121.94	6,340,000.00	3.26%	0.09%	6,340,000.00	3.26%	0.09%
24	固定资产	359,269,721.87	352,929,721.87	6,340,000.00	1.80%	0.09%	6,340,000.00	1.80%	0.09%
25	在建工程	84,459,414.52	78,119,414.52	6,340,000.00	8.12%	0.09%	6,340,000.00	8.12%	0.09%
26	生产性生物资产	-	-	-			-		
27	油气资产	-	-	-			-		
28	使用权资产	5,866,845.53	-	5,866,845.53		0.08%	5,866,845.53		0.08%
29	无形资产	61,092,528.36	54,752,528.36	6,340,000.00	11.58%	0.09%	6,340,000.00	11.58%	0.09%
30	开发支出	192,476,789.85	186,136,789.85	6,340,000.00	3.41%	0.09%	6,340,000.00	3.41%	0.09%
31	商誉	16,423,359.77	10,083,359.77	6,340,000.00	62.88%	0.09%	6,340,000.00	62.88%	0.09%
32	长期待摊费用	255,874,694.31	249,534,694.31	6,340,000.00	2.54%	0.09%	6,340,000.00	2.54%	0.09%
33	递延所得税资产	721,310,505.92	614,970,505.92	106,340,000.00	17.29%	1.47%	106,340,000.00	17.29%	1.47%
34	其他非流动资产	30,231,126.20	2,998,451.04	27,232,675.16	908.22%	0.38%	27,232,675.16	908.22%	0.38%
35	非流动资产合计	3,839,679,101.71	3,656,599,581.02	183,079,520.69	5.01%	2.53%	183,079,520.69	5.01%	2.53%
36	资产总计	5,767,691,344.07	5,521,263,823.38	246,427,520.69	4.46%	3.40%	246,427,520.69	4.46%	3.40%

图 3-1-23　成果参考(1)

2. 负债及股东权益规模变动情况分析

负债及所有者权益规模变动情况分析表

序号	负债及所有者权益项目	期末数	期初数	变动额	变动率	对总额的影响（变动额/期初负债及所有者权益）	变动额（绝对值）	变动率（绝对值）	对总额的影响（绝对值）
1	流动负债：								
2	短期借款	157,268,749.12	69,550,000.00	87,718,749.12	126.12%	1.21%	87,718,749.12	126.12%	1.21%
3	交易性金融负债	-	-	-			-		
4	衍生金融负债	-	-	-			-		
5	应付票据	60,628,132.24	75,360,132.24	-14,732,000.00	-19.55%	-0.20%	14,732,000.00	19.55%	0.20%
6	应付账款	63,657,540.98	42,356,540.98	21,301,000.00	50.29%	0.29%	21,301,000.00	50.29%	0.29%
7	预收款项	-	-	-			-		
8	合同负债	34,676,316.70	34,608,316.70	68,000.00	0.20%	0.00%	68,000.00	0.20%	0.00%
9	应付职工薪酬	9,037,306.72	9,769,306.72	-732,000.00	-7.49%	-0.01%	732,000.00	7.49%	0.01%
10	应交税费	100,929,278.86	100,661,278.86	268,000.00	0.27%	0.00%	268,000.00	0.27%	0.00%
11	其他应付款	51,720,243.68	43,452,243.68	8,268,000.00	19.03%	0.11%	8,268,000.00	19.03%	0.11%
12	持有待售负债	-	-	-			-		
13	一年内到期的非流动负债	222,829,528.07	197,561,528.07	25,268,000.00	12.79%	0.35%	25,268,000.00	12.79%	0.35%
14	其他流动负债	545,385,325.06	540,117,325.06	5,268,000.00	0.98%	0.07%	5,268,000.00	0.98%	0.07%
15	流动负债合计	1,246,132,421.43	1,113,436,672.31	132,695,749.12	11.92%	1.83%	132,695,749.12	11.92%	1.83%
16	非流动负债：								
17	长期借款	59,300,000.00	59,066,000.00	234,000.00	0.40%	0.00%	234,000.00	0.40%	0.00%
18	应付债券	47,786,000.00	47,152,000.00	634,000.00	1.34%	0.01%	634,000.00	1.34%	0.01%
19	其中：优先股								
20	永续债								
21	租赁负债	1,357,866.45	-	1,357,866.45		0.02%	1,357,866.45		0.02%
22	长期应付款	-	-	-			-		
23	预计负债	32,418,788.00	26,078,788.00	6,340,000.00	24.31%	0.09%	6,340,000.00	24.31%	0.09%
24	递延收益	79,723,726.03	73,383,726.03	6,340,000.00	8.64%	0.09%	6,340,000.00	8.64%	0.09%
25	递延所得税负债	229,408.34	163,408.34	6,340,000.00	40.39%	0.02%	6,340,000.00	40.39%	0.02%
26	其他非流动负债	4,138,912.59	2,518,912.59	1,620,000.00	64.31%	0.02%	1,620,000.00	64.31%	0.02%
27	非流动负债合计	224,954,701.41	208,362,834.96	16,591,866.45	7.96%	0.23%	16,591,866.45	7.96%	0.23%
28	负债合计	1,471,087,122.84	1,321,799,507.27	149,287,615.57	11.29%	2.06%	149,287,615.57	11.29%	2.06%
29	所有者权益（或股东权益）：								
30	实收资本（或股本）	995,000,000.00	995,000,000.00	-	0.00%		-	0.00%	
31	其他权益工具	532,579,596.45	533,939,691.33	-1,360,094.88	-0.25%	-0.02%	1,360,094.88	0.25%	0.02%
32	其中：优先股								
33	永续债								
34	资本公积	658,988,994.34	658,988,994.34	-	0.00%		-	0.00%	
35	减：库存股								
36	其他综合收益	12,543,844.95	17,203,844.95	-4,660,000.00	-27.09%	-0.06%	4,660,000.00	27.09%	0.06%
37	专项储备	-	-	-			-		
38	盈余公积	413,807,861.90	402,037,861.90	11,770,000.00	2.93%	0.16%	11,770,000.00	2.93%	0.16%

图 3-1-24　成果参考(2)

	A	B	C	D	E	F	G	H	I	J
79	33	永续债	-	-	-			-		
80	34	资本公积	658,988,994.34	658,988,994.34	-	0.00%		-	0.00%	
81	35	减：库存股	-	-	-			-		
82	36	其他综合收益	12,543,844.95	17,203,844.95	-4,660,000.00	-27.09%	-0.06%	4,660,000.00	27.09%	0.06%
83	37	专项储备	-	-	-			-		
84	38	盈余公积	413,807,861.90	402,037,861.90	11,770,000.00	2.93%	0.16%	11,770,000.00	2.93%	0.16%
85	39	未分配利润	1,683,683,923.59	1,592,293,923.59	91,390,000.00	5.74%	1.26%	91,390,000.00	5.74%	1.26%
86	40	所有者权益（或股东权益）合计	4,296,604,221.23	4,199,464,316.11	97,139,905.12	2.31%	1.34%	97,139,905.12	2.31%	1.34%
87	41	负债和所有者权益（或股东权益）总计	5,767,691,344.07	5,521,263,823.38	246,427,520.69	4.46%	3.40%	246,427,520.69	4.46%	3.40%

3. 资产变动率绝对值排名前五资产项目的分析

序号	资产项目	期末数	期初数	变动额	变动率	对总额的影响（变动额/期初）	变动额（绝对值）	变动率（绝对值）	对总额的影响（绝对值）
1	应收款项融资	16,292,848.09	1,224,848.09	15,068,000.00	1230.19%	0.21%	15,068,000.00	1230.19%	0.21%
2	其他非流动资产	30,231,126.20	2,998,451.04	27,232,675.16	908.22%	0.38%	27,232,675.16	908.22%	0.38%
3	衍生金融资产	10,970,797.64	4,702,797.64	6,268,000.00	133.28%	0.09%	6,268,000.00	133.28%	0.09%
4	商誉	16,423,359.77	10,083,359.77	6,340,000.00	62.88%	0.09%	6,340,000.00	62.88%	0.09%
5	其他流动资产	3,421,535.55	2,353,535.55	1,068,000.00	45.38%	0.01%	1,068,000.00	45.38%	0.01%

4. 负债及所有者权益变动额绝对值排名前五资产项目的分析

变动额绝对值排名前五的负债及所有者权益项目

序号	负债及所有者权益项目	期末数	期初数	变动额	变动率	对总额的影响（变动额/期初负债及所有者）	变动额（绝对值）	变动率（绝对值）	对总额的影响（绝对值）
1	未分配利润	1,683,683,923.59	1,592,293,923.59	91,390,000.00	5.74%	1.26%	91,390,000.00	5.74%	1.26%
2	短期借款	157,268,749.12	69,550,000.00	87,718,749.12	126.12%	1.21%	87,718,749.12	126.12%	1.21%
3	一年内到期的非流动负债	222,829,528.07	197,561,528.07	25,268,000.00	12.79%	0.35%	25,268,000.00	12.79%	0.35%
4	应付账款	63,657,540.98	42,356,540.98	21,301,000.00	50.29%	0.29%	21,301,000.00	50.29%	0.29%
5	应付票据	60,628,132.24	75,360,132.24	-14,732,000.00	-19.55%	-0.20%	14,732,000.00	19.55%	0.20%

图 3-1-25　成果参考(3)

二、资产负债表结构变动分析

（一）资产负债表结构变动分析的定义

资产负债表结构分析主要是指通过对企业资产负债表中的各个组成部分（即资产、负债和所有者权益）进行深入的分析，以了解和评估企业的财务状况、经营水平和财务风险的过程。这一分析过程涉及对报表中各个项目的比例、构成和相互关系进行考察，旨在揭示企业的资产结构、负债结构和所有者权益结构的特征及其对企业经营和财务状况的影响。

具体来说，资产负债表结构变动分析可以包括以下几个方面。

1. 资产结构

（1）定义：资产结构是指企业所拥有的各种资源和投资项目的构成状况，包括流动资产（如现金、应收账款、存货等）和非流动资产（如固定资产、无形资产等）。

（2）目的：通过分析资产的构成和比例，可以了解企业的资金配置和资产运营效率，评估企业的流动性和盈利能力。

（3）重要指标：例如，流动资产率可以反映企业的资金变现能力和风险水平。

2. 负债结构

（1）定义：负债结构是指企业所欠债务的性质和规模，包括流动负债（如应付账款、短期借款等）和长期负债（如长期借款、应付债券等）。

（2）目的：通过分析负债的构成和比例，可以评估企业的偿债能力和财务风险，了解企业的融资结构和资本成本。

(3) 重要指标:如自有资金负债率、长期负债比率和流动负债比率等,这些指标可以反映企业的债务情况和自有资金与债务的比率关系。

3. 所有者权益结构

(1) 定义:所有者权益结构是指企业股东权益的构成状况,包括注册资本、资本公积、盈余公积和未分配利润等。

(2) 目的:通过分析所有者权益的构成和比例,可以了解企业的资本实力和盈利能力,评估企业的成长潜力和投资价值。

(3) 重要指标:如股本、资本公积和留存收益的比例等,这些指标可以反映企业的资本结构和股东回报情况。

(二) 资产负债表结构变动分析的重要性

资产负债表结构分析的重要性不言而喻,它对于企业内部管理者、外部投资者、债权人以及监管机构等多方利益相关者都具有重要的指导意义。以下从几个方面详细阐述其重要性。

1. 揭示企业财务状况

资产负债表结构分析直接反映了企业的资产规模、负债水平及所有者权益状况,是评估企业财务状况的基础。通过这一分析,可以清晰地看到企业的资产构成、负债结构以及所有者权益的分布情况,从而全面了解企业的财务健康状况。

2. 评估偿债能力

通过比较流动资产与流动负债的比例(如流动比率、速动比率),可以评估企业短期内的偿债能力。这对于债权人来说尤为重要,因为它们需要确保企业有足够的流动资产来偿还即将到期的债务。

通过分析资产负债率等指标,可以评估企业的长期偿债能力。过高的负债率可能意味着企业面临较大的偿债压力,从而增加财务风险。

3. 分析运营效率

资产周转率等指标反映了企业资产的利用效率。通过资产负债表结构分析,可以了解企业各项资产的周转情况,进而评估企业的运营管理水平及发展潜力。这对于企业内部管理者来说,有助于发现运营中的瓶颈和问题,并采取相应的措施加以改进。

4. 预测未来发展

结合利润表与现金流量表等其他财务报表,资产负债表结构分析可以揭示企业的盈利质量、现金流状况及潜在风险,为预测企业未来发展趋势提供依据。这有助于投资者和债权人做出更加明智的投资和信贷决策。

5. 辅助决策制定

(1) 投资者决策:投资者通过资产负债表结构分析可以判断企业的投资价值与风险,从而决定是否进行投资。

(2) 债权人决策:债权人则关注企业的偿债能力,通过分析资产负债表结构来决定是否提供贷款及贷款条件。

(3) 管理层决策:管理层则利用资产负债表结构分析进行战略规划与资源配置,以优化企业的财务结构和运营效率。

6. 满足监管要求

作为上市公司及部分非上市企业的法定披露内容,资产负债表结构分析有助于监管机构了解企业的运营状况,维护市场秩序。监管机构可以通过分析企业的资产负债表结构来评估其是否符合相关法律法规的要求,以及是否存在潜在的风险和问题。

【任务 1】进行"资产、负债和所有者权益内部结构分析"。

(1)用函数补全"非流动资产与流动资产占资产总额比重分析表"中的数据,对结果使用函数进行四舍五入并保留 4 位小数。

(2)用函数补全"非流动资产与流动资产占负债总额比重分析表"中的数据,对结果使用函数进行四舍五入并保留 4 位小数。

【任务 2】制作非流动资产与流动资产占资产总额比重的饼图可视化,需要展示图表标题(非流动资产与流动资产占资产总额比重)、数据标签(居中)和图例三项元素。

【任务 3】在"资产结构情况分析表"中进行资产结构分析。

(1)使用函数补全"期末数""期初数""期末数占总资产""期初数占总资产"四列的数据。

(2)使用公式计算"占比变化"的数据。

(3)使用函数进行"占比变化(绝对值)"列的数据转换(如果占比变化为 0 则不需要显示绝对值)。

步骤 1:打开电子表格文件"资产负债表结构变动情况分析(答题单据).xlsx",打开工作表"资产负债表变动与结构分析表"。

步骤 2:在"非流动资产与流动资产占资产总额比重分析表"中计算"非流动资产"的"期末比重"。选中 C4 单元格,在 C4 单元格或编辑栏中输入公式,单元格 C4=ROUND(资产负债表!B39/资产负债表!B45,4),如图 3-1-26 所示。

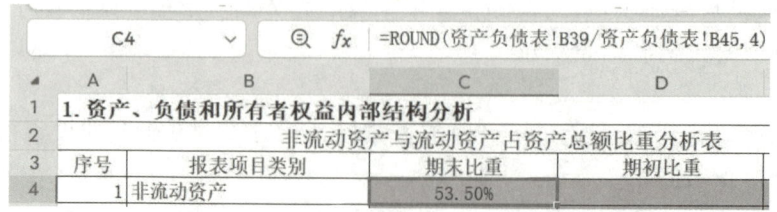

图 3-1-26 计算"非流动资产"的"期末比重"

步骤 3:计算"非流动资产"的"期初比重"。选中 C4 单元格,当鼠标移至 C4 单元格右下角出现黑色十字时,按住鼠标左键向右拖动到 D4 单元格。

步骤 4：计算"非流动资产"的"比重变动"。选中 E4 单元格，在 E4 单元格或编辑栏中输入公式，单元格 E4＝ROUND(C4－D4，4)，如图 3-1-27 所示。

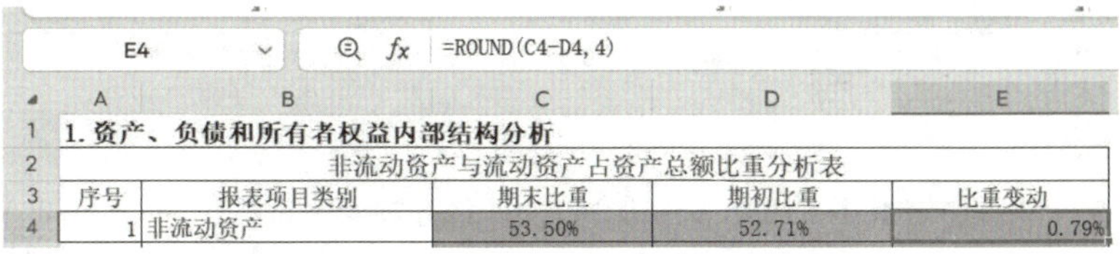

图 3-1-27　计算"非流动资产"的"比重变动"

步骤 5：计算"流动资产"的"期末比重"。选中 C5 单元格，在 C5 单元格或编辑栏中输入公式，单元格 C5＝ROUND(资产负债表！B19/资产负债表！B45，4)，如图 3-1-28 所示。

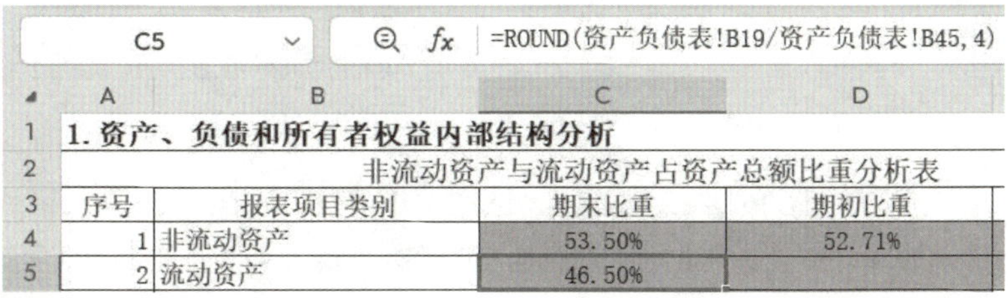

图 3-1-28　计算"流动资产"的"期末比重"

步骤 6：计算"流动资产"的"期初比重"。选中 C5 单元格，当鼠标移至 C5 单元格右下角出现黑色十字时，按住鼠标左键向右拖动到 D5 单元格。

步骤 7：计算"流动资产"的"比重变动"。选中 E5 单元格，在 E5 单元格或编辑栏中输入公式，单元格 E5＝ROUND(C5－D5，4)，如图 3-1-29 所示。

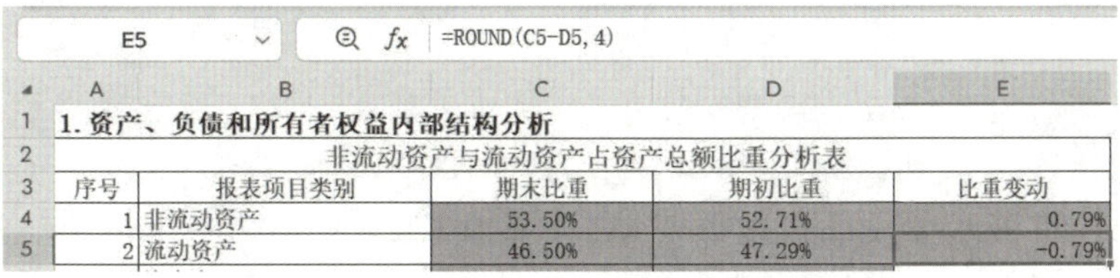

图 3-1-29　计算"流动资产"的"比重变动"

步骤 8：计算"资产合计"的"期末比重"。选中 C6 单元格，在 C6 单元格或编辑栏中输入公式，单元格 C6＝C4＋C5。

步骤 9：计算"资产合计"的"期初比重"。选中 D6 单元格，在 D6 单元格或编辑栏中输入公式，单元格 D6＝D4＋D5。

步骤 10：在"非流动资产与流动资产占负债总额比重分析表"中计算"非流动负债"的"期末比重"。选中 C11 单元格，在 C11 单元格或编辑栏中输入公式，单元格 C11＝ROUND(资产负债表！E31/资产负债表！E32，4)，如图 3-1-30 所示。

步骤 11：计算"非流动负债"的"期初比重"。选中 C11 单元格，当鼠标移至 C11 单元格右下角出现黑色十字时，按住鼠标左键向右拖动到 D11 单元格。

步骤 12：计算"非流动负债"的"比重变动"。选中 E11 单元格，在 E11 单元格或编辑栏

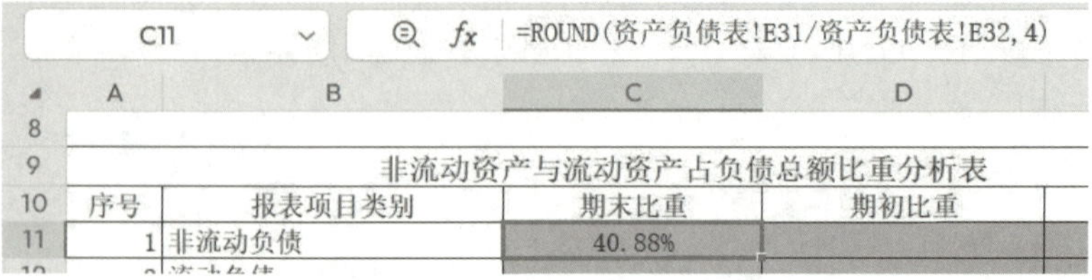

图 3-1-30　计算"非流动负债"的"期末比重"

中输入公式,单元格 E11＝ROUND(C11－D11,4),如图 3-1-31 所示。

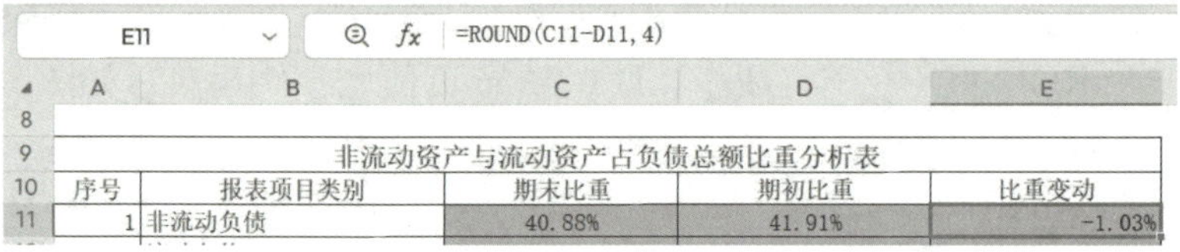

图 3-1-31　计算"非流动负债"的"比重变动"

步骤 13:计算"流动负债"的"期末比重"。选中 C12 单元格,在 C12 单元格或编辑栏中输入公式,单元格 C12＝ROUND(资产负债表! E19/资产负债表! E32,4),如图 3-1-32 所示。

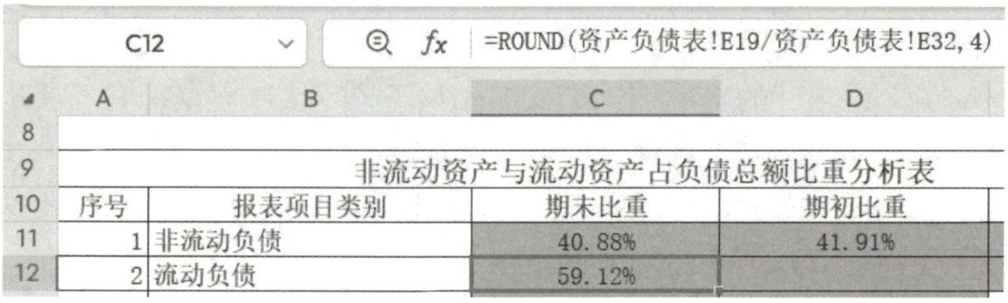

图 3-1-32　计算"流动负债"的"期末比重"

步骤 14:计算"流动负债"的"期初比重"。选中 C12 单元格,当鼠标移至 C12 单元格右下角出现黑色十字时,按住鼠标左键向右拖动到 D12 单元格。

步骤 15:计算"流动负债"的"比重变动"。选中 E12 单元格,在 E12 单元格或编辑栏中输入公式,单元格 E12＝ROUND(C12－D12,4),如图 3-1-33 所示。

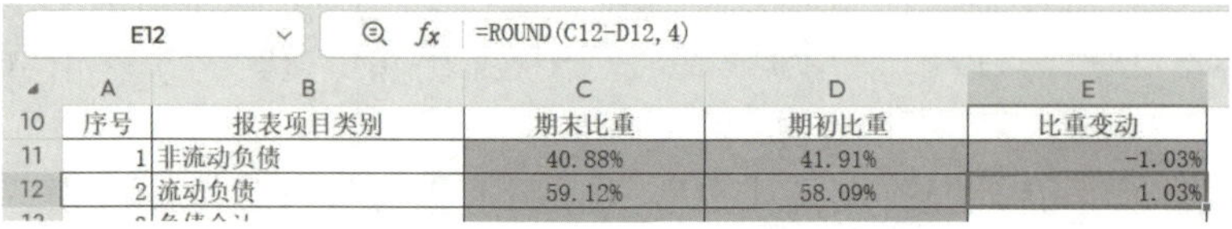

图 3-1-33　计算"流动负债"的"比重变动"

步骤 16:计算"负债合计"的"期末比重"。选中 C13 单元格,在 C13 单元格或编辑栏中输入公式,单元格 C13＝C11＋C12。

步骤 17:计算"负债合计"的"期初比重"。选中 D13 单元格,在 D13 单元格或编辑栏中输入公式,单元格 D13＝D11＋D12。

步骤 18:插入图表。选择 B4:C5 区域,选择菜单栏,依次选择【插入】→【饼图】,如

图 3-1-34 所示。

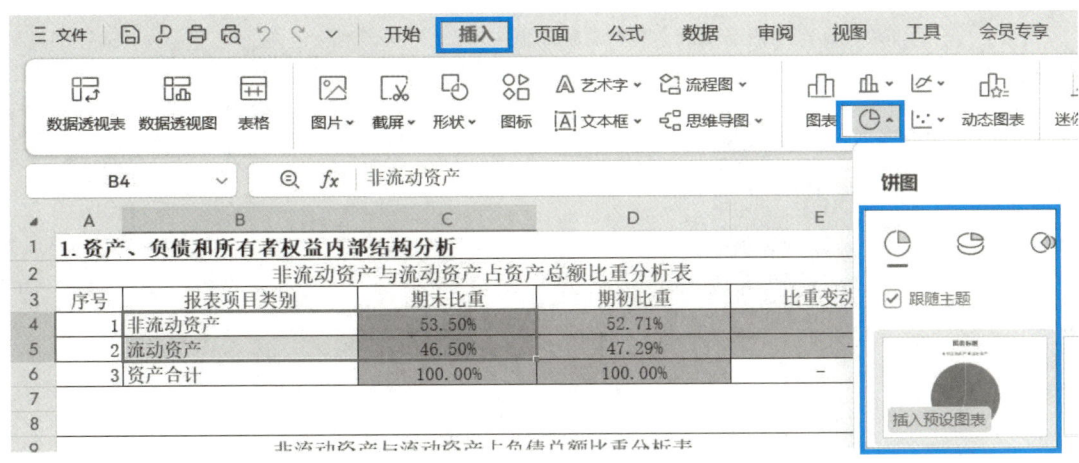

图 3-1-34 插入"饼图"

步骤 19：选择图表标题区域，将图表标题设置为"非流动资产与流动资产占资产总额比重"，如图 3-1-35 所示。

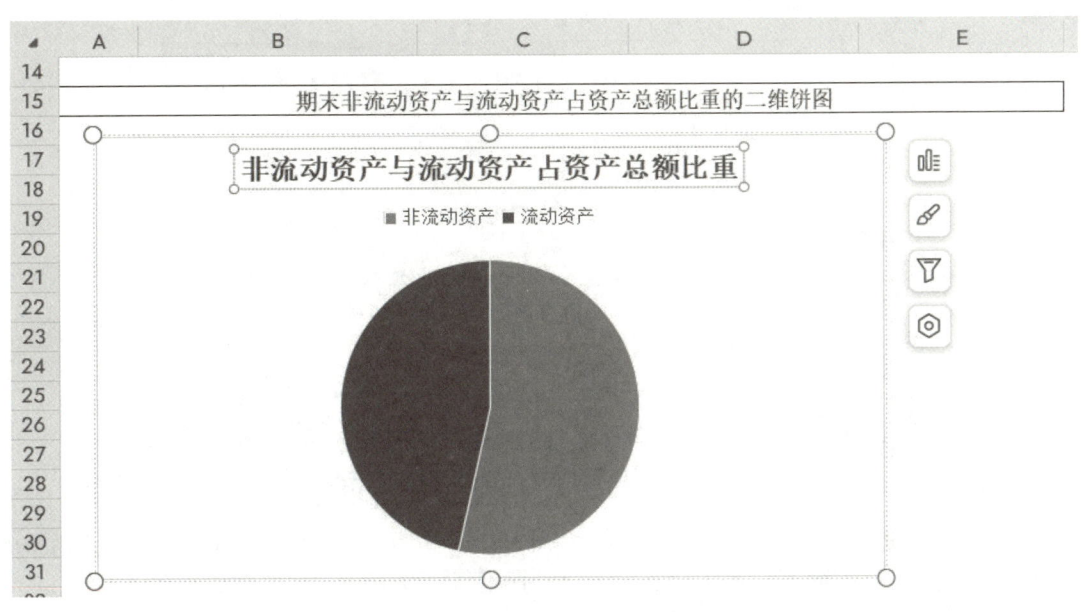

图 3-1-35 设置图表标题

步骤 20：设置图表元素。点击图表右侧【图表元素】按钮，勾选"图表标题""数据标签（居中）""图例"，如图 3-1-36 所示。

步骤 21：计算"货币资金"的"期末数"。选中 C36 单元格，在 C36 单元格或编辑栏中输入公式，单元格 C36=VLOOKUP(B36,资产负债表!\$A\$4：\$C\$45,2,0)，如图 3-1-37 所示。

步骤 22：计算"货币资金"的"期初数"。选中 D36 单元格，在 D36 单元格或编辑栏中输入公式，单元格 D36=VLOOKUP(B36,资产负债表!\$A\$4：\$C\$45,3,0)，如图 3-1-38 所示。

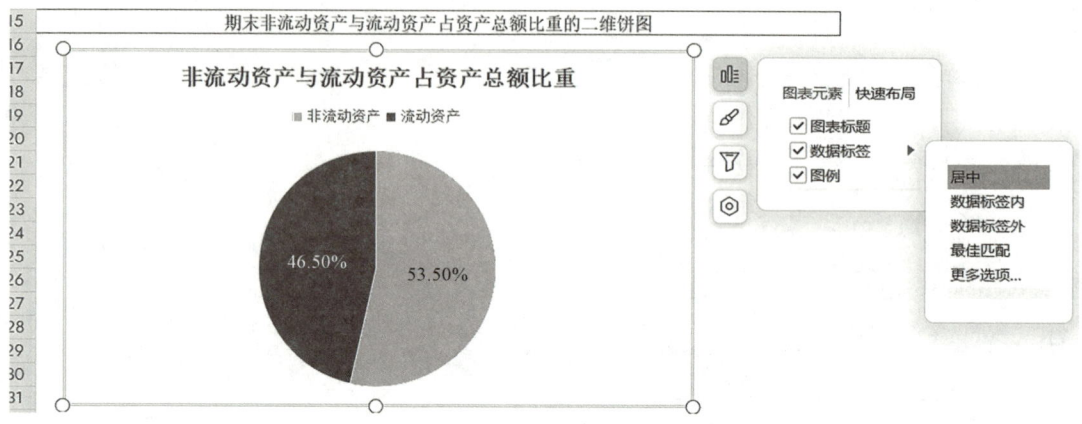

图 3-1-36 选择设置图表元素

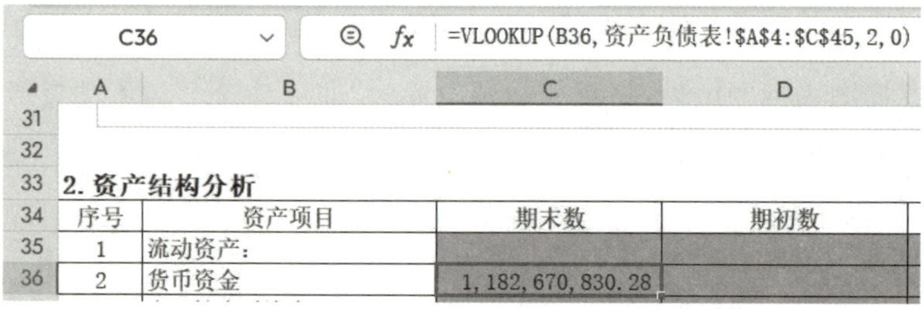

C36 =VLOOKUP(B36,资产负债表!$A$4:$C$45,2,0)

2. 资产结构分析

序号	资产项目	期末数	期初数
1	流动资产:		
2	货币资金	1,182,670,830.28	

图 3-1-37 计算“货币资金”的“期末数”

D36 =VLOOKUP(B36,资产负债表!$A$4:$C$45,3,0)

2. 资产结构分析

序号	资产项目	期末数	期初数
1	流动资产:		
2	货币资金	1,182,670,830.28	1,177,402,830.28

图 3-1-38 计算“货币资金”的“期初数”

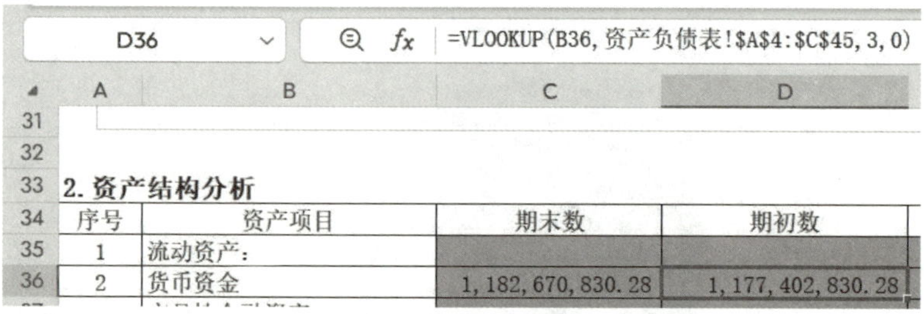

步骤 23:计算“货币资金”的“期末数占总资产”。选中 E36 单元格,在 E36 单元格或编辑栏中输入公式,单元格 E36=IF(C36=0,"",ROUND(C36/资产负债表! $B$45,4)),如图 3-1-39 所示。

E36 =IF(C36=0,"",ROUND(C36/资产负债表!$B$45,4))

2. 资产结构分析

序号	资产项目	期末数	期初数	期末数占总资产
1	流动资产:			
2	货币资金	1,182,670,830.28	1,177,402,830.28	15.79%

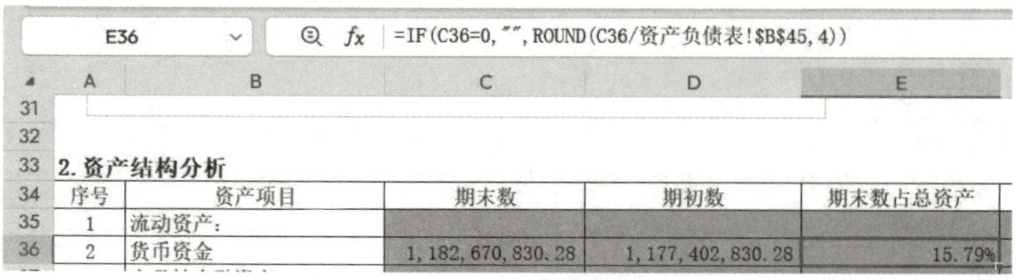

图 3-1-39 计算“货币资金”的“期末数占总资产”

步骤24：计算"货币资金"的"期初数占总资产"。选中F36单元格，在F36单元格或编辑栏中输入公式，单元格F36＝IF(D36=0,"",ROUND(D36/资产负债表!$C$45,4))，如图3-1-40所示。

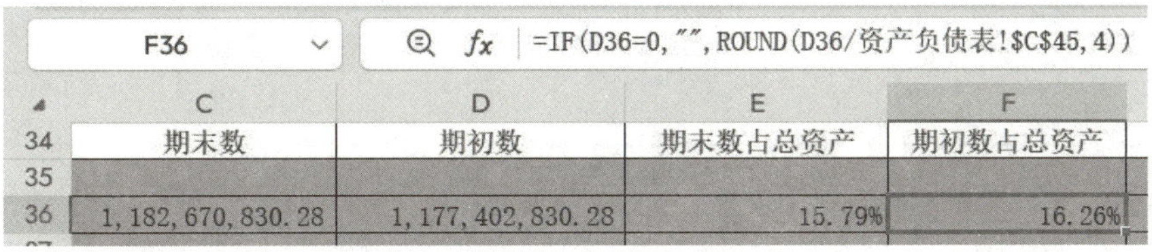

图3-1-40 计算"货币资金"的"期初数占总资产"

步骤25：计算"货币资金"的"占比变化"。选中G36单元格，在G36单元格或编辑栏中输入公式，单元格G36＝IFERROR(E36－F36,"")，如图3-1-41所示。

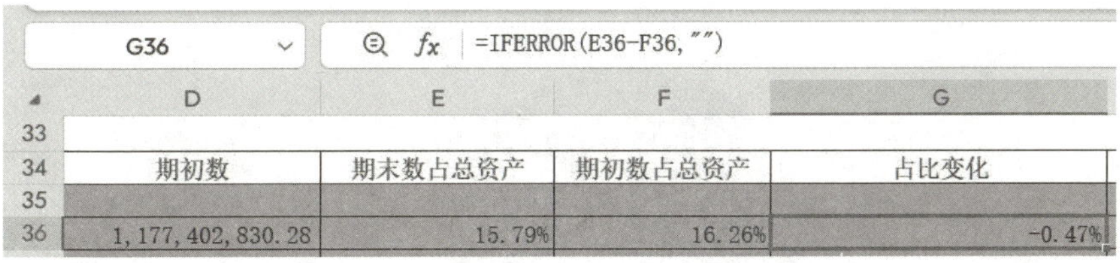

图3-1-41 计算"货币资金"的"占比变化"

步骤26：计算"货币资金"的"占比变化（绝对值）"。选中H36单元格，在H36单元格或编辑栏中输入公式，单元格H36＝IFERROR(ABS(G36),"")，如图3-1-42所示。

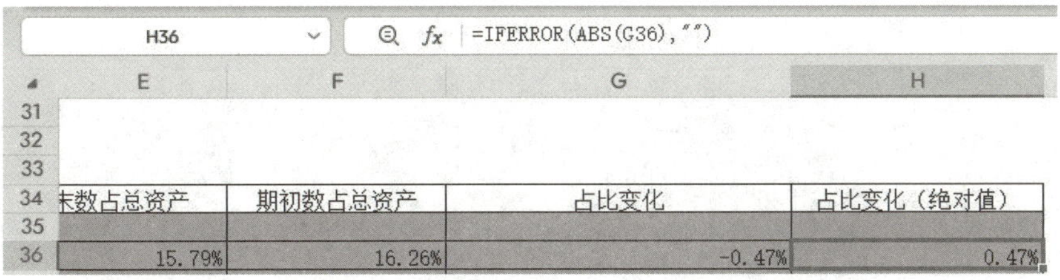

图3-1-42 计算"货币资金"的"占比变化（绝对值）"

步骤27：计算出其他资产负债表资产项目的"期末数""期初数""期末数占总资产""期初数占总资产""占比变化"和"占比变化（绝对值）"。选中C36:H36单元区域，当鼠标移至H36单元格右下角出现黑色十字时，按住鼠标左键向下拖动到H70单元格。

成果展示，如图3-1-43和图3-1-44所示。

1. 资产、负债和所有者权益内部结构分析

非流动资产与流动资产占资产总额比重分析表

序号	报表项目类别	期末比重	期初比重	比重变动
1	非流动资产	53.50%	52.71%	0.79%
2	流动资产	46.50%	47.29%	-0.79%
3	资产合计	100.00%	100.00%	—

非流动资产与流动资产占负债总额比重分析表

序号	报表项目类别	期末比重	期初比重	比重变动
1	非流动负债	40.88%	41.91%	-1.03%
2	流动负债	59.12%	58.09%	1.03%
3	负债合计	100.00%	100.00%	—

期末非流动资产与流动资产占资产总额比重的二维饼图

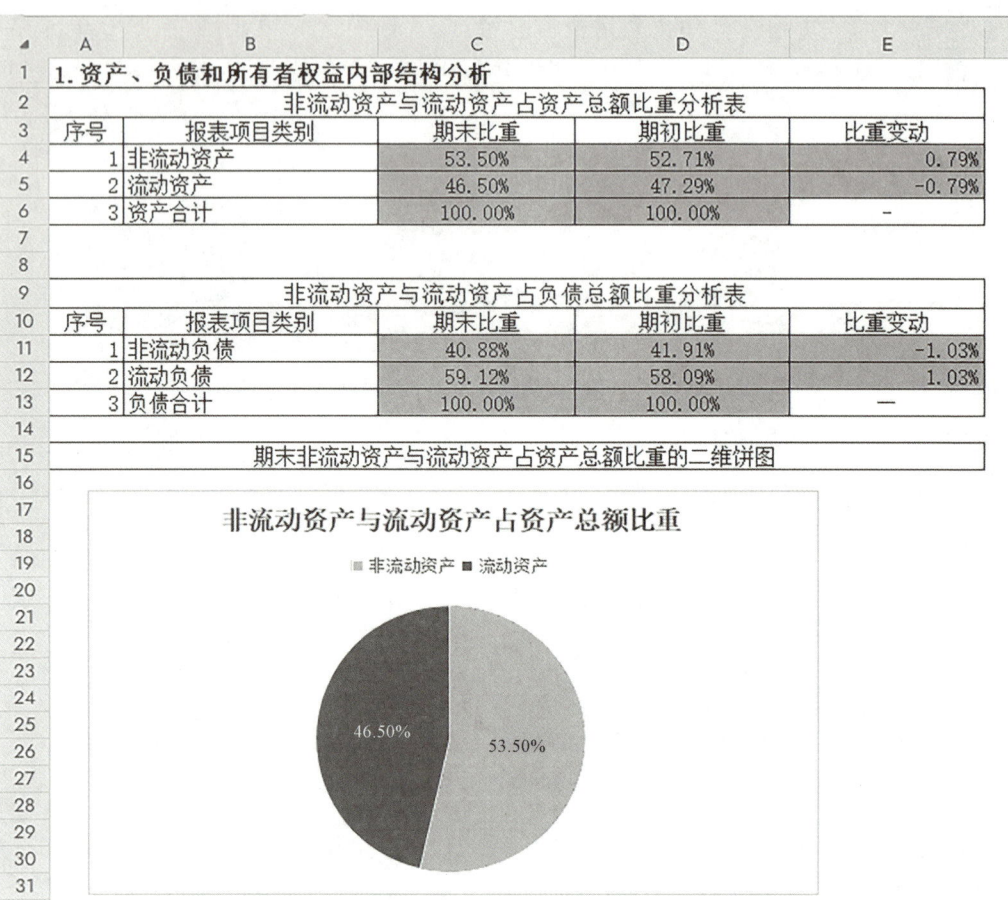

图 3-1-43　成果展示(1)

2. 资产结构分析

序号	资产项目	期末数	期初数	期末数占总资产	期初数占总资产	占比变化	占比变化（绝对值）
1	流动资产:						
2	货币资金	1,182,670,830.28	1,177,402,830.28	15.79%	16.26%	-0.47%	0.47%
3	交易性金融资产	180,483,538.44	175,215,538.44	2.41%	2.42%	-0.01%	0.01%
4	衍生金融资产	15,970,797.64	10,702,797.64	0.21%	0.15%	0.06%	0.06%
5	应收票据	273,068,002.00	267,800,002.00	3.65%	3.70%	-0.05%	0.05%
6	应收账款	76,591,017.15	71,323,917.15	1.02%	0.98%	0.04%	0.04%
7	应收款项融资	221,292,848.09	216,024,848.09	2.95%	2.98%	-0.03%	0.03%
8	预付款项	58,236,931.88	52,968,931.88	0.78%	0.73%	0.05%	0.05%
9	其他应收款	24,103,728.26	18,835,728.26	0.32%	0.26%	0.06%	0.06%
10	存货	488,698,337.01	483,430,337.01	6.52%	6.67%	-0.15%	0.15%
11	合同资产						
12	持有待售资产	—	—				
13	一年内到期的非流动资产	23,474,676.06	18,206,676.06	0.31%	0.25%	0.06%	0.06%
14	其他流动资产	938,421,535.55	933,153,535.55	12.53%	12.88%	-0.35%	0.35%
15	流动资产合计	3,483,012,242.36	3,425,064,242.36	46.50%	47.29%	-0.79%	0.79%
16	非流动资产:						
17	债权投资	—	—				
18	其他债权投资						
19	长期应收款	749,071,228.37	742,731,228.37	10.00%	10.25%	-0.25%	0.25%
20	长期股权投资	1,079,245,309.98	1,072,905,309.98	14.41%	14.81%	-0.40%	0.40%
21	其他权益工具投资	147,566,762.81	141,226,762.81	1.97%	1.95%	0.02%	0.02%
22	其他非流动金融资产	52,688,692.28	46,348,692.28	0.70%	0.64%	0.06%	0.06%
23	投资性房地产	206,102,121.94	199,762,121.94	2.75%	2.76%	-0.01%	0.01%
24	固定资产	364,269,721.87	357,929,721.87	4.86%	4.94%	-0.08%	0.08%
25	在建工程	89,459,414.52	83,119,414.52	1.19%	1.15%	0.04%	0.04%
26	生产性生物资产						
27	油气资产						
28	使用权资产	10,866,845.53	4,526,845.53	0.15%	0.06%	0.09%	0.09%
29	无形资产	66,092,528.36	59,752,528.36	0.88%	0.82%	0.06%	0.06%
30	开发支出	197,476,789.85	191,136,789.85	2.64%	2.64%	0.00%	0.00%
31	商誉	21,423,359.77	15,083,359.77	0.29%	0.21%	0.08%	0.08%
32	长期待摊费用	260,874,694.31	254,534,694.31	3.48%	3.51%	-0.03%	0.03%
33	递延所得税资产	726,310,505.92	619,970,505.92	9.70%	8.56%	1.14%	1.14%
34	其他非流动资产	35,231,126.20	28,891,126.20	0.47%	0.40%	0.07%	0.07%
35	非流动资产合计	4,006,679,101.71	3,817,919,101.71	53.50%	52.71%	0.79%	0.79%
36	资产总计	7,489,691,344.07	7,242,983,344.07	100.00%	100.00%	0.00%	0.00%

图 3-1-44　成果展示(2)

任务实训 3-2

打开"资产负债表结构变动情况分析-练习(答题文件).xlsx"电子表格文件,找到对应工作表,完成以下操作。

练习:在"资产负债表变动与结构分析表"工作表中完成以下操作。

要求:

(1) 在"非流动资产与流动资产占资产总额比重分析表"和"非流动资产与流动资产占负债总额比重分析表"中进行资产、负债和所有者权益内部结构分析。

(2) 进行偿债能力指标与同行业差异对比分析。进行非流动资产与流动资产占资产总额比重情况饼图可视化。

(3) 在"资产结构情况分析表"中进行资产结构情况分析。

成果参考,如图 3-1-45 和图 3-1-46 所示。

1. 资产、负债和所有者权益内部结构分析

非流动资产与流动资产占资产总额比重分析表

序号	报表项目类别	期末比重	期初比重	比重变动
1	非流动资产	66.57%	66.23%	0.34%
2	流动资产	33.43%	33.77%	-0.34%
3	资产合计	100.00%	100.00%	—

非流动资产与流动资产占负债总额比重分析表

序号	报表项目类别	期末比重	期初比重	比重变动
1	非流动负债	15.29%	15.76%	-0.47%
2	流动负债	84.71%	84.24%	0.47%
3	负债合计	100.00%	100.00%	—

期末非流动资产与流动资产占资产总额比重的二维饼图

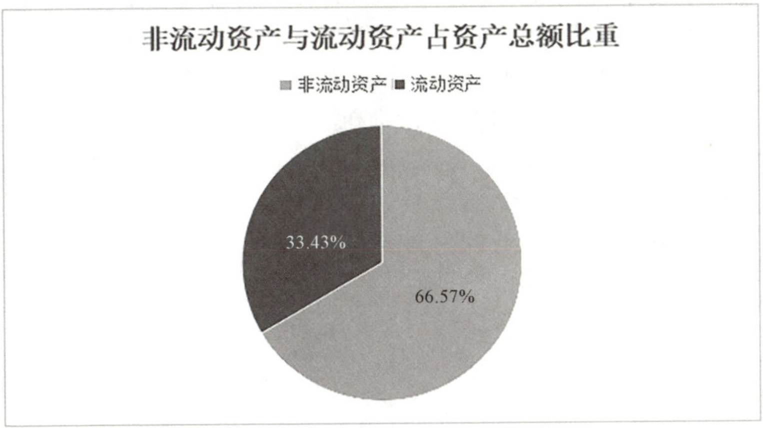

非流动资产与流动资产占资产总额比重

- 非流动资产:66.57%
- 流动资产:33.43%

图 3-1-45 成果参考(1)

2. 资产结构分析

资产结构情况分析表

序号	资产项目	期末数	期初数	期末数占总资产	期初数占总资产	占比变化	占比变化（绝对值）
1	流动资产：						
2	货币资金	977, 670, 830. 28	958, 402, 830. 28	16. 95%	17. 36%	-0. 41%	0. 41%
3	交易性金融资产	125, 483, 538. 44	120, 215, 538. 44	2. 18%	2. 18%	0. 00%	0. 00%
4	衍生金融资产	10, 970, 797. 64	4, 702, 797. 64	0. 19%	0. 09%	0. 10%	0. 10%
5	应收票据	158, 068, 002. 00	152, 800, 002. 00	2. 74%	2. 77%	-0. 03%	0. 03%
6	应收账款	61, 591, 017. 15	66, 323, 017. 15	1. 07%	1. 20%	-0. 13%	0. 13%
7	应收款项融资	16, 292, 848. 09	1, 224, 848. 09	0. 28%	0. 02%	0. 26%	0. 26%
8	预付款项	53, 236, 931. 88	47, 968, 931. 88	0. 92%	0. 87%	0. 05%	0. 05%
9	其他应收款	19, 103, 728. 26	16, 835, 728. 26	0. 33%	0. 30%	0. 03%	0. 03%
10	存货	483, 698, 337. 01	478, 430, 337. 01	8. 39%	8. 67%	-0. 28%	0. 28%
11	合同资产	-	-				
12	持有待售资产	-	-				
13	一年内到期的非流动资产	18, 474, 676. 06	15, 406, 676. 06	0. 32%	0. 28%	0. 04%	0. 04%
14	其他流动资产	3, 421, 535. 55	2, 353, 535. 55	0. 06%	0. 04%	0. 02%	0. 02%
15	流动资产合计	1, 928, 012, 242. 36	1, 864, 664, 242. 36	33. 43%	33. 77%	-0. 34%	0. 34%
16	非流动资产：	-	-				
17	债权投资	-	-				
18	其他债权投资	-	-				
19	长期应收款	721, 071, 228. 37	730, 731, 228. 37	12. 50%	13. 23%	-0. 73%	0. 73%
20	长期股权投资	1, 000, 245, 309. 98	1, 000, 005, 309. 98	17. 34%	18. 11%	-0. 77%	0. 77%
21	其他权益工具投资	142, 566, 762. 81	136, 226, 762. 81	2. 47%	2. 47%	0. 00%	0. 00%
22	其他非流动金融资产	47, 688, 692. 28	45, 348, 692. 28	0. 83%	0. 82%	0. 01%	0. 01%
23	投资性房地产	201, 102, 121. 94	194, 762, 121. 94	3. 49%	3. 53%	-0. 04%	0. 04%
24	固定资产	359, 269, 721. 87	352, 929, 721. 87	6. 23%	6. 39%	-0. 16%	0. 16%
25	在建工程	84, 459, 414. 52	78, 119, 414. 52	1. 46%	1. 41%	0. 05%	0. 05%
26	生产性生物资产	-	-				
27	油气资产	-	-				
28	使用权资产	5, 866, 845. 53	-	0. 10%			
29	无形资产	61, 092, 528. 36	54, 752, 528. 36	1. 06%	0. 99%	0. 07%	0. 07%
30	开发支出	192, 476, 789. 85	186, 136, 789. 85	3. 34%	3. 37%	-0. 03%	0. 03%
31	商誉	16, 423, 359. 77	10, 083, 359. 77	0. 28%	0. 18%	0. 10%	0. 10%
32	长期待摊费用	255, 874, 694. 31	249, 534, 694. 31	4. 44%	4. 52%	-0. 08%	0. 08%
33	递延所得税资产	721, 310, 505. 92	614, 970, 505. 92	12. 51%	11. 14%	1. 37%	1. 37%
34	其他非流动资产	30, 231, 126. 20	2, 998, 451. 04	0. 52%	0. 05%	0. 47%	0. 47%
35	非流动资产合计	3, 839, 679, 101. 71	3, 656, 599, 581. 02	66. 57%	66. 23%	0. 34%	0. 34%
36	资产总计	5, 767, 691, 344. 07	5, 521, 263, 823. 38	100. 00%	100. 00%	0. 00%	0. 00%

图 3-1-46　成果参考(2)

任务二　利润表分析

利润表分析是将利润表各项目报告期金额与基期金额相比较的过程，能反映利润额的变动规模和变动原因，揭示企业在利润形成过程中的管理业绩及存在的问题。

利润表分析是财务管理中至关重要的一环，聚焦于企业利润的增减变动，深入分析其数据，它通过对企业一定会计期间内的经营成果进行剖析，对比不同会计期间的营业收入、营业成本、净利润等关键指标，我们可以清晰地看到企业盈利趋势的变化。增减变动揭示了企业运营效率的提升或下降，以及市场策略的有效性。深入分析利润结构的变化有助于管理者、投资者和债权人等利益相关者了解企业的盈利能力、运营效率及财务健康状况。

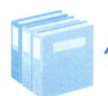

任务准备

一、利润表分析的内容

利润表分析作为企业财务分析的核心组成部分，其内容涵盖了对企业经营成果的全面审视与评估。具体而言，利润表分析不仅关注企业在一定会计期间内利润额的增减变动情况，还深入到利润构成的结构分析，以及影响利润变动的关键因素识别。

（1）利润表分析的内容，首先体现在对利润表主表项目的详细剖析上，包括营业收入、营业成本、税金及附加、销售费用、管理费用、财务费用、投资收益、营业外收支等各项指标的变动趋势及其背后的经济含义。对这些项目的逐一分析，可以揭示企业盈利能力的强弱、成本控制的效果以及经营效率的高低。

（2）利润表分析还涉及对利润结构的深入探讨。利润结构反映了企业不同来源的利润占比情况，分析主营业务利润、其他业务利润、投资收益及营业外收支等组成部分的变动，可以评价企业盈利的稳定性和可持续性，为企业的战略调整和资源配置提供依据。

（3）利润表分析还包括对利润表附注及财务情况说明书的解读，以获取更多关于企业利润形成及分配过程的详细信息。这些信息有助于深入理解企业利润变动的内在原因，评估企业面临的机遇与挑战，为企业的未来规划和发展提供有力支持。

二、利润表分析的重要性

利润表分析在企业管理中占据着举足轻重的地位，其重要性体现在多个方面。

（1）利润表分析是评估企业盈利能力的关键工具。通过深入分析利润表中的各项数据，如营业收入、净利润等，企业能够清晰地了解自身的盈利状况及变化趋势。这不仅有助于管理层掌握企业的经济绩效，还能为企业的战略规划和经营决策提供有力依据。

（2）利润表分析有助于揭示企业经营管理中的问题和挑战。通过对利润表进行细致的分析，企业可以发现成本控制、费用管理、收入结构等方面存在的问题，进而采取有针对性的措施加以改进。同时，利润表分析还能帮助企业识别潜在的市场风险和竞争威胁，为企业的风险管理和市场应对提供预警信号。

（3）利润表分析对于投资者和债权人等外部利益相关者而言同样具有重要意义。投资者通过分析企业的利润表，可以评估企业的投资价值和发展潜力，从而做出更为明智的投资决策。债权人则可以通过利润表分析了解企业的偿债能力和财务稳定性，为信贷决策提供参考依据。

任务描述 3-3

【任务 1】在"利润表水平分析"中进行水平分析。
（1）使用函数补全"2024 年"和"2023 年"相关数据。
（2）使用公式计算"变动额"的数据。
（3）使用函数进行"变动率绝对值"列的数据转换（如果占比变化为 0 则不需要显示绝对值）。

【任务 2】在"利润表项目增减变动分析表"中进行利润表项目增减变动分析。
（1）以"利润表水平分析表"为依据，按"变动率绝对值"降序排列，补充录入"利润表项目增减变动分析表"。
（2）按"变动率绝对值"为利润表项目增减变动率排序情况进行簇状柱形图可视化，显示坐标轴，图表标题（"利润表项目增减变动率排序"），数据标签（外），网格线四项内容。

【任务 3】在"利润表垂直分析表"表中，进行利润表项目结构变动分析。

利润表分析

（1）用函数补全"2024 年""2023 年""本期占营业收入比重""上期占营业收入比重"的相应数据，并对"本期占营业收入比重"和"上期占营业收入比重"结果使用函数进行四舍五入并保留 4 位小数。

（2）用公式计算"占营业收入比重变动差异"。

任务实施 3-3

步骤 1：打开电子表格文件"利润表水平分析（答题单据）.xlsx"，打开工作表"利润表水平分析"。

步骤 2：打开"利润表"工作表，选中 A 列，按下【Ctrl＋C】组合键复制，按下鼠标右键，选择【插入复制单元格】，并对 B4:B27 区域内容进行简化，如图 3-2-1 所示。

	A	B	C	D	E	F
1	利润表		利润表			
2	编制单位：东莞市长江办公用品有限责任公司		编制单位：东莞市长江办公用品有限责			单位：元
3	项目	项目	行次	2024年	2023年	2022年
4	一、营业收入	营业收入	1	26,307,168,361.80	24,114,904,331.65	20,926,124,557.65
5	减：营业成本	营业成本	2	12,429,176,280.00	11,393,411,590.00	9,032,917,411.00
6	税金及附加	税金及附加	3	28,217,880.00	25,866,390.00	17,217,835.00
7	销售费用	销售费用	4	642,453,696.00	588,915,888.00	699,245,369.00
8	管理费用	管理费用	5	96,118,284.96	88,108,427.88	90,102,245.55
9	研发费用	研发费用	6	-		
10	财务费用	财务费用	7	5,582,508.00	5,117,299.00	4,069,560.00
11	其中：利息费用	利息费用	8	5,582,508.00	5,117,299.00	4,069,560.00
12	利息收入	利息收入	9	-		
13	加：其他收益	其他收益	10	70,249,764.00	64,395,617.00	2,546,791.00
14	投资收益（损失以"-"号填列）	投资收益	11	8,896,116.00	8,154,773.00	1,983,000.00
15	其中：对联营企业和合营企业的投资收益	对联营企业和合营企业的投资收益	12	8,896,128.00	8,154,784.00	563,791.00
16	以摊余成本计量的金融资产终止确认收益	以摊余成本计量的金融资产终止确认收益	13	-		
17	净敞口套期收益（损失以"-"号填列）	净敞口套期收益	14	-		
18	公允价值变动收益（损失以"-"号填列）	公允价值变动收益	15	9,385,620.00	8,603,485.00	-752,146.00
19	信用减值损失（损失以"-"号填列）	信用减值损失	16			
20	资产减值损失（损失以"-"号填列）	资产减值损失	17			
21	资产处置收益（损失以"-"号填列）	资产处置收益	18	4,043.00		
22	二、营业利润（亏损以"-"号填列）	营业利润	19	13,194,155,255.84	12,094,638,611.77	11,086,349,782.10
23	加：营业外收入	营业外收入	20	25,000.00		500,400.00
24	减：营业外支出	营业外支出	21			64,890.00
25	三、利润总额（亏损总额以"-"号填列）	利润总额	22	13,194,170,255.84	12,094,638,611.77	11,086,785,292.10
26	减：所得税费用	所得税费用	23	3,298,542,563.96	3,023,659,652.94	2,771,696,323.03
27	四、净利润（净亏损以"-"号填列）	净利润	24	9,895,627,691.88	9,070,978,958.83	8,315,088,969.08

图 3-2-1　简化"利润表"

步骤 3：打开"利润表水平分析"工作表，在"利润表水平分析表"中计算"2024 年"的"营业收入"。选中 C4 单元格，在 C4 单元格或编辑栏中输入公式，单元格 C4＝VLOOKUP(B4,利润表!$B$4:$F$27,3,0)，如图 3-2-2 所示。

步骤 4：计算"2023 年"的"营业收入"。选中 D4 单元格，在 D4 单元格或编辑栏中输入公式，单元格 D4＝VLOOKUP(B4,利润表!$B$4:$F$27,4,0)，如图 3-2-3 所示。

步骤 5：计算"营业收入"的"变动额"。选中 E4 单元格，在 E4 单元格或编辑栏中输入公式，单元格 E4＝C4－D4，如图 3-2-4 所示。

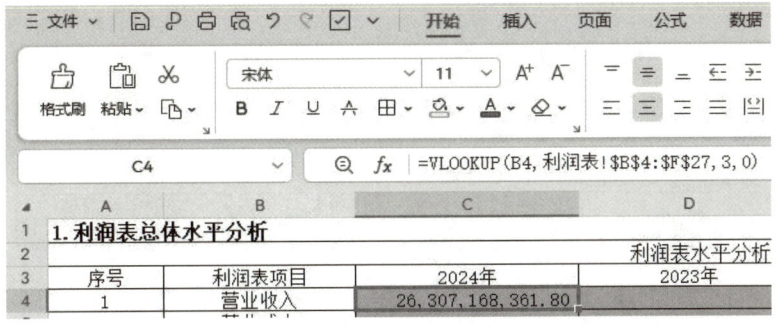

图 3-2-2 计算"2024 年"的"营业收入"

图 3-2-3 计算"2023 年"的"营业收入"

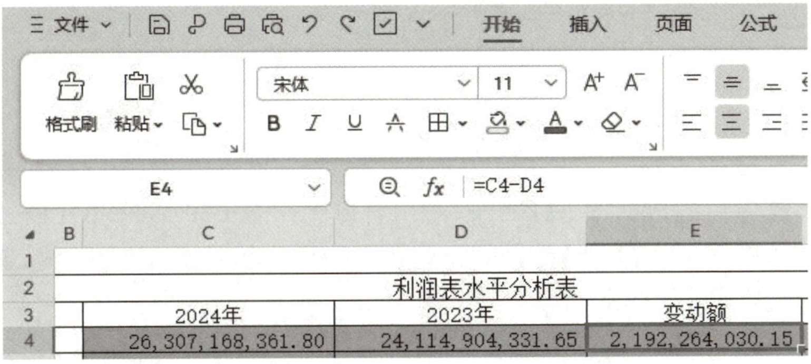

图 3-2-4 计算"营业收入"的"变动额"

步骤 6：计算"营业收入"的"变动率"。选中 F4 单元格，在 F4 单元格或编辑栏中输入公式，单元格 F4＝IFERROR(ROUND(E4/D4,4),""), 如图 3-2-5 所示。

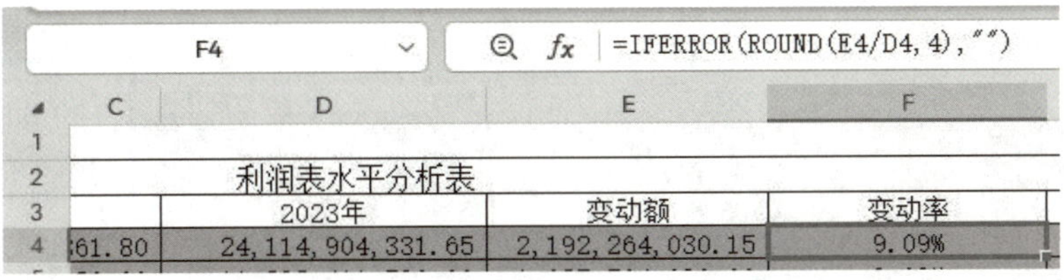

图 3-2-5 计算"营业收入"的"变动率"

步骤 7：计算"营业收入"的"变动率绝对值"。选中 G4 单元格，在 G4 单元格或编辑栏中输入公式,单元格 G4＝IFERROR(ABS(F4),""),如图 3-2-6 所示。

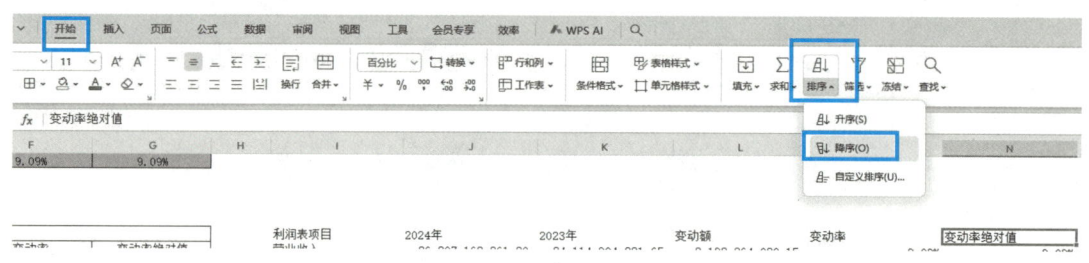

图 3-2-6　计算"营业收入"的"变动率绝对值"

步骤 8:计算出其他利润表项目的"2024 年"数值、"2023 年"数值、"变动额""变动率""变动率绝对值"。选中 C4:G4 单元格区域,当鼠标移至 G4 单元格右下角出现黑色十字时,按住鼠标左键向下拖动到 G22 单元格。

步骤 9:在任意空白位置设立辅助区,选择 B3:G22 单元格区域,按下【Ctrl＋C】组合键复制,在辅助区中按下【Ctrl＋V】组合键粘贴,再选择粘贴方式为【值和数字格式】。

步骤 10:进行"降序"排序。选择 N27 单元格("变动额绝对值"),选择菜单栏,依次选择【开始】→【排序】→【降序(O)】,如图 3-2-7 所示。

图 3-2-7　进行"降序"排序

步骤 11:将排序后的数据按下【Ctrl＋V】组合键粘贴至 B29:G47 单元格区域。

步骤 12:插入图表。按【Ctrl】键,同时选择 B29:B47 和 G29:G47 区域,选择菜单栏,依次选择【插入】→【簇状柱形图】,如图 3-2-8 所示。

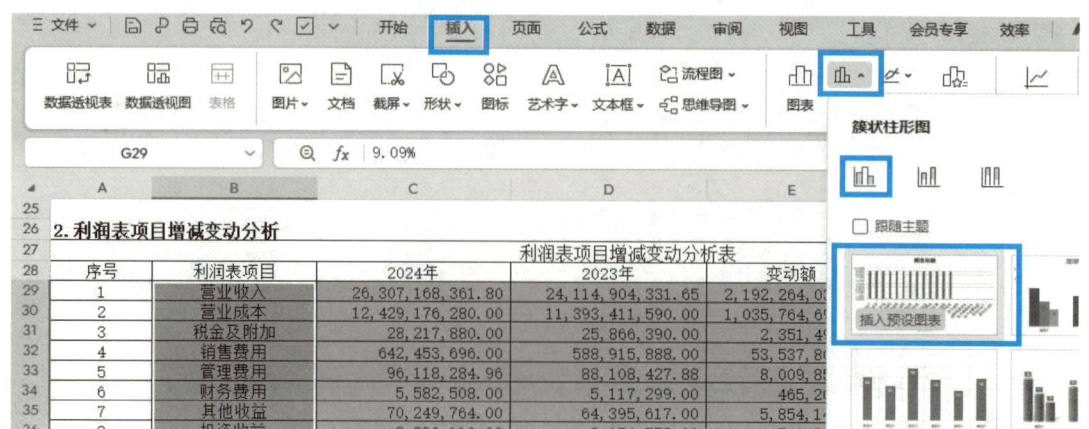

图 3-2-8　选择插入"簇状柱形图"

步骤13：选择图表标题区域，将图表标题设置为"利润表项目增减变动率排序"，如图3-2-9所示。

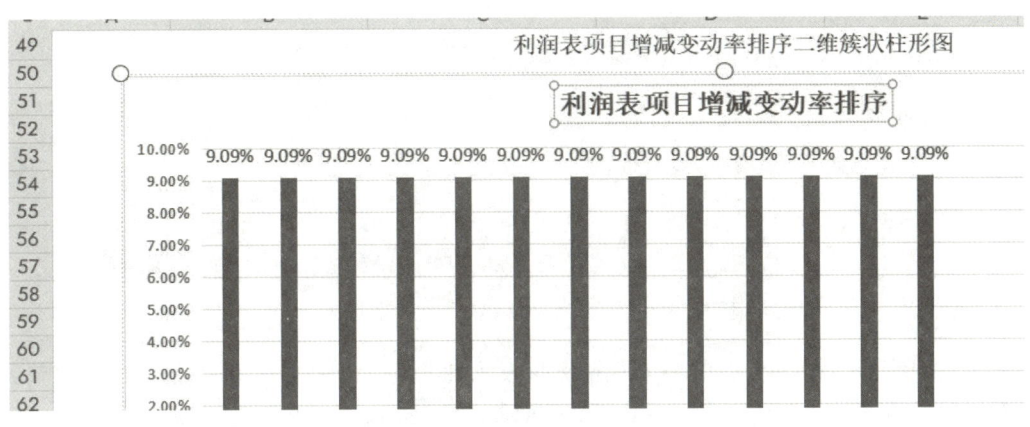

图3-2-9　设置图表标题

步骤14：设置图表元素。点击图表右侧【图表元素】按钮，勾选"坐标轴""数据标签外""网格线"，如图3-2-10所示。

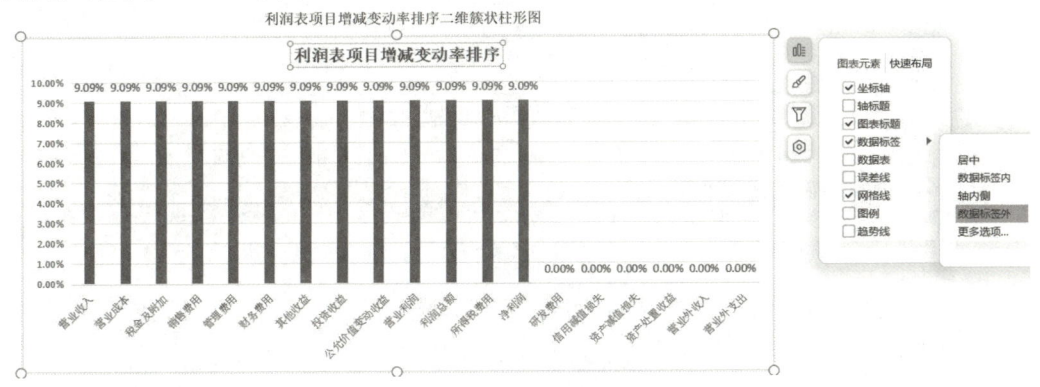

图3-2-10　设置图表元素

步骤15：在"利润表垂直分析表"中计算"2024年"的"营业收入"。选中C74单元格，在C74单元格或编辑栏中输入公式，单元格C74=VLOOKUP(B74,$B$4:$G$22,2,0)，如图3-2-11所示。

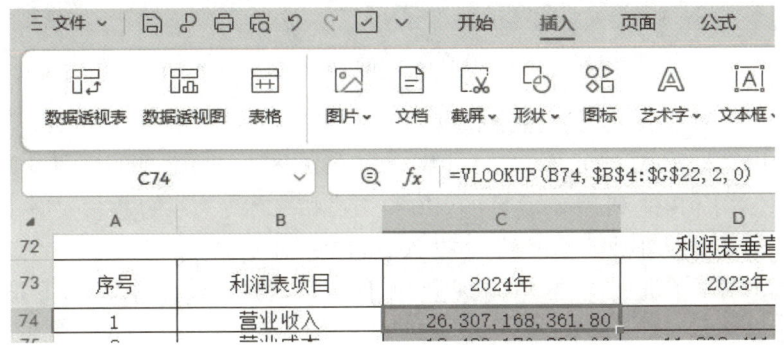

图3-2-11　计算"2024年"的"营业收入"

步骤 16：计算"2023 年"的"营业收入"。选中 D74 单元格，在 D74 单元格或编辑栏中输入公式，单元格 D74＝VLOOKUP(B74,$B$4：$G$22,3,0)，如图 3-2-12 所示。

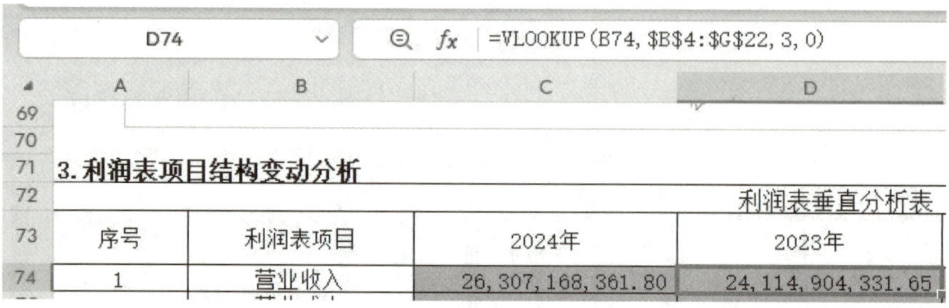

图 3-2-12　计算"2023 年"的"营业收入"

步骤 17：计算"营业收入"的"本期占营业收入比重"。选中 E74 单元格，在 E74 单元格或编辑栏中输入公式，单元格 E74＝ROUND(C74/$C$74，4)，如图 3-2-13 所示。

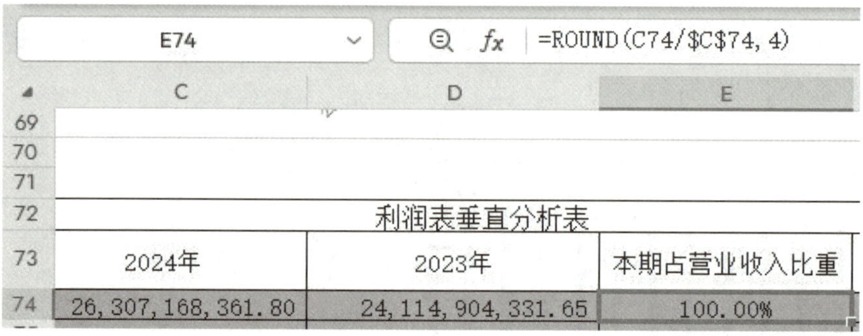

图 3-2-13　计算"营业收入"的"本期占营业收入比重"

步骤 18：计算"营业收入"的"上期占营业收入比重"。选中 F74 单元格，在 F74 单元格或编辑栏中输入公式，单元格 F74＝ROUND(D74/$D$74，4)，如图 3-2-14 所示。

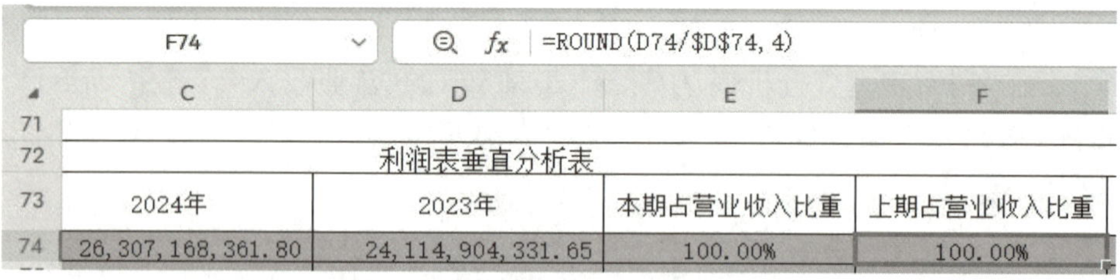

图 3-2-14　计算"营业收入"的"上期占营业收入比重"

步骤 19：计算"营业收入"的"占营业收入比重变动差异"。选中 G74 单元格，在 G74 单元格或编辑栏中输入公式，单元格 G74＝E74－F74，如图 3-2-15 所示。

步骤 20：计算出其他利润表项目的"2024 年"和"2023 年"的数值、"本期占营业收入比重""上期占营业收入比重""占营业收入比重变动差异"。选中 C74:G74 单元格区域，当鼠标移至 G74 单元格右下角出现黑色十字时，按住鼠标左键向下拖动到 G92 单元格。

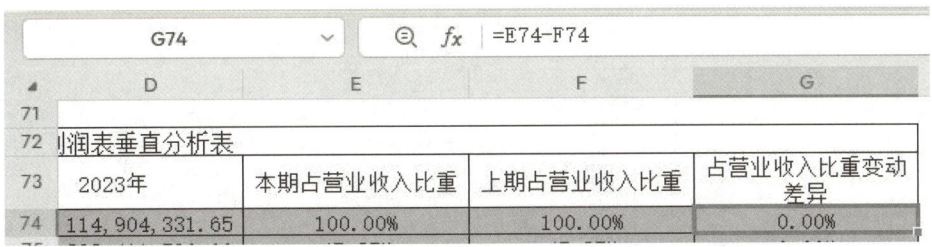

图 3-2-15　计算"营业收入"的"占营业收入比重变动差异"

成果展示,如图 3-2-16 和图 3-2-17 所示。

图 3-2-16　成果展示(1)

3. 利润表项目结构变动分析

利润表垂直分析表

序号	利润表项目	2023年	2022年	本期占营业收入比重	上期占营业收入比重	占营业收入比重变动差异
1	营业收入	26,307,168,361.80	24,114,904,331.65	100.00%	100.00%	0.00%
2	营业成本	12,429,176,280.00	11,393,411,590.00	47.25%	47.25%	0.00%
3	税金及附加	28,217,880.00	25,866,390.00	0.11%	0.11%	0.00%
4	销售费用	642,453,696.00	588,915,888.00	2.44%	2.44%	0.00%
5	管理费用	96,118,284.96	88,108,427.88	0.37%	0.37%	0.00%
6	研发费用	—	—	0.00%	0.00%	0.00%
7	财务费用	5,582,508.00	5,117,299.00	0.02%	0.02%	0.00%
8	其他收益	70,249,764.00	64,395,617.00	0.27%	0.27%	0.00%
9	投资收益	8,896,116.00	8,154,773.00	0.03%	0.03%	0.00%
10	公允价值变动收益	9,385,620.00	8,603,485.00	0.04%	0.04%	0.00%
11	信用减值损失	—	—	0.00%	0.00%	0.00%
12	资产减值损失	—	—	0.00%	0.00%	0.00%
13	资产处置收益	4,043.00	—	0.00%	0.00%	0.00%
14	营业利润	13,194,155,255.84	12,094,638,611.77	50.15%	50.15%	0.00%
15	营业外收入	25,000.00	—	0.00%	0.00%	0.00%
16	营业外支出	10,000.00	—	0.00%	0.00%	0.00%
17	利润总额	13,194,170,255.84	12,094,638,611.77	50.15%	50.15%	0.00%
18	所得税费用	3,298,542,563.96	3,023,659,652.94	12.54%	12.54%	0.00%
19	净利润	9,895,627,691.88	9,070,978,958.83	37.62%	37.62%	0.00%

图 3-2-17　成果展示(2)

任务实训3-3

打开"利润表水平分析-练习(答题单据).xlsx"电子表格文件,找到对应工作表,完成以下操作:

练习:在"利润表水平分析"工作表中完成以下操作。

要求:

(1)在"利润表水平分析表"中进行利润表水平分析。

(2)进行利润表项目增减变动率排序。对利润表项目增减变动率排序情况进行簇状柱形图可视化。

(3)在"利润表垂直分析表"表中,进行利润表项目结构变动分析。

成果参考,如图 3-2-18 和图 3-2-19 所示。

2. 利润表项目增减变动分析

利润表项目增减变动分析表

序号	利润表项目	2023年	2022年	变动额	变动率	变动率绝对值
1	税金及附加	15,018,636.00	11,231,436.00	3,787,200.00	33.72%	33.72%
2	管理费用	31,438,284.96	27,651,084.96	3,787,200.00	13.70%	13.70%
3	销售费用	51,933,744.00	48,146,544.00	3,787,200.00	7.87%	7.87%
4	营业利润	703,161,479.84	664,791,743.84	38,369,736.00	5.77%	5.77%
5	利润总额	703,176,479.84	664,806,743.84	38,369,736.00	5.77%	5.77%
6	所得税费用	175,794,119.96	166,201,685.96	9,592,434.00	5.77%	5.77%
7	净利润	527,382,359.88	498,605,057.88	28,777,302.00	5.77%	5.77%
8	营业收入	6,027,168,361.80	5,975,381,161.80	51,787,200.00	0.87%	0.87%
9	营业成本	5,229,176,280.00	5,225,389,080.00	3,787,200.00	0.07%	0.07%
10	研发费用	—	—	—		0.00%
11	投资收益	385,716.00	—	385,716.00		0.00%
12	公允价值变动收益	1,345,620.00	—	1,345,620.00		0.00%
13	信用减值损失	—	—	—		0.00%
14	资产减值损失	—	—	—		0.00%
15	财务费用	25,080.00	25,080.00	—	0.00%	0.00%
16	其他收益	1,849,764.00	1,849,764.00	—	0.00%	0.00%
17	资产处置收益	4,043.00	4,043.00	—	0.00%	0.00%
18	营业外收入	25000	25000	0.00	0.00	0.00%
19	营业外支出	10,000.00	10,000.00	—	0.00%	0.00%

图 3-2-18　成果参考(1)

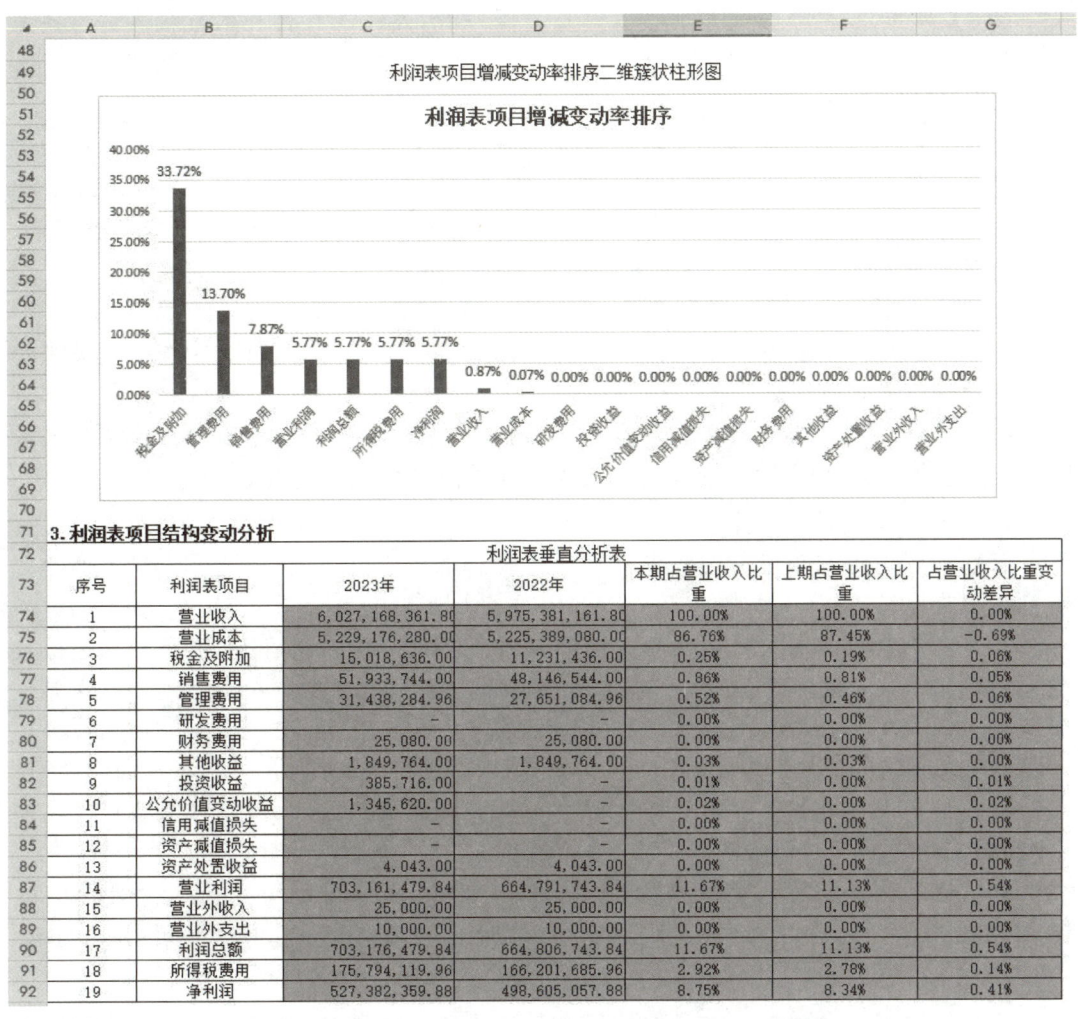

图 3-2-19　成果参考(2)

> 💡 **小提示：**
>
> 电子表格公式的常见错误主要包括以下几种类型。
>
> 1. ♯DIV/0！错误
>
> （1）含义：这个错误表示公式尝试将一个数字除以零。在电子表格中，任何数除以零都是未定义的，因此会导致此错误。
>
> （2）解决方法：检查公式中的除数是否为零，并调整公式以避免除以零的情况。可以使用 IFERROR 函数或 IF 语句来捕获错误并返回一个替代值，例如=IF(A1=0,"",B1/A1)。
>
> 2. ♯VALUE！错误
>
> （1）含义：这个错误通常发生在公式中使用了错误的参数类型或运算类型，导致电子表格无法进行有效计算。

（2）解决方法：检查公式中的数据类型是否一致，确保没有将文本与数字进行不恰当的运算。同时，检查函数名和变量名是否拼写正确，以及所有自定义名称是否已定义。

3. ♯NAME? 错误

（1）含义：这个错误表示公式中存在电子表格无法识别的文本，可能是因为函数名或单元格名称拼写错误。

（2）解决方法：仔细检查公式中的函数名和变量名，确保它们都是电子表格认可的，并且拼写正确无误。如果使用了自定义名称，请确保它们已在工作簿中定义。

4. ♯N/A 错误

（1）含义：这个错误通常与查找函数（如 VLOOKUP 或 HLOOKUP）相关，表示公式中没有找到可用的数值。

（2）解决方法：检查查找函数的查找范围是否正确，确保查找值确实存在于该范围内。如果查找值不存在，可以考虑添加错误处理机制，如使用 IFERROR 函数。

5. ♯REF! 错误

（1）含义：这个错误表示公式中包含了无效的单元格引用，可能是因为引用的单元格已被删除或移动。

（2）解决方法：检查公式中的单元格引用是否仍然有效，确保没有引用到已删除或移动的单元格。如果使用了 3D 引用（跨工作表的引用），请确保所有工作表都存在且未被删除。

6. ♯NUM! 错误

（1）含义：这个错误表示公式中使用了无效的数字值，可能是因为数字超出了函数的计算范围或不符合要求。

（2）解决方法：检查公式中的数字值是否在函数的有效范围内，并确保它们符合函数的要求。如果数字值过大或过小，可能需要调整公式的计算方法或使用不同的函数。

7. ♯NULL! 错误

（1）含义：这个错误表示在指定的两个单元格区域中不存在交集，通常发生在使用交叉区域运算时。

（2）解决方法：检查数组公式或交叉区域运算中的区域引用是否正确，确保它们之间存在交集。如果不存在交集，可能需要调整区域引用或改变公式的计算方式。

8. 其他错误

（1）负的日期或时间：这可能是由于日期或时间的加减运算错误导致的。检查公式中的日期和时间运算是否正确，并确保结果是有意义的。

（2）列宽不足：如果列宽不够宽，导致数字或日期时间显示不完整，也可能会出现类似错误的显示效果。这种情况下，调整列宽即可解决问题。

学习总结

学习完本项目,您学会了什么?

_____
_____
_____
_____
_____
_____
_____
_____

素养天地

在复杂多变的商业环境中,财务报表分析成为企业决策的重要依据。其中,资产负债表与利润表作为两大核心财务报表,其分析能力的提升对于提升企业财务素养至关重要。

资产负债表反映了企业在特定时点的财务状况,是评估企业偿债能力、运营效率和财务结构的关键。提升对资产负债表的分析素养,意味着要深入理解各项资产、负债及所有者权益的构成与变动,洞察企业的财务稳健性和发展潜力。这要求分析者具备扎实的会计基础,能够准确解读报表数据,并结合行业特点和企业实际情况,进行横向与纵向的比较分析。

利润表则揭示了企业在一定会计期间的经营成果,是评估企业盈利能力、运营效率和市场竞争力的重要工具。提升对利润表的分析素养,关键在于掌握利润形成的过程,分析收入、成本、费用等关键要素的变化趋势,以及它们对净利润的影响。此外,还需关注利润表与其他财务报表之间的勾稽关系,如利润与现金流量的匹配度等,以全面评估企业的财务状况和经营绩效。

综上所述,提升财务报表分析素养,特别是针对资产负债表和利润表的分析能力,是企业财务管理和决策的重要基石。企业应加强对财务人员的培训和教育,提升其专业素养和综合能力,以更好地服务于企业的战略发展和经营管理。同时,财务人员也应保持学习的热情,紧跟时代步伐,不断提升自己的分析能力和判断力,为企业创造更大的价值。

项目四　偿债能力指标分析

偿债能力指标分析是企业财务管理中的核心环节,它直接关系到企业的财务安全和稳健发展。企业偿债能力是反映企业财务状况和经营能力的重要标志。偿债能力是企业偿还到期债务的承受能力或保证程度,包括偿还短期债务能力和长期债务的能力。对偿债能力指标的全面理解与应用,有助于企业做出明智的财务决策,确保资金链的稳固与顺畅,进而推动企业的可持续发展。同时,投资者、债权人等利益相关者也可通过偿债能力分析,评估企业的财务健康状况,为投资决策提供有力支持。

  思维导图

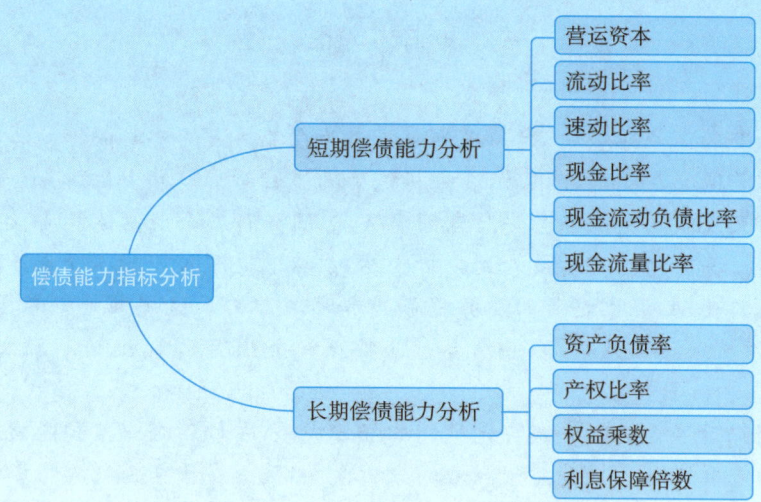

  知识目标

1. 掌握偿债能力指标的定义及其在企业财务管理中的重要性
2. 掌握偿债能力指标的计算公式
3. 学会通过财务报表提取偿债能力指标的相关数据,分析企业的债务风险

  能力目标

1. 能够正确计算短期偿债能力的主要指标,学会分析与衡量企业的短期偿债能力
2. 能够正确计算长期偿债能力的主要指标,学会分析与衡量企业的长期偿债能力

素养目标

1. 树立诚信意识，严格遵守会计准则和财务制度，坚决抵制任何形式的财务造假行为
2. 树立正确的价值观，坚持原则，不唯利是图，不为一己私利而损害集体利益

任务一　短期偿债能力分析

短期偿债能力指标分析是评估企业能否及时足额偿还短期债务的关键步骤。这些指标，如流动比率、速动比率和现金比率，直接反映了企业流动资产对流动负债的覆盖程度，是衡量企业短期财务安全性的重要标尺。通过深入分析这些指标，我们可以洞察企业的资金流动性状况，判断其是否具备足够的短期偿债能力以应对突发的资金需求和潜在的财务风险。这不仅有助于企业做出合理的资金安排和融资决策，也为投资者、债权人等利益相关方提供了评估企业短期财务稳定性的重要参考。

任务准备

一、营运资本

（一）营运资本的含义

营运资本是指企业在经营过程中使用、周转的流动资金净额，即流动资产减去流动负债后的差额，也称净营运资本。营运资本的计算公式如下：

$$营运资本＝流动资产－流动负债$$

营运资本是企业短期财务状况的重要指标之一，它反映了企业日常运营活动所需的资金。营运资本的构成主要包括应收账款、存货、其他应收款等流动资产，以及应付票据、预收票据、其他应付款等流动负债。

（二）营运资本的意义

营运资本是用于计量企业短期偿债能力的绝对指标。企业能否偿还短期债务，要看有多少债务，以及有多少可以变现偿债的流动资产。当流动资产大于流动负债时，营运资本为正，说明营运资本出现溢余。此时，与营运资本对应的流动资产是以一定数额的长期负债或所有者权益作为资金来源的。营运资本数额越大，说明不能偿债的风险越小。反之，当流动资产小于流动负债时，营运资本为负，说明营运资本出现短缺。此时，企业部分长期资产以流动负债作为资金来源，企业不能偿债的风险很大。

营运资本的意义在于它是公司生产经营活动的重要组成部分，营运资本的周转是整个公司资本周转的依托，是公司生存与发展的基础。完善的营运资本决策管理是公司生存的

保障,而营运资本决策水平决定着财务报表所披露的公司形象。营运资本的管理涉及对企业流动资产及流动负债的管理,是企业财务管理的重要组成部分。

(三) 营运资本的特点

(1) 营运资金的来源具有多样性。企业筹集营运资金的方式较为灵活多样,通常有银行短期借款、短期融资券等多种内外部资方式。

(2) 营运资金的数量具有波动性。流动资产的数量会随企业内外条件的变化而变化,时高时低,波动很大。随着流动资产数量的变动,流动负债的数量也会发生相应变动。

(3) 营运资金的周转具有短期性。企业占用在流动资产上的资金,通常会在1年或超过1年的一个营业期内收回,对企业影响的时间比较短。

(4) 营运资金的实物形态具有变动性和易变现性。企业营运资金的占用形态是经常变化的,营运资金的每次循环都要经采购、生产、销售等过程,一般按照现金、材料、在产品、产成品收账款、现金的顺序转化。

(四) 营运资本管理原则

营运资金管理是企业财务管理的一个重要组成部分。营运资金管理的内容包括加强流动资产和流动负债的管理,加快现金、存货和应收账款的周转速度,降低资金占用成本,利用商业信用解决短期周转困难,适时借款,提高权益资本报酬率。

如果营运资金管理得当,可以带来诸多好处,如提高企业资产的流动性,降低成本,提高效率等。因此,营运资金管理应引起企业的高度重视。

(1) 认真分析生产经营状况,合理确定营运资本的需要数量。企业的营运资金需求是随着经营规模的扩大、产品结构的调整、市场变化等而变化的。因此,要保证合理的资金需求,就需要科学地测算资金需求规模,避免资金过多或过少。同时,企业需要在资金流入和流出之间实现平衡,确保其正常运作。

(2) 加速营运资本的周转,提高资金的利用效率,提高资金使用效率可以有效地提高企业的盈利能力。具体而言,可以通过优化资金使用结构、加强内部控制、提高资金使用速度等措施来实现。

(3) 在保证生产经营需要的前提下,节约使用资金。节约资金使用成本可以降低企业的经营成本,提高企业的盈利能力。为此,企业需要控制存货、加强财务管理。

(4) 合理安排流动资产与短期负债的比例关系,保障企业有足够的短期偿债能力。保持足够的短期偿债能力是企业营运资金管理的重要原则。可以通过加强短期融资手段,保持必要的流动资金储备等方式来确保企业的资金安全和稳健。

二、流动比率

(一) 流动比率的含义

流动比率是流动资产与流动负债之比,它表明企业每1元流动负债有多少流动资产作为偿还的保证,反映企业可在短期内转变为现金的流动资产偿还到期流动负债的能力。即流动资产在短期债务到期前可以变现用于偿还流动负债的能力,反映企业短期偿债能力的强弱。流动比率的计算公式如下:

$$流动比率 = \frac{流动资产}{流动负债}$$

流动资产是指企业可以在一年或者超过一年的一个营业周期内变现或者运用的资产,主要包括货币资金、短期投资、应收票据、应收账款和存货等。

流动负债也叫短期负债,是指将在一年或者超过一年的一个营业周期内偿还的债务,包括短期借款、应付票据、应付账款、预收账款、应付股利、应交税费、其他应付款和一年内到期的长期借款等。

(二) 流动比率的作用

流动比率的作用是评估企业在短期内偿还债务的能力。较高的流动比率意味着企业有足够的流动资产来偿还短期债务,反之则意味着企业可能面临短期偿债困难的局面。

对于财务决策来说,流动比率的变化会对决策产生影响。具体来说,流动比率较高时,企业可以更容易地获得短期借款,因为银行和其他债权人更愿意向具有较高流动比率的企业提供贷款。此外,流动比率的变化也可以反映出企业的经营状况。如果流动比率持续下降,可能意味着企业面临着流动性风险,需要采取相应的措施来改善财务状况,例如减少存货、加快应收账款收回等。

总之,流动比率是衡量企业流动性的重要指标,对财务决策具有一定的影响。企业应该密切关注流动比率的变化,并根据实际情况采取相应的措施来维持或改善流动比率的水平。

(三) 流动比率的特点

流动比率是流动资产对流动负债的比率,用于衡量企业在短期债务到期前,可以变为现金用于偿还负债的能力。这一比率越高,说明企业的短期偿债能力越强,资产的变现能力也就越强。

(1) 流动比率具有相对数性质,排除了企业规模的影响,更适合同行业比较及本企业不同时期的比较。这使流动比率成为一个相对客观的指标,能够较为准确地反映企业的短期偿债能力。

(2) 流动比率的计算方法简单,资料来源可靠。即使是企业外部关系人也能很容易地计算出企业的流动比率,以对企业的偿债能力做出判断。这一特点使得流动比率成为一个易于理解和应用的财务指标。

(3) 流动比率反映的是企业某一时点上可以动用的流动资产存量与流动负债的比率关系。这种静止的资产与未来的资金流量并没有必然联系,因此在使用时需要注意其局限性。

(4) 流动比率的计算受到多种因素的影响,包括应收账款的规模和变现程度、存货资产在流动资产中的比重以及企业债务的全面性等。这些因素的变化可能会影响流动比率的客观性和准确性。

(5) 一般认为流动比率应在 2 以上,这表示流动资产是流动负债的两倍。该指标越高,表明企业的短期偿债能力越强,企业所面临的短期流动性风险越小,债权人安全程度越高。这是因为较高的流动比率可以保障在流动负债到期日有较多的流动资产可供变现偿债。这个比率还表明当公司遇到突发性现金流出,如发生意外损失时的支付能力。

(四) 分析流动比率应关注的问题

流动比率虽然能较好地分析短期偿债能力,但其分析流动比率时需注意几个问题。

（1）流动比率并非衡量短期变现能力的绝对标准。要着重分析企业流动资产的未来变现能力，以判明企业是否必须在较长的时期内维持借新债还旧债的局面，若是如此，企业将面临风险。

（2）流动比率越高，对企业偿还短期债务的流动资产保证程度越强，这并不是说企业已有足够的现金或存款用来偿债。流动比率高也可能是存货积压，或是应收账款增多且收款期延长增加所致，而真正可用来偿债的现金和存款却严重短缺。

（3）债权人总是希望流动比率越高越好，但从企业经营的角度看，过高的流动比率通常意味着企业闲置现金的持有量过多，必然会造成企业机会成本的增加和获利能力的降低。所以，企业应尽可能将流动比率维持在不使货币资金闲置的水平。

（4）对于流动比率是否合理，不同的企业以及同一企业不同时期的评价标准是不同的，因此不应用统一的标准来评价各企业流动比率合理与否。

（5）流动比率是一个静态指标，只表明在某一时点每1元流动负债的保障程度，即在某一时点流动负债与可用于偿债资产的关系。只有债务的出现与资产的周转完全均匀发生时，流动比率才能正确反映偿债能力。

（6）流动资产的变现能力与其周转性有关，对流动比率的评价也应与流动资产的周转情况相结合。

三、速动比率

（一）速动比率的含义

速动比率，又称酸性试验，有时还被称为账户比率，是企业速动资产与流动负债的比值。反映企业流动资产状况和短期偿债能力，用来衡量企业流动资产中可以立即用于偿还流动负债的能力。速动比率计算公式为：

$$速动比率 = \frac{速动资产}{流动负债}$$

速动资产包括货币资金、短期投资、应收票据、应收账款、其他应收款项等可以在较短时间内变现的流动资产。而流动资产中存货、1年内到期的非流动资产及其他流动资产等则不应计入。在计算速动比率时，流动资产中扣除存货，主要是因为存货在流动资产中变现速度较慢，有些存货可能滞销，无法变现。

（二）速动比率的意义

速动比率是一种财务指标，用于评估企业的偿债能力和流动性。它衡量了企业在没有存货的情况下，能够迅速偿还短期债务的能力。速动比率通常被视为一种更严格的指标，相较于流动比率，它更加关注企业在紧急情况下的偿债能力。

在财务分析中，速动比率具有以下重要意义和作用：

（1）短期偿债能力评估：速动比率是评估企业短期偿债能力的关键指标。企业管理者可以通过分析速动比率，了解企业是否有足够的流动性资产来偿还到期债务，从而采取相应的财务管理措施。

（2）流动性风险预警：通过计算速动比率，投资者和债权人可以了解企业当前可用于支付短期债务的现金和现金等价物。这对于他们来说是非常重要的信息，因为速动比率反映了企业是否具备足够的流动性来应对紧急情况或经营困难。

（3）经营效率分析：速动比率的变化也反映了企业的经营效率。例如，如果企业的应收账款回收效率提高，速动比率就会相应提高，这说明企业的经营管理水平有所改善。

（4）行业比较分析：通过比较同行业企业的速动比率，投资者可以了解不同企业的相对财务状况，为投资决策提供依据。

（5）信用评估：银行等金融机构在评估企业的信用风险时，也会重点关注企业的速动比率，以此判断企业的短期偿债能力。

一般认为，速动比率为1较为正常，它表明企业的每1元流动负债就有1元易于变现的流动资产来抵偿，短期偿债能力有可靠的保证。速动比率过低，企业的短期偿债风险较大，速动比率过高，企业在速动资产上占用资金过多，会增加企业投资的机会成本。但以上评判标准并不是绝对的。

在实际工作中，应考虑到企业的行业性质。例如：商品零售行业，由于采用大量现金销售，几乎没有应收账款，速动比率低于1也是合理的。相反，有些企业虽然速动比率大于1，但速动资产中大部分是应收账款，并不代表企业的偿债能力强。因为，应收账款能否收回具有很大的不确定性。所以，在评价速动比率的时候还应分析应收账款的质量。

（三）速动比率的局限性

（1）速动比率虽然剔除了变现能力较弱的存货和预付费用，但速动资产中包含了流动性较差的应收账款，如可能隐藏着未冲销的坏账、逾期待催收的账款所占比重过大等。这些都会影响速动比率的真实性，使速动比率所反映的偿债能力受到怀疑。特别是当速动资产中含有大量不良应收账款时，必然会减弱企业的短期偿债能力。因此，还应当对应收账款的"质量"作进一步分析。

（2）速动比率只是揭示了速动资产与流动负债的关系，是一个静态指标。速动比率反映的是会计期末的情况，并不代表企业长期的财务状况。企业为筹借资金可能会人为地粉饰速动比率，作为债权人应进一步对企业整个会计期间和不同会计期间的速动资产、流动资产和流动负债情况进行分析。

（3）在对速动比率进行分析时还应注意，在一般情况下，企业各项债务不可能集中在一个时期偿还，因而速动比率低于1并不意味着不安全。只要速动资产大于近期将要偿还的债务，就能说明偿债安全有保障。

四、现金比率

（一）现金比率的含义

现金比率也称为流动资产比率或现金资产比率，指企业现金类资产与流动负债的比值。现金类资产的特点是可以随时提现或者转让现金。现金类资产包括企业所拥有的货币资金和持有的有价证券，是速动资产扣除应收账款后的余额，即现金流量表中所反映的现金及现金等价物。该指标反映企业的即刻变现能力。现金比率计算公式：

$$现金比率 = \frac{现金及现金等价物}{流动负债}$$

其中，

> 现金及现金等价物＝货币资金＋有价证券

现金比率反映出公司在不依靠存货销售及应收款的情况下,短期内能够用现金偿还债务的能力。与其他短期偿债能力指标不同的是,现金比率的分子使用的是企业流动性最强的两类资产,所以这个指标能够反映企业即时偿债能力。如果债权方要求企业立刻还款,企业是否能够拿出足够的现金,我们可以从现金比率这个指标来进行判断。

现金比率一般认为 0.2 以上为好。这一比率过高,就意味着企业流动资产未能得到合理运用,而现金类资产获利能力低,这类资产金额太高会导致企业机会成本增加。

(二) 现金比率的重要性

(1) 测量企业的流动性:现金比率是衡量企业现金类资产流动性的重要指标之一。较高的现金比率意味着企业在面对紧急情况或支付债务时有足够的现金储备,可以快速满足债务的偿还需求。

(2) 评估财务风险:现金比率也是评估企业财务风险的重要指标。企业在面临经济不稳定、市场波动或其他风险时,较高的现金比率更具有抵御能力。它们可以使用现金来平稳过渡,而无需依赖外部融资,增加了财务风险。通过监控和提高现金比率,企业可以更好地管理风险,确保财务稳定。

(3) 支付利息和分红:企业通常需要支付债务的利息,而较高的现金比率可以帮助企业轻松应对这一支出。此外,如果企业有额外的现金储备,它可以用于向股东支付分红,提高股东的满意度。

(4) 支持投资和扩张:现金比率高的企业更有能力进行投资和扩张。拥有充足的现金储备可以帮助企业抓住商机,实施战略性投资,并迅速应对市场变化。因此,现金比率对企业的发展和增长非常关键。

(5) 增强资金安全和信誉度:较高的现金比率意味着企业具有更强的资金安全性。当企业面临困境或市场不确定性时,拥有足够的现金储备可以支持企业的运营,维护企业的信誉度,并促进与供应商、投资者和其他利益相关者的关系。

(三) 现金比率的应用

(1) 银行贷款审批:银行在考虑向企业提供贷款时,通常会关注企业的现金比率。较高的现金比率可以增加企业获得贷款的机会,因为银行认为这样的企业有能力偿还债务。

(2) 投资决策:现金比率对投资决策也具有重要影响。投资者通常会权衡企业的财务健康和流动性。较高的现金比率意味着企业有能力应对市场波动和不确定性,从而增强投资者的信心。

(3) 偿债能力评估:债权人在评估企业的偿债能力时,会考虑现金比率。高现金比率意味着企业有足够的现金储备来偿还债务,增强债权人的信心。

(4) 风险管理:现金比率是企业风险管理的重要工具之一。通过监控现金比率,企业可以及时发现并应对潜在的财务风险,如支付能力下降或资金短缺的情况。

(四) 流动比率、速动比率和现金比率的关系

(1) 流动比率以全部流动资产作为偿付流动负债的基础,它包括了变现能力较差的存货,若存货中存在超储积压物资等现象则会造成短期偿债能力较强的假象。

(2) 速动比率扣除了变现能力较差的存货作为偿付流动负债的基础,弥补了流动比率

项目四 偿债能力指标分析

的不足。速动比率以企业的速动资产(流动资产减去存货后的余额)与流动负债的比率,主要包括现金、短期投资、应收票据、应收账款等项目,用来衡量企业流动资产中可以立即变现用于偿还流动负债的能力。

(3) 现金比率以现金类资产作为偿付流动负债的基础,但现金持有量过大会对企业资产利用产生副作用,这一指标相对于流动比率和速动比率来说,其作用程度较小。现金比率通过计算公司现金以及现金等价资产总量与当前流动负债的比率,来衡量公司资产的流动性。它将存货与应收款项排除在外,是最保守的流动性比率之一。

在进行财务分析时,可以将这三个指标结合起来考察,特别是还可将营运资本指标也结合起来进行全面分析,一般能够得到评价企业短期偿债能力的更佳效果,因为营运资本是企业偿债物资保证的绝对量,而流动比率、速动比率和现金比率是相对数。

五、现金流动负债比率

(一) 现金流动负债比率的含义

现金流动负债比率是企业在一定时期内的经营现金净流量同流动负债的比率,可以从现金流动的角度来反映企业当期偿付短期负债的能力。现金流动负债比率的计算公式如下:

$$现金流动负债比率 = \frac{年经营现金净流量}{年末流动负债}$$

年经营现金净流量是指一定时期内,由企业经营活动所产生的现金及现金等价物的流入量与流出量的差额。该指标从现金流入和流出的动态角度对企业的实际偿债能力进行考察,反映本期经营活动所产生的现金净流量足以抵付流动负债的倍数。

(二) 现金流动负债比率的意义

当现金流动负债比率大于 0 时,说明企业经营活动产生的现金净流量足以偿还当期的流动负债,企业的短期偿债能力较强;当现金流动负债比率小于 0 时,则说明企业经营活动产生的现金净流量不足以偿还当期的流动负债,企业的短期偿债能力较弱。

需要注意的是,现金流动负债比率并不是越高越好,因为该指标过高可能意味着企业的资金利用效率不高,存在大量的闲置资金。因此,在分析现金流动负债比率时,还需要结合企业的实际情况进行综合判断。

经营活动产生的现金净流量是过去一个会计年度的经营结果,而流动负债则是未来一个会计年度需要偿还的债务,两者的会计期间不同。因此,这个指标是建立在以过去一年的现金流量来估计未来一年的现金流量的假设基础之上的。使用这一财务比率时,需要考虑未来一个会计年度影响经营活动的现金流量变动的因素。

六、现金流量比率

(一) 现金流量比率的含义

现金流量比率一般是指现金流动负债比率,是经营活动产生的现金流量净额与期末流动负债的比值,它反映了企业通过经营获取足够现金来偿还流动负债的能力。现金流量比率的计算公式如下:

$$现金流量比率 = \frac{经营活动产生的现金流量净额}{期末流动负债}$$

现金流量比率评价短期偿债能力更具有说服力。因为一方面它克服了可偿债资产未考虑未来变化及变现能力等问题；另一方面，实际用以支付债务的通常是现金，而不是其他可偿债资产。

现金流量比率越大，表明企业经营活动产生的现金净流量越多，到期的流动负债保障程度越高；但指标过大也表明流动资金利用不充分。

（二）现金流量比率和现金比率的关系

现金比率和现金流量比率是衡量企业偿付能力和短期偿债能力的重要指标。尽管它们都与现金有关，但现金比率仅以现金及等价物作为衡量偿付能力的依据，而忽略了其他流动资产的作用。反观现金流量比率，它能够更全面地反映企业的经营状况和现金流量情况，包括经营活动现金流入和流出的金额，以及其他项目对企业现金流量的影响。企业在评估偿付能力和短期偿债能力时，应同时考虑现金比率和现金流量比率，以获取更准确和全面的信息。

任务描述 4-1

短期偿债能力分析

【任务1】在"短期偿债能力分析表"中进行偿债能力指标分析。
（1）使用公式计算"2024年指标数"和"2023年指标数据"相关数据。
（2）使用公式计算"变动差异"和"与同行业差异"的数据。

【任务2】进行短期偿债能力指标与同行业差异对比分析。
依据"与同行业差异"为偿债能力指标与同行业差异对比情况进行簇状柱形图可视化，显示坐标轴、图表标题"偿债能力指标与同行业差异对比"、数据标签（外）、数据表、网格线五项内容。

【任务3】偿债能力指标变动排序。
（1）依据"偿债能力指标分析表"中的"变动差异"降序排序，列出"偿债能力指标变动排序表"的相关数据。
（2）用函数对"变动差异绝对值"进行数据转换。

【任务4】进行短期偿债能力指标与同行业差异变动分析。
依据"变动差异绝对值"为偿债能力变动差异排名情况进行簇状柱形图可视化，显示坐标轴、图表标题（"偿债能力变动差异排名"）、数据标签（内）、误差线、网格线五项内容。

任务实施 4-1

步骤1：打开电子表格文件"短期偿债能力分析（答题单据）.xlsx"，打开工作表"短期偿债能力分析"。请参考"成果图"工作表，自行创建答题模板。（含底纹单元格均为"数值"格式）

步骤 2：在"偿债能力指标分析表"中计算"2024年指标数"的"流动比率"。已知：流动比率＝流动资产/流动负债。选中 B4 单元格，在 B4 单元格或编辑栏中输入公式，单元格 B4＝资产负债表！B19/资产负债表！E19，如图 4-1-1 所示。

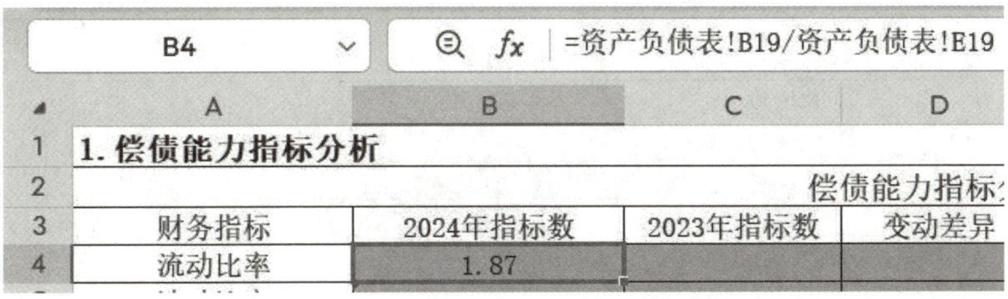

图 4-1-1　计算"2024年指标数"的"流动比率"

步骤 3：计算"2024年指标数"的"速动比率"。已知：速动比率＝速动资产/流动负债。选中 B5 单元格，在 B5 单元格或编辑栏中输入公式，单元格 B5＝SUM(资产负债表！B6：B13)/资产负债表！E19，如图 4-1-2 所示。

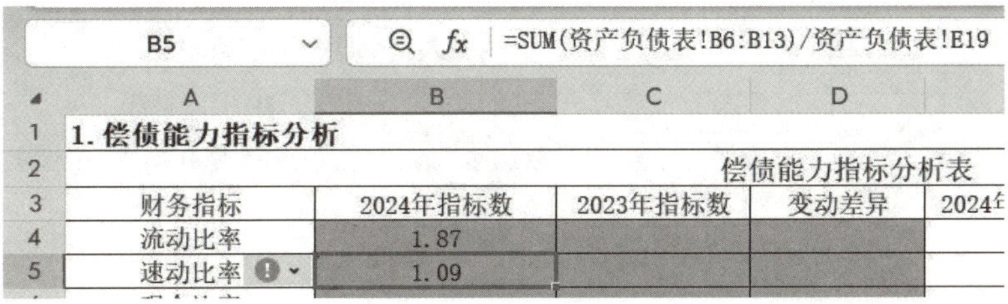

图 4-1-2　计算"2024年指标数"的"速动比率"

步骤 4：计算"2024年指标数"的"现金比率"。已知：现金比率＝现金及现金等价物(货币资金＋有价证券)/流动负债。选中 B6 单元格，在 B6 单元格或编辑栏中输入公式，单元格 B6＝(资产负债表！B6＋资产负债表！B7)/资产负债表！E19，如图 4-1-3 所示。

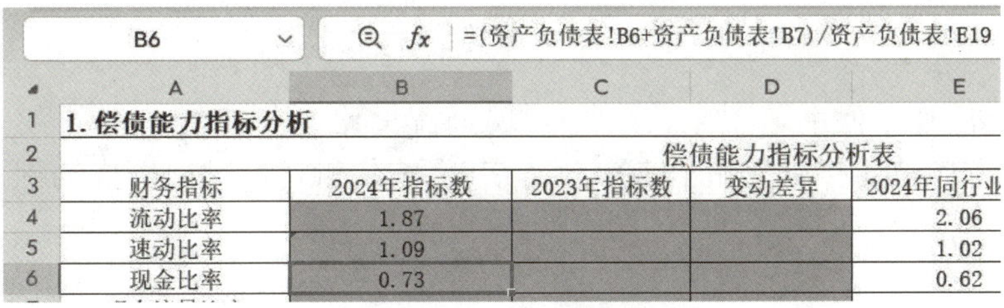

图 4-1-3　计算"2024年指标数"的"现金比率"

步骤 5：计算"2024年指标数"的"现金流量比率"。已知：现金流量比率＝经营活动产生的现金流量净额/期末流动负债。选中 B7 单元格，在 B7 单元格或编辑栏中输入公式，单元格 B7＝现金流量表！B14/资产负债表！E19，如图 4-1-4 所示。

步骤 6：计算"2023年指标数"的各指标数。选中 B4：B7 单元格区域，当鼠标移至 B7 单元格右下角出现黑色十字时，按住鼠标左键向右拖动到 C7 单元格，如图 4-1-5 所示。

步骤 7：计算"流动比率"的"变动差异"。选中 D4 单元格，在 D4 单元格或编辑栏中输入公式，单元格 D4＝B4－C4，如图 4-1-6 所示。

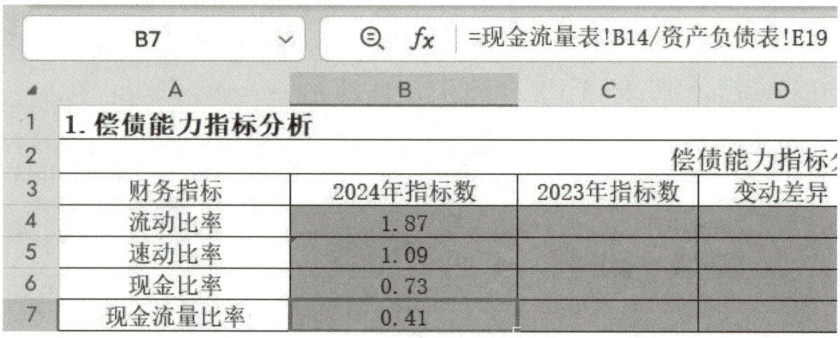

图 4-1-4 计算"2024 年指标数"的"现金流量比率"

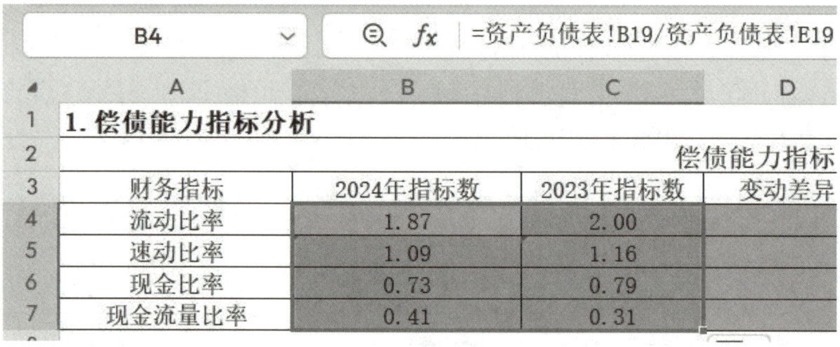

图 4-1-5 计算"2023 年指标数"

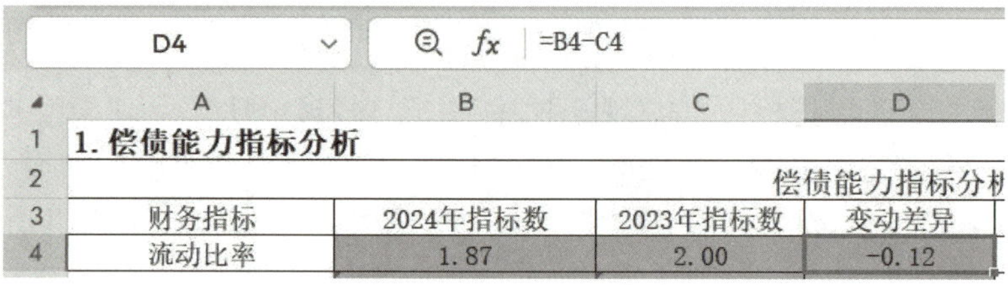

图 4-1-6 计算"流动比率"的"变动差异"

步骤 8：计算"速动比率""现金比率"和"现金流量比率"的"变动差异"。选中 D4 单元格，当鼠标移至 D4 单元格右下角出现黑色十字时，按住鼠标左键向下拖动到 D7 单元格，如图 4-1-7 所示。

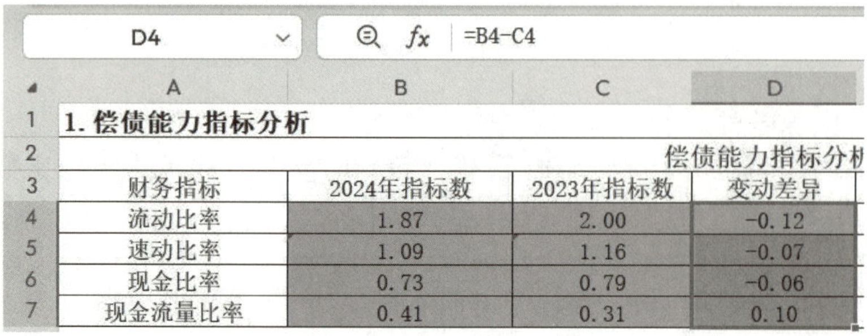

图 4-1-7 计算其他指标的"变动差异"

步骤9：计算"流动比率"的"与同行业差异"。选中F4单元格，在F4单元格或编辑栏中输入公式，单元格F4=B4-E4，如图4-1-8所示。

财务指标	2024年指标数	2023年指标数	变动差异	2024年同行业均值	与同行业差异
流动比率	1.87	2.00	-0.12	2.06	-0.19

图4-1-8　计算"流动比率"的"与同行业差异"

步骤10：计算"速动比率""现金比率"和"现金流量比率"的"与同行业差异"。选中F4单元格，当鼠标移至F4单元格右下角出现黑色十字时，按住鼠标左键向下拖动到F7单元格，如图4-1-9所示。

财务指标	2024年指标数	2023年指标数	变动差异	2024年同行业均值	与同行业差异
流动比率	1.87	2.00	-0.12	2.06	-0.19
速动比率	1.09	1.16	-0.07	1.02	0.07
现金比率	0.73	0.79	-0.06	0.62	0.11
现金流量比率	0.41	0.31	0.10	0.52	-0.11

图4-1-9　计算其他指标的"与同行业差异"

步骤11：插入图表。按【Ctrl】键，同时选择A3:A7和F3:F7单元格区域，选择菜单栏，依次选择【插入】→【簇状柱形图】，如图4-1-10所示。

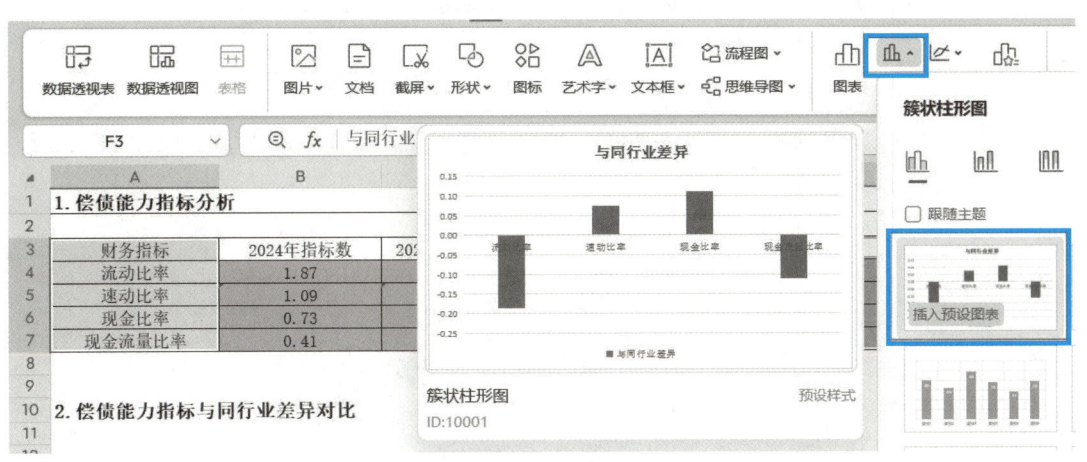

图4-1-10　插入"簇状柱形图"

步骤12：选择图表标题区域，将图表标题设置为"偿债能力指标与同行业差异对比"。
步骤13：设置图表元素。点击图表右侧【图表元素】按钮，勾选"坐标轴""数据标签外""数据表""网格线"，如图4-1-11所示。

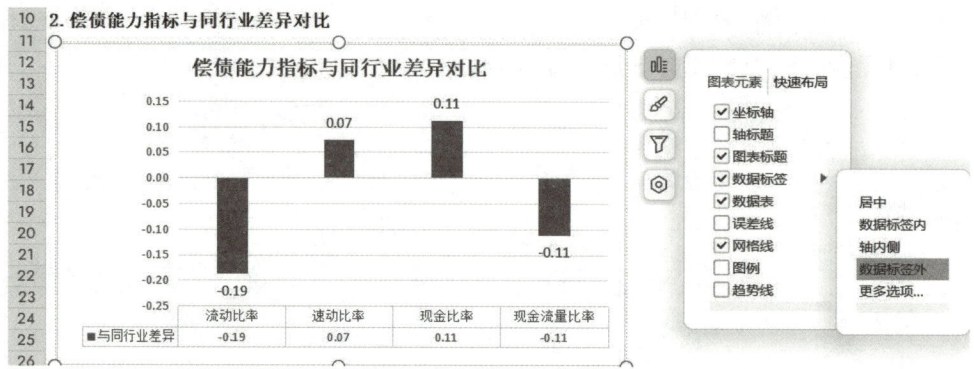

图 4-1-11 选择设置图表元素

步骤 14：在任意空白位置设立辅助区，选择 A3：F7 单元格区域，按下【Ctrl＋C】组合键复制，在辅助区中按下【Ctrl＋V】组合键进行粘贴，再选择粘贴方式为【值和数字格式（A）】，如图 4-1-12 所示。

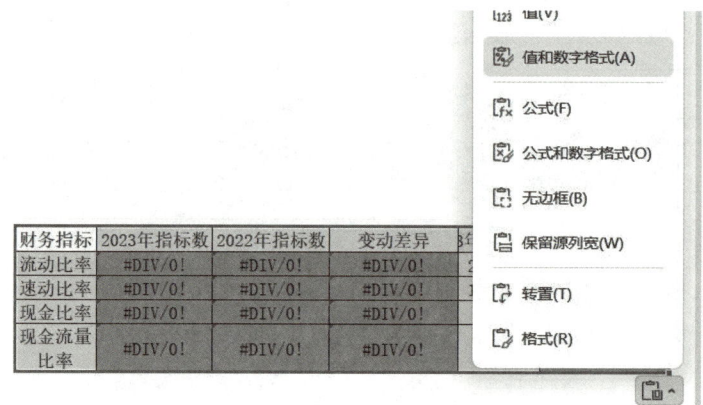

图 4-1-12 选择粘贴方式为"值和数字格式"

步骤 15：进行数据筛选。选中辅助区，选择菜单栏，依次选择【数据】→【筛选（F）】，如图 4-1-13 所示。

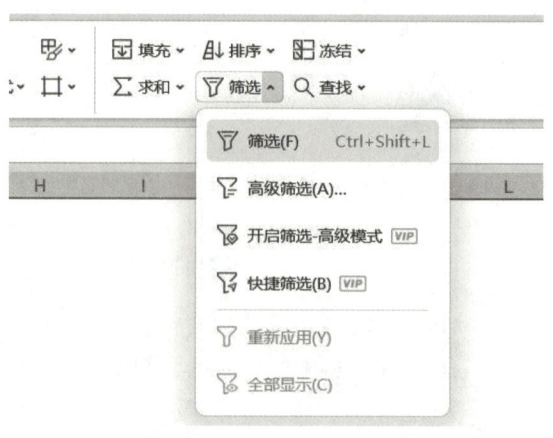

图 4-1-13 选择"筛选"

步骤 16：点击“变动差异”右下角的下拉菜单，选择“降序”，如图 4-1-14 所示。

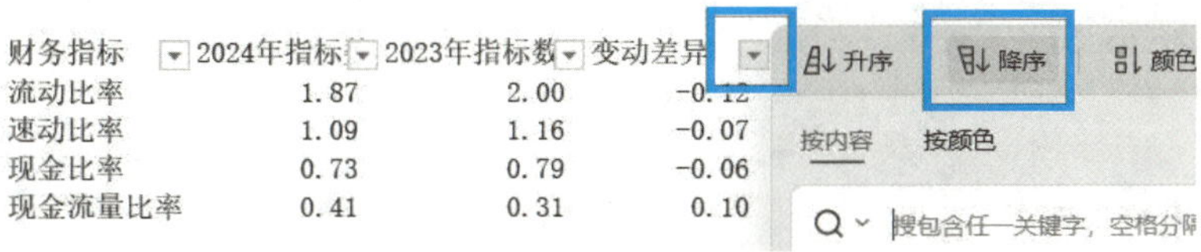

财务指标	2024年指标	2023年指标数	变动差异
流动比率	1.87	2.00	-0.12
速动比率	1.09	1.16	-0.07
现金比率	0.73	0.79	-0.06
现金流量比率	0.41	0.31	0.10

图 4-1-14　选择“降序”排序

步骤 17：将排序后的前四列数据复制，粘贴至 B31：E34 单元格区域，如图 4-1-15 所示。

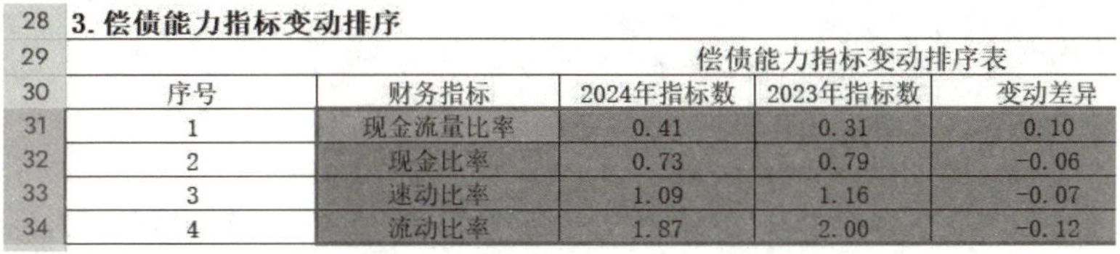

3. 偿债能力指标变动排序

偿债能力指标变动排序表

序号	财务指标	2024年指标数	2023年指标数	变动差异
1	现金流量比率	0.41	0.31	0.10
2	现金比率	0.73	0.79	-0.06
3	速动比率	1.09	1.16	-0.07
4	流动比率	1.87	2.00	-0.12

图 4-1-15　粘贴位于前四的数据

步骤 18：在“偿债能力指标变动排序表”中计算“现金流量比例”的“变动差异绝对值”。选中 F31 单元格，在 F31 单元格或编辑栏中输入公式，单元格 F31＝ABS(E31)，如图 4-1-16 所示。

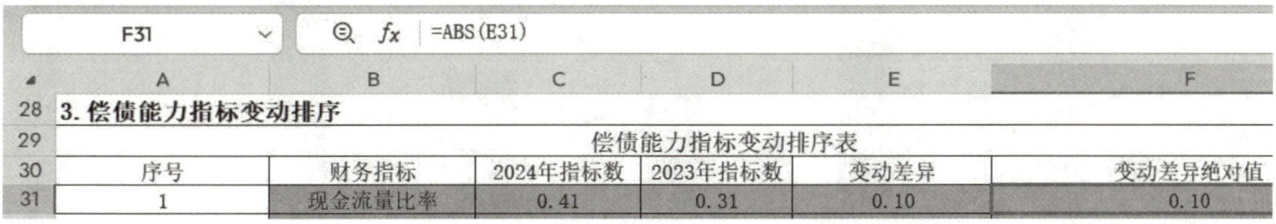

F31　=ABS(E31)

3. 偿债能力指标变动排序

偿债能力指标变动排序表

序号	财务指标	2024年指标数	2023年指标数	变动差异	变动差异绝对值
1	现金流量比率	0.41	0.31	0.10	0.10

图 4-1-16　计算“现金流量比例”的“变动差异绝对值”

步骤 19：计算“现金比率”“速动比率”和“流动比率”的“变动差异绝对值”。选中 F31 单元格，当鼠标移至 F31 单元格右下角出现黑色十字时，按住鼠标左键向下拖动到 F34 单元格，如图 4-1-17 所示。

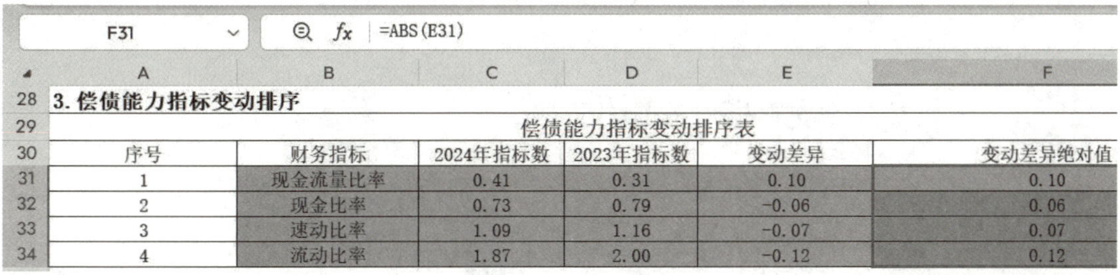

F31　=ABS(E31)

3. 偿债能力指标变动排序

偿债能力指标变动排序表

序号	财务指标	2024年指标数	2023年指标数	变动差异	变动差异绝对值
1	现金流量比率	0.41	0.31	0.10	0.10
2	现金比率	0.73	0.79	-0.06	0.06
3	速动比率	1.09	1.16	-0.07	0.07
4	流动比率	1.87	2.00	-0.12	0.12

图 4-1-17　计算其他指标的“变动差异绝对值”

步骤 20：插入图表。按住【Ctrl】键，同时选择 B31：B34 和 F31：F34 单元格区域，选择菜单栏，依次选择【插入】→【簇状柱形图】，如图 4-1-18 所示。

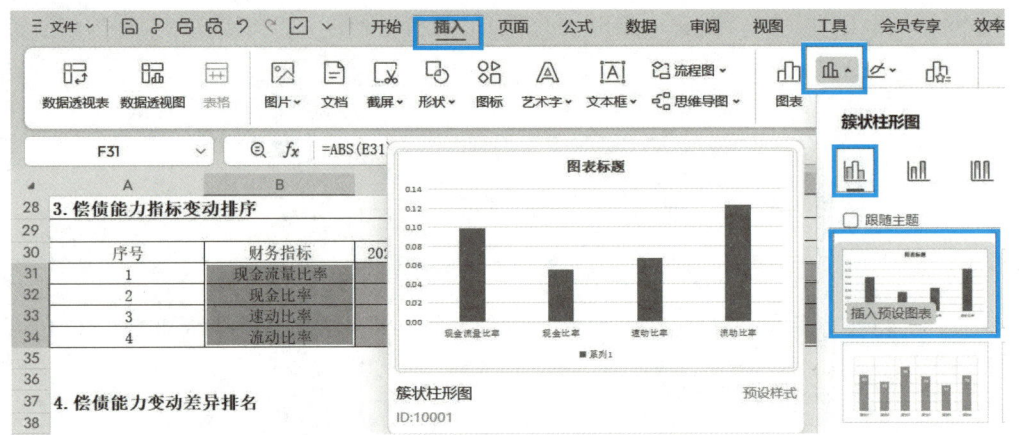

图 4-1-18　选择插入"簇状柱形图"

步骤 21：选择图表标题区域，将图表标题设置为"偿债能力变动差异排名"，如图 4-1-19 所示。

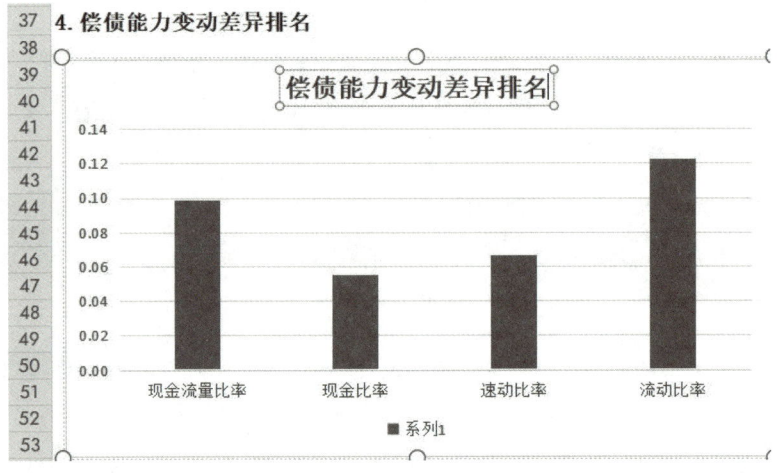

图 4-1-19　设置图表标题

步骤 22：设置图表元素。点击图表右侧【图表元素】按钮，勾选"坐标轴""图表标题""数据标签内""误差线""网格线"，如图 4-1-20 所示。

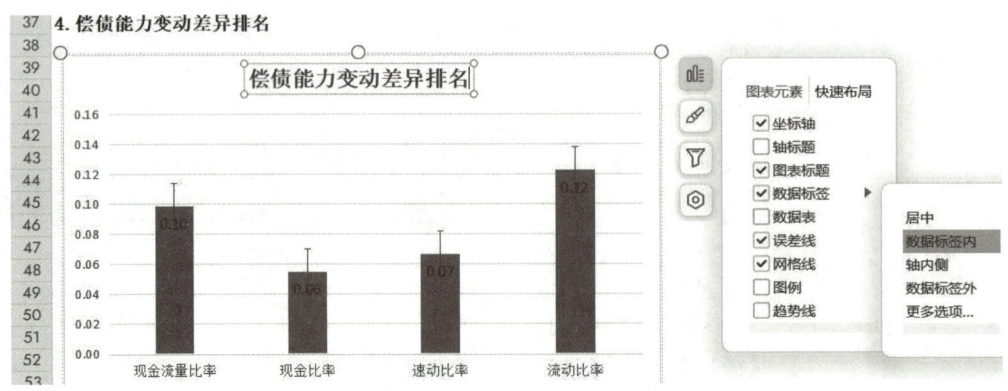

图 4-1-20　设置图表元素

成果展示,如图 4-1-21 和图 4-1-22 所示。

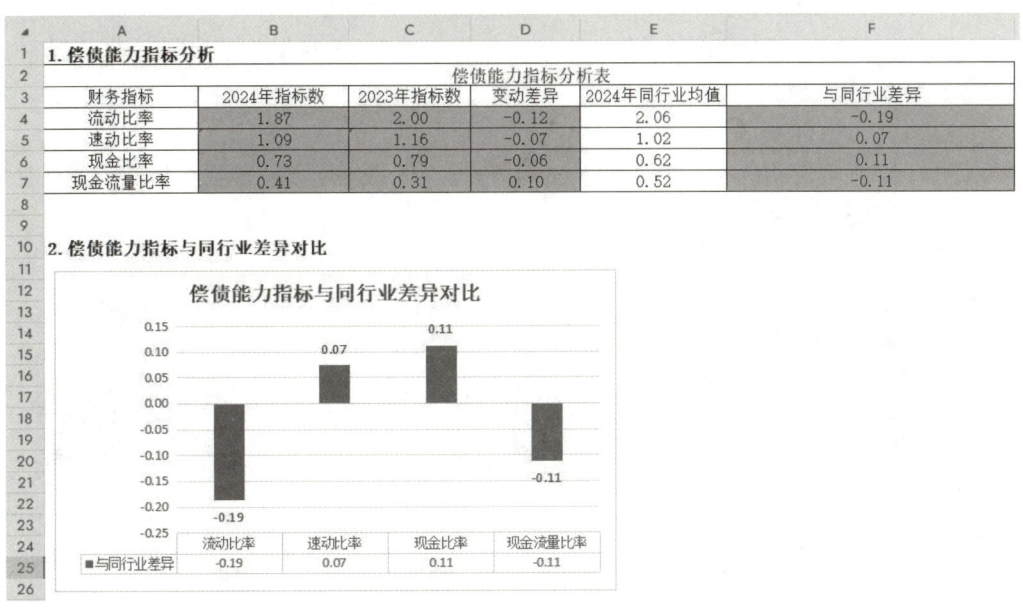

图 4-1-21　成果展示(1)

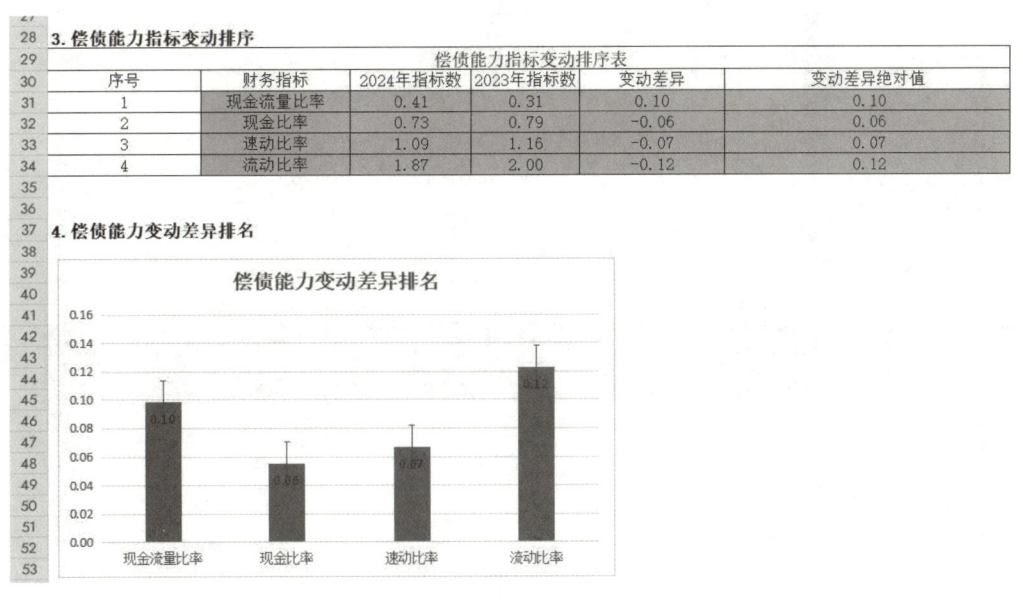

图 4-1-22　成果展示(2)

任务实训 4-1

打开"短期偿债能力分析-练习(答题单据).xlsx"电子表格文件,找到对应工作表,完成以下操作:

练习:在"短期偿债能力分析"工作表中完成以下操作。

要求：(请参考"成果图"工作表，自行创建答题模板。)

(1) 在"短期偿债能力分析表"中进行偿债能力指标分析。

(2) 进行偿债能力指标与同行业差异对比分析。为偿债能力指标与同行业差异对比情况进行簇状柱形图可视化。

(3) 偿债能力指标变动排序。

(4) 进行偿债能力指标与同行业差异变动分析。依据"变动差异绝对值"为偿债能力变动差异排名情况进行簇状柱形图可视化。

成果参考，如图 4-1-23 和图 4-1-24 所示。

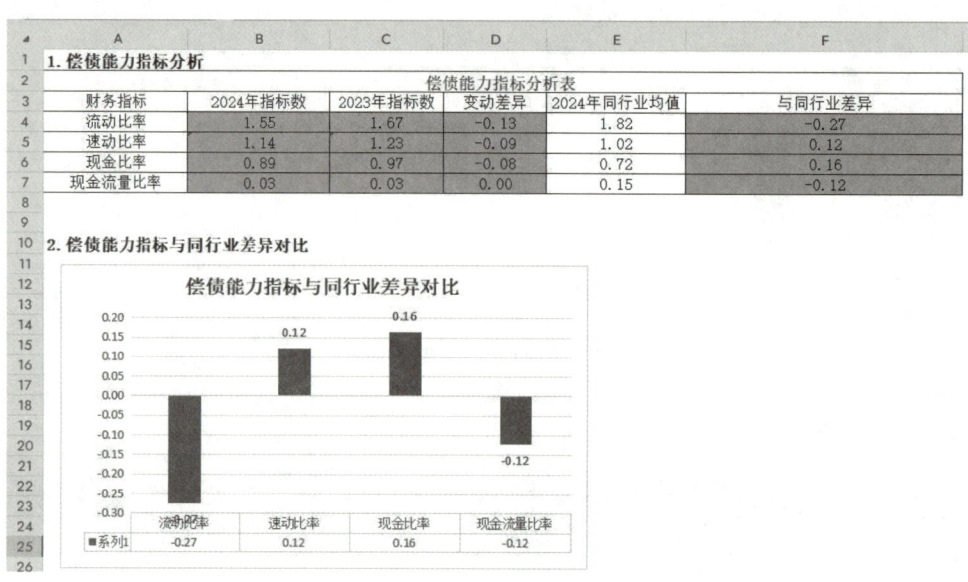

图 4-1-23　成果参考(1)

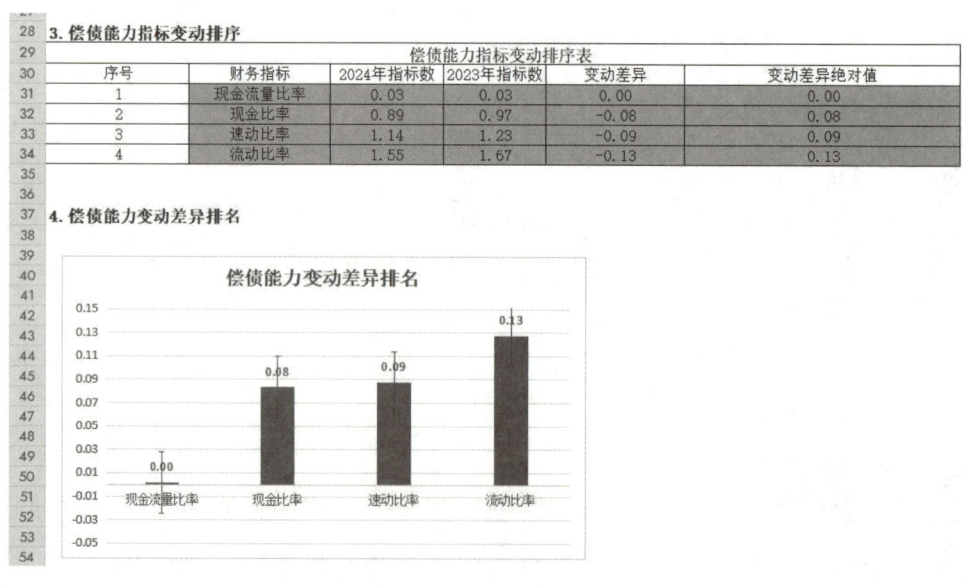

图 4-1-24　成果参考(2)

任务二　长期偿债能力分析

长期偿债能力是企业稳健运营的重要基石,其分析聚焦于评估企业长期内偿还债务的能力。资产负债率、权益乘数及利息保障倍数等关键指标,深入揭示了企业的资本结构、负债水平及偿债能力。通过细致分析这些指标,我们不仅能洞察企业长期财务健康状况,还能预判其面对经济波动时的稳定性。对于投资者而言,这是评估企业长期投资价值、制定投资策略的关键参考;而企业则可据此调整财务策略,优化债务结构,确保长期稳健发展。

任务准备

一、资产负债率

(一) 资产负债率的含义

资产负债率,也称债务比率,是全部负债总额除以全部资产总额得出的百分比,也就是负债总额与资产总额的比例关系。资产负债率的计算公式如下:

$$资产负债率=\frac{负债总额}{资产总额}$$

资产总额指企业的全部资产总额,包括流动资产、固定资产、长期投资、无形资产和递延资产等;负债总额指企业的全部负债,不仅包括流动负债,还包括非流动负债。

(二) 资产负债率的意义

资产负债率是衡量企业负债水平及风险程度的重要标志,既是微观指标,又是宏观指标。它既能反映企业利用债权人提供资金进行经营活动的能力,又能反映企业经营风险的程度,是综合反映企业偿债能力的重要指标。

资产负债率越低,说明以负债取得的资产越少,企业运用外部资金的能力较差;资产负债率越高,说明企业通过借债筹资的资产越多,风险越大。因此,资产负债率应保持在一定的水平为佳。

资产负债率的高低对不同利益相关者有不同的意义:

对于债权人来说,资产负债率越低越好,因为这表明企业偿债有保证,资金风险较低。

对于投资者或股东来说,在全部资本利润率高于借入资本利息的前提下,投资人希望资产负债率越高越好,以便利用财务杠杆增加利润。

对于经营者来说,他们希望资产负债率稍高些,以便通过举债经营扩大生产规模,增强企业活力,获得较高利润,同时尽可能降低财务风险。

一般认为,资产负债率的适宜水平是 0.4 到 0.6。如果资产负债比率达到 1 或超过 1,说明公司已经没有净资产或资不抵债。

(三) 资产负债率的判断标准

要判断资产负债率是否合理,首先要看你站在谁的立场:

（1）从债权人的立场看：债权人最关心的是贷给企业的款项的安全程度，也就是能否按期收回本金和利息。如果股东提供的资本与企业资本总额相比，只占较小的比例，则企业的风险将主要由债权人负担，这对债权人来讲是不利的。因此，他们希望债务比例越低越好，企业偿债有保证，则贷款给企业不会有太大的风险。

（2）从股东的角度看：由于企业通过举债筹措的资金与股东提供的资金在经营中发挥同样的作用，所以，股东所关心的是全部资本利润率是否超过借入款项的利率，即借入资本的代价。在企业所得的全部资本利润率超过因借款而支付的利息率时，股东所得到的利润就会加大。如果相反，运用全部资本所得的利润率低于借款利息率，则对股东不利，因为借入资本的多余的利息要用股东所得的利润份额来弥补。因此，从股东的立场看，在全部资本利润率高于借款利息率时，负债比例越大越好，否则反之。

企业股东常常采用举债经营的方式，以有限的资本、付出有限的代价而取得对企业的控制权，并且可以得到举债经营的杠杆利益。这在财务分析中也因此被人们称为财务杠杆。

（3）从经营者的立场看：如果举债很大，超出债权人心理承受程度，企业就借不到钱。如果企业不举债，或负债比例很小，说明企业畏缩不前，对前途信心不足，利用债权人资本进行经营活动的能力很差。从财务管理的角度来看，企业应当审时度势，全面考虑，在利用资产负债率制定借入资本决策时，必须充分估计预期的利润和增加的风险，在二者之间权衡利害得失，作出正确决策。

（四）资产负债率的分析方法

（1）横向分析法：横向分析法是通过对比不同期间的资产负债率变化，了解企业负债状况的趋势的方法。主要方法包括：

对比历史数据：通过比较不同年度或季度的资产负债率，分析其变化趋势，判断企业的财务稳定性和债务情况。

行业对比：将企业的资产负债率与同行业的平均水平进行比较，评估企业在行业中的相对位置。

（2）纵向分析法：纵向分析法是通过分析资产负债表中各项资产和负债的比例变化，了解企业资产和负债的结构调整情况的方法。主要方法包括：

分析资产结构：观察资产负债表中各项资产的比例变化，了解企业资产结构的变动情况，例如固定资产、流动资产等。

分析负债结构：观察资产负债表中各项负债的比例变化，了解企业负债结构的变动情况，例如短期负债、长期负债等。

二、产权比率

（一）产权比率的含义

产权比率是负债总额与所有者权益总额的比率，是指股份制企业为评估资金结构合理性的一种指标。一般来说，产权比率可反映股东所持股权是否过多，或者尚不够充分等情况，从另一个侧面表明企业借款经营的程度。产权比率的计算公式如下：

$$产权比率 = \frac{负债总额}{股东权益总额}$$

股东权益总额是指企业所有者权益的总额,包括股本、资本公积、留存收益等;负债总额是指企业所承担的各项负债的总额,包括流动负债和非流动负债。

(二) 产权比率的作用

(1) 产权比率反映企业的偿债能力,是衡量企业长期偿债能力的重要指标之一。

(2) 产权比率帮助投资者和债权人评估企业的风险水平,了解企业是否有足够的资产来偿还债务。

(3) 产权比率是企业管理者制定融资策略的重要参考指标,可以为企业未来的发展提供更好的资金保障。

(三) 产权比率的意义

产权比率指标反映了债权人提供的资本与股东提供的资本的相对关系,这一指标能反映基本财务结构的稳定性。产权比率指标高,说明企业的基本财务结构与资本结构具有高风险、高收益的特性;反之,产权比率指标低,则说明企业拥有低风险、低收益的基本财务结构和资本结构。

从债权人的角度看,该项比率越高,意味着企业的经营风险主要由债权人承担,这对债权人来说是不利的;而从投资者的角度看,由于债务利息的偿还是固定的只要所获资金的报酬率大于债务的利息率,则此项比率越高越有利。当然,债务与权益比过高,会使企业发生筹资困难,筹资成本也会提高。

一般认为,产权比率为1最理想,如果认为资产负债率应当在0.4到0.6之间,则意味着产权比率应当维持在0.7到1.5。产权比率是负债总额与所有者权益之间的比率,它反映投资者对债权人的保障程度。用于衡量企业的风险程度和对债务的偿还能力。

三、权益乘数

(一) 权益乘数的含义

权益乘数又称股本乘数,是指资产总额相当于股东权益的倍数。权益乘数的计算公式如下:

$$权益乘数 = \frac{资产总额}{股东权益总额}$$

权益乘数越大表明所有者投入企业的资本占全部资产的比重越小,企业负债的程度越高;反之,该比率越小,表明所有者投入企业的资本占全部资产的比重越大,企业的负债程度越低,债权人权益受保护的程度越高。

权益乘数可以为企业管理寻找最优的资本结构,通过提高公司的股东权益报酬率,对公司的股票价值产生正面的激励效果。

(二) 权益乘数的值的分析

权益乘数是评估企业资产负债结构和财务杠杆水平的重要指标之一。一般来说,权益乘数越大,企业的财务杠杆水平越高,风险也相应增加。因此,合适的权益乘数应该根据企业的具体情况来确定。

一般来说,权益乘数应该在1.5至2.5比较合适。如果权益乘数小于1.5,说明企业的财务杠杆水平较低,资产主要依靠自有资金,风险相对较小;如果权益乘数大于2.5,说明企业的财务杠杆水平较高,资产主要依靠借款等外部资金,风险相对较大。

但需要注意的是,不同行业、不同企业的财务杠杆水平存在差异,因此权益乘数的合适范围也会有所不同。同时,企业的经营策略、融资需求等因素也会影响权益乘数的确定。因此,在使用权益乘数进行企业财务分析时,需要结合实际情况进行综合考虑。

(三)资产负债率、产权比率和权益乘数的关系

(1)资产负债率是负债总额除以资产总额的比率。资产负债率反映在总资产中有多大比例是通过借款来筹集的,同时也可以衡量公司在资产清算时债权人有多少权益。

从债权人的角度看,负债比例越低越好,因为负债比例越低,说明上市公司的偿债能力越强,债权人的利益越有保障。但是从投资者和经营者的角度看,在上市公司盈利水平较高的情况下,较高的负债比例可以为其带来更高的效益,这是因为上市公司通过举债筹措的资金和股东投入的资金,在生产经营中发挥着同样的作用。

当上市公司的全部资产报酬率高于借款的利息率时,举债经营就能够为上市公司带来更多的盈利。但是在负债率较高的情况下,上市公司面临的风险也相应增加。因此,上市公司在利用负债比率制定筹资方案时,应当充分估计预期收益和增加的风险,在两者之间加以权衡,以便做出正确的决策。

(2)权益乘数是资产总额除以股东权益总额的比率。权益乘数越大,说明股东投入的资本在资产中所占的比重越小,财务杠杆越大。

权益乘数越大,表明股东权益占全部资产的比重越小,上市公司负债的程度越高;反之,该权益乘数越小,表明上市公司的负债程度越低,债权人权益受保护的程度越高。

(3)产权比率是负债总额除以股东权益总额的比率。产权比率反映债权人与股东提供的资本的相对比例。

产权比率可用于衡量上市公司破产清算时对债权人利益的保障程度。债权人权益与股东权益的比例关系,可以反映上市公司基本的财务结构是否稳定。产权比率高,属于高风险高报酬的财务结构,但对债权人利益的保障程度较低;产权比率低,属于低风险低报酬的财务结构,但对债权人利益的保障程度较高。

上述三项指标都是评估公司资本结构合理性的指标,都可以反映公司财务杠杆的大小。三者之间的关系如下:权益乘数=1+产权比率;资产负债率×权益乘数=产权比率。三者关系如图4-2-1所示。

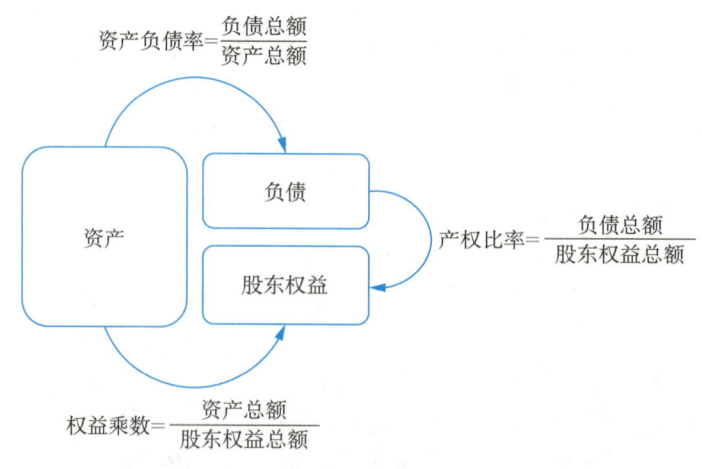

图4-2-1 三者关系图

四、利息保障倍数

(一) 利息保障倍数的含义

利息保障倍数也称已获利息倍数,是衡量企业长期偿债能力的一个重要指标。它反映了企业生产经营所获得的息税前利润与利息费用之间的比率。利息保障倍数的计算公式如下:

$$利息保障倍数 = \frac{息税前利润}{利息费用}$$

其中,

$$息税前利润 = 利润总额 + 利息费用$$

息税前利润是企业在扣除利息和税之前的利润,而利息费用则是企业是指企业需要偿付的所有借款利息。

(二) 利息保障倍数的意义

(1) 利息保障倍数是债权人评估借款企业偿付能力的重要依据。债权人在考虑是否向企业提供贷款时,会关注企业的偿付能力。利息保障倍数越高,表示企业可用于偿付利息费用的现金流量相对较多,债权人的风险就相对较低。因此,债权人通常会要求企业维持一定的利息保障倍数,以确保其能够按时偿还债务。

(2) 利息保障倍数也是投资者评估企业盈利能力和风险的重要指标。投资者通常会通过分析企业的利息保障倍数来判断企业是否具有稳定的盈利能力和偿债能力。它既是企业举债经营的前提依据,也是衡量企业长期偿债能力大小的重要标志。较高的利息保障倍数意味着企业有足够的现金流量来支付利息费用,表明企业经营状况良好。相反,较低的利息保障倍数可能意味着企业面临偿债风险,投资者可能会对其持谨慎态度。

任务描述 4-2

【任务 1】使用公式计算长期偿债能力中各财务比率的"年初财务比率"和"年末财务比率"数据。

【任务 2】生成各财务比率年初与年末变化趋势折线迷你图。

任务实施 4-2

步骤 1:打开电子表格文件"长期偿债能力分析(答题单据).xlsx",打开工作表"长期偿债能力分析"。请参考"成果图"工作表,自行创建答题模板。(含底纹单元格均为"数值"格式。)

步骤 2:在"偿债能力分析"中计算"资产负债率"的"年初财务比率"。已知:资产负债率=负债总额/资产总额。选中 C4 单元格,在 C4 单元格或编辑栏中输入公式,单元格 C4=资产负债表!F32/资产负债表!C45,如图 4-2-2 所示。

长期偿债能力分析

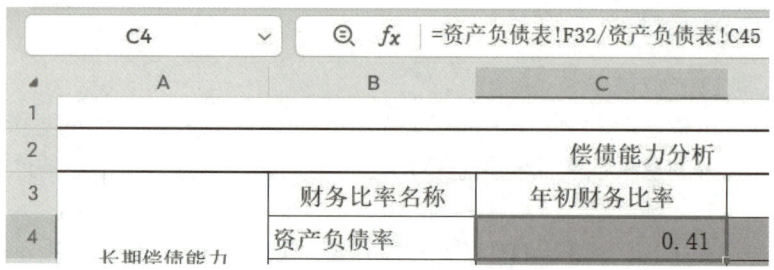

图 4-2-2 计算"资产负债率"的"年初财务比率"

步骤3：计算"权益乘数"的"年初财务比率"。已知：权益乘数＝资产总额/股东权益总额。选中 C5 单元格，在 C5 单元格或编辑栏中输入公式，单元格 C5＝资产负债表！C45/资产负债表！F44，如图 4-2-3 所示。

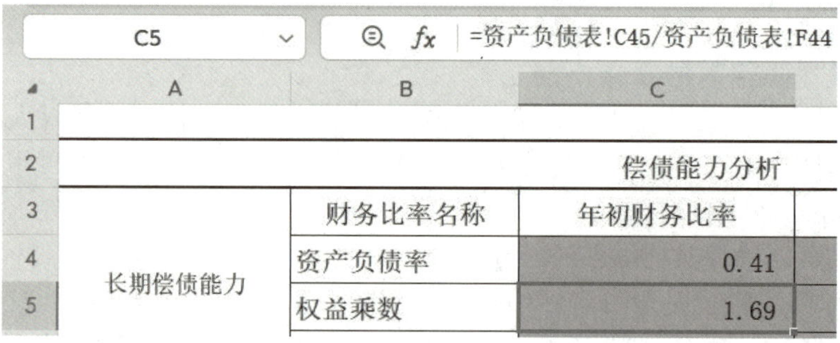

图 4-2-3 计算"权益乘数"的"年初财务比率"

步骤4：计算"产权比率"的"年初财务比率"。已知：产权比率＝负债总额/股东权益总额。选中 C6 单元格，在 C6 单元格或编辑栏中输入公式，单元格 C6＝资产负债表！F32/资产负债表！F44，如图 4-2-4 所示。

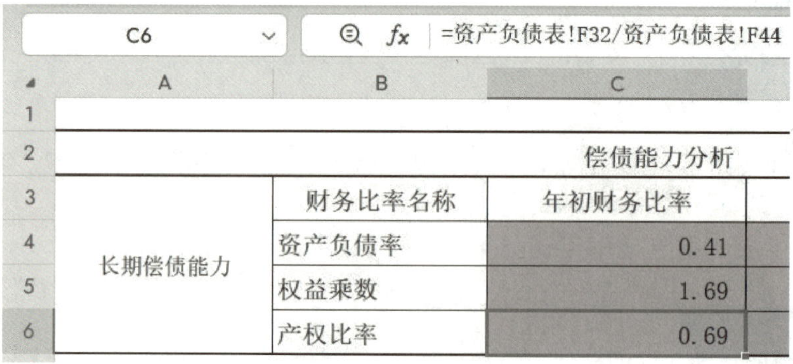

图 4-2-4 计算"产权比率"的"年初财务比率"

步骤5：计算"长期偿债能力"中各财务指标的"年末财务比率"。按照各指标的公式计算 D4:D6 单元格区域，如图 4-2-5 所示。

步骤6：插入迷你图。选择 C4:D6 单元格区域，选择菜单栏，依次选择【插入】→【迷你图】→【折线】，如图 4-2-6 所示。

偿债能力分析			
长期偿债能力	财务比率名称	年初财务比率	年末财务比率
	资产负债率	0.41	0.42
	权益乘数	1.69	1.72
	产权比率	0.69	0.72

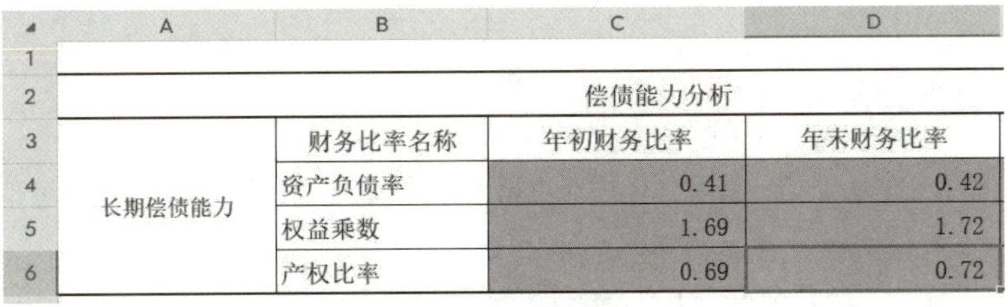

图 4-2-5　计算“长期偿债能力”中各财务指标的“年末财务比率”

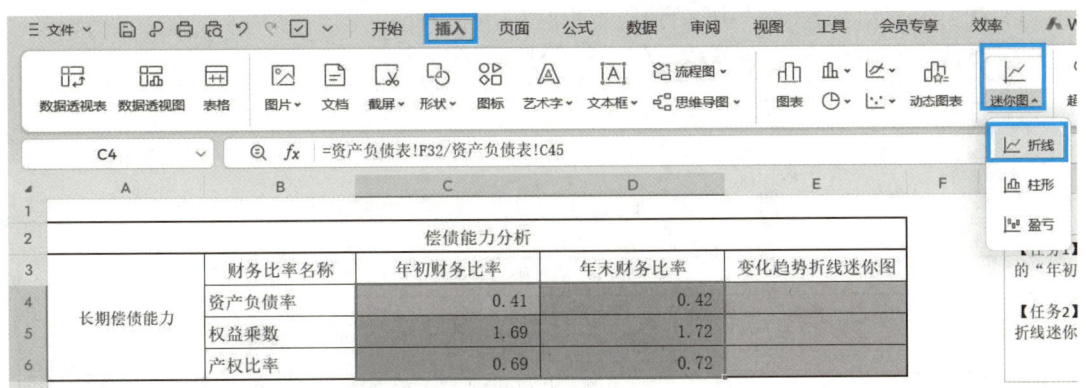

图 4-2-6　插入迷你图

步骤 7：在弹出的“创建迷你图”窗口中，“选择放置迷你图的位置”的“位置范围”输入$E$4：$E$6，如图 4-2-7 所示。

图 4-2-7　“创建迷你图”窗口

成果展示，如图 4-2-8 所示。

偿债能力分析				
长期偿债能力	财务比率名称	年初财务比率	年末财务比率	变化趋势折线迷你图
	资产负债率	0.41	0.42	
	权益乘数	1.69	1.72	
	产权比率	0.69	0.72	

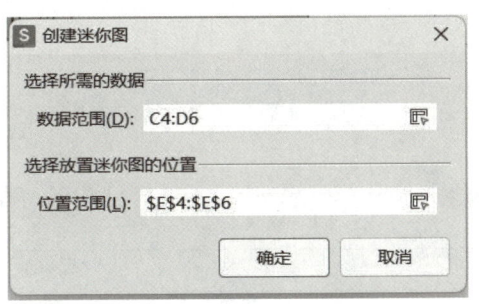

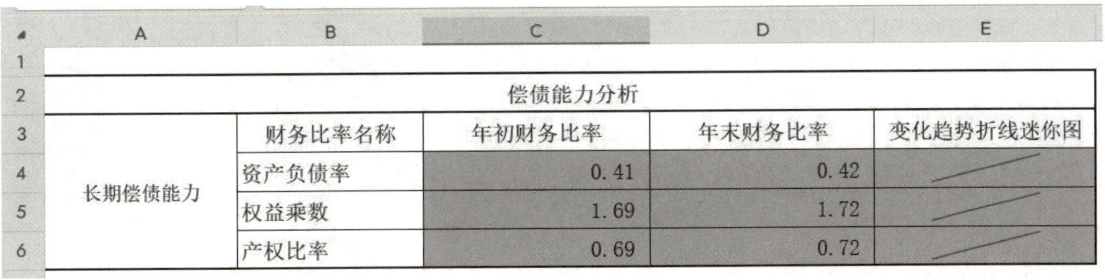

图 4-2-8　成果展示

任务实训 4-2

打开"长期偿债能力分析-练习(答题单据).xlsx"电子表格文件,找到对应工作表,完成以下操作:

练习:在"长期偿债能力分析"工作表中完成以下操作。

要求:(请参考"成果图"工作表,自行创建答题模板。)

(1) 在"偿债能力分析表"中进行长偿债能力指标分析。

(2) 生成各财务财务比率年初与年末变化趋势折线迷你图。

成果参考,如图 4-2-9 所示。

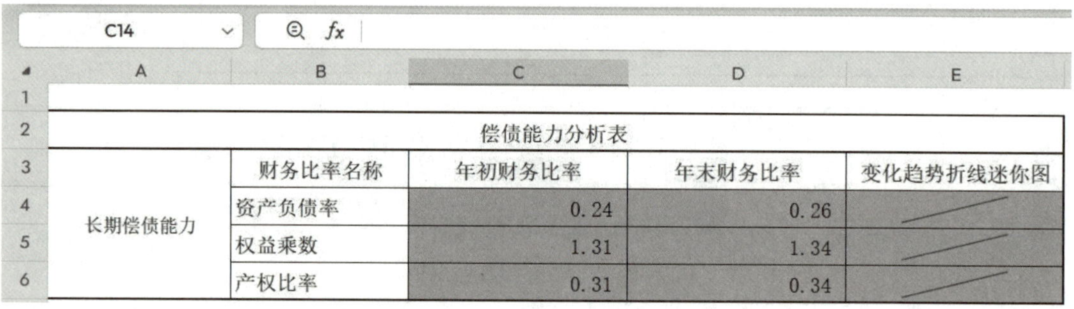

		偿债能力分析表		
	财务比率名称	年初财务比率	年末财务比率	变化趋势折线迷你图
长期偿债能力	资产负债率	0.24	0.26	
	权益乘数	1.31	1.34	
	产权比率	0.31	0.34	

图 4-2-9 成果参考

学习总结

学习完本项目,您学会了什么?

素养天地

在评估企业财务健康状况时,偿债能力指标分析是不可或缺的一环。它不仅是衡量企业能否应对短期及长期债务压力的关键指标,也是投资者、债权人及管理层决策的重要依据。因此,提升偿债能力指标分析的素养,对于企业财务管理者和投资者而言,具有极其重要的意义。

首先,要深入理解偿债能力指标的内涵与分类。常见的偿债能力指标包括流动比率、速动比率、现金比率、资产负债率等,它们分别从短期和长期两个维度反映了企业的偿债能力。通过对这些指标进行分析,企业财务管理者可以清晰地了解企业的资金流动性和债务负担情况。

其次,掌握科学的分析方法与技巧。在进行偿债能力指标分析时,不仅要关注单个指标的数值变化,更要注重指标之间的关联性和相互影响。通过横向与纵向的比较分析,企业财务管理者可以更准确地评估企业的偿债能力变化趋势和在同行业中的相对位置。

最后,注重实践应用与经验积累。理论知识是基础,但真正的提升还需通过实践来检验。在日常工作中,财务管理者应积极运用所学知识,对企业的偿债能力进行定期分析,及时发现潜在的风险和问题,并提出有效的应对措施。同时,应通过不断总结经验教训,完善分析方法,提升分析效率与准确性。

提升偿债能力指标分析素养是一个持续学习和实践的过程。企业财务管理者只有不断深化对偿债能力指标的理解与掌握科学的分析方法与技巧,并将其灵活运用于实际工作中,才能更好地洞察企业的稳健性,为企业的健康发展保驾护航。

项目五　营运能力指标分析

营运能力分析就是要通过对反映企业资产营运效率与效益的指标进行计算与分析,评价企业的营运能力,为企业提高经济效益指明方向。这组指标通过衡量企业资产的周转速度、利用效率以及收入与成本之间的关系,为企业管理者提供了关于营运状况的全面视角。主要指标包括应收账款周转率、存货周转率、流动资产周转率等,它们分别反映了企业应收账款、存货和流动资产的周转速度和利用效率。此外,营运能力分析还涉及营运收入率、营运成本率、营运预算、库存管理和资源调度等方面,旨在帮助企业优化资源配置,提高经营效益。

通过营运能力指标分析,企业可以及时发现营运过程中的问题和瓶颈,调整经营策略,提升管理水平,从而实现持续、稳定的发展。同时,这些指标也为投资者、债权人等利益相关者提供了评估企业价值和风险的重要依据。

思维导图

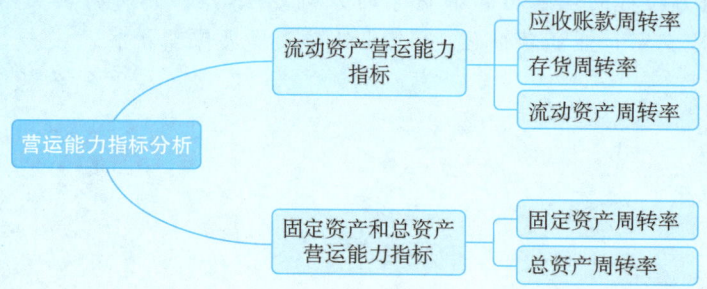

知识目标

1. 掌握营运能力指标的定义及其在企业财务管理中的重要性
2. 掌握营运能力指标的计算公式
3. 学会通过财务报表提取营运能力指标的相关数据,分析企业的资产管理与运营效益

能力目标

1. 能够正确计算流动资产营运能力的主要指标,学会分析与衡量企业的流动资产营运能力

2. 能够正确计算固定资产和总资产营运能力的主要指标,学会分析与衡量企业的固定资产和总资产营运能力

1. 识别违规操作的法律后果(如虚报存货价值可能构成财务欺诈),强化对《会计法》和《中华人民共和国反不正当竞争法》的敬畏意识
2. 减少资源浪费、优化供应链环境成本,培养绿色经营理念

任务一　流动资产营运能力指标

企业的流动资产如同人体的血液,其流动性和周转效率直接影响着企业的生存与发展。流动资产营运能力指标,正是衡量企业"血液循环"是否健康的关键指标。这些指标包括应收账款周转率、存货周转率、流动资产周转率等,分别衡量企业收回应收账款的速度、存货管理的效率以及流动资产的总体利用效率。

周转率高通常意味着企业能够快速将流动资产转化为现金,进而投入再生产,提升盈利能力。反之,周转率低则可能预示着企业在销售、收款或库存管理等方面存在问题,需引起重视。通过分析这些指标,企业可以及时发现问题,优化运营策略,提升资金使用效率,最终实现可持续发展。

一、应收账款周转率

(一) 应收账款周转率的含义

1. 应收账款周转率的概念

应收账款周转率也称应收账款周转次数,是用于衡量企业应收账款流动程度的指标,它是企业在一定时期内(通常为一年)赊销净额与应收账款平均余额的比率。应收账款周转率的计算公式如下:

$$应收账款周转率 = \frac{营业收入}{平均应收账款余额}$$

其中:

$$平均应收账款余额 = \frac{期初应收账款 + 期末应收账款}{2}$$

2. 应收账款周转天数的概念

应收账款周转天数也称为应收账款收现期,表明从销售开始到收回现金所需要的平均

天数。周转天数越少,说明应收账款变现的速度越快,企业资金被外单位占用的时间越短,管理工作的效率越高。它是在计算应收账款周转率之后,进一步分析计算而得,用作评价应收账款流动程度的补充指标。应收账款周转天数的计算公式如下:

$$应收账款周转天数 = \frac{360}{应收账款周转率}$$

或:

$$应收账款周转天数 = \frac{应收账款平均余额 \times 360}{营业收入净额}$$

(二)应收账款周转率的意义

应收账款周转率是企业财务管理中的关键指标之一,也是评估企业经营状况的重要指标之一。应收账款周转率反映了企业应收账款的收回速度和效率。应收账款周转率高,说明企业收账速度快、平均收账期短、坏账损失少、资产流动快、偿债能力强,对企业的生产经营非常有利。

如果企业实际收回账款的天数越过了公司规定的应收账款天数,说明债务人拖欠时间长,资信度低,同时也说明企业催收账款不力,对企业的生产经营不利。但是,应收账款周转天数太短也会影响企业的盈利水平。因此,应收账款周转天数需要根据企业的实际情况进行合理的设置。

应收账款周转率计算时还需要考虑行业、季节等因素,综合考量才能客观判断。如果企业所处的行业应收账款周转率整体较低,企业在设置应收账款天数时需要谨慎,以免影响企业的经营效益。同时,季节因素也会影响应收账款周转率,例如节假日和销售旺季,企业需要做好应收账款的管理和催收工作,以确保企业的流动资金充足。

(三)应收账款周转率的作用

(1)应收账款周转率有助于企业及时发现存在无法收回账款的客户,能够扫描及预防企业可能出现的资金短缺情况,避免企业出现财务困境。

(2)应收账款周转率能够体现出企业的账款回收能力,同时也反映出企业在经营活动中的效率。

(3)应收账款周转率能够反映出企业的信用状况和质量,以及供应商与客户的交易情况,有助于企业能够更好地优化应收账款的回收情况。

(四)应收账款周转率的缺陷

(1)销售收入的赊销比例问题。从理论上说应收账款是赊销引起的,计算时应使用赊销额取代销售收入。

(2)应收账款年末余额的可靠性问题。应收账款是特定时点的存量,容易受季节性、偶然性和人为因素影响。在应收账款周转率用于业绩评价时,最好使用多个时点的平均数,以减少这些因素的影响。

(3)应收账款的减值准备问题。在财务报表上列示的应收账款是已经提取减值准备后的净额,而销售收入并没有相应减少。其结果是,计提的减值准备越多,应收账款周转天数越少。这种周转天数的减少不是好的业绩,反而说明应收账款管理欠佳。如果减值准备的数额较大,就应进行调整,使用未提取坏账准备的应收账款计算周转天数。报表附注中应披露应收账款减值的信息作为调整的依据。

(五) 分析应收账款周转率应注意的问题

(1) 应收票据是否计入应收账款周转率。大部分应收票据是销售形成的。应收票据是应收账款的另一种形式,应将其纳入应收账款周转天数的计算,称为"应收账款及应收票据周转天数"。

(2) 应收账款周转天数是否越少越好。应收账款是赊销引起的,如果赊销有可能比现金销售更有利,周转天数就不会越少越好。收现时间的长短与企业的信用政策有关。例如,甲企业的应收账款周转天数是 18 天,信用期是 20 天;乙企业的应收账款周转天是 15 天,信用期是 10 天。尽管其周转天数较多,前者的收款业绩优于后者。这是因为改变信用政策,通常会引起企业应收账款周转天数的变化。

(3) 应收账款分析应与销售额分析、现金分析联系起来。应收账款的起点是销售,终点是现金。正常的情况是销售增加引起应收账款增加,现金的存量和经营现金流量也会随之增加。

(六) 应收账款的日常管理

(1) 应收账款追踪分析。应收账款一旦形成,赊销企业就必须考虑如何按期足额收回的问题,要解决这一问题,企业就需要对该项应收账款的运行过程进行追踪分析。对应收账款实施追踪分析的重点是赊销商品的销售与变现能力。

(2) 应收账款账龄分析。应收账款账龄分析是通过编制账龄分析表,以显示应收账款存账时间(账龄)的长短,并按时间长短进行排序的过程。应收账款账龄分析主要是考查研究应收账款的账龄结构。

其中,应收账款的账龄结构,是指各应收账款账龄的余额占应收账款总计余额的比重。

(3) 建立应收账款坏账准备制度。应收账款的坏账损失一般无法彻底避免,因此,要遵循谨慎性原则,对坏账损失的可能性预先进行估计,并建立弥补坏账损失的准备制度,提取坏账准备金。

(4) 应收账款保理。保理是保付代理的简称,是指保理商与债权人签订协议,转让其对应收账款的部分或全部权利与义务,并收取一定费用的过程。保理可分为有追索权保理(非买断型)和无追索权保理(买断型)、明保理和暗保理、折扣保理和到期保理。

保理是一项综合性的金融服务方式,是由保理商提供下列服务中的至少两项:贸易融资、销售账户管理、应收账款的催收、信用风险控制与坏账担保,其与单纯的融资或收账管理有本质区别。

应收账款保理是企业将赊销形成的未到期应收账款,在满足一定条件的情况下转让给保理商,以获得流动资金,加快资金的周转。

二、存货周转率

(一) 存货周转率的含义

1. 存货周转率的概念

存货周转率也称存货周转次数,是衡量和评价企业购入存货、投入生产、销售收回等各环节管理状况的综合性指标。它是销货成本除以平均存货所得到的比率。存货周转率的计算公式如下:

$$存货周转率 = \frac{营业成本}{平均存货余额}$$

其中：

$$存货平均余额 = \frac{期初存货 + 期末存货}{2}$$

2. 存货周转天数的概念

存货周转天数是指企业从取得存货开始，至消耗、销售为止所经历的天数。存货周转天数通过企业一定时期（通常为1年）内销售成本与平均存货之间的比例关系计算得到。周转天数越少，说明存货变现的速度越快。存货占用资金时间越短，存货管理工作的效率越高。存货周转天数的计算公式如下：

$$存货周转天数 = \frac{360}{存货周转率}$$

或：

$$存货周转天数 = \frac{平均存货余额 \times 360}{销售成本}$$

（二）存货周转率的意义

存货周转率是企业营运能力分析的重要指标之一，在企业管理决策中被广泛地使用。存货周转率不仅可以用来衡量企业生产经营各环节中存货运营效率，而且还被用来评价企业的经营业绩，反映企业的绩效。

存货周转率是对流动资产周转率的补充说明，存货周转率的计算与分析可以测定企业一定时期内存货资产的周转速度，是反映企业购、产、销平衡效率的一种尺度。存货周转率越高，表明企业存货资产变现能力越强，存货及占用在存货上的资金周转速度越快。

存货周转率指标的好坏反映企业存货管理水平的高低，它影响到企业的短期偿债能力，是整个企业管理的一项重要内容。一般来讲，存货周转速度越快，存货的占用水平越低，流动性越强，存货转换为现金或应收账款的速度越快。因此，提高存货周转率可以提高企业的变现能力。

（三）分析存货周转率应注意的问题

（1）计算存货周转率时，使用"销售收入"还是"销售成本"作为周转额，要根据分析的目的来决定。如果分析目的是判断短期偿债能力，应采用销售收入。如果分析目的是评估存货管理业绩，应当使用销售成本。

（2）存货周转率降低，可能是由多种原因引起的。比如，为降低采购成本或利用商业折扣而大批量采购；因经营不善导致产品滞销；收紧信用政策导致产成品存货的积压；因投机性目的而囤积存货，以待有利时机出售获取高额利润；低效率的生产导致存货有缓慢的生产量。这些原因都会导致平均存货升高，存货周转率降低。因此，存货周转率降低究竟是由什么原因引起的，还应结合实际情况具体分析。

(3) 应关注构成存货的产成品、自制半成品、原材料、在产品和低值易耗品之间的比例关系。在正常的情况下,各类存货之间存在某种比例关系,如果某一类的比重发生明显的大幅度变化,可能就暗示存在某种问题。比如,产成品大量增加,其他项目减少,很可能销售不畅,放慢了生产节奏,此时,总的存货余额可能并没有显著变化,甚至尚未引起存货周转率的显著变化。

(4) 报表使用者在分析存货周转率指标时,应尽可能结合存货的批量因素、季节性变化因素等情况对指标加以理解,同时对存货的结构以及影响存货周转率的重要指标进行分析,通过进一步计算原材料周转率、在产品周转率或某种存货的周转率,从不同角度、环节上找出存货管理中的问题,在满足企业生产经营需要的同时,尽可能减少经营占用资金,提高企业存货管理水平。

(5) 不同企业的存货周转率是不能简单相比的,平均存货量要视企业的规模而定,企业规模大而平均存货多,周转一次需要的时间长,一年中周转次数少,存货周转率低;企业规模小而平均存货少,周转一次需要的时间短,一年中周转次数多。所以应避免不同规模企业的存货周转率的比较。

(四) 存货周转率与应收账款周转率的关系

(1) 若应收账款周转率与存货周转率同步上升,表明产品的市场前景好,企业扩大了产销规模,存货转换为应收账款的速度快,应收账款转换为现金的速度也快。

(2) 若应收账款周转率上升,而存货周转率下降,表明企业对存货的管理效率下降,备货增多,存货占用资金多,但应收账款转换为现金的速度仍然较快。

(3) 若存货周转率上升,而应收账款周转率下降,表明存货转换为应收账款的速度较快,但应收账款转换为现金的速度变慢,表明企业经营遇到了困难,企业应该放宽信用政策,扩大赊销规模,要关注应收账款的坏账风险。

(4) 若应收账款周转率与存货周转率同步下降,表明企业存货转换为应收账款的速度变慢,应收账款转换为现金的速度变慢,这种情况,表明企业的市场前景不容乐观,产品不好卖,应予以警觉。

三、流动资产周转率

(一) 流动资产周转率的含义

1. 流动资产周转率的概念

流动资产周转率指企业一定时期内营业收入净额同平均流动资产总额的比率,它是评价企业资产利用率的一个重要指标。它是营业收入净额除以平均流动资产总额所得到的比率。流动资产周转率的计算公式如下:

$$流动资产周转率 = \frac{营业收入净额}{平均流动资产总额}$$

其中:

$$平均流动资产总额 = \frac{流动资产年初数 + 流动资产年末数}{2}$$

2. 流动资产周转天数的概念

流动资产周转天数是流动资产周转速度以时间形式表示的，是指企业的流动资产每周转一次所需要的时间。它也是反映企业流动资产周转速度的重要指标。流动资产周转天数的计算公式如下：

$$流动资产周转天数=\frac{360}{流动资产周转率}$$

（二）流动资产周转率的意义

流动资产周转率反映了企业流动资产的周转速度，是从企业全部资产中流动性最强的流动资产角度对企业资产的利用效率进行分析，以进一步揭示影响企业资产质量的主要因素。要实现该指标的良性变动，应以主营业务收入增幅高于流动资产增幅作保证。

对比分析该指标，可以促进企业加强内部管理，充分有效地利用流动资产，如降低成本、调动暂时闲置的货币资金用于短期投资创造收益等，还可以促进企业采取措施扩大销售，提高流动资产的综合使用效率。

流动资产周转率反映的是一家企业在一年内流动资产周转了多少次，该指标需要大于1。一般情况下，企业流动资产周转率越高，表明企业经营流动资产创造营业收入的能力越强，即企业在相同的流动资产数量下，能创造更多的收入，体现了企业高效率的资产管理水平，如果流动资产周转率较低，则企业应该采取措施提高流动资产的使用效率。

流动资产周转率是反映企业管理能力和运营效率的重要指标。与竞争对手对比之下，若是该指标较低，则表明公司流动资产运营效率较低，与同行存在差距，公司需要找出原因加以改善。

（三）流动资产周转主要特点

（1）循环周转速度快、流动性强是流动资产的主要特征。除包装物和低值易耗品外，其他流动资产均只参加一次生产循环，其形态就会发生改变，其价值也将在生产和流通中一次性消耗、转移和实现。所以，流动资产的循环周转速度较快，并且每周转一次就能够给企业带来增值。流动资产的快速周转使资产的构成、数量以及价值总额都处在变化中，加上流动资产占企业经营性资产的比重很大，一般都超过了固定资产净值，对流动资产的评估时点的要求相对来说就比较严格。

（2）变现能力强。与固定资产相比，企业的流动资产是可以在一年内或者超过一年的一个生产经营周期内变现或者被耗用的资产，具有较强的变现能力。流动资产是企业对外支付和偿债的手段和物质基础，尤其是流动资产中的货币资产，它本身就是各种存款和现金，根本就不存在变现的问题。

（3）形态多样化。企业的流动资产不仅形式多样、品种繁多，而且不同的行业生产经营的特点，又决定了其流动资产的构成及占用的比重有很大的不同。例如，商业企业从事商品流通，决定了它的结构特点是大部分流动资金占用在商品储备上，小部分流动资金占用在非商品资金和结算资金上；而制造企业的流动资产则大部分占用在原材料、在产品和产成品上。

（4）存量波动大。由于企业的流动资产一般要不断地经历购买和售卖的全过程，因此它受市场商品供求变化和生产、消费的季节性影响较大。另外，还会受到外部经济环境、经济秩序等因素的制约，从而导致其占用总量以及不同形态构成比例呈现出波动性。

(5) 市价与成本相近。流动资产由于具有较强的流动性，一般来说，在企业滞存的时间不长，市价与成本不会相差很远，即其成本更接近市价。再加上波动性较强，对评估时点的要求相对来说比较严格。

任务二　固定资产和总资产营运能力指标

固定资产就像企业的"硬件"，包括厂房、机械设备等，它们是企业生产的基石。而总资产则涵盖了企业所有的资源，包括流动资产和非流动资产。了解这些资产的营运能力，可以帮助我们判断企业的运营效率和发展潜力。学习这些指标时，我们要注意结合行业特点，如制造业通常固定资产较多，而服务业固定资产则相对较少。同时，资产的结构是否合理也会影响企业的运营效率。通过分析这些指标，我们可以更好地理解企业的运营状况，为未来的职业发展打下坚实的基础。

一、固定资产周转率

（一）固定资产周转率的含义

固定资产周转率也称固定资产利用率，是企业销售收入与固定资产净值的比率，表示每1元固定资产支持的销售收入。固定资产周转率越高，周转天数越少，表明公司固定资产的利用效率越高，公司的获利能力越强；反之，则公司的固定资产利用效率越弱。固定资产周转率的计算公式如下：

$$固定资产周转率 = \frac{营业收入}{平均固定资产净值}$$

其中：

$$固定资产平均净值 = \frac{期初净值 + 期末净值}{2}$$

这个比率主要用于分析对厂房、设备等固定资产的利用效率。固定资产原价、固定资产净值和固定资产净额的区分如下：

$$固定资产原价 = 固定资产的历史成本（通常为购入时的入账价值）$$

$$固定资产净值 = 固定资产原值 - 累计折旧；$$

$$固定资产净额（又称固定资产账面价值） = 固定资产原价 - 累计折旧 - 已计提减值准备$$

固定资产周转天数是一个重要的财务指标，它表示在一个会计年度内，固定资产转换成现金平均需要的时间，即平均天数。固定资产周转天数的计算公式如下：

$$固定资产周转天数 = \frac{360}{固定资产周转率}$$

(二) 固定资产周转率的作用

（1）固定资产周转率反映企业对于固定资产的利用效率，比率越高，则说明利用效率越高，资产管理水平越好。

（2）固定资产周转率试图通过收益成果（销售收入）和固定资产的净值比率，来反映企业综合利用固定资产获取收益的效率。

（3）固定资产周转率的分析适用于对固定资产依赖性比较大的生产企业，这一类企业，其固定资产主要是厂房、设备等生产必须的固定资产，对于这一类企业而言，对于固定资产高效的利用，会使得企业获得更多的收益，两者之间关联性较强；若是在同行业中，固定资产周转率较低，则应该检查企业是否充分利用了已有的固定资产，可能会出现固定资产处于闲置状态等情况。

一般企业固定资产周转率设置的标准值为 0.8。该指标属于资产管理比率，反映总资产的周转速度，周转越快，说明销售能力越强。企业可以采用薄利多销的方法，加速资产周转，以带来利润绝对额的增加。

(三) 分析固定资产周转率的注意事项

（1）这一指标的分母采用平均固定资产净值，因此指标的比较将受到折旧方法和折旧年限的影响，应注意其可比性问题。

（2）当企业固定资产净值率过低（如因资产陈旧或过度计提折旧），或者当企业属于劳动密集型企业时，这一比率可能没有太大的意义。

二、总资产周转率

(一) 总资产周转率的含义

总资产周转率是考察企业资产运营效率的一项重要指标，体现了企业经营期间全部资产从投入到产出的流转速度，反映了企业全部资产的管理质量和利用效率。总资产周转率的计算公式如下：

$$总资产周转率 = \frac{营业收入净额}{平均资产总额}$$

其中：

$$平均资产总额 = \frac{期初总资产 + 期末总资产}{2}$$

总资产周转天数是一个衡量企业资产使用效率的重要指标，它反映了企业在一定时期内资产的周转速度。具体来说，总资产周转天数表示企业用一次全部资产创造一次销售收入所需要的时间。总资产周转天数的计算公式如下：

$$总资产周转天数 = \frac{360}{总资产周转率}$$

(二)总资产周转率的意义

总资产周转率越大,说明企业运营资产的能力越强,总资产周转率越低,说明企业没有充分利用已有的资产或者存在多余的、闲置的资产,企业应该提高各项资产的利用效率,处置多余的、闲置的资产。

总资产周转率通常与行业平均值或过往的公司数据进行比较,以便对公司的经营状况进行评估。较高的总资产周转率可能意味着公司能够高效地管理资产并实现更高的销售额。然而,需要注意的是,总资产周转率仅仅是一个指标,不足以完全判断公司的财务健康和经营能力。在评估一家公司时,还需要综合考虑其他指标和因素,如利润率、债务水平、行业竞争等。

总的来说,总资产周转率可以帮助投资者了解公司资产的有效利用程度,以及公司的销售能力。较高的总资产周转率通常被认为是积极的信号,但需要结合具体情况进行综合分析和比较。

(三)总资产周转率与流动资产周转率的相互关系

总资产周转率与流动资产周转率之间存在同方向的变动关系。

总资产周转率是衡量企业一定时期内销售收入净额与平均资产总额之比,反映了企业资产投资规模与销售水平之间的配比情况。流动资产周转率则指企业一定时期内主营业务收入净额同平均流动资产总额的比率,是评价企业资产利用率的一个重要指标。这两个指标之间存在密切的联系,主要体现在以下几个方面:

(1)总资产周转率与流动资产周转率的关系:总资产周转率包含流动资产周转率,流动资产占总资产的比重一定的情况下,流动资产周转率越快,总资产周转率也越快。这表明,流动资产的周转效率对总资产的周转效率有直接影响。

(2)流动资产周转率的影响因素:流动资产周转率还受到存货周转率的影响,存货占流动资产的比重一定的情况下,存货周转率越快,流动资产周转率也越快。这说明,通过提高存货的周转速度,可以有效提升流动资产的周转效率,进而影响总资产的周转效率。

(3)总资产周转率的提升策略:为了提高总资产周转率,企业可以采取措施加强内部管理,充分利用流动资产,如调动暂时闲置的货币资金用于短期的投资创造收益等,以促进企业采取措施扩大销售,提高流动资产的综合使用率。

综上所述,流动资产周转率的提升可以直接促进总资产周转率的提高,两者之间呈现出同方向的变动关系。因此,企业通过优化流动资产管理,可以有效提升总资产的利用效率,从而提高企业的整体运营效率和盈利能力。

任务描述 5-1

【任务 1】进行营运能力指标分析。

(1)使用公式根据公司财务报表等资料,计算本公司各营运能力指标值及指标值变动等数据,将相关结果填入表中。

(2)使用函数计算 2024 年该企业所属同行业营运能力指标均值,并使用公式计算本企业 2024 年指标值与同行业均值的差异。

【任务2】进行营运能力指标的差异变动可视化分析。

依据各指标的"2024年指标数""2023年指标数"的数据,对企业营运能力指标进行簇状柱形图可视化,需要设置坐标轴,设置坐标轴最大值为30,设置图表标题("营运能力指标对比分析柱状图")、数据标签(居中)、数据表、网格线、图例(下)。

营运能力指标

任务实施 5-1

步骤1:打开电子表格文件"营运能力分析(答题单据).xlsx",打开工作表"营运能力分析"。请参考"成果图"工作表,自行创建答题模板。(含底纹单元格均为"数值"格式)

步骤2:在"营运能力指标分析表"中计算"2024年指标数"的"总资产周转率"。已知:总资产周转率=营业收入净额/平均资产总额。选中B4单元格,在B4单元格或编辑栏中输入公式,单元格B4=利润表!D4/((资产负债表!B45+资产负债表!C45)/2),如图5-2-1所示。

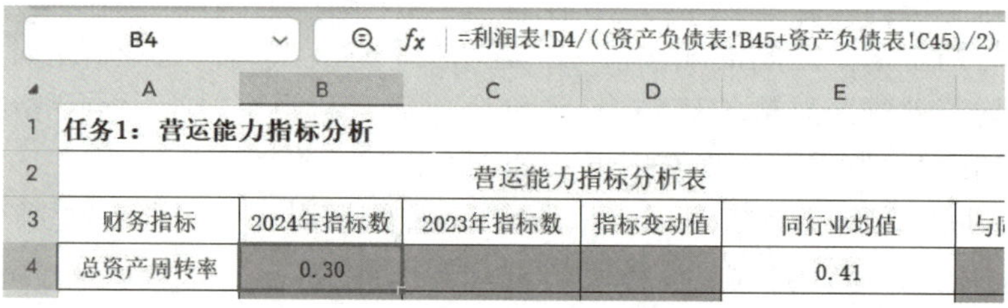

图5-2-1　计算"2024年指标数"的"总资产周转率"

步骤3:计算"2024年指标数"的"流动资产周转率"。已知:流动资产周转率=营业收入净额/平均流动资产总额。选中B5单元格,在B5单元格或编辑栏中输入公式,单元格B5=利润表!D4/((资产负债表!B19+资产负债表!C19)/2),如图5-2-2所示。

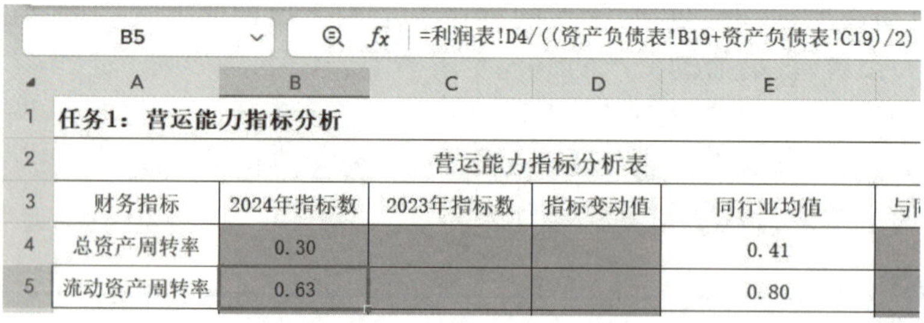

图5-2-2　计算"2024年指标数"的"流动资产周转率"

步骤4:计算"2024年指标数"的"存货周转率"。已知:存货周转率=营业成本/平均存货余额。选中B6单元格,在B6单元格或编辑栏中输入公式,单元格B6=利润表!D5/((资产负债表!B14+资产负债表!C14)/2),如图5-2-3所示。

步骤5:计算2024年指标数"的"应收账款周转率"。已知:应收账款周转率=营业收入/平均应收账款余额。选中B7单元格,在B7单元格或编辑栏中输入公式,单元格B7=利润表!D4/((资产负债表!B10+资产负债表!C10)/2),如图5-2-4所示。

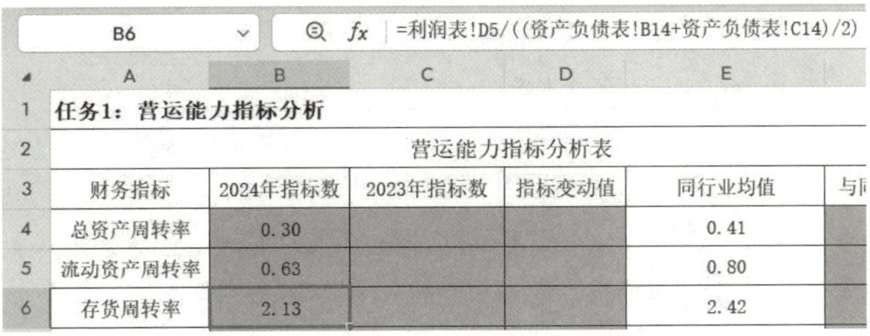

项目五 营运能力指标分析 161

图 5-2-3 计算"2024年指标数"的"存货周转率"

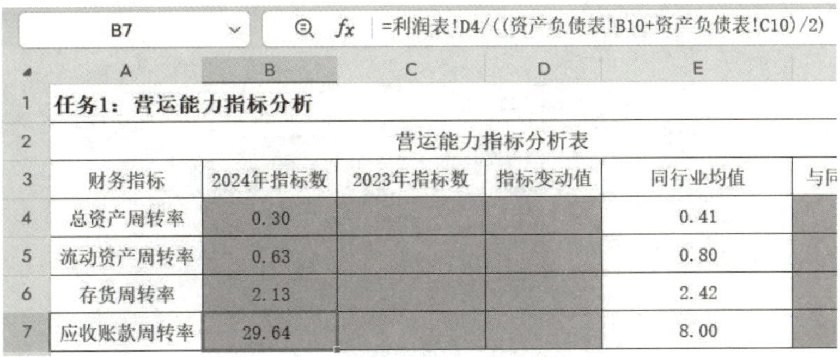

图 5-2-4 计算"2024年指标数"的"应收账款周转率"

步骤6：计算"2023年指标数"的"总资产周转率"。已知：总资产周转率＝营业收入净额/平均资产总额。选中C4单元格，在C4单元格或编辑栏中输入公式，单元格C4＝上年利润表！D4/((上年资产负债表！B45＋上年资产负债表！C45)/2)。

步骤7：计算"2023年指标数"的"流动资产周转率"。已知：流动资产周转率＝营业收入净额/平均流动资产总额。选中C5单元格，在C5单元格或编辑栏中输入公式，单元格C5＝上年利润表！D4/((上年资产负债表！B19＋上年资产负债表！C19)/2)。

步骤8：计算"2023年指标数"的"存货周转率"。已知：存货周转率＝营业成本/平均存货余额。选中C6单元格，在C6单元格或编辑栏中输入公式，单元格C6＝上年利润表！D5/((上年资产负债表！B14＋上年资产负债表！C14)/2)。

步骤9：计算"2023年指标数"的"应收账款周转率"。已知：应收账款周转率＝营业收入/平均应收账款余额。选中C7单元格，在C7单元格或编辑栏中输入公式，单元格C7＝上年利润表！D4/((上年资产负债表！B10＋上年资产负债表！C10)/2)。

步骤10：计算"总资产周转率"的"指标变动值"。选中D4单元格，在D4单元格或编辑栏中输入公式，单元格D4＝B4－C4，如图5-2-5所示。

步骤11：计算"流动资产周转率""存货周转率"和"应收账款周转率"的"指标变动值"。选中D4单元格，当鼠标移至D4单元格右下角出现黑色十字时，按住鼠标左键向下拖动到D7单元格，如图5-2-6所示。

步骤12：计算"总资产周转率"的"与同行业差异"。选中F4单元格，在F4单元格或编辑栏中输入公式，单元格F4＝B4－E4，如图5-2-7所示。

D4 f_x =B4-C4

	A	B	C	D
1	任务1：营运能力指标分析			
2	营运能力指标分析表			
3	财务指标	2024年指标数	2023年指标数	指标变动值
4	总资产周转率	0.30	0.32	-0.02

图 5-2-5　计算“总资产周转率”的“指标变动值”

D4 f_x =B4-C4

	A	B	C	D
1	任务1：营运能力指标分析			
2	营运能力指标分析表			
3	财务指标	2024年指标数	2023年指标数	指标变动值
4	总资产周转率	0.30	0.32	-0.02
5	流动资产周转率	0.63	0.60	0.03
6	存货周转率	2.13	2.78	-0.65
7	应收账款周转率	29.64	8.55	21.09

图 5-2-6　计算其他指标的“指标变动值”

F4 f_x =B4-E4

	A	B	C	D	E	F
1	任务1：营运能力指标分析					
2	营运能力指标分析表					
3	财务指标	2024年指标数	2023年指标数	指标变动值	同行业均值	与同行业差异
4	总资产周转率	0.30	0.32	-0.02	0.41	-0.11

图 5-2-7　计算“总资产周转率”的“与同行业差异”

步骤 13:计算“流动资产周转率”“存货周转率”和“应收账款周转率”的“与同行业差异”。选中 F4 单元格,当鼠标移至 F4 单元格右下角出现黑色十字时,按住鼠标左键向下拖动到 F7 单元格,如图 5-2-8 所示。

F4 f_x =B4-E4

	A	B	C	D	E	F
1	任务1：营运能力指标分析					
2	营运能力指标分析表					
3	财务指标	2024年指标数	2023年指标数	指标变动值	同行业均值	与同行业差异
4	总资产周转率	0.30	0.32	-0.02	0.41	-0.11
5	流动资产周转率	0.63	0.60	0.03	0.80	-0.17
6	存货周转率	2.13	2.78	-0.65	2.42	-0.29
7	应收账款周转率	29.64	8.55	21.09	8.00	21.64

图 5-2-8　计算其他指标的“与同行业差异”

步骤 14:插入图表。选择 A3:C7 单元格区域,选择菜单栏,依次选择【插入】→【簇状柱形图】,如图5-2-9所示。

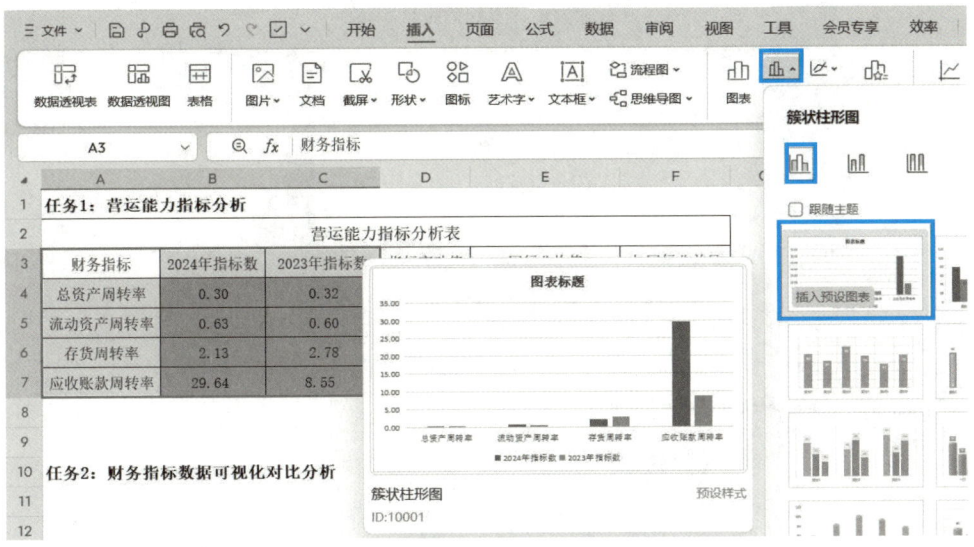

图5-2-9 选择插入"簇状柱形图"

步骤15:设置坐标轴最大值。双击图表区域的坐标轴并鼠标右键,选择"设置坐标轴格式(F)",如图5-2-10所示。在弹出的属性窗口中,将坐标轴的最大值设置为30,如图5-2-11所示。

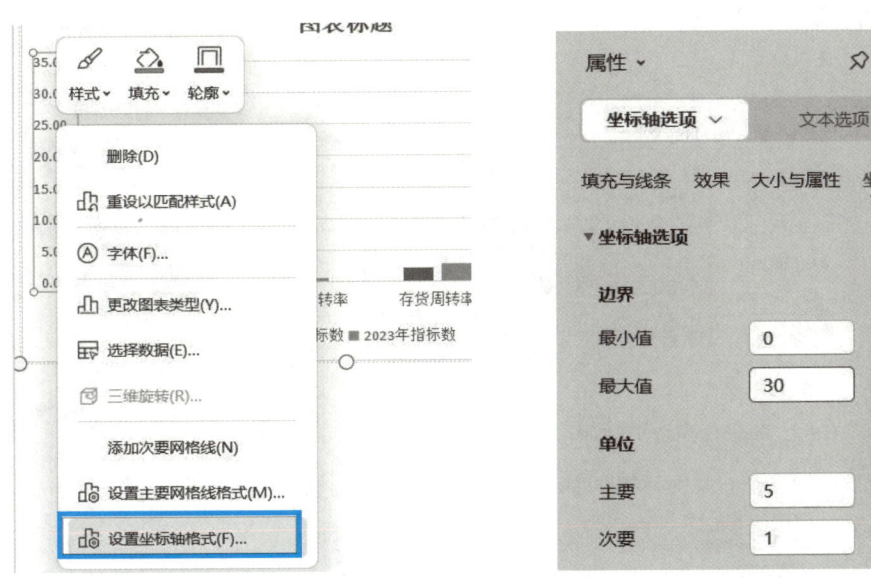

图5-2-10 选择"设置坐标轴格式"　　图5-2-11 设置最大值为"30"

步骤16:选择图表标题区域,将图表标题设置为"营运能力指标对比分析柱状图",如图5-2-12所示。

步骤17:设置图表元素。点击图表右侧【图表元素】按钮,勾选"坐标轴""图表标题""数据标签(居中)""数据表""网格线""图例(下)",如图5-2-13所示。

成果展示,如图5-2-14所示。

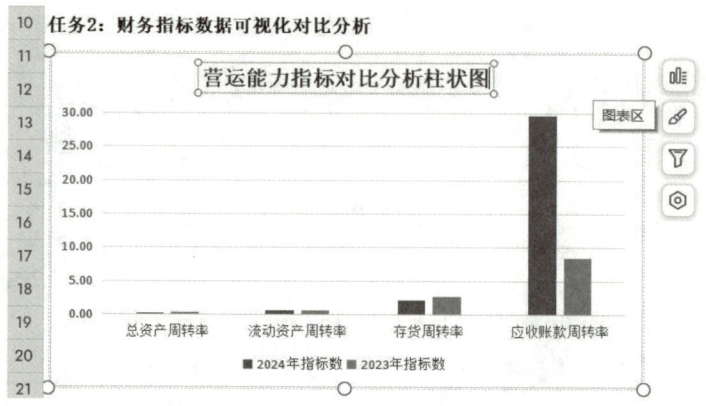

图 5-2-12　设置图表标题

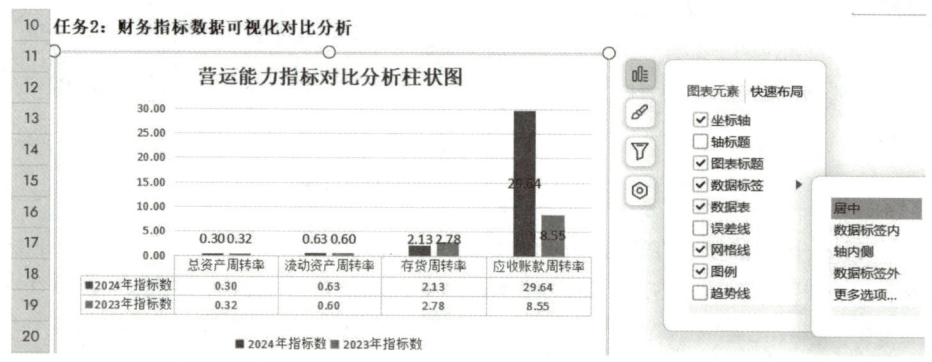

图 5-2-13　选择设置图表元素

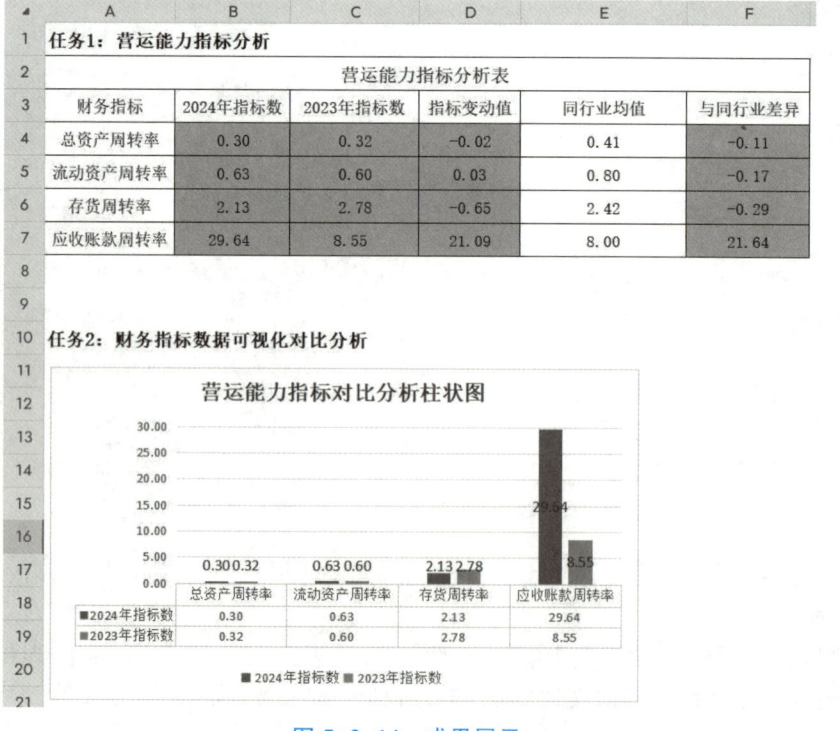

图 5-2-14　成果展示

任务实训 5-1

打开"营运能力分析-练习（答题单据）.xlsx"电子表格文件，找到对应工作表，完成以下操作：

练习：在"营运能力分析"工作表中完成以下操作。

要求：（请参考"成果图"工作表，自行创建答题模板。）

（1）在"营运能力指标分析表"中进行营运能力指标分析。

（2）财务指标数据可视化对比分析。依据指标数对企业营运能力指标进行簇状柱形图可视化。

成果参考，如图 5-2-15 所示。

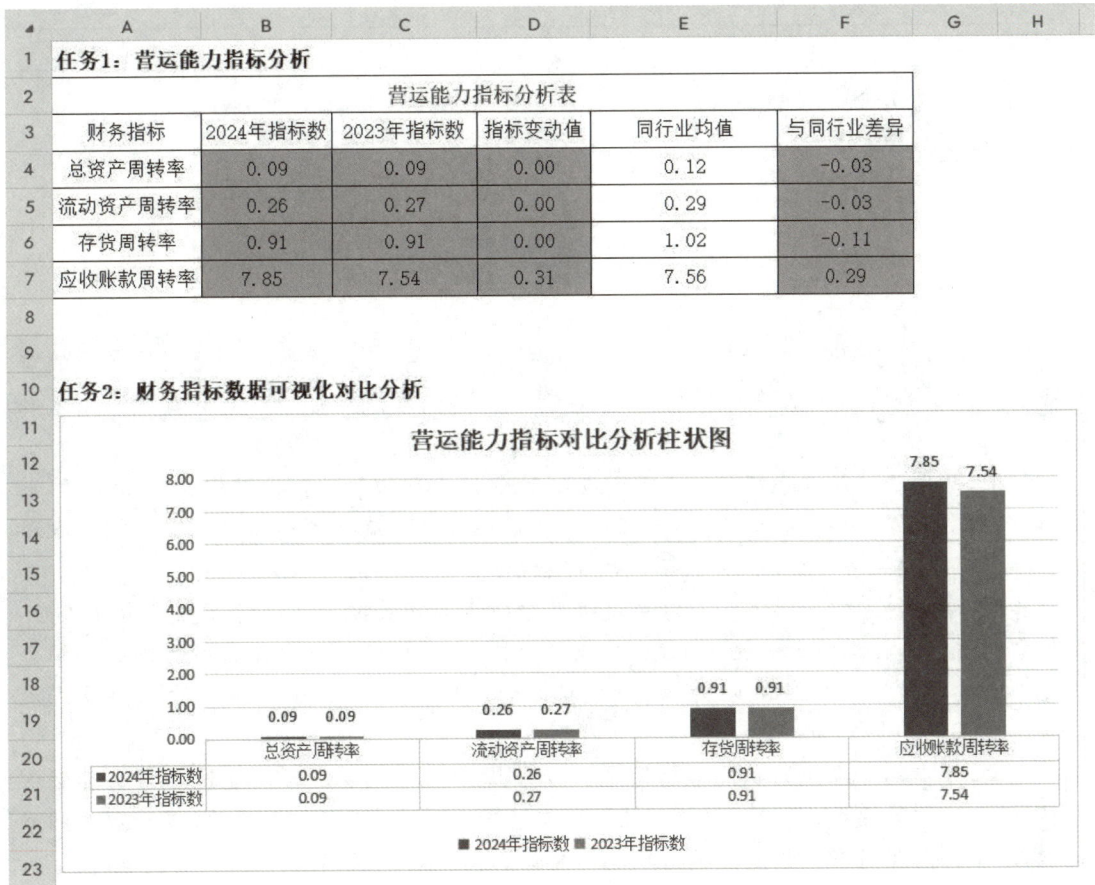

图 5-2-15　成果参考

学习总结

学习完本项目，您学会了什么？

_____
_____
_____
_____
_____
_____
_____
_____

素养天地

在企业的财务管理中，营运能力指标分析是评估企业运营效率与资产利用水平的重要工具。为了更精准地把握企业运营状况，分析营运能力指标成了财务从业者不可或缺的能力。

首先，明确营运能力指标的核心意义是提升分析素养的基础。存货周转率、应收账款周转率、总资产周转率等关键指标，直接反映了企业资产的流动性和运营效率。深入理解这些指标背后的经济含义，有助于我们更准确地评估企业的运营状况。

其次，掌握科学的分析方法与技巧是提升分析素养的关键。在进行营运能力分析时，不仅要关注单一指标的数值变化，更要结合行业特点、市场环境及企业自身战略进行综合考量。通过横向对比与纵向分析，我们可以更全面地了解企业在行业中的位置及发展趋势。

再次，注重实践经验的积累与总结是提升分析素养的重要途径。通过参与实际案例分析、模拟演练等方式，我们可以将理论知识与实践相结合，不断积累经验，提升解决问题的能力。同时，及时对分析过程进行反思与总结，发现不足，持续改进。

最后，保持持续学习的态度是提升财务素养的永恒动力。随着市场环境的变化和财务理论的不断发展，新的分析工具与方法层出不穷。为了保持竞争力，我们必须紧跟时代步伐，不断学习新知识、新技能，以应对日益复杂的财务挑战。

深化营运能力指标分析是提升财务素养的重要一环。通过明确指标意义、掌握分析方法、积累实践经验并保持持续学习，我们可以不断提升自己的分析素养，为企业的发展贡献更大的力量。

项目六　盈利能力指标分析

盈利能力指标分析是企业财务绩效评估的核心环节,它揭示了企业赚取利润、创造价值的内在能力。这些指标帮助企业和管理者了解其经营效率、财务健康状况以及投资回报情况。常见的盈利能力指标包括营业利润率、成本费用利润率、总资产报酬率、资本收益率和净资产收益率等。这些指标不仅是衡量企业当前经营状况的重要指标,也是预测企业未来发展趋势和制定战略决策的重要依据。盈利能力分析不仅关乎企业的生存与发展,更对投资者、债权人等利益相关者具有重大意义。通过精准把握盈利能力指标,企业能够不断优化经营策略,提升市场竞争力,实现可持续发展。

思维导图

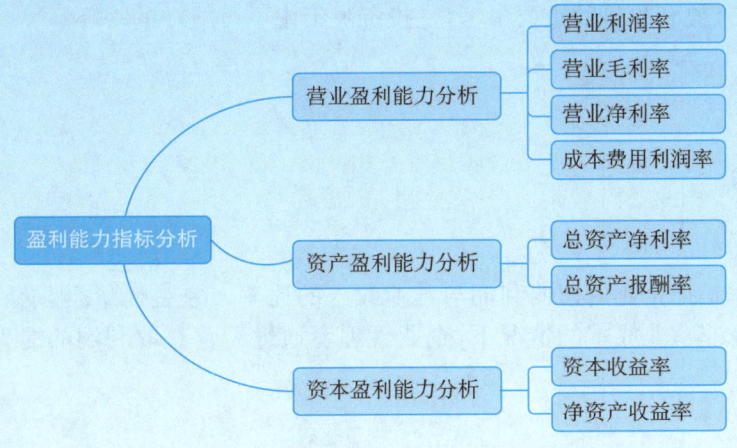

知识目标

1. 掌握盈利能力指标的定义及其在企业财务管理中的重要性
2. 掌握盈利能力指标的计算公式
3. 学会通过财务报表提取盈利能力指标的相关数据,分析企业的盈利能力

能力目标

1. 能够正确计算营业盈利能力的主要指标,学会分析与衡量企业的营业盈利能力

2. 能够正确计算资产盈利能力的主要指标,学会分析与衡量企业的资产盈利能力
3. 能够正确计算资本盈利能力的主要指标,学会分析与衡量企业资本盈利能力

 素养目标

1. 树立诚信为本、合规为基的职业价值观
2. 了解常见利润操纵手段(如提前确认收入、递延费用),培养职业敏感性与风险防范意识

任务一　营业盈利能力指标

营业盈利能力指标是评估企业日常运营中赚取利润能力的关键窗口。这些指标,如营业利润率、营业毛利率、营业净利率和成本费用利润率,如同显微镜下的细胞,细致展现了企业在市场竞争中的盈利实力。它们不仅揭示了企业产品或服务的定价策略与成本控制成效,还反映了企业在市场中的竞争地位与运营效率。通过深入分析这些指标,企业能够精准把握盈利增长点,优化资源配置,提升市场竞争力。对于投资者而言,这些指标更是评估企业价值、预测未来盈利趋势的重要参考,是投资决策中不可或缺的一环。

 任务准备

一、营业利润率

(一)营业利润率的含义

营业利润率是指企业的营业利润与营业收入的比率。它是衡量企业经营效率的指标,反映了在不考虑非营业成本的情况下,企业管理者通过经营获取利润的能力。营业利润率的计算公式为:

$$营业利润率 = \frac{营业利润}{营业收入} \times 100\%$$

其中,营业利润是企业在一定时期内通过销售商品或提供服务所获得的利润,而营业收入则包括主营业务收入和其他业务收入。

营业利润=营业收入-营业成本-税金及附加-销售费用-管理费用-财务费用-资产减值损失-信用减值损失+公允价值变动损益(-公允价值变动损失)+投资收益(-投资损失)

(二)营业利润率的意义

营业利润率越高,说明企业经营业务的盈利能力越强,企业为社会新创造的价值越多,贡献越大,也反映企业资金周转速度快,实现增产增收;反之,该项比率越低,说明企业经营

业务的盈利能力越差,企业为社会新创造的价值越低,反映出企业资金周转速度慢,经济效益不好。

营业利润率还可以用于企业间的行业比较和竞争力评估,不同行业的企业之间由于产业特点和市场竞争程度的差异,其营业利润率也会有所不同。通过与同行业或竞争对手的营业利润率进行比较,企业可以了解自身在行业中的盈利水平和竞争地位。

(三) 计算营业利润率应注意的事项

(1) 企业的营业利润与营业利润率的高低呈正比,与营业收入呈反比。所以,企业在增加收入的同时,必须相应地获得更多的营业利润,才能保证营业利润率保持不变或者有所提高。这就要求企业在扩大销售、增加收入的同时,还要注意自己的经营管理,提高获利水平。

(2) 销售或营业利润率是一个评价企业经营业务盈利能力的综合指标,要想取得较理想的分析效果,还需要在此基础上对影响销售利润率增减变动的各项主要因素进行更加详细的分析,如销售净利润率、销售毛利润率等;另外,从损益表的结构内容来看,影响销售利润率变动的主要因素,还有营业外收支、投资净收益、财务费用、管理费用、销售费用和营业成本,以及产品销售方式、销售品种结构等。

(3) 对单个企业来说,营业利润率指标越大越好,但各行业的竞争能力、经济状况、利用负债融资的程度及行业经营的特征,都使得不同行业各企业间的营业利润率大不相同。因此,在使用该指标分析的同时,还要注意将企业的个别营业利润率指标与同行业的其他企业进行对比分析。通过对营业利润率的同业比较分析,企业可以发现其获利能力的相对地位,从而更好地评价企业获利能力的状况。

(四) 毛利润、营业利润和净利润的区别

1. 毛利润

$$毛利润 = 营业收入 - 营业成本$$

营业成本主要包括购进原材料和直接生产的人工成本,由于不同行业的营业成本存在差异,制造业与贸易流通行业的毛利润通常较低,而服务业毛利润则相对较高。

通过毛利润可计算出毛利率,毛利率的公式如下:

$$毛利率 = \frac{毛利润}{营业收入} \times 100\% = \frac{营业收入 - 营业成本}{营业收入} \times 100\%$$

毛利率代表企业在直接生产过程中获得利润的能力。毛利率越高,企业的盈利能力越强,控制成本的能力越强。但是对于不同规模与行业的企业,其毛利率的可比性并不强。

2. 营业利润

$$\begin{aligned}营业利润 = {} & 营业收入 - 营业成本 - 税金及附加 - 销售费用 - 管理费用 - 财务费用 - \\ & 资产减值损失 - 信用减值损失 + 公允价值变动损益(-公允价值变动损失) + \\ & 投资收益(-投资损失)\end{aligned}$$

通过营业利润可计算出营业利润率,营业利润率的公式如下:

$$营业利润率 = \frac{营业利润}{营业收入} \times 100\%$$

营业利润率代表了企业通过生产经营获得利润的能力,营业利润率比率越高,说明企业的盈利能力越强。

3. 净利润

$$净利润 = 营业利润 - 所得税 = 营业利润 \times (1 - 所得税税率)$$

净利润又称纯利润,净利润与毛利润的区别在于,净利润是在毛利润的基础上,再减去管理成本税费。

通过净利润可计算出净利润率,净利润率计算公式如下:

$$净利润率 = \frac{净利润}{主营业务收入} \times 100\%$$

净利润率能综合反映一个企业或一个行业的经营效率。

二、营业毛利率

(一) 营业毛利率的含义

营业毛利率是毛利润与营业收入之间的比率。营业毛利率用以反映企业每一元营业收入中含有多少毛利润,它是净利润的基础,用于对企业获利能力的分析。营业毛利率的计算公式如下:

$$营业毛利率 = \frac{毛利润}{营业收入} \times 100\%$$

其中:

$$毛利润 = 营业收入 - 营业成本$$

(二) 营业毛利率的意义

营业毛利率的意义在于可以反映企业在运营过程中的盈利能力。具体来说,营业毛利率的高低直接影响企业的经营效益,它可以反映企业生产经营状况。如果营业毛利率过低,说明企业有可能遇到销售价格竞争,或者成本控制能力有待提高,也可能会出现投入产出不合理等问题,从而影响企业的经营效益。如果营业毛利率过高,也可能表明企业有可能在生产和销售过程中存在贪污挥霍及过于垄断市场价格等问题。

(三) 营业毛利率的作用

1. 营业毛利率可以帮助企业管理者了解企业的盈利能力

营业毛利率是企业盈利能力的重要指标之一,它可以帮助企业管理者了解企业在销售产品或提供服务过程中所获得的利润水平。当营业毛利率越高时,企业的盈利能力越强,而当营业毛利率越低时,则企业的盈利能力越弱。通过对营业毛利率的监控和分析,企业管理者可以了解企业的盈利能力情况,从而制定更加科学合理的经营策略和决策。

2. 营业毛利率可以帮助企业管理者优化成本管理

营业毛利率的计算公式中,销售成本是一个非常重要的因素。因此,通过对营业毛利率的监控和分析，企业管理者可以了解企业的成本情况，从而优化企业的成本管理。企业管理者可以通过降低销售成本来提高毛利率，从而提高企业的盈利能力。

3. 营业毛利率可以帮助企业管理者优化产品结构

营业毛利率可以帮助企业管理者了解不同产品的盈利能力情况，从而优化产品结构。企业管理者可以通过提高盈利能力较高的产品的销售比重，从而提高企业的营业毛利率和盈利能力。

4. 营业毛利率可以帮助企业管理者优化销售策略

营业毛利率可以帮助企业管理者了解不同销售渠道和销售策略的盈利能力情况，从而优化销售策略。企业管理者可以通过调整销售策略，提高盈利能力较高的销售渠道和销售策略的销售比重，从而提高企业的营业毛利率和盈利能力。

5. 营业毛利率可以帮助企业管理者了解行业竞争情况

营业毛利率可以帮助企业管理者了解企业在行业内的竞争情况，从而制定更加科学合理的经营策略和决策。当营业毛利率高于行业平均水平时，企业在行业内的竞争能力较强；而当营业毛利率低于行业平均水平时，则企业在行业内的竞争能力较弱。通过对营业毛利率的监控和分析，企业管理者可以了解企业在行业内的竞争情况，从而制定更加科学合理的经营策略和决策。

三、营业净利率

（一）营业净利率的含义

营业净利率是指净利润占营业收入的百分比，也称为净利率。它是反映一个企业在营业过程中所获得的纯收益，为投资者评估一个企业盈利能力的重要指标。营业净利率的计算公式如下：

$$营业净利率 = \frac{净利润}{营业收入} \times 100\%$$

其中，净利润是指企业减去所有成本后的实际盈利，包括去除所得税后的净利润，而营业收入是指企业在一定时间内售出商品和提供服务的总收入。

（二）营业净利率的意义

营业净利率是企业销售的最终获利能力指标，比率越高，说明企业的获利能力越强。但是它受行业特点影响较大，通常来说，越是资本密集型企业，营业净利率就越高；反之，资本密集程度较低的企业，营业净利率也较低。对该比率分析应结合不同行业的具体情况进行。

（三）计算营业净利率应注意的事项

在计算营业净利率时需要知道净利润和营业收入的数据值。其中，营业收入主要包括主营业务收入和其他业务收入，而净利润的大小是由利润总额和所得税额决定，利润总额是由营业收入减营业成本计算出来，还受到投资收益、营业外收支等因素的影响。营业收入和营业净利率呈反比关系，净利润和营业净利率呈正比关系。因此企业要想获利，须在扩大营业收入的同时，注意控制成本，提高盈利水平。

（1）该指标中，净利润额与营业净利率呈同向变动关系。因此，要保持或提高营业净利率，在扩大营业收入的同时，还必须相应增加净利润，从而需要改进经营，改善管理。为此，需将营业净利率分解为营业毛利率、营业成本率及营业期间费用率等,以便发现企业经营管理中的薄弱环节,为采取相应的措施提供依据。确定分析的重点项目之后,需要深入到各项目的内部进一步分析。

(2)营业净利率的变动原因可以分部门、分产品、分顾客群、分销售区域或分推销员进行分析,视分析的目的及可以取得的资料而定。通常,销售费用和管理费用公开披露的信息十分有限,外部分析人员很难将其深入下去。财务费用、公允价值变动损益、资产减值损失、投资收益和营业外收入的明细资料,在报表附注中均有较详细的披露,为进一步分析提供了信息。

(3)该指标各年之间的变化可能相对较大,因为净利润中包含波动较大的营业外收支净额和投资收益。企业的短期投资者和债权人主要关心的是当期利益,他们可以直接运用营业净利率这一指标分析企业总体盈利能力。但对于企业管理者和投资者来说,他们更关心的是该指标与净利润的内部构成分析,以正确判断企业的盈利能力。

(4)对单个企业来说,营业净利率指标越大越好,但各行业内的竞争能力、经济状况利用负债融资的程度及行业经营的特征,都使得不同行业各企业之间的销售净利率大不相同。因此,在运用该指标分析时,应注意将企业的个别营业净利率指标与同行业的其他可比企业进行对比分析,以准确判断企业的盈利能力。

(四)营业毛利率和营业净利率的区别

1. 考虑的方面不同

销售毛利率只考虑销售收入与成本之间的差额,也就是毛利额;而净利率还要在毛利额的基础上减去其他期间费用和损益之后,再除以收入计算。

2. 反映企业的竞争力方式不同

销售毛利率是企业是销售净利率的最初基础,没有足够大的销售毛利率便不能形成盈利。企业可以按期分析销售毛利率,据以对企业销售收入、销售成本的发生及配比情况作出判断。

净利率也可理解为企业竞争力的一种间接表现,不用大量管理费用证明企业运作有效率,不用大量销售费用证明企业产品有市场,不用大量财务费用证明企业负债水平低。

3. 含义不同

毛利率就是公司单去除产品的直接成本的收入比率(没有去除三项期间费用和所得税等其他成本费用),所以称为毛利率。

净利率也是长期增长越高越好。如果净利润增长快于收入增长则净利率会提升,说明公司盈利能力在增强,相反则说明公司盈利能力有可能在下降。

4. 计算公式不同

$$毛利率 = \frac{营业收入 - 营业成本}{营业收入} \times 100\%$$

$$净利率 = \frac{净利润}{营业收入} \times 100\%$$

5. 意义不同

毛利率高说明公司产品在市场的竞争力就高,代表消费者愿意付出比同类商品更高的价格,来购买这家公司的产品,或者代表企业生产产品的直接成本很低。具体来讲毛利率不仅帮助企业评估自身的盈利能力,还为投资者提供了评判公司健康状况的有力工具。

净利润与营业收入的比率就是净利率。净利率也是考核公司管理层管理能力的很好的静态指标,因为只有管理层管理得好才能逐步降低公司的三项费用(销售费用、管理费用、财务费用),从而为公司为股东省出更多的利润。

四、成本费用利润率

(一)成本费用利润率的含义

成本费用利润率是企业一定时期内利润总额与成本费用总额的比率,用于衡量企业投入的生产成本及费用的经济效益,同时也反映企业降低成本所取得的经济效益。成本费用利润率计算公式如下:

$$成本费用利润率 = \frac{利润总额}{成本费用总额} \times 100\%$$

其中,成本费用总额包括产品销售成本、销售费用、管理费用、财务费用等。

(二)成本费用利润率的意义

成本费用利润率指标表明每付出一元成本费用可获得多少利润,体现了经营耗费所带来的经营成果。该项指标越高,利润就越大,反映企业的经济效益越好。

1. 反映企业的盈利能力

通过成本费用利润率的计算,可以直观地了解企业的盈利能力。如果企业的成本费用利润率较高,说明该企业在成本控制和利润获取方面表现良好,反之则说明可能存在成本控制不当或盈利能力较弱的问题。

2. 指导成本控制

成本费用利润率还可以作为企业成本控制的重要参考指标。企业可以通过比较不同时期的成本费用利润率,了解成本控制的效果,并针对性地采取措施降低成本,提高利润。

3. 评估经营效率

成本费用利润率反映了企业在经营过程中的效率,如果成本费用利润率偏低,可能表明企业在经营管理中存在一些问题,如成本控制不严、资源浪费等。此时,企业需要及时调整经营策略,改善经营管理,提高经营效率。

(三)成本费用的作用

成本费用的作用主要体现在以下四个方面:
(1)成本费用是反映和监督劳动耗费的工具。
(2)成本费用是补偿生产耗费的尺度。
(3)成本费用可以综合反映企业工作质量,是推动企业提高经营管理水平的重要杠杆。
(4)成本费用是定制产品价格的一项重要依据。

任务描述 6-1

【任务1】在"营业盈利能力分析表"中进行营业盈利能力指标分析。

(1) 使用公式计算"2024年指标数"和"2023年指标数据"相关数据。

(2) 使用公式计算"指标值变动"和"与同行业差异"的数据。

【任务 2】进行营业盈利能力指标与同行业差异对比分析。

为营业盈利能力指标与同行业差异对比情况进行饼图可视化,显示图表标题("2024年营业盈利能力指标与同行业差异对比")、数据标签(外)、图例三项内容。

【任务 3】盈利能力指标变动排序。

(1) 依据"营业盈利能力分析表"中的"指标值变动"降序排序,列出"盈利能力指标变动排序表"的相关数据。

(2) 用函数对"变动差异绝对值"进行数据转换。

【任务 4】进行营业盈利能力指标与同行业差异变动分析。

依据"变动差异绝对值"为营业盈利能力变动差异进行饼图可视化,显示图表标题("营业盈利能力变动差异排名")、数据标签(居中)、图例三项内容。

任务实施 6-1

营业盈利能力指标

步骤1:打开电子表格文件"营业盈利能力分析(答题单据).xlsx",打开工作表"营业盈利能力指标分析"。请参考"成果图"工作表,自行创建答题模板。(含底纹单元格均为"百分比"格式。)

步骤2:计算"2024年指标数"的"营业利润率"。已知:营业利润率=营业利润/营业收入×100%。选中B4单元格,在B4单元格或编辑栏中输入公式,单元格B4=利润表!D22/利润表!D4*100%,如图6-1-1所示。

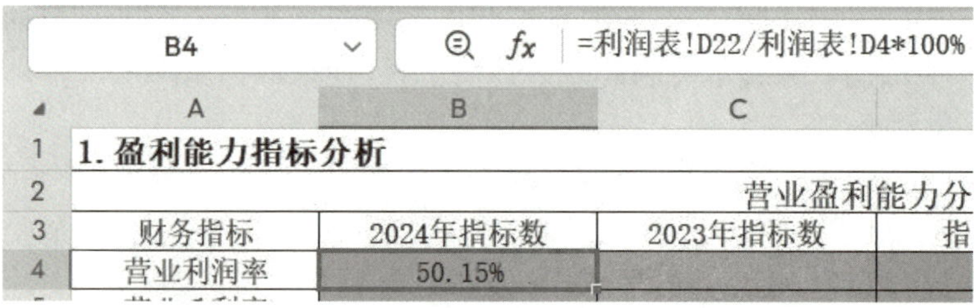

图 6-1-1 计算"2024年指标数"的"营业利润率"

步骤3:计算"2023年指标数"的"营业毛利率"。已知:营业毛利率=毛利润/营业收入×100%。选中B5单元格,在B5单元格或编辑栏中输入公式,单元格B5=(利润表!D4-利润表!D5)/利润表!D4*100%,如图6-1-2所示。

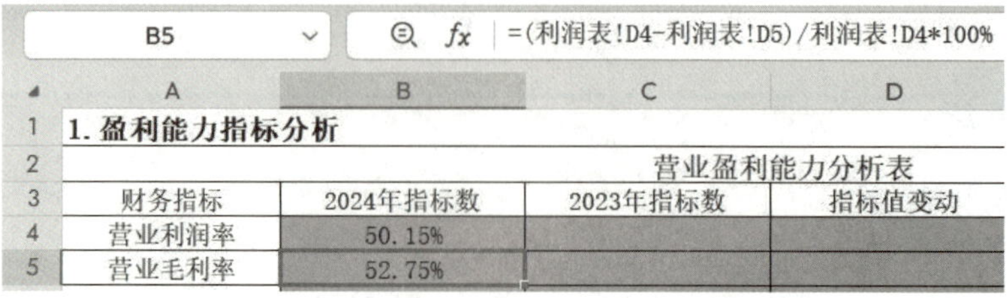

图 6-1-2 计算"2024年指标数"的"营业毛利率"

步骤 4:计算“2024 年指标数”的“营业净利率”。已知:营业净利率＝净利润/营业收入×100％。选中 B6 单元格,在 B6 单元格或编辑栏中输入公式,单元格 B6＝利润表! D27/利润表! D4＊100％,如图 6-1-3 所示。

B6　=利润表!D27/利润表!D4*100%

	A	B	C	
1	1. 盈利能力指标分析			
2			营业盈利能力分析	
3	财务指标	2024年指标数	2023年指标数	指标
4	营业利润率	50.15%		
5	营业毛利率	52.75%		
6	营业净利率	37.62%		

图 6-1-3　计算“2024 年指标数”的“营业净利率”

步骤 5:计算“2024 年指标数”的“成本费用利润率”。已知:成本费用利润率＝利润总额/成本费用总额×100％。选中 B7 单元格,在 B7 单元格或编辑栏中输入公式,单元格 B7＝利润表! D25/(利润表! D5＋利润表! D6＋利润表! D7＋利润表! D8＋利润表! D10)＊100％,如图 6-1-4 所示。

B7　=利润表!D25/(利润表!D5+利润表!D6+利润表!D7+利润表!D8+利润表!D10)*100%

	A	B	C	D	E	F
1	1. 盈利能力指标分析					
2			营业盈利能力分析表			
3	财务指标	2024年指标数	2023年指标数	指标值变动	2024年同行业均值	与同行业差
4	营业利润率	50.15%			45.20%	
5	营业毛利率	52.75%			50.43%	
6	营业净利率	37.62%			35.65%	
7	成本费用利润率	99.95%			80.12%	

图 6-1-4　计算“2023 年指标数”的“成本费用利润率”

步骤 6:计算“2023 年指标数”的“营业利润率”。已知:营业利润率＝营业利润/营业收入×100％。选中 C4 单元格,在 C4 单元格或编辑栏中输入公式,单元格 C4＝上年利润表! D22/上年利润表! D4＊100％。

步骤 7:计算“2023 年指标数”的“营业毛利率”。已知:营业毛利率＝毛利润/营业收入×100％。选中 C5 单元格,在 C5 单元格或编辑栏中输入公式,单元格 C5＝(上年利润表! D4－上年利润表! D5)/上年利润表! D4＊100％。

步骤 8:计算“2023 年指标数”的“营业净利率”。已知:营业净利率＝净利润/营业收入×100％。选中 C6 单元格,在 C6 单元格或编辑栏中输入公式,单元格 C6＝上年利润表! D27/上年利润表! D4＊100％。

步骤 9:计算“2023 年指标数”的“成本费用利润率”。已知:成本费用利润率＝利润总额/成本费用总额×100％。选中 C7 单元格,在 C7 单元格或编辑栏中输入公式,单元格 C7＝上年利润表! D25/(上年利润表! D5＋上年利润表! D6＋上年利润表! D7＋上年利润表! D8＋上年利润表! D10)＊100％。

步骤 10:计算“营业利润率”的“指标值变动”。选中 D4 单元格,在 D4 单元格或编辑栏中输入公式，单元格 D4＝B4－C4，如图 6-1-5 所示。

D4　=B4-C4

	A	B	C	D
1	1. 盈利能力指标分析			
2			营业盈利能力分析表	
3	财务指标	2024年指标数	2023年指标数	指标值变动
4	营业利润率	50.15%	48.34%	1.81%

图 6-1-5　计算“营业利润率”的“指标值变动”

步骤 11：计算“营业毛利率”“营业净利率”和“成本费用利润率”的“指标值变动”。选中 D4 单元格，当鼠标移至 D4 单元格右下角出现黑色十字时，按住鼠标左键向下拖动到 D7 单元格，如图 6-1-6 所示。

D4　=B4-C4

	A	B	C	D
1	1. 盈利能力指标分析			
2			营业盈利能力分析表	
3	财务指标	2024年指标数	2023年指标数	指标值变动
4	营业利润率	50.15%	48.34%	1.81%
5	营业毛利率	52.75%	51.00%	1.75%
6	营业净利率	37.62%	36.25%	1.36%
7	成本费用利润率	99.95%	93.17%	6.77%

图 6-1-6　计算其他指标的“指标值变动”

步骤 12：计算“营业利润率”的“与同行业差异”。选中 F4 单元格，在 F4 单元格或编辑栏中输入公式，单元格 F4＝B4－E4，如图 6-1-7 所示。

F4　=B4-E4

	A	B	C	D	E	F
1	1. 盈利能力指标分析					
2				营业盈利能力分析表		
3	财务指标	2024年指标数	2023年指标数	指标值变动	2024年同行业均值	与同行业差异
4	营业利润率	50.15%	48.34%	1.81%	45.20%	4.95%

图 6-1-7　计算“营业利润率”的“与同行业差异”

步骤 13：计算“营业毛利率”“营业净利率”和“成本费用利润率”的“与同行业差异”。选中 F4 单元格，当鼠标移至 F4 单元格右下角出现黑色十字时，按住鼠标左键向下拖动到 F7 单元格，如图 6-1-8 所示。

F4　=B4-E4

	A	B	C	D	E	F
1	1. 盈利能力指标分析					
2				营业盈利能力分析表		
3	财务指标	2024年指标数	2023年指标数	指标值变动	2024年同行业均值	与同行业差异
4	营业利润率	50.15%	48.34%	1.81%	45.20%	4.95%
5	营业毛利率	52.75%	51.00%	1.75%	50.43%	2.32%
6	营业净利率	37.62%	36.25%	1.36%	35.65%	1.97%
7	成本费用利润率	99.95%	93.17%	6.77%	80.12%	19.83%

图 6-1-8　计算其他指标的“与同行业差异”

步骤 14: 插入图表。按住【Ctrl】键,同时选择 A3:A7 和 F3:F7 单元格区域,选择菜单栏,依次选择【插入】→【饼图】,如图 6-1-9 所示。

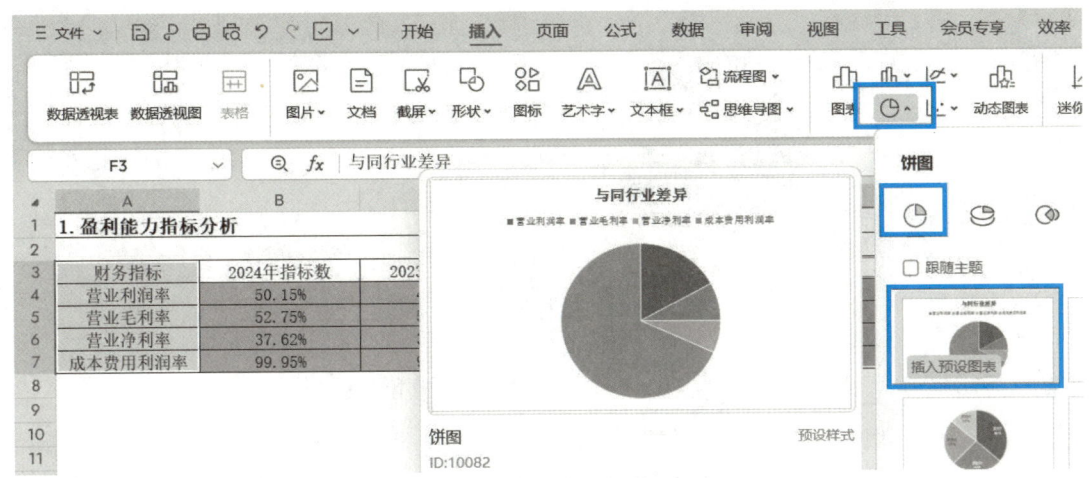

图 6-1-9　选择插入"饼图"

步骤 15: 选择图表标题区域,将图表标题设置为"2024 年营业盈利能力指标与同行业差异对比",如图 6-1-10 所示。

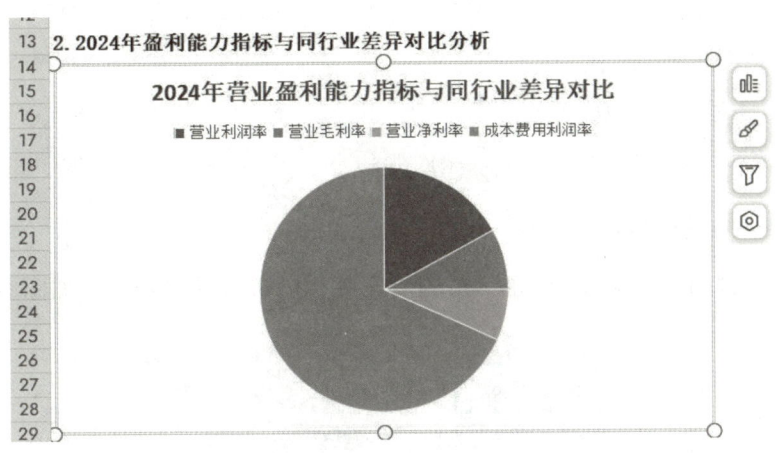

图 6-1-10　设置图表标题

步骤 16: 设置图表元素。点击图表右侧【图表元素】按钮,勾选"图表标题""数据标签外""图例",如图 6-1-11 所示。

步骤 17: 在任意空白位置设立辅助区,选择 A3:F7 单元格区域,选择 A3:F7 单元格区域,按下【Ctrl+C】组合键复制,在辅助区按下【Ctrl+V】组合键进行粘贴,再选择粘贴方式为【值和数字格式(A)】,如图 6-1-12 所示。

步骤 18: 进行数据筛选。选中辅助区,选择菜单栏,依次选择【数据】→【筛选(F)】,如图 6-1-13 所示。

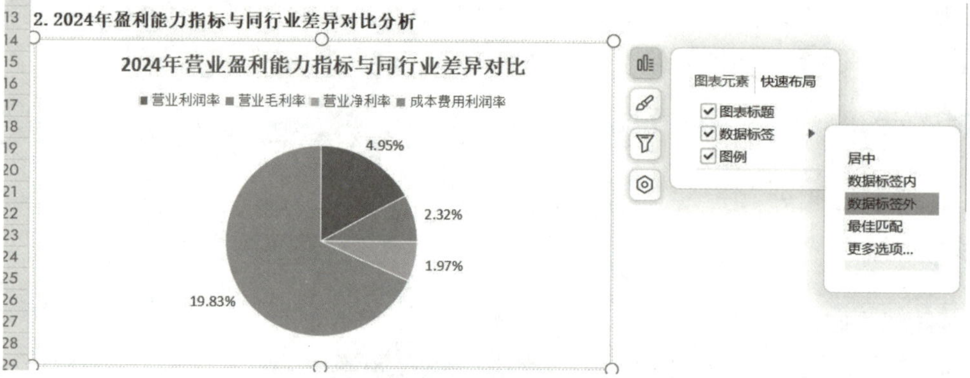

2. 2024年盈利能力指标与同行业差异对比分析

图 6-1-11　选择设置图表元素

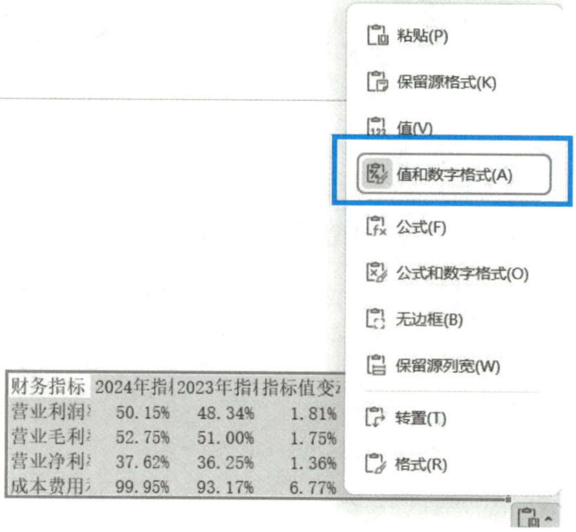

图 6-1-12　选择粘贴方式

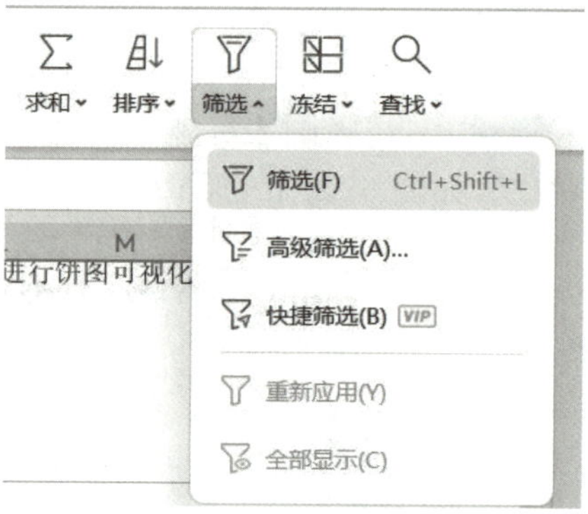

图 6-1-13　选择"筛选(F)"

步骤 19：点击"与同行业差异"右下角的下拉菜单按钮,选择"降序",如图 6-1-14 所示。

图 6-1-14　选择"降序"排序

步骤 20：将排序后的前四列数据复制,粘贴至 B35：E38 单元格区域,如图 6-1-15 所示。

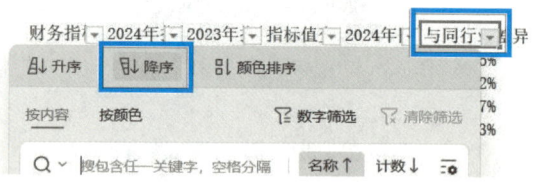

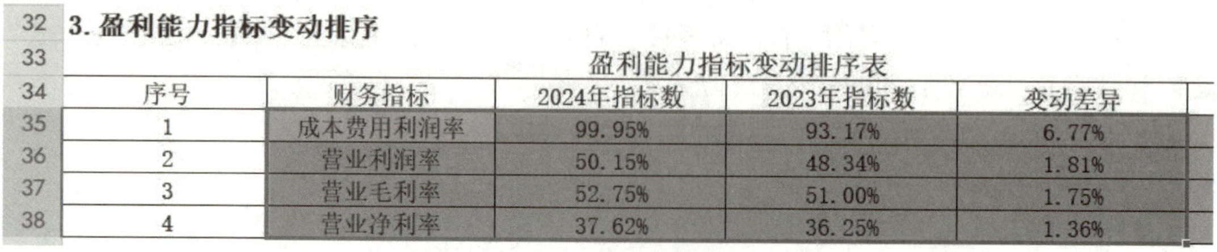

图 6-1-15　粘贴位于前四的数据

步骤 21:计算“成本费用利润率”的“变动差异绝对值”。选中 F35 单元格,在 F35 单元格或编辑栏中输入公式,单元格 F35＝ABS(E35),如图 6-1-16 所示。

F35　=ABS(E35)

3. 盈利能力指标变动排序

盈利能力指标变动排序表

序号	财务指标	2024年指标数	2023年指标数	变动差异	变动差异绝对值
1	成本费用利润率	99.95%	93.17%	6.77%	6.77%

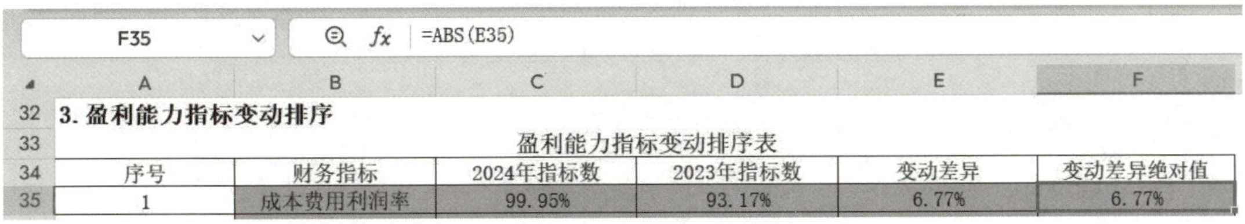

图 6-1-16　计算“成本费用利润率”的“变动差异绝对值”

步骤 22:计算“营业利润率”“营业毛利率”和“营业净利率”的“变动差异绝对值”。选中 F35 单元格,当鼠标移至 F35 单元格右下角出现黑色十字时,按住鼠标左键向下拖动到 F38 单元格,如图 6-1-17 所示。

3. 盈利能力指标变动排序

盈利能力指标变动排序表

序号	财务指标	2024年指标数	2023年指标数	变动差异	变动差异绝对值
1	成本费用利润率	99.95%	93.17%	6.77%	6.77%
2	营业利润率	50.15%	48.34%	1.81%	1.81%
3	营业毛利率	52.75%	51.00%	1.75%	1.75%
4	营业净利率	37.62%	36.25%	1.36%	1.36%

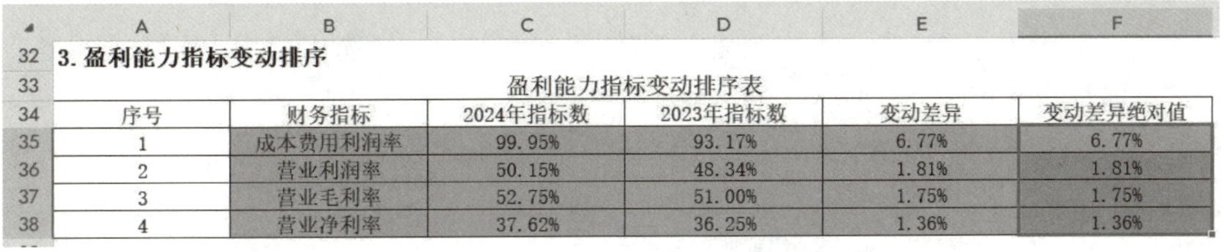

图 6-1-17　计算其他指标的“变动差异绝对值”

步骤 23:插入图表。按【Ctrl】键,同时选择 B35:B38 和 F35:F38 单元格区域,选择菜单栏,依次选择【插入】→【饼图】,如图 6-1-18 所示。

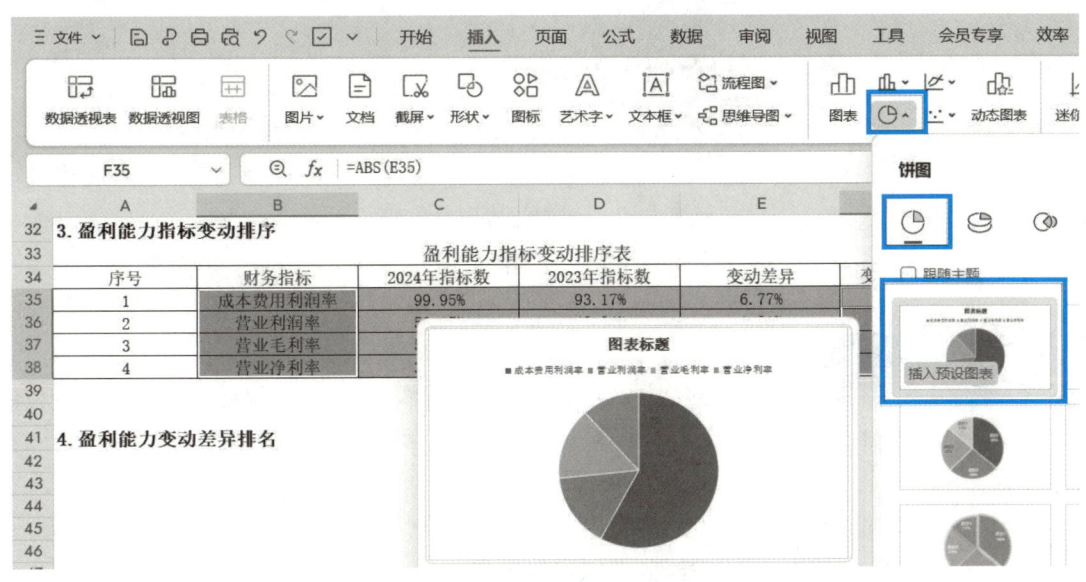

图 6-1-18　插入“饼图”

步骤 24:选择图表标题区域,将图表标题设置为“营业盈利能力变动差异排名”,如图 6-1-19 所示。

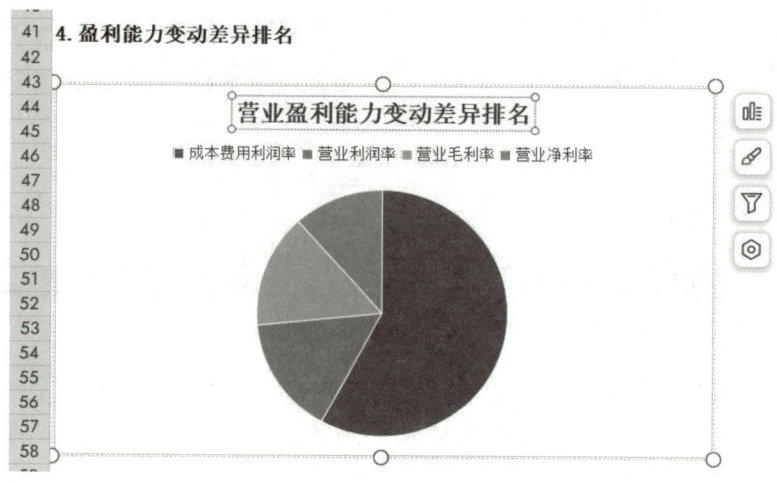

图 6-1-19 设置图表标题

步骤 25：设置图表元素。点击图表右侧【图表元素】按钮，勾选"图表标题""数据标签（居中）""图例"，如图 6-1-20 所示。

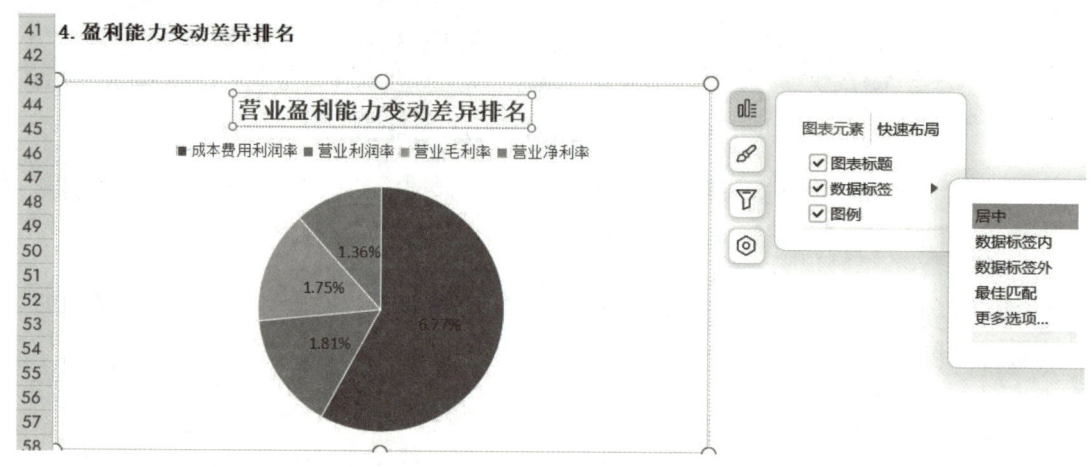

图 6-1-20 选择设置图表元素

成果展示，如图 6-1-21 和图 6-1-22 所示。

任务实训 6-1

打开"营业盈利能力分析-练习（答题单据）.xlsx"电子表格文件，找到对应工作表，完成以下操作：

练习：在"盈利能力指标分析"工作表中完成以下操作。

要求：（请参考"成果图"工作表，自行创建答题模板。）

（1）在"营业盈利能力分析表"中进行偿债能力指标分析。

（2）进行营业盈利能力指标与同行业差异对比分析。为盈利能力指标与同行业差异对比情况进行饼图可视化。

1. 盈利能力指标分析

营业盈利能力分析表

财务指标	2024年指标数	2023年指标数	指标值变动	2024年同行业均值	与同行业差异
营业利润率	50.15%	48.34%	1.81%	45.20%	4.95%
营业毛利率	52.75%	51.00%	1.75%	50.43%	2.32%
营业净利率	37.62%	36.25%	1.36%	35.65%	1.97%
成本费用利润率	99.95%	93.17%	6.77%	80.12%	19.83%

2. 2024年盈利能力指标与同行业差异对比分析

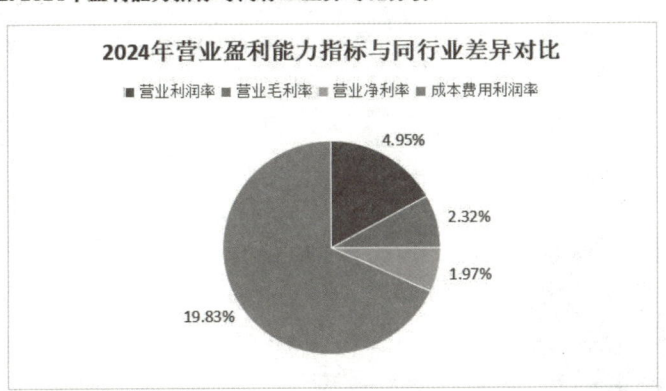

图 6-1-21　成果展示（1）

3. 盈利能力指标变动排序

盈利能力指标变动排序表

序号	财务指标	2024年指标数	2023年指标数	变动差异	变动差异绝对值
1	成本费用利润率	99.95%	93.17%	6.77%	6.77%
2	营业利润率	50.15%	48.34%	1.81%	1.81%
3	营业毛利率	52.75%	51.00%	1.75%	1.75%
4	营业净利率	37.62%	36.25%	1.36%	1.36%

4. 盈利能力变动差异排名

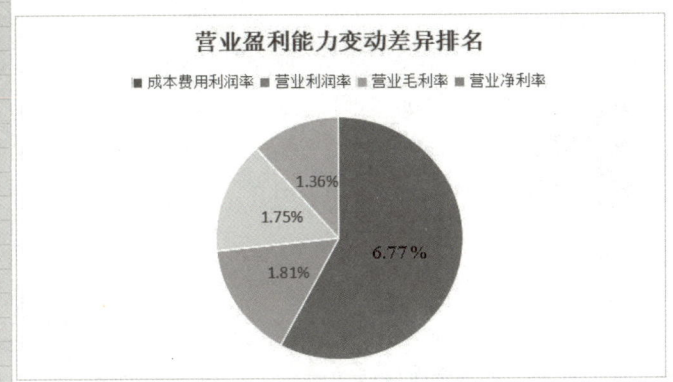

图 6-1-22　成果展示（2）

（3）盈利能力指标变动排序。

（4）进行营业盈利能力指标与同行业差异变动分析。依据"变动差异绝对值"为盈利能力变动差异排名情况进行饼图可视化。

成果参考，如图 6-1-23 和图 6-1-24 所示。

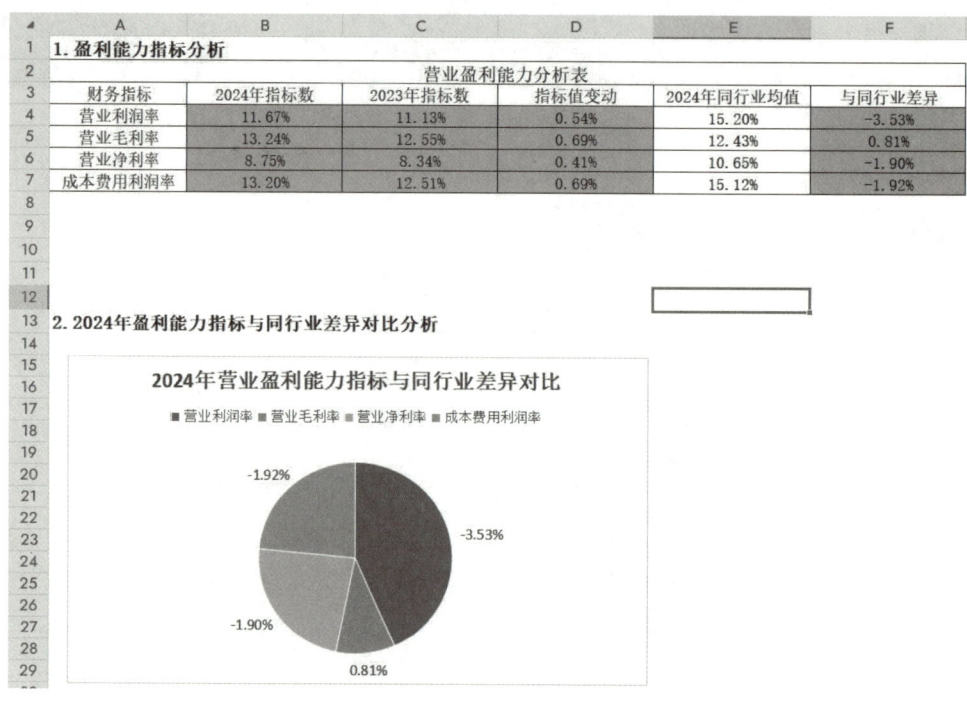

图 6-1-23　成果参考(1)

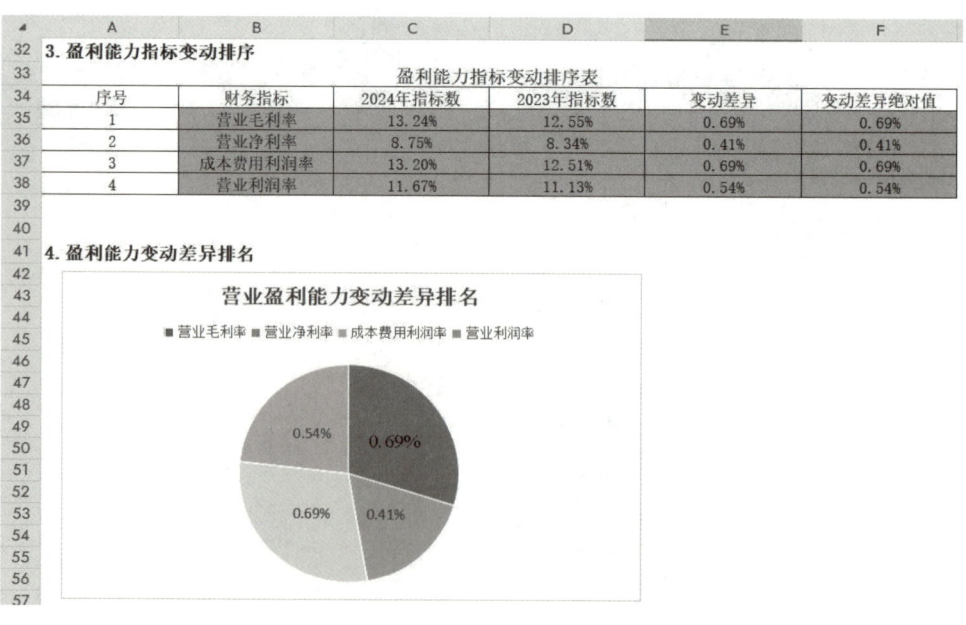

图 6-1-24　成果参考(2)

任务二　资产盈利能力指标

资产盈利能力指标是衡量企业资产运用效率和盈利贡献的重要标尺。总资产净利率、总资产报酬率等核心指标，如同资产管理的晴雨表，直观反映了企业资产的盈利能力和管理质量。它们不仅揭示了企业资产在创造利润方面的效能，还为企业优化资产结构、提升资本利用效率提供了有力依据。通过关注这些指标，企业能够识别资产配置的合理性，挖掘资产潜力，实现资产价值的最大化。同时，这些指标也是投资者评估企业长期盈利潜力和投资风险的重要参考，有助于投资者做出更加明智的投资决策。

任务准备

一、总资产净利率

（一）总资产净利率的含义

总资产净利率是指公司净利润与平均资产总额的百分比。该指标反映的是公司运用全部资产所获得利润的水平，即公司每占用1元的资产平均能获得多少元的利润。总资产周转率的计算公式如下：

$$总资产净利率 = \frac{净利润}{平均资产总额} \times 100\%$$

其中：

$$平均资产总额 = \frac{资产总额年初数 + 资产总额年末数}{2}$$

（二）总资产净利率的意义

总资产净利率在企业中有着广泛的应用，这是因为它不仅能够反映企业经营效益的水平，也能够帮助企业识别自身的优缺点，优化经营策略。如果总资产净利率较高，说明企业在利用自身总资产时表现良好，具备一定的市场竞争力。如果总资产净利率较低，则说明企业尚需进一步优化资产利用效率或者加强经营管理。总资产净利润率与净利润成正比，与资产平均总额成反比。总资产净利润率是影响所有者权益利润率的最重要的指标，具有很强的综合性，而资产净利润率又取决于销售净利润率和资产周转率的高低。

（1）投入产出水平：总资产净利率较高意味着公司能够更有效地将投入的资源转化为利润，表明公司的投入产出水平较高。

（2）资产运营效率：该指标也反映了公司资产运营的效率，即公司如何有效地管理和使用其资产来产生收入和利润。

（3）成本费用控制：总资产净利率的高低还与成本费用的控制水平有关，高效的成本控制有助于提高这一比率。

(4) 企业管理水平：总资产净利率的高低体现了企业管理水平的高低，包括战略规划、资源配置、运营效率等多个方面。

总资产净利率是企业经营效益的重要指标之一，对于了解企业资产运营、优化经营策略具有重要意义。企业应当加强管理，提高资产周转率和营业净利率，从而提升总资产净利率水平，增强企业竞争力。

二、总资产报酬率

（一）总资产报酬率的含义

总资产报酬率又称为总资产收益率，是一定时期内所实现的报酬总额与平均资产总额的比值。它用来衡量企业利用全部资产获取利润的能力。总资产报酬率计算公式如下：

$$总资产报酬率 = \frac{息税前利润}{平均资产总额} \times 100\%$$

其中：

$$息税前利润 = 净利润 + 利息费用 + 所得税费用$$

$$平均资产总额 = \frac{资产总额年初数 + 资产总额年末数}{2}$$

（二）总资产报酬率的作用

(1) 总资产报酬率表示企业全部资产获取收益的水平，全面反映了企业的获利能力和投入产出状况。通过对该指标的深入分析，可以增强各方面对企业资产经营的关注，促进企业提高单位资产的收益水平。

(2) 一般情况下，企业可以将总资产报酬率指标与市场资本利率进行比较，如果该指标大于市场利率，则表明企业可以充分利用财务杠杆，进行负债经营，获取尽可能多的收益。

(3) 总资产报酬率指标越高，表明企业投入产出的水平越高，企业的资产运营越有效。

任务描述 6-2

【任务 1】使用公式计算各财务指标的"2024 年指标数""2023 年指标数"两列数据。

【任务 2】进行资产盈利能力指标的差异变动可视化分析。依据各指标的"2024 年指标数""2023 年指标数"的数据对企业资产盈利能力指标进行柱形图可视化，需要显示坐标轴、图表标题（"资产盈利能力指标对比图"）、数据标签（外）、网格线、图例五项内容。

任务实施 6-2

资产盈利能力指标

步骤 1：打开电子表格文件"资产盈利能力分析（答题单据）.xlsx"，打开工作表"资本盈利能力指标分析”。请参考“成果图”工作表，自行创建答题模板。(“总资产净利率”的 2024 年和 2023 年指标数单元格为“百分比”格式。“总资产报酬率”的 2024 年和 2023 年指标数单元格为“数值”格式。)

步骤 2：计算“2024 年指标数”的“总资产净利率”。已知：总资产净利率＝净利润/平均资产总额×100％。选中 B3 单元格，在 B3 单元格或编辑栏中输入公式，单元格 B3＝利润表！D27/((资产负债表！B45＋资产负债表！C45)/2)＊100％，如图 6-2-1 所示。

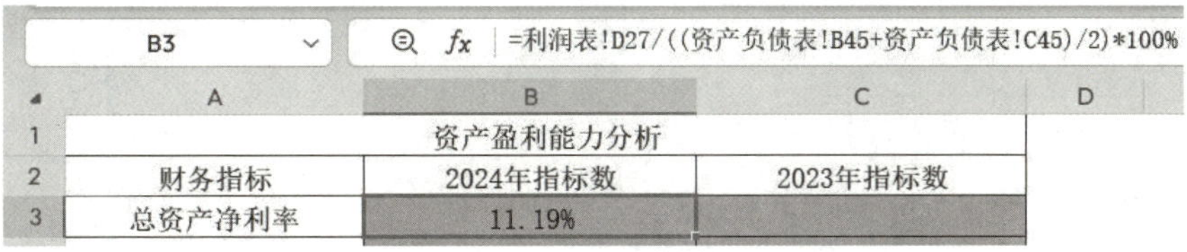

B3　=利润表!D27/((资产负债表!B45+资产负债表!C45)/2)*100%

	A	B	C
1	资产盈利能力分析		
2	财务指标	2024年指标数	2023年指标数
3	总资产净利率	11.19%	

图 6-2-1　计算“2023 年指标数”的“总资产净利率”

步骤 3：计算“2024 年指标数”的“总资产报酬率”。已知：总资产报酬率＝息税前利润/平均资产总额×100％。选中 B4 单元格，在 B4 单元格或编辑栏中输入公式，单元格 B4＝(利润表！D27＋利润表！D11＋利润表！D26)/((资产负债表！B45＋资产负债表！C45)/2)＊100％，如图 6-2-2 所示。

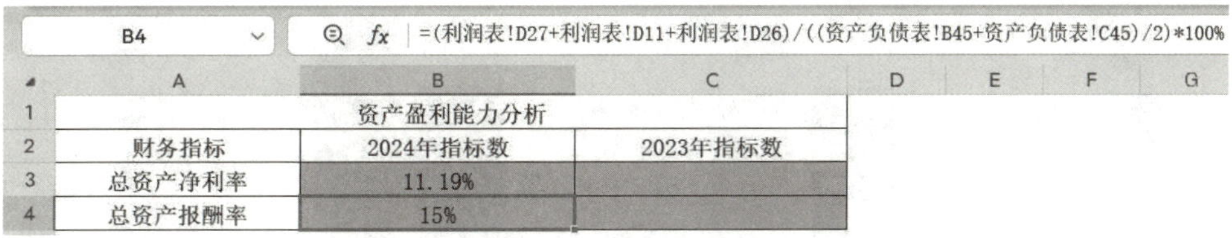

B4　=(利润表!D27+利润表!D11+利润表!D26)/((资产负债表!B45+资产负债表!C45)/2)*100%

	A	B	C
1	资产盈利能力分析		
2	财务指标	2024年指标数	2023年指标数
3	总资产净利率	11.19%	
4	总资产报酬率	15%	

图 6-2-2　计算“2024 年指标数”的“总资产报酬率”

步骤 4：计算“2023 年指标数”的“总资产净利率”。已知：总资产净利率＝净利润/平均资产总额×100％。选中 C3 单元格，在 C3 单元格或编辑栏中输入公式，单元格 C3＝上年利润表！D27/((上年资产负债表！B45＋上年资产负债表！C45)/2)＊100％。

步骤 5：计算“2023 年指标数”的“总资产报酬率”。已知：总资产报酬率＝息税前利润/平均资产总额×100％。选中 C4 单元格，在 C4 单元格或编辑栏中输入公式，单元格 C4＝(上年利润表！D27＋上年利润表！D11＋上年利润表！D26)/((上年资产负债表！B45＋上年资产负债表！C45)/2)＊100％。

步骤 6：插入图表。选择 A2:C4 单元格区域，选择菜单栏，依次选择【插入】→【簇状柱形图】，如图 6-2-3 所示。

步骤 7：选择图表标题区域，将图表标题设置为“资产盈利能力指标对比图”，如图 6-2-4 所示。

步骤 8：设置图表元素。点击图表右侧【图表元素】按钮，勾选“坐标轴”“图表标题”“数据标签(外)”“网格线”“图例”，如图 6-2-5 所示。

成果展示，如图 6-2-6 所示。

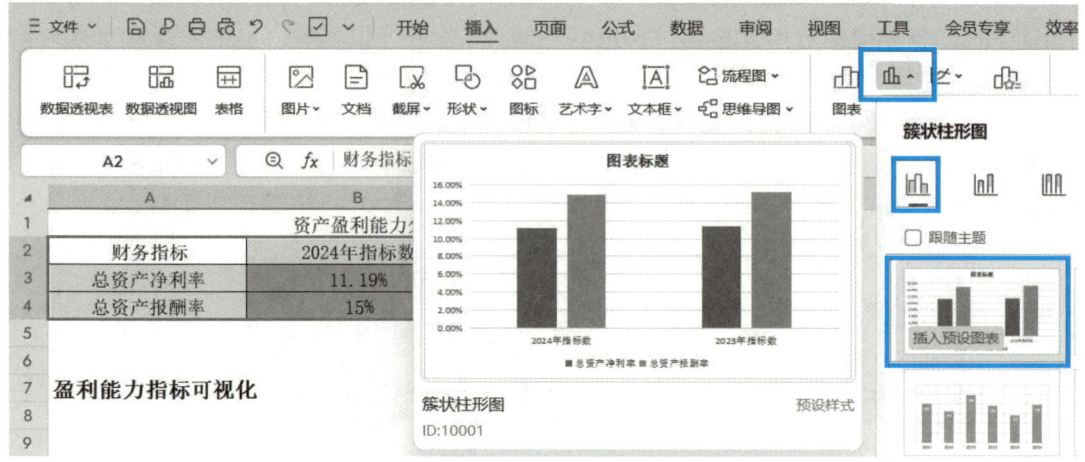

图 6-2-3　选择插入"簇状柱形图"

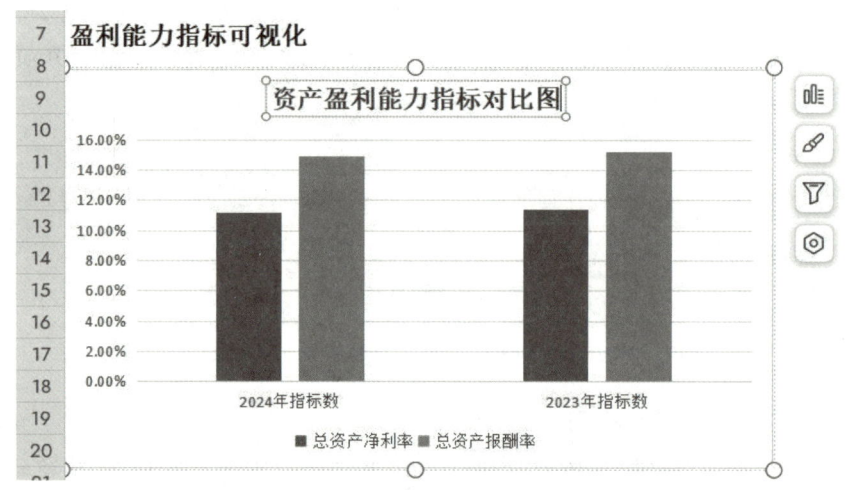

图 6-2-4　设置图表标题

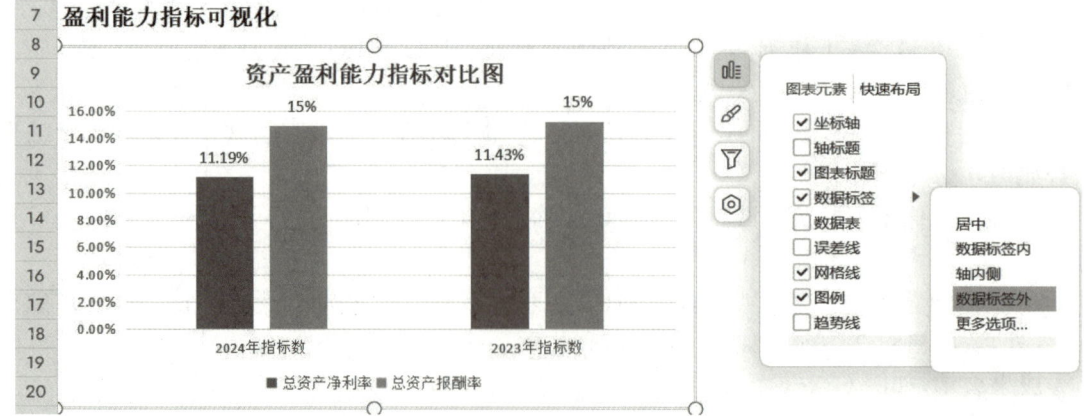

图 6-2-5　设置图表元素

项目六　盈利能力指标分析 187

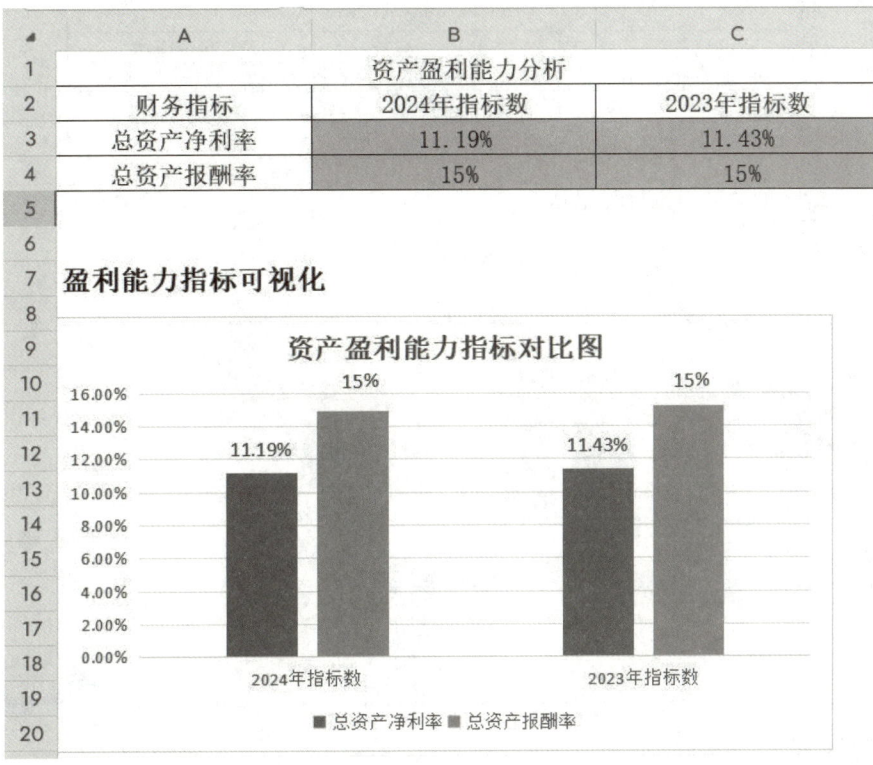

图 6-2-6　成果展示

任务实训 6-2

打开"资产盈利能力分析-练习(答题单据).xlsx"电子表格文件,找到对应工作表,完成以下操作:

练习:在"盈利能力指标分析"工作表中完成以下操作。

要求:(请参考"成果图"工作表,自行创建答题模板。)

(1) 在"资产盈利能力分析表"中进行资产盈利能力指标分析。

(2) 财务指标数据可视化对比分析。依据指标数对企业资产盈利能力指标进行簇状柱形图可视化。

成果参考如图 6-2-7 所示。

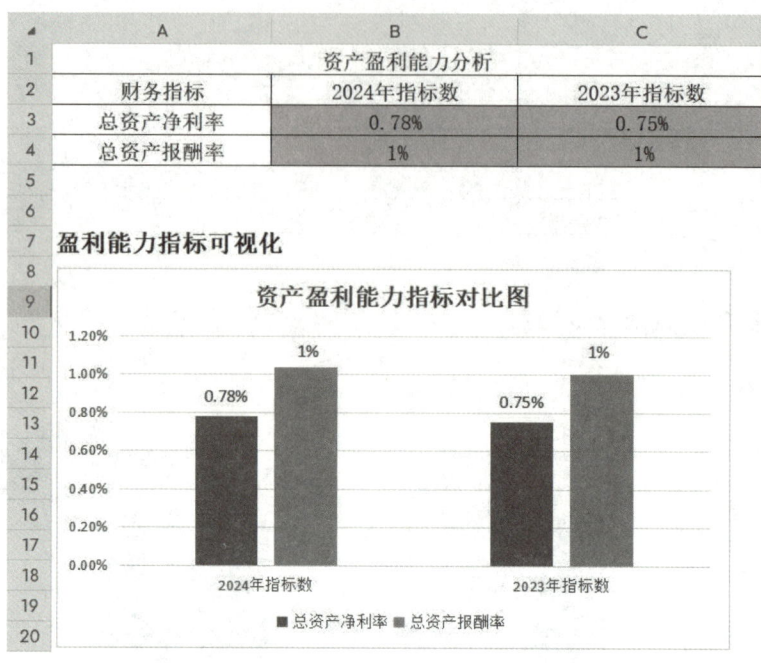

图 6-2-7　成果参考

任务三　资本盈利能力指标

资本盈利能力指标是企业资本运用效率和股东回报能力的直接体现。资本收益率、净资产收益率等关键指标，如同资本市场的风向标，引领着投资者的目光。这些指标不仅反映了企业利用自有资本创造利润的能力，还体现了资本市场对企业盈利前景的认可与期待。高资本盈利能力不仅意味着企业能够为股东创造更多价值，还能够在资本市场中赢得更多投资者的青睐。因此，企业需高度重视这些指标的提升，通过优化资本结构、提高运营效率等方式，不断增强自身的资本盈利能力，以赢得更广阔的发展空间和市场前景。

 任务准备

一、资本收益率

（一）资本收益率的含义

资本收益率又称资本利润率，是指企业净利润（即税后利润）与平均资本（即资本性投入及其资本溢价）的比率。它是用以反映企业运用资本获得收益的能力，也是财政部对企业经济效益的一项评价指标。资本收益率计算公式如下：

$$资本收益率=\frac{净利润}{平均资本}\times100\%$$

其中:

$$平均资本=\frac{(实收资本年初数+资本公积年初数)+(实收资本年末数+资本公积年末数)}{2}$$

上述资本公积仅指资本溢价(或股本溢价)。

(二) 资本收益率的作用

资本收益率的高低代表着公司运用资本获得收益能力的强弱,资本收益率越高,说明企业利用自身投资赚钱的能力越强,同时也意味着企业判别市场风险的能力越强,对于投资者来说,该企业便是一个值得投资的企业。可见,投资者进行资本收益率分析可达到以下目的:

(1) 检查、判定投资效益。资本收益率分析是投资者检查判定投资效益好坏的基本指标,是进行投资决策的基本依据。

(2) 检查、评价企业管理者经营管理工作。资本收益率的高低,是企业管理者经营管理工作好坏、效率高低的集中反映,通过资本收益率分析,投资者可以检查评价企业管理者经营管理工作的好坏。

(3) 资本收益率是投资者考核、检查其资本保值增值的主要指标。对于投资者来说,资本收益率越高,投资者投入资本的获利能力越强。

二、净资产收益率

(一) 净资产收益率的含义

净资产收益率是衡量股东资金使用效率的重要财务指标,又称为股东权益回报率,是净利润与股东权益的百分比,是税后利润除以净资产得到的百分比率。净资产收益率的计算公式如下:

$$净资产收益率=\frac{净利润}{股东权益}\times100\%$$

其中,股东权益又称所有者权益、净资产,是指公司总资产扣除负债余下的部分,包括股本、资本公积、盈余公积、未分配利润,代表了股东对企业的所有权,反映了股东在企业资产中享有的经济利益。股东权益的计算公式如下:

$$股东权益=\frac{年初净资产+年末净资产}{2}$$

(二) 净资产收益率的意义

净资产收益率是企业盈利能力的核心指标,也是杜邦财务分析体系的核心指标,更是投资人做投资决策时关注的重点。如果企业的净资产收益率在一段时间内持续增长,说明权益资本盈利能力稳定上升。但净资产收益率不是一个越高越好的概念,分析时要注意企业的财务风险。

净资产收益率反映了以下内容：

(1) 净资产收益率反映公司所有者权益的投资报酬率，具有很强的综合性。

(2) 一般认为，企业净资产收益率越高，企业自有资本获取收益的能力越强，运营效益越好。一般来说，公司年均净资产收益率高于15%就是非常优秀的公司了。

(3) 在分析任何一家公司时，不能仅仅依据净资产收益率一个指标来看问题，而是需要综合考察利润、资产、现金流等各个方面的情况。

(三) 影响净资产收益率的因素

影响净资产收益率的因素主要有总资产报酬率、负债利息率、企业资本结构和所得税率等。

(1) 总资产报酬率。净资产是企业全部资产的一部分，因此，净资产收益率必然受企业总资产报酬率的影响。在负债利息率和资本构成等条件不变的情况下，总资产报酬率越高，净资产收益率就越高。

(2) 负债利息率。负债利息率之所以影响净资产收益率，是因为在资本结构一定情况下，当负债利息率变动使总资产报酬率高于负债利息率时，将对净资产收益率产生有利影响；反之，在总资产报酬率低于负债利息率时，将对净资产收益率产生不利影响。

(3) 资本结构或负债与所有者权益之比。当总资产报酬率高于负债利息率时，提高负债与所有者权益之比，将使净资产收益率提高；反之，降低负债与所有者权益之比，将使净资产收益率降低。

(4) 所得税税率。净资产收益率的分子是净利润即税后利润，因此，所得税税率的变动必然引起净资产收益率的变动。通常，所得税税率提高，净资产收益率下降；反之，则净资产收益率上升。

任务描述 6-3

【任务 1】使用公式计算各财务指标的"2024 年指标数""2023 年指标数"两列数据。

【任务 2】进行资本盈利能力指标的差异变动可视化分析。依据各指标的"2024 年指标数""2023 年指标数"的数据对企业资本盈利能力指标进行折线图可视化，需要显示坐标轴、图表标题（"资本盈利能力指标对比图"）、数据标签（上方）、网格线、图例、涨/跌柱线六项内容。

任务实施 6-3

资本盈利能力指标

步骤1：打开电子表格文件"资本盈利能力分析（答题单据）.xlsx"，打开工作表"资本盈利能力指标分析"。请参考"成果图"工作表，自行创建答题模板。（含底纹单元格均为"百分比"格式。）

步骤2：计算"2024 年指标数"的"资本收益率"。已知：资本收益率＝净利润/平均资本×100%。选中 B3 单元格，在 B3 单元格或编辑栏中输入公式，单元格 B3＝利润表！D27/(((资产负债表！E34＋资产负债表！E38)＋(资产负债表！F34＋资产负债表！F38))/2)×100%，如图 6-3-1 所示。

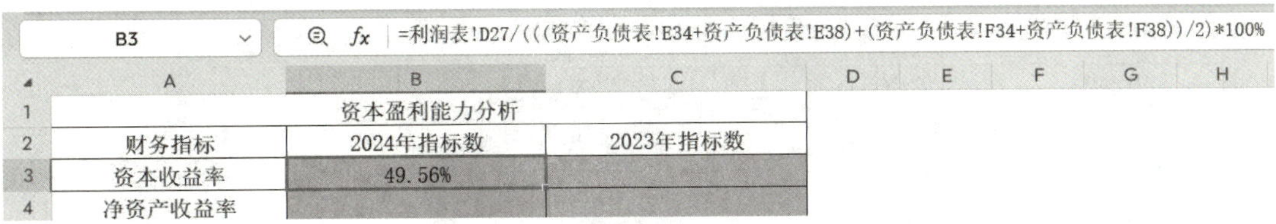
B3　=利润表!D27/(((资产负债表!E34+资产负债表!E38)+(资产负债表!F34+资产负债表!F38))/2)*100%

	A	B	C
1	资本盈利能力分析		
2	财务指标	2024年指标数	2023年指标数
3	资本收益率	49.56%	
4	净资产收益率		

图 6-3-1　计算“2024 年指标数”的“资本收益率”

步骤 3：计算“2024 年指标数”的“净资产收益率”。已知：净资产收益率＝净利润/股东权益×100%。选中 B4 单元格，在 B4 单元格或编辑栏中输入公式，单元格 B4＝利润表！D27/((资产负债表！E44＋资产负债表！F44)/2) * 100%，如图 6-3-2 所示。

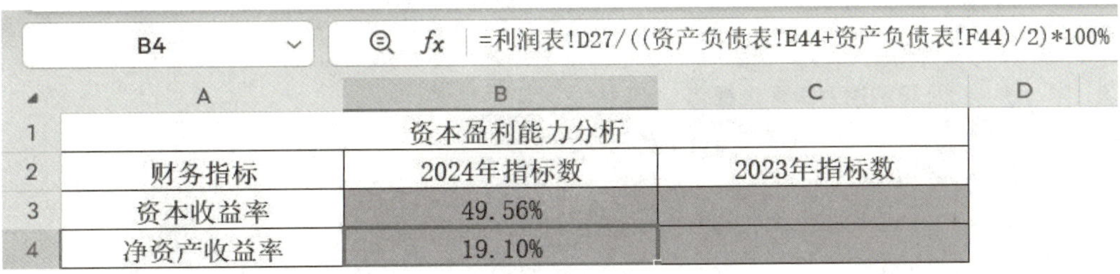
B4　=利润表!D27/((资产负债表!E44+资产负债表!F44)/2)*100%

	A	B	C
1	资本盈利能力分析		
2	财务指标	2024年指标数	2023年指标数
3	资本收益率	49.56%	
4	净资产收益率	19.10%	

图 6-3-2　计算“2024 年指标数”的“净资产收益率”

步骤 4：计算“2023 年指标数”的“资本收益率”。已知：资本收益率＝净利润/平均资本×100%。选中 C3 单元格，在 C3 单元格或编辑栏中输入公式，单元格 C3＝上年利润表！D27/(((上年资产负债表！E34＋上年资产负债表！E38)＋(上年资产负债表！F34＋上年资产负债表！F38))/2) * 100%。

步骤 5：计算“2023 年指标数”的“净资产收益率”。已知：净资产收益率＝净利润/平均净资产×100%。选中 C4 单元格，在 C4 单元格或编辑栏中输入公式，单元格 C4＝上年利润表！D27/((上年资产负债表！E44＋上年资产负债表！F44)/2) * 100%。

步骤 6：插入图表。选择 A2:C4 单元格区域，选择菜单栏，依次选择【插入】→【折线图】，如图 6-3-3 所示。

步骤 7：选择图表标题区域，将图表标题设置为“资本盈利能力指标对比图”，如图 6-3-4 所示。

步骤 8：设置图表元素。点击图表右侧【图表元素】按钮，勾选“坐标轴”“图表标题”“数据标签(上方)”“网格线”“图例”“涨/跌柱线”，如图 6-3-5 所示。

成果展示，如图 6-3-6 所示。

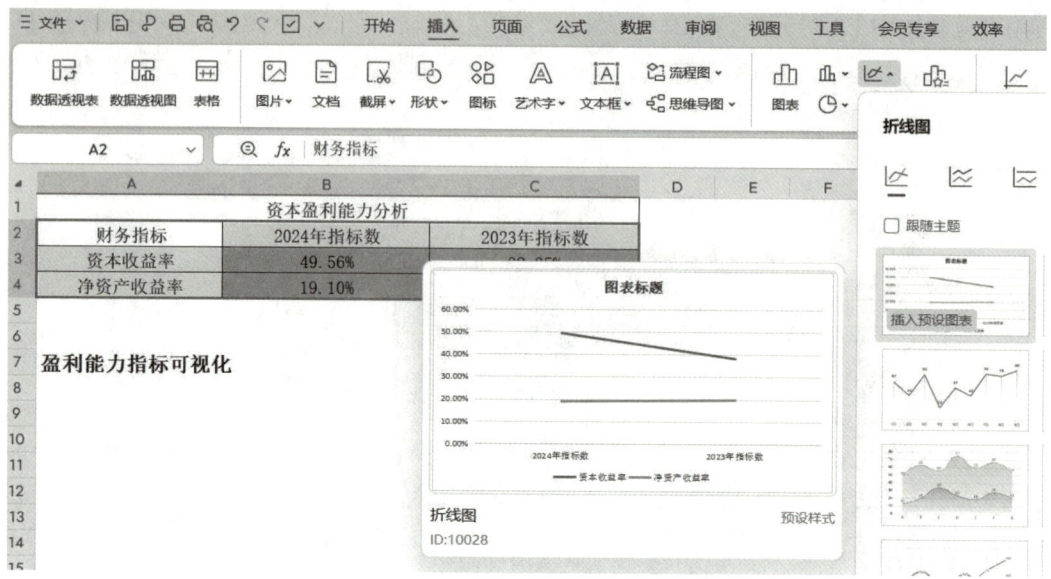

图 6-3-3 选择插入"折线图"

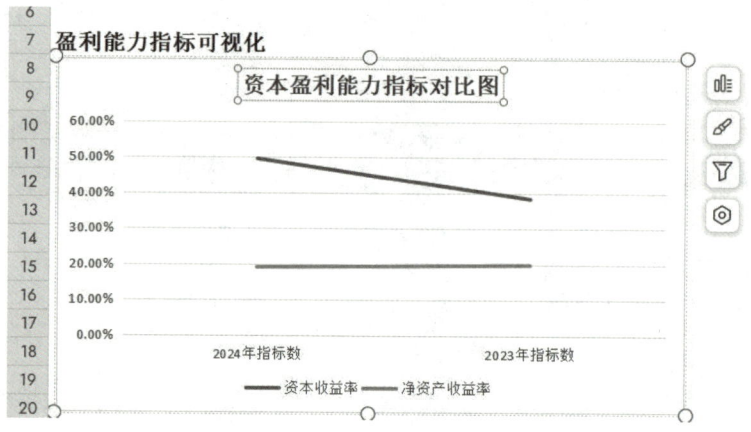

图 6-3-4 设置图表标题

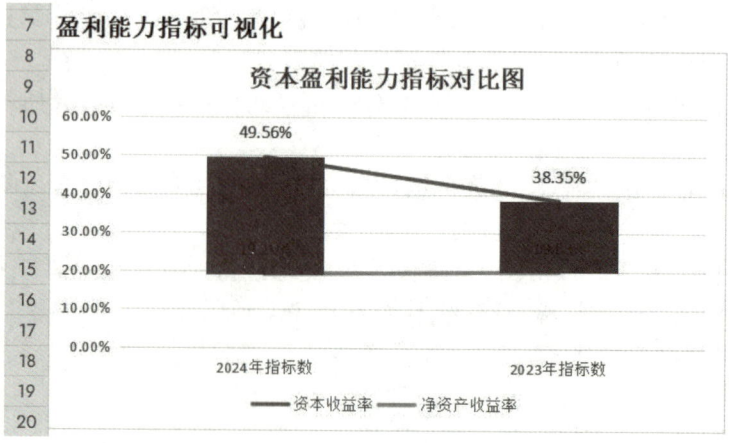

图 6-3-5 选择设置图表元素

	A	B	C
1	资本盈利能力分析		
2	财务指标	2024年指标数	2023年指标数
3	资本收益率	49.56%	38.35%
4	净资产收益率	19.10%	19.83%

盈利能力指标可视化

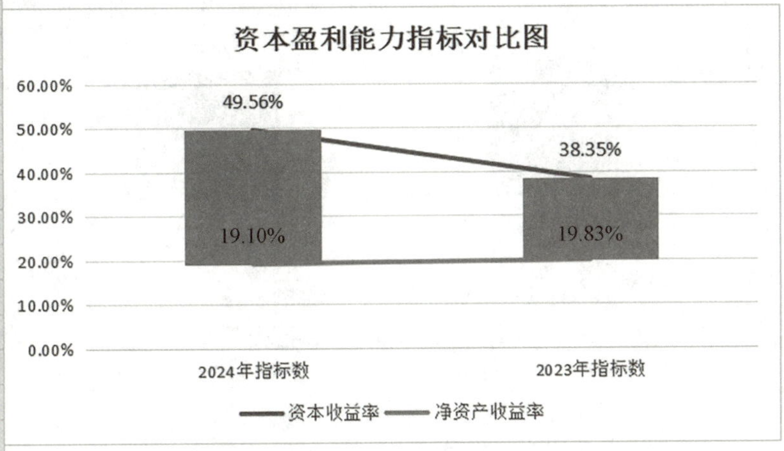

资本盈利能力指标对比图

图 6-3-6　成果展示

任务实训 6-3

打开"资本盈利能力分析-练习(答题单据).xlsx"电子表格文件,找到对应工作表,完成以下操作:

练习:在"盈利能力指标分析"工作表中完成以下操作。

要求:(请参考"成果图"工作表,自行创建答题模板。)

(1) 在"资本盈利能力分析表"中进行资本盈利能力指标分析。

(2) 财务指标数据可视化对比分析。依据指标数对企业资本盈利能力指标进行折线图可视化。

成果参考,如图 6-3-7 所示。

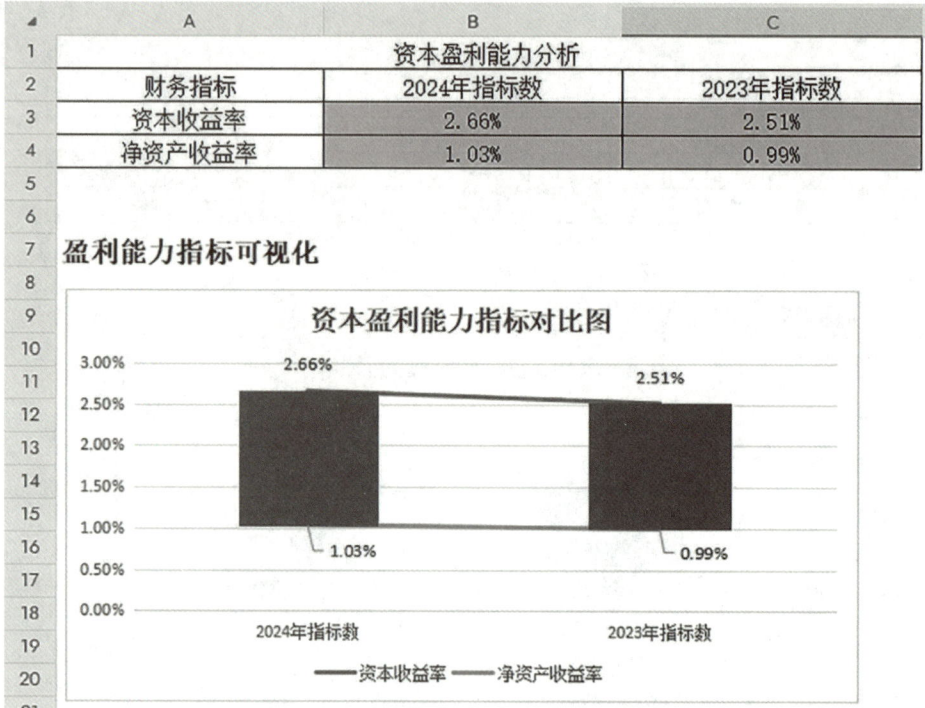

图 6-3-7　成果参考

学 习 总 结

学习完本项目,您学会了什么?

素养天地

在复杂多变的市场环境中,企业的盈利能力是衡量其经营成效与竞争力的核心指标。它不仅揭示了企业当前的盈利状况,更预示着未来的盈利潜力和发展方向。因此,提升盈利能力指标分析的素养,对于企业财务人员乃至整个管理团队而言,都显得尤为重要。

首先,深入理解盈利能力指标的内涵是提升分析素养的基础。净利润率、毛利率、净利率增长率等关键指标,不仅反映了企业当前的盈利状况,还预示着未来的盈利潜力。掌握这些指标的计算方法、经济含义及其相互关系,是进行有效分析的前提。

其次,掌握科学的分析方法与工具是关键。在进行盈利能力分析时,应综合运用趋势分析、比率分析、同行业对比等多种方法,全面剖析企业的盈利结构、盈利能力及盈利质量。同时,利用现代财务分析软件和技术工具,提高分析效率和准确性。

再次,注重实践经验的积累与总结。通过参与实际案例的分析、解决具体的财务问题,将理论知识与实践经验相结合,不断提升自己的分析能力和解决问题的能力。同时,定期回顾与总结分析过程,发现不足并寻求改进,形成良性循环。

最后,保持持续学习的态度是提升分析素养的永恒动力。财务领域知识更新迅速,新的理论、方法和工具层出不穷。为了保持竞争力,财务人员应始终保持对新知识、新技能的学习热情,紧跟时代步伐,不断提升自己的专业素养和综合能力。

提升盈利能力指标分析的素养是每一位财务人员都应追求的目标。通过深入理解指标、掌握科学方法、积累实践经验并保持持续学习,我们可以更加精准地评估企业的盈利能力,为企业的战略决策提供有力支持。

项目七　发展能力指标分析

发展能力指标分析是洞察企业未来增长潜力和可持续发展动力的关键视角。这些指标不仅涵盖了企业规模扩张的速度，还深入考量了技术创新、市场开拓、品牌建设等多方面的能力。通过营业收入增长率、总资产增长率、营业利润增长率等核心指标的分析，我们可以清晰地看到企业近年来的成长轨迹和速度，评估其是否处于健康、稳定的发展轨道上。

同时，发展能力指标分析也是投资者评估企业投资价值、预测未来收益的重要依据。高增长率的企业往往能够吸引更多的资本关注，因为它们代表着更高的投资回报潜力和更大的市场机会。然而，值得注意的是，过快的发展也可能伴随着风险和挑战，如资金链紧张、管理失控等。

因此，在进行发展能力指标分析时，我们需要综合考虑多个因素，既要看到企业的成长速度和潜力，也要警惕其可能面临的风险和挑战。只有这样，我们才能更准确地判断企业的真实价值和发展前景，为投资决策提供有力的支持。

  思维导图

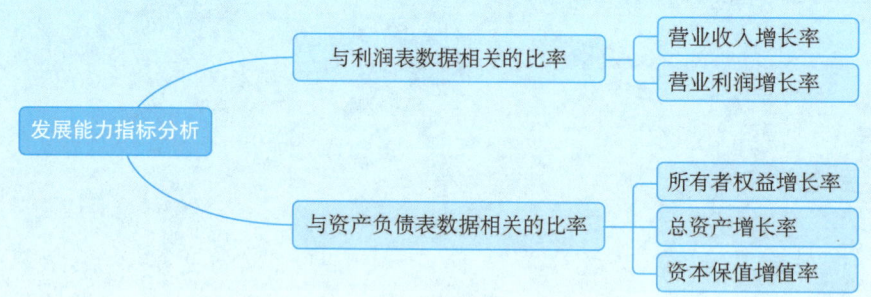

 **知识目标**

1. 掌握发展能力指标的定义及其在企业财务管理中的重要性
2. 掌握发展能力指标的计算公式
3. 学会通过财务报表提取发展能力指标的相关数据，分析企业的发展能力

能力目标

1. 能够正确计算与利润表数据相关的发展能力指标，学会分析与衡量企业与利润表

数据相关的发展能力

2. 能够正确计算与资产负债表数据相关的发展能力指标,学会分析与衡量企业与资产负债表数据相关的发展能力

1. 坚守真实性原则,杜绝人为篡改、虚构行为
2. 形成诚信、合规、责任的职业价值观

任务一　与利润表数据相关的比率

利润表作为企业财务报表的核心之一,其数据直接关联着企业的发展能力。通过分析营业收入增长率、营业利润增长率等关键指标,我们能够深入洞察企业的盈利增长趋势和潜在发展动力。这些指标不仅反映了企业当前的经营成果,更预示着其未来的成长潜力和市场竞争力。

营业收入增长率揭示了企业销售规模的扩张速度,是评估企业市场拓展能力的重要指标;而营业利润增长率则直接体现了企业盈利能力的提升情况,是衡量企业综合发展实力的关键参数。通过对这些指标的深入分析,投资者和管理层可以更加清晰地了解企业的盈利增长路径和未来发展前景,为制定科学的发展战略和投资决策提供有力依据。

一、营业收入增长率

(一) 营业收入增长率的含义

营业收入增长率是企业本年营业收入增加额与上年营业收入总额的比率。营业收入增长率的计算公式为:

$$营业收入增长率 = \frac{本年营业收入增长额}{上年营业收入总额} \times 100\%$$

其中:

$$本年营业收入增长额 = 本年营业收入总额 - 上年营业收入总额$$

(二) 营业收入增长率的意义

(1) 营业收入增长率是衡量企业经营状况和市场占有能力、预测企业经营业务拓展趋势的重要标志。不断增加的营业收入是企业生存的基础和发展的条件。

(2) 若该指标大于0,表示企业的营业收入有所增长,指标值越高,表明增长速度越快,

企业市场前景越好；若该指标小于0，则说明存在产品或服务不适销对路、质次价高等方面问题，市场份额萎缩。

（3）该指标在实际操作时，应结合企业历年的营业收入水平、企业产品或服务市场占有情况、行业未来发展及其他影响企业发展的潜在因素进行前瞻性预测，或者结合企业前三年的营业收入增长率作出趋势性分析判断。

（三）营业收入增长率的作用

营业收入增长率是一个重要的财务指标，它反映了企业营业收入的增减变动情况，通过比较本年营业收入增加额与上年营业收入总额来计算。这个指标不仅衡量了企业经营状况和市场占有能力，还是评价企业成长状况和发展能力的重要依据。具体来说，营业收入增长率的作用主要体现在以下几个方面：

（1）衡量企业经营状况和市场占有能力。通过分析营业收入增长率，我们可以判断企业在市场上的竞争力和发展潜力。较高的增长率通常意味着企业产品或服务受到市场欢迎，市场份额增加，反之则可能表明市场占有率下降或竞争力减弱。

（2）预测企业经营业务拓展趋势。营业收入增长率可以帮助预测企业未来的经营业务拓展趋势。如果增长率持续上升，可能意味着企业正在扩大市场份额，业务拓展顺利；反之，如果增长率下降或出现负增长，可能预示着企业需要调整经营策略或面临市场挑战。

（3）评价企业成长状况和发展能力。营业收入增长率是评价企业成长状况和发展能力的重要指标。通过比较不同时期的增长率，可以分析企业的发展趋势和速度。一般来说，较高的营业收入增长率表明企业具有较强的市场开拓能力和盈利能力，有助于企业持续发展和股东权益的增加。

（4）反映企业的产品生命周期。主营业务收入增长率可以用来衡量公司的产品生命周期，判断公司发展所处的阶段。如果主营业务收入增长率超过10%，说明公司产品处于成长期，将继续保持较好的增长势头；如果增长率在5%至10%之间，说明公司产品已进入稳定期，需要着手开发新产品；如果该比率低于5%，说明公司产品已进入衰退期，保持市场份额已经很困难。

二、营业利润增长率

（一）营业利润增长率的含义

营业利润增长率也称销售利润增长率，是企业本年营业利润增长额与上年营业利润总额的比率。这个指标反映了企业营业利润的增减变动情况，是衡量企业经营效率的重要指标之一，能体现企业管理者通过经营获取利润的能力。营业利润增长率的计算公式如下：

$$营业利润增长率 = \frac{本年营业利润增长额}{上年营业利润总额} \times 100\%$$

其中：

$$本年营业利润增长额 = 本年营业利润总额 - 上年营业利润总额$$

（二）营业利润增长率的意义

营业利润增长率是衡量企业经营效率的指标，反映了在不考虑非营业成本的情况下，企业管理者通过经营获取利润的能力。营业利润率越高,说明企业商品销售额提供的营业利润越多,企业的盈利能力越强;反之,此比率越低,说明企业盈利能力越弱。

(三)营业利润增长率的作用

(1) 衡量企业经营成果。营业利润增长率是企业经营业绩的核心指标之一,它直接反映了企业在一定时期内的盈利能力和经营效率。通过分析营业利润增长率,我们可以评估企业的盈利状况是否稳定增长,从而判断企业的经营成果是否达到了预期目标。

(2) 预测企业发展潜力。营业利润增长率高的企业,通常意味着其业务拓展能力强,市场竞争力高,具有较好的发展前景。因此,营业利润增长率可以作为预测企业未来发展趋势的重要参考。

(3) 评估企业质量。营业利润增长率还可以用来评估企业的质量。一个营业利润稳定增长且占利润总额比例呈增长趋势的企业,通常处于成长期,这样的企业更受投资者青睐。相反,如果企业的营业利润增长率低或出现负增长,可能表明企业经营存在问题,如成本管理不善、市场竞争力下降等,投资者应对此类企业保持警惕。

(4) 指导企业经营决策。通过分析营业利润增长率,企业可以及时发现经营中存在的问题和挑战,从而调整经营策略,优化资源配置,以提高盈利能力。同时,这也为投资者提供了重要的决策依据,帮助他们判断是否应该增加对某家企业的投资或调整投资策略。

任务描述 7-1

【任务 1】使用公式计算各财务指标的"2024 年指标数"数据。

【任务 2】进行发展能力指标的差异变动可视化分析。依据各指标的"2024 年指标数"和"2023 年指标数"对企业发展能力指标进行散点图可视化,需要显示坐标轴、图表标题("发展能力指标对比图")、数据标签(上方)、网格线、图例五项内容。

与利润表数据相关的比率

任务实施 7-1

步骤 1:打开电子表格文件"发展能力分析(与利润表相关)(答题单据).xlsx",打开工作表"发展能力分析"。请参考"成果图"工作表,自行创建答题模板。(含底纹单元格均为"百分比"格式。)

步骤 2:计算"2024 年指标数"的"营业收入增长率"。已知:营业收入增长率=本年营业收入增长额/上年营业收入×100%。选中 B3 单元格,在 B3 单元格或编辑栏中输入公式,单元格 B3=(利润表!D4-上年利润表!D4)/上年利润表!D4*100%,如图 7-1-1 所示。

图 7-1-1　计算"2024 年指标数"的"营业收入增长率"

步骤 3：计算"2024 年指标数"的"营业利润增长率"。已知：营业利润增长率＝本年营业利润增长额/上年营业利润总额×100%。选中 B4 单元格，在 B4 单元格或编辑栏中输入公式，单元格 B4＝(利润表！D22－上年利润表！D22)/上年利润表！D22＊100%，如图 7-1-2 所示。

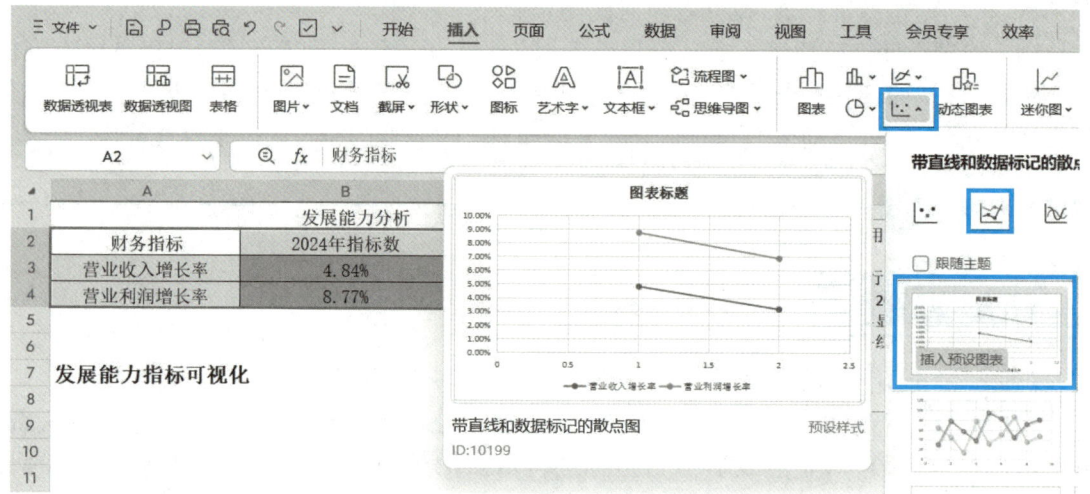

图 7-1-2　计算"2024 年指标数"的"营业利润增长率"

步骤 4：插入图表。选择 A2:C4 单元格区域，选择菜单栏，依次选择【插入】→【带直线和数据标记的散点图】，如图 7-1-3 所示。

图 7-1-3　选择"带直线和数据标记的散点图"

步骤 5：选择图表标题区域，将图表标题设置为"发展能力指标对比图"，如图 7-1-4 所示。

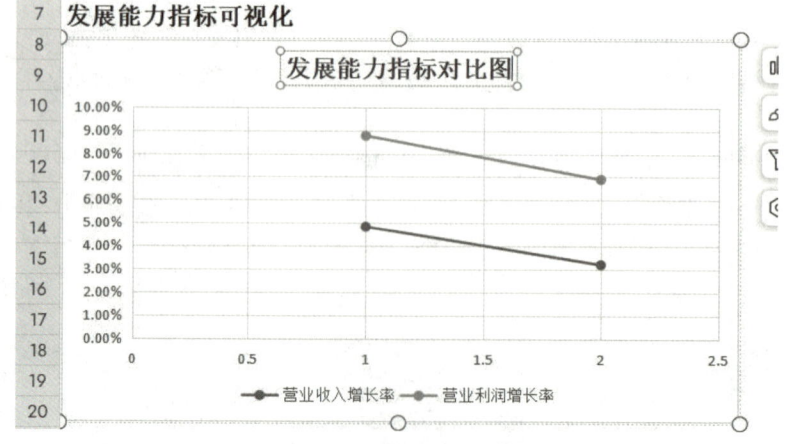

图 7-1-4　设置图表标题

步骤6：设置图表元素。点击图表右侧【图表元素】按钮，勾选"坐标轴""图表标题""数据标签（上方）""网格线""图例"，如图7-1-5所示。

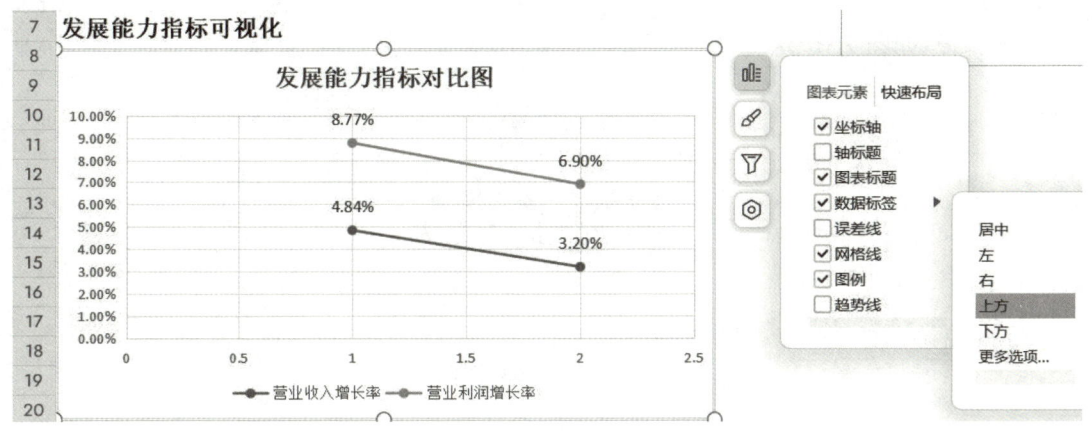

图 7-1-5　选择设置图表元素

成果展示，如图7-1-6所示。

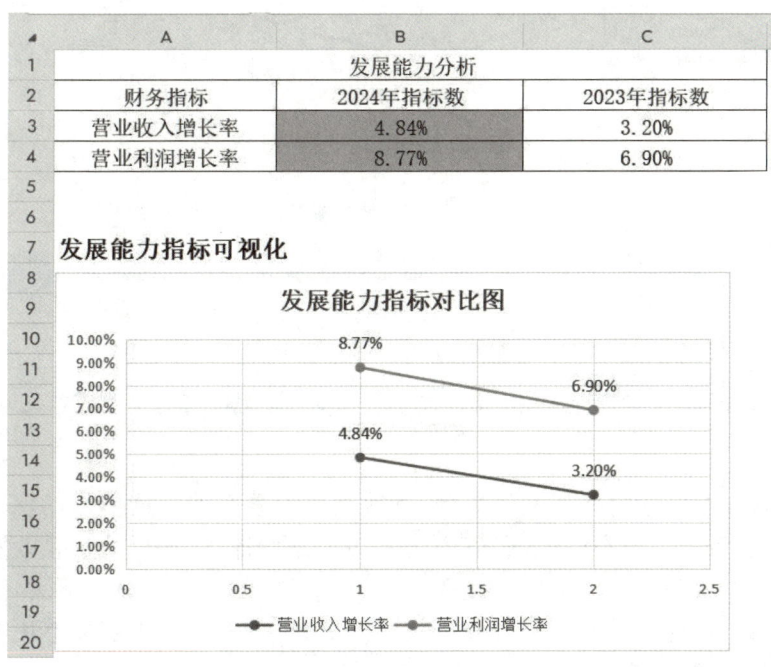

图 7-1-6　成果展示

任务实训7-1

打开"发展能力分析（与利润表相关）-练习（答题单据）.xlsx"电子表格文件，找到对应工作表，完成以下操作：

练习：在"发展能力分析"工作表中完成以下操作。

要求:(请参考"成果图"工作表,自行创建答题模版。)
(1) 在"发展能力分析表"中进行发展能力指标分析。
(2) 财务指标数据可视化对比分析。依据指标数对企业发展能力指标进行散点图可视化。成果参考,如图 7-1-7 所示。

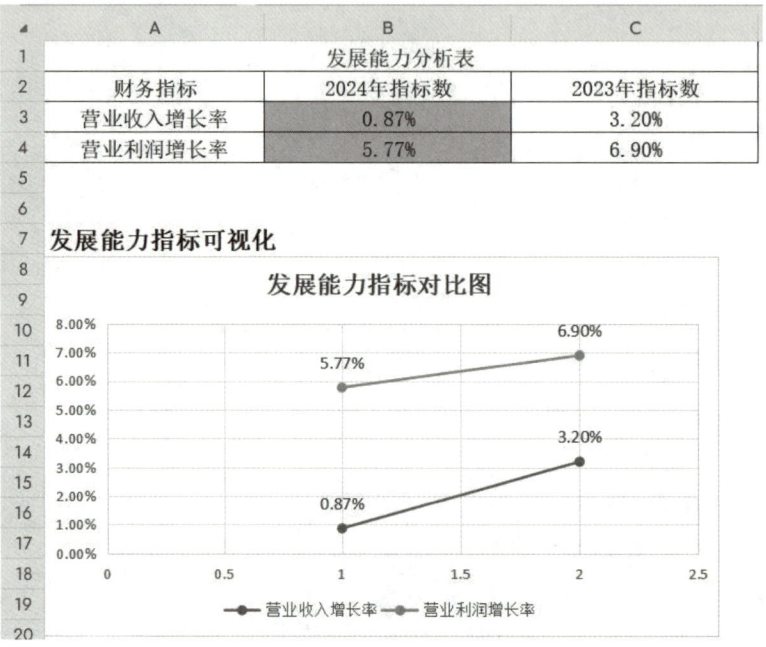

图 7-1-7　成果参考

任务二　与资产负债表数据相关的比率

资产负债表作为企业财务状况的快照,其数据蕴含着企业发展能力的深刻信息。所有者权益增长率、总资产增长率、资本保值增值率等关键指标,直接反映了企业资产规模的扩张速度和资源配置效率。这些指标不仅揭示了企业当前的发展阶段和潜力,还预示着其未来的成长能力和行业地位。通过深入分析这些指标,投资者和管理层能够更全面地评估企业的发展潜力和风险,为战略规划和投资决策提供有力支持。

任务准备

一、所有者权益增长率

（一）所有者权益增长率的含义

所有者权益增长率又称资本积累率,是指企业年末所有者权益的增长额同年初所有者权益总额之比,反映企业所有者权益的增加速度,直接体现了股东投入资本的保全性和增值情况,是评价企业发展能力的重要指标之一。所有者权益增长率的计算公式如下:

$$所有者权益增长率 = \frac{本年所有者权益增长额}{年初所有者权益总额} \times 100\%$$

其中:

$$本年所有者权益增长额 = 期末所有者权益 - 期初所有者权益$$

(二)所有者权益增长率的意义

所有者权益增长率反映了公司经过一年的生产经营后所有者权益的增长幅度,直接体现了股东投入资本的保全性和增值情况,是股东最关心的指标之一。该指标反映当年资本的积累情况,进而反映公司的成长能力。所有者权益增长率越高,表明公司资本积累越快,发展势头越强劲;所有者权益增长率越低,表明所有者权益增加越少,资本积累越慢,公司发展受阻。当所有者权益增长率为负时,说明公司所有者权益减少,股东资本受损。

所有者权益增长率属于财务比率的一种,它帮助评估企业的财务健康状况和增长潜力。通过观察所有者权益增长率的逐年变化,可以分析企业的发展趋势和稳定性。

二、总资产增长率

(一)总资产增长率的含义

总资产增长率是企业年末总资产的增长额同年初资产总额之比。本年总资产增长额为本年总资产的年末数减去本年年初数的差额,它是分析企业当年资本积累能力和发展能力的主要指标。总资产增长率的计算公式如下:

$$总资产增长率 = \frac{本年资产增长额}{年初资产总额} \times 100\%$$

其中:

$$本年资产增长额 = 年末资产总额 - 年初资产总额$$

(二)总资产增长率的意义

总资产增长率反映企业本期资产规模的增长情况。总资产增长率越高,表明企业一定时期内资产经营规模扩张的速度越快。但在分析时,需要关注资产规模扩张的质和量的关系,以及企业的后续发展能力,避免盲目扩张。

三、资本保值增值率

(一)资本保值增值率的含义

资本保值增值率是指企业本年末所有者权益扣除客观增减因素后同年初所有者权益的比率。资本保值增值率反映了企业资本的运营效益与安全状况,是评价企业经济效益状况的辅助指标。资本保值增值率的计算公式如下:

$$资本保值增值率 = \frac{期末所有者权益}{期初所有者权益} \times 100\%$$

(二)资本保值增值率的意义

资本保值增值率这一指标是根据资本保全原则设计的,用来反映企业资本的保全和增值情况。它充分体现了对所有者权益的保护,能够及时、有效地发现所有者权益减少的现象。该指标越高,说明企业资本保全状况越好,所有者权益增长越快,债权人的权益越有保障,企业发展后劲越强。

任务描述 7-2

【任务 1】在"发展能力分析"中进行发展能力指标分析。
(1)使用公式计算"2024 年""2023 年"相关数据。
(2)使用公式计算"变动差异""变动差异绝对值"的数据。

【任务 2】进行发展能力指标的差异变动可视化分析。
依据"变动差异绝对值"情况进行簇状条形图可视化,显示坐标轴、图表标题("发展能力指标变动差异")、数据标签(外)、网格线、图例五项内容。

任务实施 7-2

与资产负债表数据相关的比率

步骤1:打开电子表格文件"发展能力分析(与资产负债表相关)(答题单据).xlsx",打开工作表"发展能力分析"。请参考"成果图"工作表,自行创建答题模板。(含底纹单元格均为"百分比"格式。)

步骤2:计算"2024 年"的"所有者权益增长率"。已知:所有者权益增长率=本年所有者权益增长额/年初所有者权益总额×100%。选中 B4 单元格,在 B4 单元格或编辑栏中输入公式,单元格 B4=(资产负债表!E44-资产负债表!F44)/资产负债表!F44*100%,如图 7-2-1 所示。

图 7-2-1 计算"2024 年"的"所有者权益增长率"

步骤3:计算"2024 年"的"总资产增长率"。已知:总资产增长率=本年资产增长额/年初资产总额×100%。选中 B5 单元格,在 B5 单元格或编辑栏中输入公式,单元格 B5=(资产负债表!B45-资产负债表!C45)/资产负债表!C45*100%,如图 7-2-2 所示。

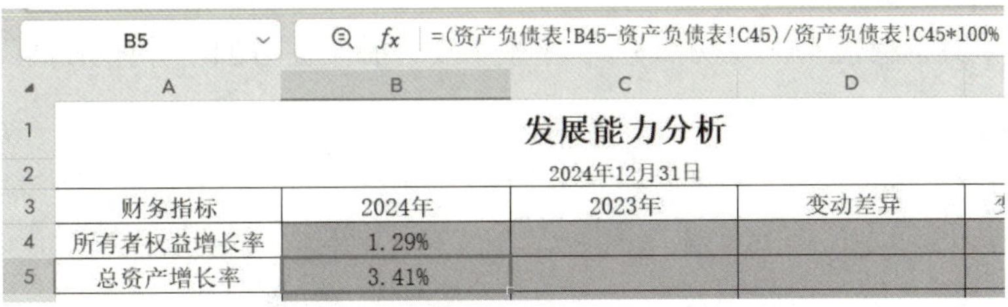
B5　=(资产负债表!B45-资产负债表!C45)/资产负债表!C45*100%

	A	B	C	D	
1	发展能力分析				
2	2024年12月31日				
3	财务指标	2024年	2023年	变动差异	变
4	所有者权益增长率	1.29%			
5	总资产增长率	3.41%			

图 7-2-2　计算“2024 年”的“总资产增长率”

步骤 4:计算“2024 年”的“资本保值增值率”。已知:资本保值增值率＝期末所有者权益/期初所有者权益×100%。选中 B6 单元格,在 B6 单元格或编辑栏中输入公式,单元格 B6＝资产负债表! E44/资产负债表! F44＊100%,如图 7-2-3 所示。

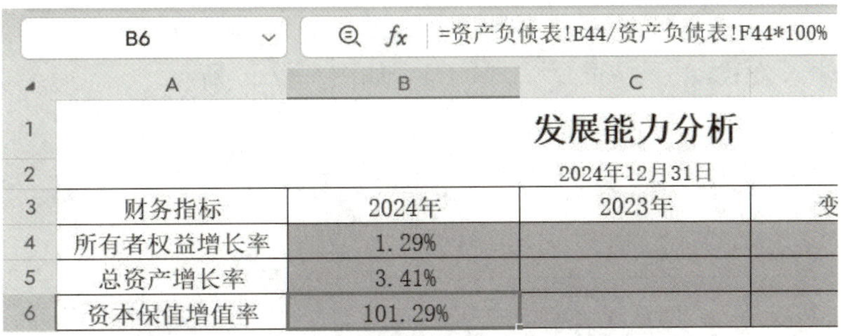
B6　=资产负债表!E44/资产负债表!F44*100%

	A	B	C	
1	发展能力分析			
2	2024年12月31日			
3	财务指标	2024年	2023年	变
4	所有者权益增长率	1.29%		
5	总资产增长率	3.41%		
6	资本保值增值率	101.29%		

图 7-2-3　计算“2024 年”的“资本保值增值率”

步骤 5:计算“2023 年”的“所有者权益增长率”。已知:所有者权益增长率＝本年所有者权益增长额/年初所有者权益×100%。选中 C4 单元格,在 C4 单元格或编辑栏中输入公式,单元格 C4＝(上年资产负债表! E44－上年资产负债表! F44)/上年资产负债表! F44＊100%。

步骤 6:计算“2023 年”的“总资产增长率”。已知:总资产增长率＝本年资产增长额/年初资产总额×100%。选中 C5 单元格,在 C5 单元格或编辑栏中输入公式,单元格 C5＝(上年资产负债表! B45－上年资产负债表! C45)/上年资产负债表! C45＊100%。

步骤 7:计算“2023 年”的“资本保值增值率”。已知:资本保值增值率＝期末所有者权益/期初所有者权益×100%。选中 C6 单元格,在 C6 单元格或编辑栏中输入公式,单元格 C6＝上年资产负债表! E44/上年资产负债表! F44＊100%。

步骤 8:计算“所有者权益增长率”的“变动差异”。选中 D4 单元格,在 D4 单元格或编辑栏中输入公式,单元格 D4＝B4－C4,如图 7-2-4 所示。

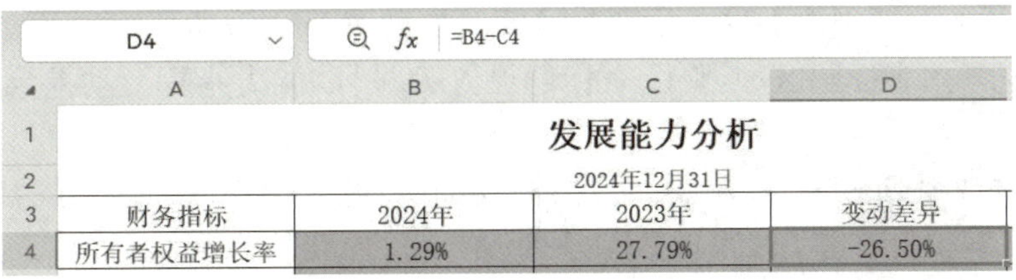
D4　=B4-C4

	A	B	C	D
1	发展能力分析			
2	2024年12月31日			
3	财务指标	2024年	2023年	变动差异
4	所有者权益增长率	1.29%	27.79%	-26.50%

图 7-2-4　计算“所有者权益增长率”的“变动差异”

步骤 9:计算“总资产增长率”和“资本保值增值率”的“变动差异”。选中 D4 单元格,当鼠标移至 D4 单元格右下角出现黑色十字时,按住鼠标左键向下拖动到 D6 单元格,如图 7-2-5 所示。

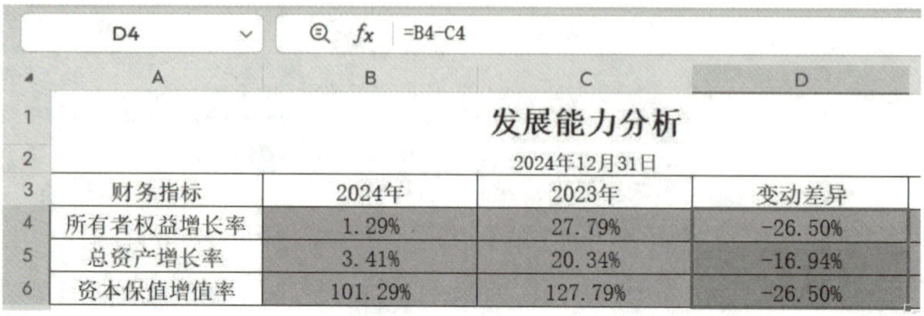

发展能力分析			
2024年12月31日			
财务指标	2024年	2023年	变动差异
所有者权益增长率	1.29%	27.79%	-26.50%
总资产增长率	3.41%	20.34%	-16.94%
资本保值增值率	101.29%	127.79%	-26.50%

图 7-2-5 计算其他指标的“变动差异”

步骤 10:计算“所有者权益增长率”的“变动差异绝对值”。选中 E4 单元格,在 E4 单元格或编辑栏中输入公式,单元格 E4=ABS(D4),如图 7-2-6 所示。

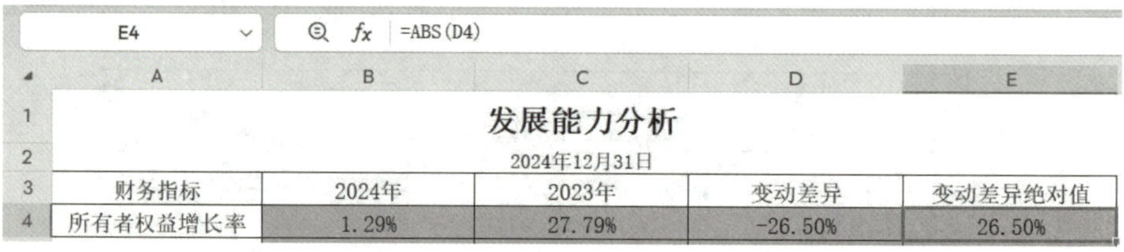

发展能力分析				
2024年12月31日				
财务指标	2024年	2023年	变动差异	变动差异绝对值
所有者权益增长率	1.29%	27.79%	-26.50%	26.50%

图 7-2-6 计算“所有者权益增长率”的“变动差异绝对值”

步骤 11:计算“总资产增长率”和“资本保值增值率”的“变动差异绝对值”。选中 E4 单元格,当鼠标移至 E4 单元格右下角出现黑色十字时,按住鼠标左键向下拖动到 E6 单元格,如图 7-2-7 所示。

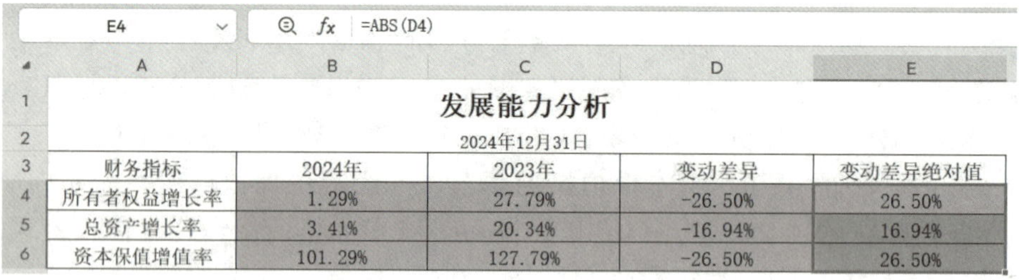

发展能力分析				
2024年12月31日				
财务指标	2024年	2023年	变动差异	变动差异绝对值
所有者权益增长率	1.29%	27.79%	-26.50%	26.50%
总资产增长率	3.41%	20.34%	-16.94%	16.94%
资本保值增值率	101.29%	127.79%	-26.50%	26.50%

图 7-2-7 计算其他指标的“变动差异绝对值”

步骤 12:插入图表。按住【Ctrl】键,同时选择 A3:A6 和 E3:E6 单元格区域,选择菜单栏,依次选择【插入】→【图表】→【条形图】→【簇状】,如图 7-2-8 所示。

步骤 13:选择图表标题区域,将图表标题设置为“发展能力指标变动差异”,如图 7-2-9 所示。

步骤 14:修改系列名称为“发展能力指标变动”。选择菜单栏,依次选择【图表工具】→【选择数据】→【编辑】,在弹出“编辑数据系列”的窗口中修改系列名称为“发展能力指标变动”,单击【确定】按钮,如图 7-2-10 和 7-2-11 所示。

项目七　发展能力指标分析

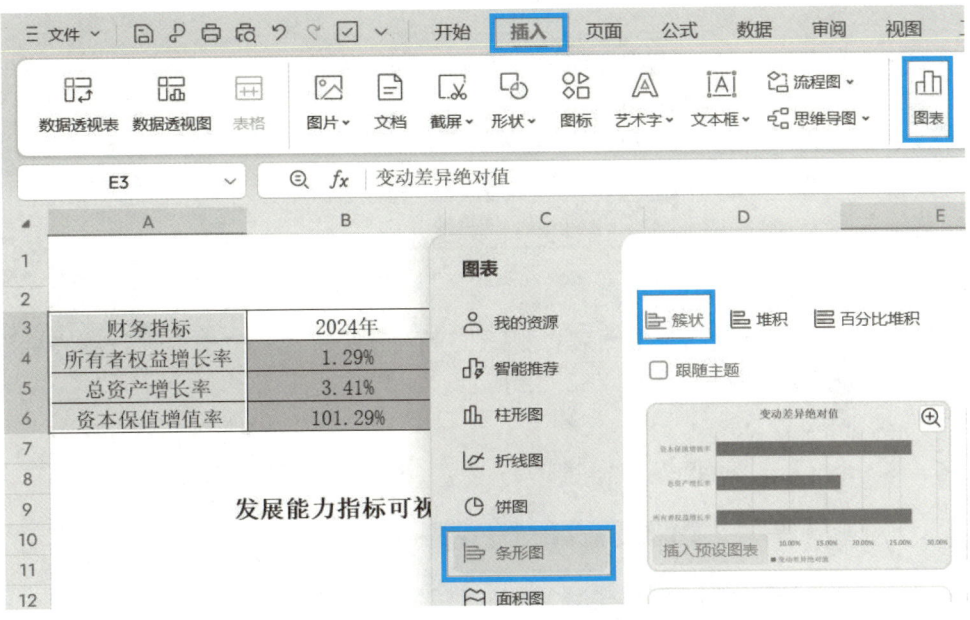

图 7-2-8　选择插入"簇状条形图"

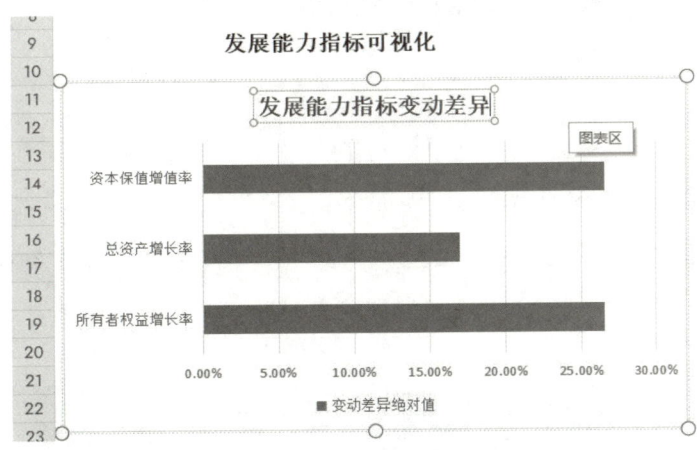

图 7-2-9　设置图表标题

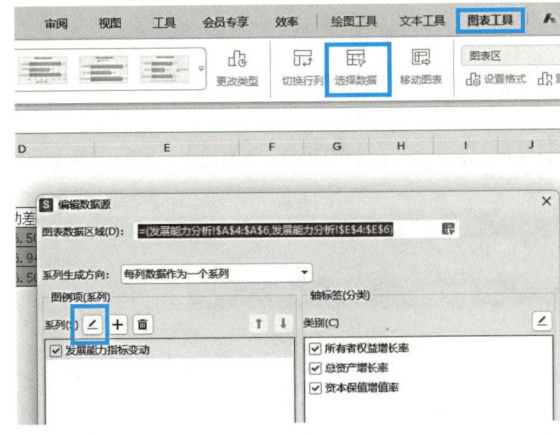

图 7-2-10　点击【编辑】数据

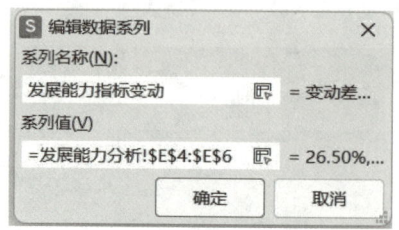

图 7-2-11　设置系列名称为"发展能力指标变动"

步骤 15：设置图表元素。点击图表右侧【图表元素】按钮，勾选"坐标轴""图表标题""数据标签（外）""网格线""图例"，如图 7-2-12 所示。

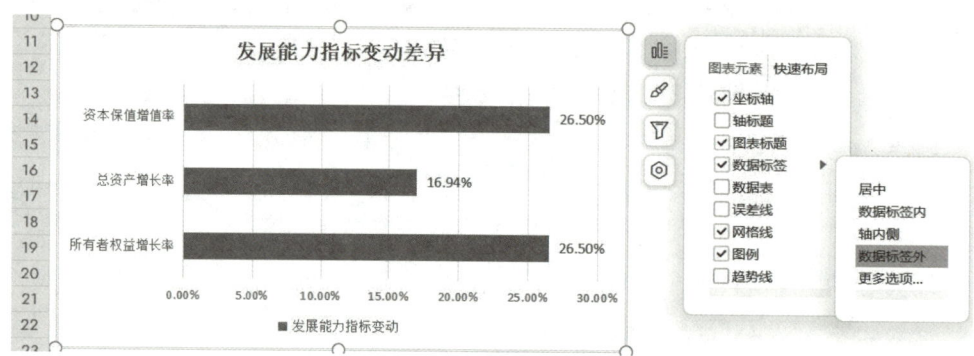

图 7-2-12　选择设置图表元素

成果展示，如图 7-2-13 所示。

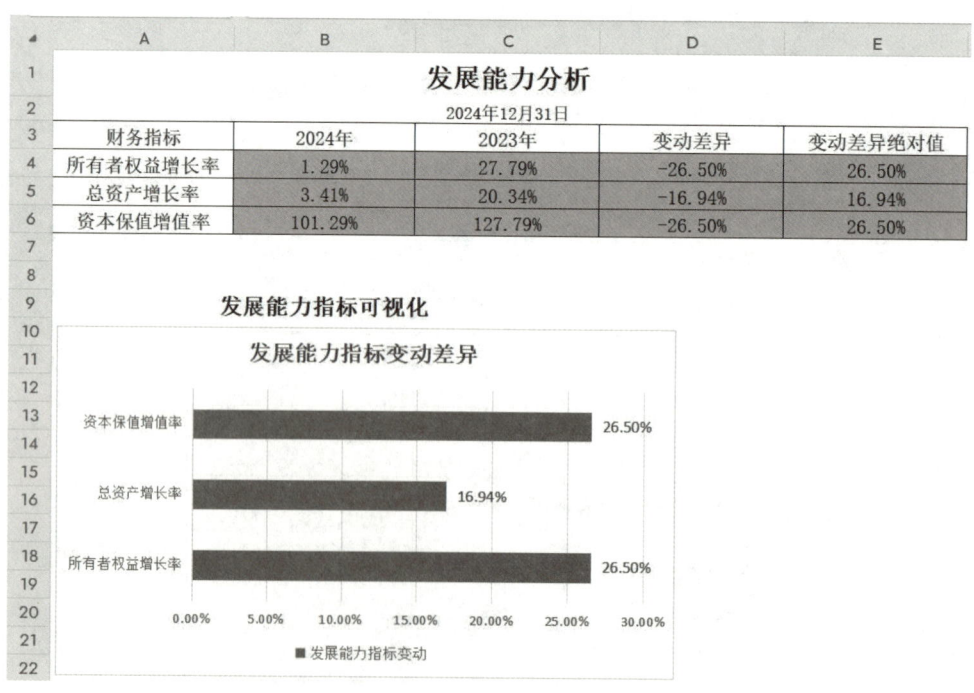

图 7-2-13　成果展示

任务实训 7-2

打开"发展能力分析(与资产负债表相关)-练习(答题单据).xlsx"电子表格文件,找到对应工作表,完成以下操作:

练习:在"发展能力分析"工作表中完成以下操作。

要求:(请参考"成果图"工作表,自行创建答题模板。)

(1)在"发展能力分析表"中进行发展能力指标分析。

(2)财务指标数据可视化对比分析。依据指标数对企业发展能力指标进行簇状条形图可视化。

成果参考,如图 7-2-14 所示。

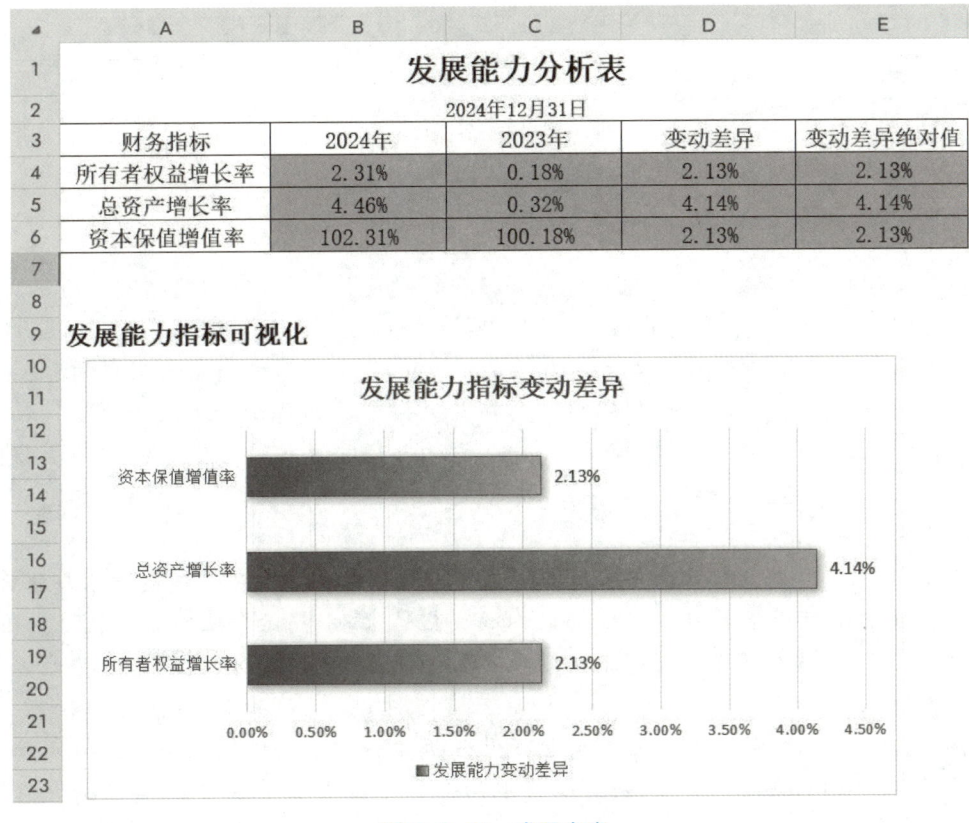

图 7-2-14　成果参考

学习总结

学习完本项目,您学会了什么?

_____
_____
_____
_____
_____
_____
_____
_____

素养天地

在企业的长远发展征途中,发展能力指标分析如同指南针,为企业指明前进的方向。它不仅是衡量企业增长潜力的关键工具,也是制定战略规划的重要依据。因此,提升发展能力指标分析的素养,对于企业财务人员乃至整个管理团队而言,都具有深远的意义。

首先,明确发展能力指标的核心要素是提升分析素养的基础。这包括营业收入增长率、净利润增长率、总资产增长率等关键指标,它们共同构成了企业发展能力的综合评价体系。深入理解这些指标的计算方法、经济含义及相互之间的关系,有助于我们更全面地把握企业的发展状况。

其次,掌握科学的分析方法与视角是提升分析素养的关键。在进行发展能力分析时,应注重趋势分析,观察指标在不同时间段内的变化情况,以揭示企业的成长轨迹。同时,还应结合行业背景、市场环境及企业战略等多维度因素进行综合分析,以更准确地评估企业的发展潜力。

再次,注重实践经验的积累与总结是提升分析素养的重要途径。通过参与实际案例的分析、解决具体的发展问题,我们可以将理论知识与实践经验相结合,不断提升自己的分析能力和解决问题的能力。同时,及时对分析过程进行反思与总结,发现不足并寻求改进,也是提升分析素养的必经之路。

最后,保持持续学习的态度是提升分析素养的永恒动力。财务领域日新月异,新的理论、方法和工具层出不穷。为了保持竞争力,我们必须紧跟时代步伐,不断学习新知识、新技能,以应对日益复杂的发展挑战。

提升发展能力指标分析的素养是每一位财务从业者都应追求的目标。通过明确核心要素、掌握科学方法、积累实践经验并保持持续学习,我们可以更加精准地评估企业的发展潜力,为企业的长远发展贡献自己的力量。

附录　综合实训

综合实训一

练习 01：素养分析。

【任务描述】东莞佳佳食品加工有限公司是一家专注于食品加工领域的公司,经过多年的稳健经营,佳佳食品希望财务人员对公司做一次全面的财务分析评价,你觉得公司财务人员应该具备哪些数据素养、职业道德规范和数据管理知识。根据各题目要求,选择正确的选项。

【任务 1】RPA 机器人可以模拟人类很多工作,帮助提高个人劳动生产率,以下选项中,属于机器人适用的工作任务有(　　)。
  A. 票据信息频繁录入工作　　　　　　B. 重大事项决策判断
  C. 获取某个金额较大的商品信息　　　D. 大量银企对账工作

【任务 2】数据素养的构成要素有(　　)。
  A. 数据意识　　　　　　　　　　　　B. 数据能力
  C. 数据知识　　　　　　　　　　　　D. 数据伦理道德

【任务 3】在进行财务数据分析时,合理地利用人机协同工作的方式来提高工作效率和质量的方法有(　　)。
  A. 采用机器学习和人工智能技术来完成财务数据分析
  B. 强化硬件环境建设
  C. 提升财务数据分析员素养
  D. 采用适当的协同工作工具和流程来协调和管理分析工作

【任务 4】在制作可视化图表时,(　　)最适合用来比较不同类别的数据。
  A. 饼图　　　　　　　　　　　　　　B. 条形图
  C. 折线图　　　　　　　　　　　　　D. 散点图

【任务 5】在数据分析中,(　　)方法可以用来处理缺失值。
  A. 删除缺失值　　　　　　　　　　　B. 平均值填充缺失值
  C. 忽略缺失值　　　　　　　　　　　D. 特殊值填充缺失值

练习02：打开"采购业务分析-实训一(答题模板).xlsx"电子表格文件，找到对应工作表，完成以下操作：

【任务描述】根据相关数据，按照如下要求完成相应分析。

【任务1】补全相应数据。

(1) 使用函数补全"交货逾期天数""交货准时率"两列数据，其中"交货准时率"的计算结果，要使用函数进行保留2位小数。

(2) 使用公式计算"逾期未交货量""按时交货量率"两列数据，其中"按时交货量率"的计算结果，要使用函数进行保留2位小数。

【任务2】为2024年第一季度供应商交货准时率情况进行二维簇状柱形图可视化，显示坐标轴、图表标题（"第一季度供应商交货准时率情况"）、数据标签（外）、网格线、图例（右）五项内容。

【任务3】为2024年第一季度采购订单按时交货量率情况进行二维簇状柱形图可视化、显示坐标轴、图表标题（"第一季度采购订单按时交货量率情况"）、数据标签（外）、网格线、图例（右）五项内容。

【任务4】结合相应分析数据，对供应商交货情况评价作出判断。

练习03：打开"销售业务分析-实训一(答题模板).xlsx"电子表格文件，找到对应工作表，完成以下操作：

【任务描述】根据相关数据，按照如下要求完成相应分析。

【任务1】使用函数补全"未收金额""总业务笔数"两项数据，其中"未收金额"的计算结果，要使用函数进行保留2位小数。

【任务2】使用函数补全"信用履约率""按期履约率"两项数据。

【任务3】根据"非企业客户名称"为非企业客户信用履约对比情况进行簇状柱形图可视化，显示坐标轴、图表标题（"非企业客户信用履约情况对比"）、网格线三项内容。

练习04：打开"资产负债表分析-实训一(答题模板).xlsx"电子表格文件，找到对应工作表，完成以下操作：

【任务描述】根据相关数据，按照如下要求完成资产负债表分析。

【任务1】在"资产规模变动情况分析表"中进行资产规模变动情况分析。

(1) 使用函数补全"期末数""期初数""变动率""对总额的影响"四列的数据。

(2) 使用公式计算"变动额"的数据。

(3) 使用函数进行"变动额（绝对值）""变动率（绝对值）""对总额的影响（绝对值）"三列绝对值转换。

(4) 补充"变动额绝对值排名前五的资产项目"相应数据。

【任务2】在"负债及所有者权益规模变动情况分析表"中进行负债及所有者权益规模变动情况分析。

(1) 使用函数补全"期末数""期初数""变动率""对总额的影响"四列的数据。

(2) 使用公式计算"变动额"的数据。

(3) 使用函数进行"变动额（绝对值）""变动率（绝对值）""对总额的影响（绝对值）"三列绝对值转换。

(4) 补充"变动额绝对值排名前五的负债及所有者权益项目"相应数据。

【任务3】进行"资产、负债和所有者权益内部结构分析"。

(1) 用函数补全"非流动资产与流动资产占资产总额比重分析表"中的数据，并对结果使用函数进行四舍五入并保留4位小数。

(2) 用函数补全"非流动负债与流动负债占负债总额比重分析表"中的数据，并对结果使用函数进行四舍五入并保留4位小数。

(3) 制作非流动负债与流动负债占资产总额比重的二维饼图，需要展示图表标题（非流动负债与流动负债占资产总额比重）、数据标签（内）、图例（下）三项元素。

【任务4】对负债及所有者权益规模变动情况做出正确的评价。

【任务5】在"资产结构情况分析表"中进行资产结构分析。

(1) 使用函数补全"期末数""期初数""期末数占总资产""期初数占总资产"四列的数据。

(2) 使用公式计算"占比变化"的数据。

(3) 使用函数进行"占比变化（绝对值）"列的数据转换（如果占比变化为0则不需要显示绝对值）。

(4) 补充"资产结构占比变化绝对值排名前五"的相应数据。

【任务6】对资产结构情况做出正确评价。

练习05：打开"利润表分析-实训一（答题模板）.xlsx"电子表格文件，找到对应工作表，完成以下操作：

【任务描述】根据相关数据，按照如下要求完成利润表分析。

【任务1】在"利润表水平分析表"中进行利润表水平分析。

(1) 使用函数补全"2024年""2023年"相关数据。

(2) 使用公式计算"变动额"的数据。

(3) 使用函数进行"变动率""变动率绝对值"数据，其中变动率需要用函数进行四舍五入，保留4位小数。

(4) 针对利润表项目水平变动情况进行分析，选出1项正确表述。

【任务2】在"利润表项目增减变动分析表"中进行利润表项目增减变动分析。

(1) 以"利润表水平分析表"为依据，按"变动率绝对值"降序，补充录入"利润表项目增减变动分析表"。

(2) 按"变动率绝对值"为利润表项目增减变动率排序情况进行二维簇状柱形图可视化，显示坐标轴、图表标题（"利润表项目增减变动率排序"）、数据标签（外）、网格线四项内容。

(3) 针对利润表项目增减变动情况进行分析，选出1项正确表述。

【任务3】在"利润表垂直分析表"表中,进行利润表项目结构变动分析。

(1) 用函数补全"2024年""2023年""本期占营业收入比重""上期占营业收入比重"的相应数据,并对"本期占营业收入比重""上期占营业收入比重"结果使用函数进行四舍五入并保留4位小数。

(2) 用公式计算"占营业收入比重变动差异"。

(3) 针对利润表项目结构分析情况进行分析,选出1项正确表述。

练习06:打开"偿债能力分析-实训一(答题模板).xlsx"电子表格文件,找到对应工作表,完成以下操作:

【任务描述】根据相关数据,按照如下要求完成偿债能力指标分析。

【任务1】在"偿债能力分析"中进行偿债能力指标分析。

(1) 使用公式计算"2024年指标数""2023年指标数据"相关数据。

(2) 使用公式计算"变动差异""与同行业差异"的数据。

【任务2】进行偿债能力指标与同行业差异对比分析。

为偿债能力指标与同行业差异对比情况进行二维簇状柱形图可视化,显示坐标轴、图表标题("偿债能力指标与同行业差异对比")、数据标签(外)、网格线、图例(右)五项内容。

【任务3】偿债能力指标变动排序。

(1) 依据"偿债能力指标分析表"中的"变动差异"降序排序,列出"偿债能力指标变动排序表"的相关数据。

(2) 用函数对"变动差异绝对值"进行数据转换。

【任务4】依据"变动差异绝对值"为偿债能力变动差异排名情况进行二维簇状柱形图可视化,显示坐标轴、图表标题("偿债能力变动差异排名")、数据标签(外)、网格线、图例(右)五项内容。

【任务5】对企业偿债能力情况和相关风险作出判断,选择正确的表述。

练习07:打开"营运能力分析-实训一(答题模板).xlsx"电子表格文件,找到对应工作表,完成以下操作:

【任务描述】根据相关数据,按照如下要求完成营运能力指标分析。

【任务1】在"营运能力分析表"中进行营运能力指标分析。

(1) 使用公式计算"2024年指标数""2023年指标数据"相关数据。

(2) 使用公式计算"变动差异""与同行业差异"的数据。

【任务2】进行营运能力指标与同行业差异对比分析。

为营运能力指标与同行业差异对比情况进行二维簇状柱形图可视化,显示坐标轴、图表标题("营运能力指标与同行业差异对比")、数据标签(外)、网格线、图例(右)五项内容。

【任务3】营运能力指标变动排序。

(1) 依据"营运能力指标分析表"中的"变动差异"降序排序,列出"营运能力指标变动排序表"的相关数据。

(2) 用函数对"变动差异绝对值"进行数据转换。

【任务4】依据"变动差异绝对值"为营运能力变动差异排名情况进行二维簇状柱形图可视化,显示坐标轴、图表标题("营运能力变动差异排名")、数据标签(外)、网格线、图例(右)五项内容。

【任务5】对公司营运能力进行分析,并判断下列说法是否正确,在对应的行的后面填入"对"或"错"。

练习08:打开"盈利能力分析-实训一(答题模板).xlsx"电子表格文件,找到对应工作表,完成以下操作:

【任务描述】根据相关数据,按照如下要求完成盈利能力指标分析。

【任务1】在"盈利能力分析表"中进行偿债能力指标分析。

(1) 使用公式计算"2024年指标数""2023年指标数据"相关数据,并使用函数对计算结果进行四舍五入,保留4位小数。

(2) 使用公式计算"变动差异""与同行业差异"的数据。

【任务2】进行盈利能力指标与同行业差异对比分析。

为盈利能力指标与同行业差异对比情况进行二维簇状柱形图可视化,显示坐标轴、图表标题("盈利能力指标与同行业差异对比")、数据标签(外)、网格线、图例(右)五项内容。

【任务3】盈利能力指标变动排序。

(1) 依据"盈利能力指标分析表"中的"变动差异"降序排序,列出"盈利能力指标变动排序表"的相关数据。

(2) 用函数对"变动差异绝对值"进行数据转换。

【任务4】依据"变动差异绝对值"为盈利能力变动差异排名情况进行二维簇状柱形图可视化,显示坐标轴、图表标题("盈利能力变动差异排名")、数据标签(外)、网格线、图例(右)五项内容。

【任务5】对公司盈利能力进行分析,并判断下列说法是否正确,在对应的行的后面填入"对"或"错"。

练习09:打开"发展能力分析-实训一(答题模板).xlsx"电子表格文件,找到对应工作表,完成以下操作:

【任务描述】根据相关数据,按照如下要求完成发展能力指标分析。

【任务1】在"发展能力指标分析表"中进行发展能力指标分析。

(1) 使用公式计算"2024年指标数""2023年指标数据"相关数据,并使用函数对计算结果进行四舍五入,保留4位小数。

(2) 使用公式计算"变动差异""与同行业差异"的数据。

【任务2】进行发展能力指标与同行业差异对比分析。

为发展能力指标与同行业差异对比情况进行二维簇状条形图可视化,显示坐标轴、图表标题("发展能力指标与同行业差异对比")、数据标签(外)、网格线、图例(右)五项内容。

【任务3】发展能力指标变动排序。

(1)依据"发展能力指标分析表"中的"变动差异"降序排序,列出"发展能力指标变动排序表"的相关数据。

(2)用函数对"变动差异绝对值"进行数据转换。

【任务4】依据"变动差异绝对值"为发展能力变动差异排名情况进行二维簇状柱形图可视化,显示坐标轴、图表标题("发展能力变动差异排名")、数据标签(外)、网格线、图例(右)五项内容。

【任务5】对公司发展能力进行分析,并判断下列说法是否正确,在对应的行的后面填入"对"或"错"。

综合实训二

练习01:素养分析。

【任务描述】深圳雅苑电力有限公司是一家专注于电力加工领域的公司,经过多年的稳健经营,雅苑电力希望财务人员对公司做一次全面的财务分析评价,你觉得公司财务人员应该具备哪些数据素养、职业道德规范和数据管理知识。根据各题目要求,选择正确的选项。

【任务1】财务人员在财务数据分析和处理时,应当遵循的职业道德规范有(   )。

A. 诚实、守信   B. 独立、客观
C. 保密、谨慎   D. 公正、廉洁

【任务2】在进行数据分析时,财务人员应该注意的细节有(   )。

A. 确保数据的准确性和可靠性   B. 关注数据的变化趋势
C. 确定数据分析的目的和范围   D. 忽略数据中的异常情况

【任务3】为了分析成本占比的变化情况,我们需要分析的财务数据有(   )。

A. 营业收入、净利润、总资产
B. 能源成本、人工成本、投资收益
C. 能源成本、财务费用、大额处置损失
D. 营业成本、营业收入、净利润业成本、营业收入、净利润

【任务4】在发现数据被篡改时,财务人员应该(   )。

A. 不予理会
B. 立即上报公司领导,并配合调查相关人员
C. 自行处理,并尽量不暴露问题

D. 尝试自己解决问题，不向其他人寻求帮助

【任务5】为了保护财务数据的安全，财务人员应该采取的措施有（　　）。

A. 使用强密码保护数据　　　　　　　　B. 定期备份数据

C. 限制数据的访问权限　　　　　　　　D. 打印数据并保存在办公室

练习02：打开"采购业务分析-实训二（答题模板）.xlsx"电子表格文件，找到对应工作表，完成以下操作：

【任务描述】根据相关数据，按照如下要求完成相应分析。

【任务1】补全相应数据

（1）使用函数补全"交货逾期天数""交货准时率"两列数据，其中"交货准时率"的计算结果，要使用函数进行保留2位小数。

（2）使用公式计算"逾期未交货量""按时交货量率"两列数据，其中"按时交货量率"的计算结果，要使用函数进行保留2位小数。

【任务2】为2024年第一季度供应商交货准时率情况进行二维簇状柱形图可视化，显示坐标轴、图表标题（"第一季度供应商交货准时率情况"）、数据标签（外）、网格线、图例（右）五项内容。

【任务3】为2024年第一季度采购订单按时交货量率情况进行二维簇状柱形图可视化，显示坐标轴、图表标题（"第一季度采购订单按时交货量率情况"）、数据标签（外）、网格线、图例（右）五项内容。

【任务4】结合相应分析数据，对供应商交货情况评价作出判断。

练习03：打开"销售业务分析-实训二（答题模板）.xlsx"电子表格文件，找到对应工作表，完成以下操作：

【任务描述】根据相关数据，按照如下要求完成相应分析。

【任务1】使用函数补全"未收金额""总业务笔数"两项数据，其中"未收金额"的计算结果，要使用函数进行保留2位小数。

【任务2】使用函数补全"信用履约率""按期履约率"两项数据。

【任务3】根据"非企业客户名称"为非企业客户信用履约对比情况进行簇状柱形图可视化，显示坐标轴、图表标题为"非企业客户信用履约情况对比"、网格线三项内容。

练习04：打开"资产负债表分析-实训二（答题模板）.xlsx"电子表格文件，找到对应工作表，完成以下操作：

【任务描述】根据相关数据，按照如下要求完成资产负债表分析。

【任务1】在"资产规模变动情况分析表"中进行资产规模变动情况分析。

（1）使用函数补全"期末数""期初数""变动率""对总额的影响"四列的数据。

（2）使用公式计算"变动额"的数据。

(3) 使用函数进行"变动额（绝对值）""变动率（绝对值）""对总额的影响（绝对值）"三列绝对值转换。

(4) 补充"变动额绝对值排名前五的资产项目"相应数据。

【任务2】在"负债及所有者权益规模变动情况分析表"中进行负债及所有者权益规模变动情况分析。

(1) 使用函数补全"期末数""期初数""变动率""对总额的影响"四列的数据。

(2) 使用公式计算"变动额"的数据。

(3) 使用函数进行"变动额（绝对值）""变动率（绝对值）""对总额的影响（绝对值）"三列绝对值转换。

(4) 补充"变动额绝对值排名前五的负债及所有者权益项目"相应数据。

【任务3】进行"资产、负债和所有者权益内部结构分析"。

(1) 用公式补全"非流动负债与流动负债占资产总额比重分析表"中的数据，并对结果使用函数进行四舍五入并保留4位小数。

(2) 用公式补全"非流动负债与流动负债占负债总额比重分析表"中的数据，并对结果使用函数进行四舍五入并保留4位小数。

(3) 制作非流动资产与流动资产占资产总额比重的二维饼图，需要展示图表标题（非流动资产与流动资产占资产总额比重）、数据标签（内）、图例（下）三项元素。

【任务4】对负债及所有者权益规模变动情况做出正确的评价。

【任务5】在"资产结构情况分析表"中进行资产结构分析。

(1) 使用函数补全"期末数""期初数""期末数占总资产""期初数占总资产"四列的数据。

(2) 使用公式计算"占比变化"的数据。

(3) 使用函数进行"占比变化（绝对值）"列的数据转换（如果占比变化为0则不需要显示绝对值）。

(4) 补充"资产结构占比变化绝对值排名前五"的相应数据。

【任务6】对资产结构情况作出正确评价。

练习05：打开"利润表分析-实训二（答题模板）.xlsx"电子表格文件，找到对应工作表，完成以下操作：

【任务描述】根据相关数据，按照如下要求完成利润表分析。

【任务1】在"利润表水平分析表"中进行利润表水平分析。

(1) 使用函数补全"2024年""2023年"相关数据。

(2) 使用公式计算"变动额"的数据。

(3) 使用函数进行"变动率""变动率绝对值"数据，其中变动率需要用函数进行四舍五入，保留4位小数。

(4) 针对利润表项目水平变动情况进行分析，选出1项正确表述。

【任务2】在"利润表项目增减变动分析表"中进行利润表项目增减变动分析。

(1) 以"利润表水平分析表"为依据,按"变动率绝对值"降序,补充录入"利润表项目增减变动分析表"。

(2) 按"变动率绝对值"为利润表项目增减变动率排序情况进行二维簇状柱形图可视化,显示坐标轴、图表标题("利润表项目增减变动率排序")、数据标签(外)、网格线四项内容。

(3) 针对利润表项目增减变动情况进行分析,选出 1 项正确表述。

【任务 3】在"利润表垂直分析表"表中,进行利润表项目结构变动分析。

(1) 用函数补全"2024 年""2023 年""本期占营业收入比重""上期占营业收入比重"的相应数据,并对"本期占营业收入比重","上期占营业收入比重"结果使用函数进行四舍五入并保留 4 位小数。

(2) 用公式计算"占营业收入比重变动差异"。

(3) 针对利润表项目结构分析情况进行分析,选出 1 项正确表述。

练习 06:打开"偿债能力分析-实训二(答题模板).xlsx"电子表格文件,找到对应工作表,完成以下操作:

【任务描述】根据相关数据,按照如下要求完成偿债能力指标分析。

【任务 1】在"偿债能力分析"中进行偿债能力指标分析。

(1) 使用公式计算"2024 年指标数""2023 年指标数据"相关数据。

(2) 使用公式计算"变动差异""与同行业差异"的数据。

【任务 2】进行偿债能力指标与同行业差异对比分析。

为偿债能力指标与同行业差异对比情况进行二维簇状柱形图可视化,显示坐标轴、图表标题("偿债能力指标与同行业差异对比")、数据标签(外)、网格线、图例(右)五项内容。

【任务 3】偿债能力指标变动排序。

(1) 依据"偿债能力指标分析表"中的"变动差异"降序排序,列出"偿债能力指标变动排序表"的相关数据。

(2) 用函数对"变动差异绝对值"进行数据转换。

【任务 4】依据"变动差异绝对值"为偿债能力变动差异排名情况进行二维簇状柱形图可视化,显示坐标轴、图表标题("偿债能力变动差异排名")、数据标签(外)、网格线、图例(右)五项内容。

【任务 5】对企业偿债能力情况和相关风险作出判断,选择正确的表述。

练习 07:打开"营运能力分析-实训二(答题模板).xlsx"电子表格文件,找到对应工作表,完成以下操作:

【任务描述】根据相关数据,按照如下要求完成营运能力指标分析。

【任务 1】在"营运能力分析表"中进行营运能力指标分析。

(1) 使用公式计算"2024 年指标数""2023 年指标数据"相关数据。

(2) 使用公式计算"变动差异""与同行业差异"的数据。

【任务2】进行营运能力指标与同行业差异对比分析。

为营运能力指标与同行业差异对比情况进行二维簇状柱形图可视化，显示坐标轴、图表标题（"营运能力指标与同行业差异对比"）、数据标签（外）、网格线、图例（右）五项内容。

【任务3】营运能力指标变动排序。

(1) 依据"营运能力指标分析表"中的"变动差异"降序排序，列出"营运能力指标变动排序表"的相关数据。

(2) 用函数对"变动差异绝对值"进行数据转换。

【任务4】依据"变动差异绝对值"为营运能力变动差异排名情况进行二维簇状柱形图可视化，显示坐标轴、图表标题（"营运能力变动差异排名"）、数据标签（外）、网格线、图例（右）五项内容。

【任务5】对公司营运能力进行分析，并判断下列说法是否正确，在对应的行的后面填入"对"或"错"。

练习08：打开"盈利能力分析-实训二（答题模板）.xlsx"电子表格文件，找到对应工作表，完成以下操作：

【任务描述】根据相关数据，按照如下要求完成盈利能力指标分析。

【任务1】在"盈利能力分析表"中进行偿债能力指标分析。

(1) 使用公式计算"2024年指标数""2023年指标数据"相关数据，并使用函数对计算结果进行四舍五入，保留4位小数。

(2) 使用公式计算"变动差异""与同行业差异"的数据。

【任务2】进行盈利能力指标与同行业差异对比分析。

为盈利能力指标与同行业差异对比情况进行二维簇状柱形图可视化，显示坐标轴、图表标题（"盈利能力指标与同行业差异对比"）、数据标签（外）、网格线、图例（右）五项内容。

【任务3】盈利能力指标变动排序。

(1) 依据"盈利能力指标分析表"中的"变动差异"降序排序，列出"盈利能力指标变动排序表"的相关数据。

(2) 用函数对"变动差异绝对值"进行数据转换。

【任务4】依据"变动差异绝对值"为盈利能力变动差异排名情况进行二维簇状柱形图可视化，显示坐标轴、图表标题（"盈利能力变动差异排名"）、数据标签（外）、网格线、图例（右）五项内容。

【任务5】对公司盈利能力进行分析，并判断下列说法是否正确，在对应的行的后面填入"对"或"错"。

练习 09：打开"发展能力分析-实训二（答题模板）.xlsx"电子表格文件，找到对应工作表，完成以下操作：

【任务描述】根据相关数据，按照如下要求完成发展能力指标分析。

【任务1】在"发展能力指标分析表"中进行发展能力指标分析。

（1）使用公式计算"2024年指标数""2023年指标数据"相关数据，并使用函数对计算结果进行四舍五入，保留4位小数。

（2）使用公式计算"变动差异""与同行业差异"的数据。

【任务2】进行发展能力指标与同行业差异对比分析。

为发展能力指标与同行业差异对比情况进行二维簇状条形图可视化，显示坐标轴、图表标题（"发展能力指标与同行业差异对比"）、数据标签（外）、网格线、图例（右）五项内容。

【任务3】发展能力指标变动排序。

（1）依据"发展能力指标分析表"中的"变动差异"降序排序，列出"发展能力指标变动排序表"的相关数据。

（2）用函数对"变动差异绝对值"进行数据转换。

【任务4】依据"变动差异绝对值"为发展能力变动差异排名情况进行二维簇状柱形图可视化，显示坐标轴、图表标题（"发展能力变动差异排名"）、数据标签（外）、网格线、图例（右）五项内容。

【任务5】对公司发展能力进行分析，并判断下列说法是否正确，在对应的行的后面填入"对"或"错"。